한글필사본 고소설 역·주해 총서 Ⅵ

한글필사본 고소설 역·주해

(곽씨전·목시룡전·부용전·주봉전·춘매전)

김 수 봉 역·주해

국학자료원

10남매를 낳으시고 기르시느라 손발이 다 닳으신 가이없는 어머니의 은혜를 기리며, 한번도 기대에 부응한 적이 없었고, 한번도 잘났다고 자랑할 만한 일을 한 적도 없었고, 한번도 잘해서 顯父母한 적이 없었기에 한번도 어머니를 기쁘게 해드린 기억조차 없는 불효막심함을 뒤늦게 후회하며 風樹之嘆의 회한을 담아 孤哀子가 피를 울어 어머니의 靈前에 이 책을 올립니다.

머리말

『한글 필사본 고소설전집』은 102권의 방대한 전집에 수백 편의 작품이 등재되어 있다. 그러나 필사본으로만 존재하는 작품은 19편에 불과하다.

이들 중 이미 한자(漢字)를 병기함으로써 주해가 특별히 필요하지 않은 「명주보월빙」과 한국정신문화 연구소의 임 모교수가 주해를 하고 있다고 연락이 온 「소현성록」을 제외하고는 이 책 6권을 마지막으로 필자가 모두 주해를 했다.

처음 주해를 시작할 때는 이 작업을 통해 나의 존재 의미를 찾고 학문을 통해 이루지 못한 한을 담아 역사에 남을 무엇인가를 이루어야 되겠다는 거창한 야심을 가지기도 했있다.

그러나 권을 거듭해 출판하면서 겪게 된 여러 가지 일들은 필자의 사기와 의지를 무력화 시켰음은 물론 그만 포기해버릴까하는 좌절감을 느끼게 했다. 그래도 중도에 포기하지 않고 6권에까지 오게 된 것은 삼라만상으로부터 오로지 받기만 하고 전혀 갚지 않는 것은 초목이나 금수만도 못한 인생이란 생각에 조금이라도 남에게 도움이 되는 일을 해야 되겠다는 일념 때문이었다.

지금 6권을 출판하는 이 시점에서는 첫 권을 낼 때 가졌던 야심도 존재의 의미에 대한 미련도 없다. 인생 자체가 허무하고 공수래 공수거하는 것이거늘 이까짓 일이 무에 대단할 것이 있겠으며 또 무슨 큰 의미가 있겠는가? 아니 대단한 의미가 있으면 또 무엇하겠는가? 이제는 그 모든 집착을 다 떨쳐버리고 싶다.

그래서 이 6권은 단지 작업해 놓은 것이 있고 또 시작을 했으니 마무리는 해야하지 않겠는가 하는 마음과 이 일은 전생의 업보에 대한 해업의 과정이라는 생각으로 출판할 뿐이다. 다만 조금의 바램이 있다면 별반 대단할 것도 없고 자랑할 것도 없지만 그래도 이 세상에 와서 그냥 밥만 축내고 남에게 신세만 지고 가는 삶에 작은 빚 갚음이 되기를 바랄 뿐이다.

그리고 이러한 결과조차도 돌이켜보면 결국 많은 사람들의 도움이 있었기에 가능한 것이었다. 이 기회에 그분들에게 감사의 말씀이라도 드리고 싶다.

먼저 저를 학문의 길로 인도해주시고 이끌어주신 부산대학교의 류탁일, 김승찬, 장관진 교수님 그리고 학문의 방법을 깨우쳐주시고 끊임없이 질정해주신 이헌홍 교수님 또 좌절감이나 실의에 빠졌을 때 항상 용기를 주시고 격려를 아끼지 않으셨던 부경대학교의 김쾌덕 교수님과 부산 외국어대학교의 정상진교수님 그리고 학문하는 모습을 곁에서 바라보기만 해도 격려가 되고 자극이 되었던 경성대학교의 정경주교수님과 부산외국어대학교의 류종렬, 박경수교수님 그리고 동의대학교의 안영훈교수님 등

모든 분들께 고개 숙여 진심으로 감사를 드린다.
 이 외에도 저와 같은 학교에 근무하며 물심양면으로 항상 격려하고 후원해주신 삼성여고 교장·교감선생님과 모든 선생님들 그리고 3권의 출판비를 후원해 주신 효성사 주지 효성스님께 감사를 드린다.
 끝으로 이 책머리에 축하의 글을 써주신 부경대학교의 김쾌덕 교수님과 삼성여자 고등학교의 강성봉 교장선생님께 다시 한번 머리 숙여 감사의 말씀을 올린다.
 그리고 열악한 출판환경 속에서도 흔쾌히 출판을 맡아주신 국학자료원의 정찬용사장님과 그 직원들에게도 감사의 마음을 전한다.

2006. 2. 초하루
無心齋에서 金壽峯 사룀

여섯 번째의 출간을 축하하며

　김 수봉 박사를 내가 알게 된 지는 꽤 오래 되었다. 부산대학교 고전문학 전공자 모임과 한국문학회 발표회장에서이나, 내가 김 박사의 참된 인간적 면모를 알게 된 것은 부경대학교에 그가 출강하면서부터이다. 축하의 글을 쓰기에 조심스럽긴 하지만, 이런 관계로 인하여 나는 김 박사의 여섯 번째 출간에 대한 축하의 글을 흔쾌히 쓰기로 마음먹었다.

　김 박사의 첫 인상은 후덕함과 겸손함이었다. 그러면서도 학자로서 야심과 자만심을 소유하였으며, 그와 함께 도전적 기질 또한 왕성함을 느꼈다. 그런데 시간이 지나면서 나는 김 박사가 학문의 길에 수반되는 여러 장애에 힘들어함을 알게 되었고, 때로는 학문에의 뜻을 접으려고 할 때에도 있는 것처럼 보여 참으로 안쓰럽고 안타까운 생각이 들기도 했었다. 그래서 내 나름으로 격려와 위로의 마음을 그에게 전하곤 했었다.

　그런데, 그것 또한 김 박사의 한 면일 뿐이었다. 김 선생은 요새의 젊은 학자들처럼 날리지도 오만하지도 않았고 그저 묵묵하게 자기 일에만 전념하는 끈질긴 의지를 소유하고 있었다. 특히 남이 하기 싫어하고, 당장은 빛도 나지 않는 분야이지만 누군가는 반드시 해야만 하는 분야에 몇 년을 집요하게 매달려 일로 매진했는데, 나는 그의 그런 면에 감탄할 수밖에 없었다. 정말 그는 전형적인 외유내강형이며, 가슴에 빛나는 옥을 품고 있는 학자였다.

　특히 지금과 같은 세상에서 김 박사는 상당히 많은 출판비가 들어가야 하는 책들을 자비로 출판하면서도 어려워하지 않고 이 일을 계속 진행시켜 왔다. 이 해내기 힘든 작업이 벌써 여섯 번째이니, 이는 학자적 사명감 없이는 도저히 할 수 없는 일이라 하겠다.

　김 박사는 다른 사람보다는 비교적 늦게 학문 연구에 발을 들여놓은 편이나 김 박사의 학문에 대한 뜨거운 열정이 결코 남에게 뒤지지 않는 업적을 낳게 했다. 그는 "실전 판소리 7가 연구"와 "한글 필사본 고소설의 존재 실태 연구" 등 주옥같은 20여 편의 연구 논문을 학계에 발표하였고 『서사문학의 반동인물 연구』의 저서를 비롯, 한글 필사본 고소설 역·주해 총서 6권을 시리즈로 출판하기에 이르렀다.

　연구 논문은 학계에서 이미 좋은 평가를 받고 있지만, 고전소설 한글 필사본의 역·주해서는 공을 많이 들이고 노력을 기울인 것에 비해 당장은 알아주는 사람이 많지 않고 아직은 빛도 나지 않는 실정이다. 그런데 어떤 이는 이처럼 돈도 생기지 않은 일에는 손도 대지 않으면서 하기 쉬운 말로 마음만 먹으면 언제든지 할 수 있는 일이라고 한다. 그러나 아직 어느 누구도 김 박사처럼 꾸준하게 역·주해서를 6권이나 출간한 사람도 없고, 특히 필사본으로만 남아 있는 작품만을 역·주해한 사람은 더욱 없다. 이런 면에서 우리는 김 박사의 불퇴전의 정신을 더욱 높이 사 주어야 되리라 본다.

　물론 고소설에 대한 연구는 이 분야를 연구하는 사람들이라면 역·주해서 없이도 그 연구가 가능하리라 본다. 그러나 그 연구 과정을 고려해 본다면 역·주해서는 연구자의 작품 해독에 들여야 하는 노력과 시간을 절감시켜주어 더 많은 연구를 쉽게 할 수 있도록 해 줄 것이다. 뿐만 아니라, 이 역·주해서는 고소설의 전문적인 연구자가 아니라도 현대역과 주석을 통하여 고소설, 특히 지금끼지 일러시지 않았던 필사본 고소설에 어렵잖게 접근할 수 있는 기회를 제공해 줄 것이 틀림없다. 이런 점과 관련시켜 볼 때 김 박사의 이 일련의 작업은 고전의 현대화와 생활화는 물론, 전통의 계승과 발전이란 측면에서도 의미가 크다 하겠다. 그러므로 김 박사는 앞으로 업적에 걸맞는 좋은 평가를 받으리라 확신한다.

끝으로 김 박사의 이번 출판물의 출판을 진심으로 축하드리면서 이 책이 우리 한국문학의 발전에 큰 보탬이 됨과 아울러 그의 업적 또한 길이 남아서 모두에게 기억되기를 염원한다.

2006. 7.

부경대학교 국어국문학과 교수 김 쾌 덕

출간을 축하하면서

김선생이 본교에 처음 온 것은 1979년 3월이었고 그 때는 김선생이 군에서 제대한지 2개월 남짓 된 시기였다. 그때의 김선생은 의욕이 남보다 앞섰고 고집이 좀 세다는 것 외에는 다른 선생님들과 특별히 다른 것이 없었던 사람으로 기억된다.

그리고 자취와 하숙을 전전하며 몇 년간 고생을 하는 것 같더니만 곧바로 결혼을 하고 이어서 대학원을 입학하기에 당시에는 남들처럼 자기 발전과 연수를 위해 그냥 교육대학원 정도를 마칠 것으로 생각했었다. 왜냐하면 그 당시는 부산대학과 삼성여고는 동구와 서구의 끝에 있었고 지하철도 없는 시절이었기에 시간을 내어 대학원을 다니기가 대단히 힘들고 어려웠기 때문이었다.

그런데 김 선생은 교육대학원을 마친 후 바로 그 다음 해부터 부산대학교 대학원 박사과정에 도전을 하였고 그 결과 다음 해에는 자신과는 아무런 연고도 이끌어주는 사람도 없는 부산대학교 박사과정에 입학하였고 주경야독은 물론 불철주야 공부하여 3년 후에는 삼성여고에서 처음으로 문학박사학위를 받은 사람이 되었다. 또 그 후에는 밤마다 대학에 시간강사로 나가면서 대학의 강단에 서려고 노력했으나 결국 실패하고 뜻을 접는 듯했다.

이러한 김 선생의 삶의 과정을 곁에서 지켜본 나로서는 한편으로는 대견하기도 하고 다른 한편으로는 안쓰럽기도 했다. 즉, 학연이나 지연이 전혀 없을 뿐만 아니라 동료들로부터의 도움도 별로 기대할 수 없는 곳에서 불굴의 의지로 자신의 목표를 꿋꿋하게 달성해 가는 모습은 대견하다 못해 처연함이 느껴졌고 또 학맥이나 학연이 크게 없는 나로서도 선뜻 나서서 김 선생이 뜻을 이루도록 보탬이 되고 도와줄 수 없었던 점은 안타까움이었다.

아무튼 사람은 한 가지 일만 하는데도 잘하기는 매우 어렵다고 하는데 김 선생은 본교에 30년 가까이 근무하면서 투철한 사명감과 근면성으로 항상 다른 사람의 모범이 되었고 또 대학 강단에 서는 것을 포기한 이후에도 굽힘 없는 의지와 끊임없는 노력으로 연구논문과 논문집을 내는 것은 물론 고소설과 전통문화 발전을 위한 "한글필사본 고소설 역·주해 총서"를 연속해서 6권씩이나 내고 있다.

그리고 대부분의 사람들은 노력에 비해 그 결과가 빛나지 않거나 수고에 대해 댓가가 지불되지 않는 일은 기피하거나 싫어한다. 김선생이 진행하고 있는 역·주해 작업이 바로 그런 일이다.

그런데도 김선생은 노력에 비해 빛나지도 않고 댓가가 지불되기는커녕 오히려 자비(自費)를 들여야만 가능한 일에 수많은 시간과 노력을 투자하고 있다. 이런 태도는 현대를 살아가는 사람으로서 현실감각이 떨어지는 처신이라고 할 수도 있다. 그러나 다른 한편으로 생각해 보면 이런 자세는 전통문화와 국학 발전에 대한 투철한 인생철학과 사명감이 없이는 불가능한 행위라 할 수 있다.

이런 점에서 본인은 교장으로서는 물론 인생의 선배로서 김 선생의 노력과 그 업적에 대해 경의를 표하지 않을 수 없다.

다시 한 번 6권 출판을 축하하며 앞으로 더욱 정진하여 한국문학과 전통문화의 계승과 발전에 이바지함은 물론 한국문학사에 뚜렷한 족적을 남길 수 있기를 기대한다.

2006. 7.
삼성여자 고등학교장 강 성 봉.

목 차

머리말 / 5
祝賀書-1 / 8
祝賀書-2 / 11
목 차 / 15
일러두기 / 16

곽씨전

　-해제 · 20
　-줄거리 · 23
　-원본 · 26
　-현대역 · 27

목시봉전

　-해제 · 64
　-줄거리 · 69
　-원본 · 74
　-현대역 · 75

부용전

　-해제 · 222
　-줄거리 · 226
　-원본 · 230
　-현대역 · 231

주봉전

　-해제 · 292
　-줄거리 · 296
　-원본 · 300
　-현대역 · 301

춘매전

　-해제 · 388
　-줄거리 · 392
　-원본 · 396
　-현대역 · 397

−일러두기

이 책은 다음과 같은 요령으로 엮었다.

1. 대상 작품은 『한글 필사본 고소설 자료총서』 40권의 '곽씨전'과 16권의 '목시룡전' 그리고 18권의 '부용전'과 44권의 '주봉전이라'와 47권의 '춘매전'을 대상 작품으로 했다.
2. 체제는 짝수 면에 원문을 제시하고, 홀수 면에 현대역을 수록하여 상호 참조하기에 편리하도록 하였다.
3. 현대역은 원전의 뜻을 해치지 않는 범위에서 쉽게 풀고, 우리말의 자연스러움과 문학성을 나타내도록 힘썼다.
4. 주석은 원문에 붙이고 그 하단에 각주함을 원칙으로 하였다.
5. 주석의 표제어는 원문의 표기가 한문이거나 한문이 없는 경우에는 한글로, 한글인 경우에는 한글과 한문을 다같이 倂記하였으며, 이 경우 한글 표기는 현대어 표기를 원칙으로 하되 표현이 어색한 부분은 간혹 원문의 표기를 그대로 사용하기도 하였다.
6. 주석 및 현대역의 원칙은 다음과 같다.
    1) 필사본의 내용 전문을 활자화한다.
    2) 활자화된 작품의 내용 중 해독을 위해 주석이 필요한 부분은 각주를 붙여 그 내용을 해설한다.
    3) 일반독자를 위해, 활자화된 내용 전문을 현대어로 쉽게 풀어서 번역한다.

4) 작품이 가진 일반적인 특징을 이해할 수 있도록 작품마다 해제를 붙이도록 한다.

7. 이 책에 사용한 주요 부호는 다음과 같다.

1) (　) : 음이 같은 한자를 병기(竝記)하거나 원문 중에서 틀린 것이 분명한 부분을 고치는 데에도 사용하였으며 또 원문 중에서 빠진 내용을 보완하는 데에도 쓰였으며 또 각주에서 보완할 내용을 넣을 때도 사용함.

2) 『　』 : 작품집과 장편의 작품명 그리고 저서명을 나타냄.

3) "　" : 대화나 인용을 나타냄.

4) '　' : 간단한 인용이나 재인용, 또는 강조나 간접 화법을 나타냄.

5) < ? > : 원문 판독이나 내용이 불확실한 경우를 나타냄.

곽씨전

一 해제

1. 書誌
이 작품은 국문필사본으로 김동욱(金東旭)소장본[1]에 1종 그리고 박순호(朴順浩)소장본[2] 2권과 40권에 각 1종씩 하여 2종이 등재되어 있다. 또 박순호본 제 30권에는 '열녀젼' 등의 이름으로 등재되어 있다. 그러나 아직 활자본이나 판각본의 작품은 알려진 바 없다.

필자는 영인된 이들 필사본 중 박순호 소장본 제 40권에 등재된 작품을 대상으로 하였다.

2. 작가와 연대
이 작품도 대부분의 다른 고소설과 마찬가지로 구체적인 작가와 연대는 미상이다. 다만 작품의 후기나 필체 등으로 미루어 볼 때 여성이 필사했으며 필사자의 필체가 아주 나쁘고 또 한글도 겨우 깨친 정도의 여성이라는 점 등만 알 수 있는 작품이다.

3. 시·공간적 배경
고소설은 대부분 공간적으로는 중국을, 시간적으로는 중국의 어느 왕조 때를 배경으로 하고 있다.

---

1) 김동욱 : 『필사본 고소설자료총서』 보경문화사, 1991.
2) 박순호 : 『필사본 고소설자료총서』 오성사, 1986.

그러나 이 작품은 다른 고소설과는 달리 시간적으로는 조선을 배경으로 했고 공간적으로도 우리 나라를 배경으로 하고 있으며 그것도 구체적으로 경상도의 현재 지명과 일치하도록 설정되어 있다. 이런 점은 소설의 내용에 사실성과 개연성을 강화한다는 점에서뿐만 아니라 다른 고소설과 차이를 보여준다는 점에서 상당히 의미 있는 요소라 하겠다.

4. 내용

이 작품의 내용은 혼례식을 위해 신부 댁으로 가던 신랑이 살인 사건에 휘말려 죽을 위기에 처하게 된다. 이것을 신부가 특별한 용단과 방법으로 신랑을 탈옥시키고 자신이 대신 벌을 받으려 한다. 이러한 정절에 감동한 관리와 임금이 이들을 용서하고 오히려 크게 포상을 한다는 순서로 구성된 단순한 내용이다.

특징은 이러한 열녀 화소가 조선시대의 사회 구조로 볼 때 현실에서 충분히 있을 수 있는 사실이라는 점이다. 그래서 이런 화소는 작품의 사실성을 높여 줄뿐만 아니라 실제 사실이 소설화되었을 가능성을 추측케 한다는 점에서 의미를 부여할 수 있다고 하겠다.

5. 문제 해결 방법

고소설은 대부분 천상계나 용궁을 설정하고 천상의 개입이니 우연 등의 환상적 방법으로 문제를 해결한다. 이에 비해 이 작품은 문제의 해결 방식이 의도적이고 필연적이라는 점이 특징이라 하겠다.

즉 문제의 해결에 환상적인 천상의 개입이나 도움이 전혀 없을 뿐만 아니라 우연이나 비약도 거의 없다는 점이다.

6. 유형

이 작품은 남주인공 김생에게 초점을 맞춘다면 살인 사건과 연관된 '송사소설'이라 할 수도 있을 것이다. 그러나 감옥에 갇힌 약혼남을 위해 자신을 희생하고자 한 곽소저에게 초점을 맞춘다면 이 작품은 '열녀형소설'이라 할 수 있을 것이다.

다만 제목이나 작품 내용의 비중을 고려한다면 곽소저에게 무게 중심이 놓여 있다는 점에서 '열녀형소설'로 보는 것이 타당할 듯하다.

7. 사상적 배경

대부분의 고소설은 공간적 배경 설정이나 문제 해결 방식에 있어서 유교와 불교와 도교의 삼교가 혼합된 사상이 나타나는 경우가 많다.

그러나 이 작품은 문제의 해결 방식이 인과적이고 필연적일 뿐만 아니라 배경 사상도 오로지 유교적인 정절만이 문제될 뿐 그 외의 도교나 불교적 요소가 끼어들 여지가 없다는 점이 특징이라 하겠다.

8. 주제

관점에 따라 여러 가지 해석이 가능하겠지만 여주인공 곽씨에게 초점을 맞춘다면 지극한 정절은 복을 받는다는 '여성의 정절 예찬'을 주제로 했다고 할 수 있을 것이다.

-줄거리

1. 옛날 경상도 영천 땅에 김생이란 빼어난 인물이 있었다.
2. 나이 십삼 세에 부모가 혼처를 힘써 구하다.
3. 선풍(현풍)의 곽참판 댁에는 태임과 같은 덕성과 빼어난 미모를 지닌 딸이 하나 있었다.
4. 곽참판 댁에서 딸의 혼처를 구하다.
5. 김생의 집에서 곽참판 댁에 구혼하여 혼인하기로 하다.
6. 혼인날이 되어 신랑이 신부댁으로 가다가 길이 멀어 주막에서 점심을 먹다.
7. 주막에서 김생의 종과 주막의 사환이 말먹이 값으로 시비를 하다.
8. 사환의 욕설에 혈기를 참지 못한 김생이 주인을 꾸짖고 주인을 몇 차례 때렸는데 그 주인이 그만 죽다.
9. 김생이 살인죄로 본관사또에게 체포되다.
10. 김생이 감옥에서 죽기만 기다리며 괴로운 시간을 보내다.
11. 청춘 과부가 된 곽소저는 김생의 소식을 듣고 '열녀불경이부'를 다짐하며 서러움에 겨워 몸져눕다.
12. 곽소저의 부모가 위로하며 다른 곳에 출가할 것을 권하나 곽소저가 결사 반대하다.
13. 어느 날 곽소저가 바람을 쇠겠다며 부모에게 남자의 의관을 부탁하다.
14. 부모가 어쩔 수 없어 남자의 의관을 마련하여 집을 떠나게 하다.

15. 곽소저가 밤낮으로 말을 달려 오일만에 김생이 갇혀 있는 감옥 근처에 도달하다.
16. 곽소저가 종에게 속량과 많은 돈을 미끼로 김생이 감옥에서 나오면 김생을 모시고 먼 곳으로 도망할 것을 당부하다.
17. 곽소저가 형방을 찾아가 자신이 김생의 죽마고우임을 밝히고 김생을 만나게 해 줄 것을 많은 금전으로 회유하다.
18. 형방이 옥사장에게 부탁하여 곽소저와 김생의 만남을 주선하다.
19. 곽소저가 많은 돈을 흩어서 옥사장과 형방을 매수하고 또 많은 술과 음식을 준비하게 하다.
20. 곽소저가 옥졸들에게까지 많은 음식과 술을 먹이고 감옥에 들어가 김생을 만나 죽마고우인 체하며 김생과 나름대로의 정을 나누다.
21. 옥사장 등이 돌아가고 옥졸들이 다 술에 취했을 때 곽소저가 김생에게 자신의 신분을 밝히고 옷을 바꾸어 입고 탈옥하여 도망 갈 것을 당부하다.
22. 김생이 처음에는 영문을 몰라하다가 그 사연을 알고 거절하였으나 곽소저의 간절함을 뿌리칠 수 없어 탈옥하여 도망하다.
23. 이튿날 이 사실을 알게 된 옥사장이 사또에게 보고하고 사또가 노발대발하며 곽소저를 형틀에 묶고 심문하다.
24. 곽소저가 몇 차례의 곤장에 정신이 없어 전후 사연을 사실대로 아뢰자 오히려 사또가 감동하여 그 사연을 감사에게 보고하다.
25. 감사도 놀라고 감동해서 임금에게 상소하다.
26. 임금이 감동하여 팔도에 공문을 보내어 김생을 찾아 곽소저의 죄와 김생의 죄를 용서하고 두 사람이 다시 육례를 갖추어 혼인을 하도록 명령하다.

27. 임금이 다시 중국의 천자에게 이 사실을 보고하다.
28. 중국 황제가 감동하여 열녀문과 숙열부인 가자를 내리다.
29. 곽소저와 김생이 결혼하여 행복하게 살다.
30. 뒷날 곽소저의 소생이 과거에 급제하다.

-곽씨전이라

&&. 이 작품은 2권과 40권 두 곳에 등재되어 있으나 2권은 필사가 보기는 좋으나 실제로 읽어내기에는 어려운 점이 너무 많다. 그래서 40권의 작품을 대상으로 활자화하기로 했다.

옛날의 경상도 영천 짜의셔 사난 김성이란 스람이 잇시되 나히 십슴 세라. 인물리 틱월(탁월)ᄒ더라. 그 부모 며느리 엇기를 시각이 민망ᄒ야[1] 사방의 구혼ᄒ더 ᄆ음과 ᄀᆞ탄 혼쳐을 엇지 못ᄒ야 미일 넘녀ᄒ여 근심으로 세월을 보니더니 잇써의 선풍 짜의셔 사난 곽참판 딕의셔 다만 흔 ᄯᅩᆯ을 두어시더 나히 십뉵 세라.

인물은 치님[2]의게 비길너라. 앗춤 희당화 이실을 머금은 듯 ᄒ고 아릿짜온 얼골과 고흔 틱도는 구시월 망월[3]이 반구룸 속에 나오난 닷 ᄒ니 보는 스람 뉘 아니 층찬ᄒ리 업더라.

이러ᄒ고로 그 부모 쏘흔 구혼을 겨와 갓툰 비필[4]을 싱각ᄒ더니 잇써예 김성의 집의셔 니 물솜을 듯고 즉시 듕미[5]을 보니여 구혼ᄒ기을 누별ᄒ더니[6]

---

1) 민망하다 : ①딱하고 안타깝다. ②부끄럽고 딱하다.
2) 채임 : ? 아마 '태임'의 오기인 듯. 태임 : 중국 주나라 무왕의 어머니.
3) 망월(望月) : 보름달.
4) 배필(配匹) : 부부가 될 짝.
5) 중매(仲媒) : 혼인을 하도록 소개하는 일. 또는 그 사람.

－곽씨전 현대역

옛날에 경상도 영천 땅에 김생이란 사람이 살고 있었는데 나이가 십삼 세 되니 인물이 특별하게 빼어나더라.

그 부모가 며느리 얻기를 시각을 다투니 민망하게 여겨 사방으로 구혼하되 마음에 드는 혼처를 얻지 못하여 매일 염려하며 걱정으로 세월을 보내더라.

이 때에 선풍 땅에 사는 곽참판 댁에는 딸이 하나 있었는데 나이가 십육 세가 되었더라. 인물은 태임에게 비교할 만하고 얼굴은 아침 해당화가 이슬을 먹음은 듯하더라. 아리따운 얼굴과 고운 태도는 구시월 보름달이 구름 속에서 반쯤 나오는 듯하니 보는 사람마다 칭찬하지 않는 사람이 없더라. 그 부모가 또한 혼처를 구하되 저와 같은 배필을 구하고자 하더라.

이 때 김생의 집에서 이 말씀을 듣고 즉시 중매쟁이를 보내어 구혼하기를 특별히 하니

---

6) 누별ㅎ더니 : ? 아마 '특별히 하더니' 등의 뜻인 듯.

잇씨의 곽참판 딕의셔 김싱을 다려두가 불허락ᄒ거날7) 김싱의 부모 즐거 오말 이긔지 못ᄒ야 즉시 듀단8)을 보니여 십일월 초 구일노 틱일ᄒ여 보니거날 신낭 신부 ᄆ옴이 혼인 날을 삼츄9)갓치 기다리더니 어스 디간10)의 혼인 나리 당ᄒ여거날 니놀 두 집의셔 육예11) 범졀12)을 다 츠린 후의 실낭이 집을 쩌나더니 영쳔셔 션풍니 이슈13)가 먼고로 낫참14)을 다니더 니 쥬졈의 들어가 닌마15)을 먹인 후의 질을 쩌놀 씨예 쥬인의 슈환과 신낭의 마중16) 놈과 셔로 닷토와 쏘홈을 도도더니 주인놈이 실낭을 향ᄒ 야 고셩 후욕17)을 무호니18) 흔이 연소 셥긔19)예 참디 못ᄒ야 자졍격지20) 로 쥬인놈을 ᄶᅮ짓고 쏘 흔 번 짜여더니 억수21)가 불힝ᄒ야 듀인놈이 죽어 난지라.

신낭 팔즈 무상22)ᄒ야 장가는 시로니23) 스린 죄인니 되야거놀 그 동니

---

7) 불허락ᄒ거날 : ? 아마 '즉시 허락하거늘' 등의 뜻인 듯.
8) 주단(柱單) : '사주단자'의 준말. 사주단자(四柱單子) : 혼담이 결정된 때, 신랑의 사주를 적어 신부집에 보내는 간지(簡紙).
9) 삼츄(三秋) : ①가을의 석 달. ②세 해의 가을. 곧, 삼 년의 세월. ③긴 세월.
10) 어스 디간 : ? 아마 '어느 사이에' 등의 뜻인 듯.
11) 육례(六禮) : ①유교 사회에서 행하여지는 여섯 가지 큰 의식. 곧 관·혼·상·제·향음주·상견. ②혼인의 여섯 가지 예법. 곧 납채·문명·납길·납폐·청기·친영.
12) 범졀(凡節) : 일이나 물건이 지닌 모든 질서와 절차.
13) 이슈(里數) : 거리를 이의 단위로 나타낸 수.
14) 낫참 : (일을 하다가) 점심 전후의 쉬는 동안. 또는 그때에 먹는 음식.
15) 인마(人馬) : ①사람과 말. ②마부(馬夫)와 말.
16) 마중 : ? 아마 '마부'의 오기인 듯.
17) 후욕 : 꾸짖어서 욕함.
18) 무호니 : ? 아마 '무한이'의 오기인 듯.
19) 셥긔 : ? 아마 '혈긔'의 오기인 듯. 혈긔(血氣) : ①목숨을 부지하여 가는 피와 기운. ②격동되기 쉬운 의기.
20) 자졍격지 : ? 아마 '스스로 나서서 일을 처리함' 등의 뜻인 듯.
21) 억수 : ? 아마 '운수'의 오기인 듯. 운수(運數) : 사람의 힘을 초월한 천운과 기수.

곽참판 댁에서 김생을 데려다 보고 즉시 허락하거늘 김생의 부모가 즐거워함을 이기지 못하여 즉시 사주단자를 보내더라.

사주단자를 받은 곽참판 댁에서 혼일 날을 십일월 초 구일로 택일하여 보내니 신랑과 신부는 혼인날을 일각여삼추 같이 기다리더라.

어느 사이에 혼인날이 되니 이날 두 집에서는 육례에 해당하는 모든 절차를 갖춘 후에 신랑이 집을 떠나 신부 댁으로 향하더라.

그런데 영천에 있는 신랑집과 선풍에 있는 신부집은 거리가 너무 멀기 때문에 점심시간쯤 해서 주점에 들어가서 신랑이 자신을 수행하는 사람과 말들에게 밥과 먹이를 먹인 후에 길을 떠나게 되었더라.

이때에 주인의 사환과 신랑의 마부가 서로 다투어 싸움을 돋우더니 주인이 신랑을 향하여 큰 소리로 험한 욕을 끝없이 하더라. 신랑이 젊은 나이와 혈기로 분함을 참지 못하여 스스로 나서서 주인을 꾸짖고 또 주인을 한 번 때렸더니 운수가 불길하여 그만 주인이 죽고 말았더라.

신랑의 팔자가 사나워 장가는 고사하고 살인 죄인이 되었더라. 그 동네

---

22) 무상(無常) : ①(상주하는 것이 없다는 뜻으로) 나고 죽으며 흥하고 망하는 것이 덧없음을 일컫는 말. ②모든 것이 늘 변함.
23) 시로니 : ? 아마 '~커녕, 그만두더라도' 등의 뜻인 듯.

인민니 단여드러 신낭을 동여미며 그 늑문 일힝을 쏘 졀박ᄒᆞ여 즉시 고관24)ᄒᆞ니 본관25) 틱슈26) 위의27)를 ᄀᆞᆺ초와 좌정 후의 즉시 초검복28)을 법더로 ᄒᆞ니 김싱의 신셰 곤ᄒᆞ고29) 가연흠을 ᄎᆞ마 보지 못ᄒᆞᆯ너라.

힝ᄎᆞ칼30) 씨고 닌봉31)ᄒᆞᆫ 후의 항시족시32)ᄒᆞ고 영이(영리)ᄒᆞᆫ 쟝교로 안동33)ᄒᆞ야 근옥34)의로 가둔 후의 급피 슌영의 보장35)ᄒᆞ니 슌ᄉᆞ도36) 졔ᄉᆞ나닌 후의37) 갓갓 고찰38) 엄형39)ᄒᆞ라 ᄒᆞ니 불상코 원통ᄒᆞ다.

병들어 ᄉᆞ난 ᄉᆞ롬은 만컨마는 스린 죄인니 엇지 살기을 바라리오. 운명ᄎᆞ로 쥬야 호읍40)으로 밤나지로 이통ᄒᆞ니 그 부모 ᄒᆞ날님게 츅원ᄒᆞ더 엇지ᄒᆞ야 주인 즁 막된 주인을 뉘라셔 살여쥬리요. 어득ᄒᆞᆫ 옥 가온더 귀신

---

24) 고관(告官) : 관가에 고함.
25) 본관(本官) : ①제 고을 원을 일컫는 말. ②감사나 병사가 있는 곳의 목사·판관·부윤을 일컫는 말. ③견습이나 고원이 아닌 주요한 직책의 사람.
26) 태수(太守) : 신라 때, 지방 각 고을을 맡아 다스리던 으뜸 벼슬. 품계는 사지로부터 중아찬까지. 그 뒤로는 지방관을 일컫기도 하였다.
27) 위의(威儀) : ①엄숙한 차림새. ②예법에 맞는 몸가짐.
28) 초검복 : ? 아마 '죄인 심문' 등의 뜻인 듯.
29) 곤하다(困―) : ①기운이 풀려 나른하다. ②몹시 고단하여 자는 잠이 깊다.
30) 행차칼(行次―) : 형구의 하나. 죄인을 다른 곳으로 옮길 적에 머리에 씌워 가지고 가는 칼로, 옥중에서 쓰는 칼보다 짧고 넓적하다.
31) 인봉(印封) : ①관인을 봉하여 둠. ②봉인.
32) 항쇄족쇄(項鎖足鎖) : 목에는 칼을 씌우고 발에는 족쇄나 차꼬를 채움. 곧 죄인을 단단히 잡죔을 이르는 말.
33) 안동(眼同) : 함께 따르게 하거나 한데 어우름.
34) 근옥(近獄) : 가까운 감옥.
35) 보장(報狀) : 어떤 사실을 윗관원에게 알려 바치는 공문.
36) 순사도(巡使道) : 순찰사 즉, 도백의 다른 말.
37) 졔ᄉᆞ나닌 후의 : ? 아마 '자세히 살펴본 후에' 등의 뜻인 듯.
38) 고찰(考察) : (연구하는 태도로) 생각하여 살펴봄.
39) 엄형(嚴刑) : 엄한 형벌. 또는 엄하게 형벌함.
40) 호읍(號泣) : 소리를 내어 부르짖으며 욺. 또는 그 울음.

사람들이 달여들어 신랑을 동여매고 그 나머지 일행들도 또한 함께 결박하여 즉시 관청에 고발하더라.

본관 태수가 위엄 있는 모습을 갖추어 자리를 잡고 앉은 후에 즉시 초동 수사를 법대로 실시하니 김생의 신세가 곤궁하고 가련함은 차마 눈을 뜨고 보지 못할 지경이더라.

머리에 칼을 씌우고 봉인을 한 후에 항쇄와 족쇄를 채우고 똑똑한 장교로 하여금 데리고 가서 가까운 감옥에 가두게 하더라. 그 후에 급히 순찰사에게 보고하니 순찰사가 자세히 살펴본 뒤에

"각각 잘 살펴서 법대로 엄격하게 처벌하라"

하니 신랑의 신세는 불쌍하고도 원통하게 되었더라.

병들어도 살아나는 사람은 많지마는 살인 죄인이 어찌 살기를 바라리요. 팔자소관으로 생각하고 밤낮으로 큰소리로 울부짖고 애통해하니 그 부모는 하느님께 축원하지만 어찌 죽은 주인을 살려낼 수 있겠는가? 어둑한 감옥 속에서 귀신

으로 벗슬 숨고 성명과슴경41)의 밤이 되야 죽긔만 바라던이 그 즁의 디젼42) 통판43) 법디로 쇼흔 월슴등록44)흐올 격의 유혈이 낭즈흐야45) 혼빅도 부운46)갓더라.

모진 것 목슘니라. 그리 져리 강인47)흐야 구든48) 목슘 스라시나 황쳔49)니 지쳑50)니라. 졍마니 흔 즁51) 고안52)의 고치53)의 발을 넛코 진 칼노 벼기을 삼고 누어시니 나는 졔비라 나라가며 뒤지기쥐54)라 짜을 쓸을 손가. 속졀업시 구무 밥만 어더먹고 눈물노 벗슬 삼고 흔슘으로 셰월을 보닐 격의 슬푸다 사방을 둘너보니 옥담55) 스인 거슨 어니 그리 놉푸는고. 슈양의 니양 옥즁과 츈양의 남원 옥듕의 잇셔 고생이 만타흔들 니에셔 더훌손가. 아모리 울며 쳔명56)만 바란들 뉘라셔 살여쥬니요. 스룸의 조흔 거슨 부부간니 웃씀이라.

---

41) 셩명과슴경 : ? 아마 '삼경이 지난' 등의 뜻인 듯.
42) 대젼(大典) : ①나라의 큰 의식. ②중대한 법젼.
43) 통판(通判) : ①모든 일을 판정함. ②고려 때, 대도호부의 판관.
44) 월슴등록 : ? 아마 '법대로 처벌함' 등의 뜻인 듯.
45) 낭자하다(狼藉─) : ①여기저기 흩어져 어지럽다. ②떠들썩하다. 파다하다.
46) 부운(浮雲) : 뜬구름.
47) 강인(强忍) : 억지로 참음.
48) 구든 : ? 아마 '궂은'의 오기인 듯. 궂다 : ①언짢고 나쁘다. ②(비나 눈이 와서) 날씨가 좋지 못하다.
49) 황쳔(黃泉) : 저승.
50) 지쳑(咫尺) : 서로 떨어져 있는 사이가 썩 가까운 거리.
51) 졍마니 흔 즁 : ? 아마 '적막한 중'의 오기인 듯.
52) 고안(苦顔) : 괴로운 얼굴빛.
53) 고치 : ? 아마 '족쇄의 일종으로 발을 구속하는 도구' 등의 뜻인 듯.
54) 뒤지기쥐 : ? 아마 '두더지' 등의 뜻인 듯.
55) 옥담 : 감옥의 담.
56) 쳔명(天命) : ①타고난 목숨. ②타고난 운명. ③하늘의 명령.

으로 벗을 삼고 삼경도 지난 깊은 밤에 오로지 죽기만을 기다리더라. 그러한 가운데서도 대전 통편 법에 정한대로 법을 시행하니 유혈이 낭자하여 혼백도 뜬구름처럼 흩어지는 듯하더라. 모진 것이 목숨이라 그럭저럭 억지로 궂은 목숨을 부지하고 있으나 저승이 지척이더라. 적막한 감옥 속에서 고통스러운 얼굴로 족쇄에 발을 넣고 긴칼로 베개를 삼고 누웠으니 날아다니는 제비라서 날아가며 두더지라서 땅을 뚫고 도망을 가겠는가?

어쩔 수 없이 구멍으로 넣어주는 밥만 얻어먹고 눈물로 벗을 삼아 한숨으로 세월을 보낼 때에 슬프다 사방을 둘러보니 감옥의 담을 쌓은 것은 어찌 그리 높던고. 내양 감옥에 있던 수양과 남원 감옥에 있던 춘향이는 고생이 많았다고 하지만 이보다 더했겠는가? 아무리 울며 타고난 운명을 한탄한들 누가 감히 살려주겠는가?

사람의 관계에서 가장 좋은 것은 부부간이 제일이라.

잇써예 가련훈 곽소제 쳥춘 과수57) 깁푼 ᄆᆞ음이 녈녀불경니부지졀58)을 졀졀리 싱각ᄒᆞ야 쳘석 갓툰 구든 ᄆᆞ음은 세상의 짝니 업더라. 머리 세슈 젼폐ᄒᆞ고 규즁59)의 눕게 되니 쳥춘 과슈 아모리 만타ᄒᆞᆫ들 곽소제 갓탈손가.

그 부모 위로ᄒᆞ야 일너 ᄀᆞᆯ오디 네 과니 실퍼 말나. 부유60)쳔지에 초로인 싱61)이 사라나셔 젼후 분견62) 김가 ᄌᆞᆯ 골슈63)의 미ᄌᆞ두고 무졍훈 셰월을 보니기난 그 아니 원통ᄒᆞ야. 나무 ᄌᆞ식 도야나셔 부모의 말슴을 거역지 마라. 혼사의 셩불셩64)은 ᄌᆞ고로65) 니졔가지 일은 말이 샹사66)라. 다른 가문의 구혼ᄒᆞ야 조히 셰월을 보니여 부모의게 영화 뵈고 녹슈의 노난 원낭예을 일오며 부귀영화을 노리젹겨67) 질겁고 귀한 거시 이긔 밧 쏘 잇슬소야. 조말 말고 셜워마라.

김가 ᄌᆞ지 집의 부당하다 ᄒᆞ신디 과연훈 곽소제 부모 말슴 근친 후의 아미을 나작이 ᄒᆞ고 디답ᄒᆞ디 다란 말슴은 다 들어도 졔일 난쳐훈 거시 팔ᄌᆞ도라. 쳥춘 과슈 구든 ᄆᆞ음이미 열ᄌᆞ68) 삼긴 후의 게집 녀ᄌᆞ 삼겨나고 충성충ᄌᆞ 삼긴 후의 신ᄒᆞ신ᄌᆞ 삼겨나고 문밧 빅셩 숨긴 후의 초왕의 말

---

57) 과수(寡守) : 홀어미.
58) 녈녀불경니부지졀 : 열녀는 두 지아비를 섬기지 않는다는 절개.
59) 규즁(閨中) : 부녀자가 거처하는 곳.
60) 부유(浮遊·浮游) : 떠돌아 다님.
61) 초로인생(草露人生) : 풀잎에 맺힌 이슬과 같이 덧없는 인생.
62) 분견 : ? 아마 '불견'의 오기인 듯. 불견(不見) : 본적이 없음.
63) 골수(骨髓) : ①뼈의 속을 채우고 있는 연한 조직. 붉은빛과 누른빛의 것이 있고, 적혈구·백혈구·혈소판 등을 만든다. ②마음속의 깊은 곳.
64) 셩불셩(成不成) : 일의 되고 안 되는 것.
65) 자고로(自古—) : 예로부터.
66) 샹사(常事) : 예샹사(例常事)의 준말 : 예샷일.
67) 노리젹겨 : ? 아마 '두루 겪어'의 오기인 듯.
68) 열자(烈字) : 열(烈)이란 글자.

이때 가련한 곽소저 청춘에 과부가 된 한 많은 마음에 열녀는 두 지아비를 섬기지 않는다는 절개를 간절히 생각하니 철석같이 굳은 마음은 이 세상에 짝이 없더라. 머리 빗기와 세수를 전폐하고 규방에 드러눕게 되니 청춘 과부가 아무리 많다고 한들 곽소저와 같은 사람이 또 있겠는가?

그 부모가 위로하여 말하기를,

"너는 과도하게 서러워 말아라. 떠돌다가 가는 인생, 하늘과 땅 사이에 풀 끝에 이슬같이 태어나서 이전에도 앞으로도 본 적도 볼 수도 없는 김가 집안의 남자를 마음속에 새겨두고 무정한 세월을 의미 없이 보낸다는 것은 그 아니 원통하겠느냐? 너도 남의 자식으로 태어났으니 부모의 말씀을 거역하지 말아라. 혼사가 이루어지고 어루어지지 않는 것은 옛날부터 지금까지 흔히 있는 일이다. 다른 가문에 혼처를 구하여 아무 탈없이 세월을 보내어 부모에게 영화를 보이고 너희들은 푸른 물에 노는 원앙새처럼 화목한 가정을 이루며 부귀영화를 두루 겪으면 이 세상에 귀한 것이 이것 외에 또 무엇이 있겠는가? 이러하니 너는 잔소리도 말고 서러워하지도 말아라."

김가 자제 집에는 부당하다고 밀씀하시니 나이가 잔 곽소저가 부모님 말씀 그친 후에 이마를 나직하게 숙이고 대답하기를,

"다른 말씀은 다 들어도 그 말씀만은 들을 수가 없습니다. 인생에 있어서 제일 난처한 것이 사람의 팔자인 것 같습니다. 청춘 과부 굳은 마음 열녀 열(烈)자 생긴 후에 계집 여(女)자 생겨나고 충성 충(忠)자 생긴 후에 신하 신(臣)자 생겨나고 문밖 백성 생긴 후에 초나라 왕의 말이

생겨나서니 소녀 나히 십육 세오니 엇지 오계초여⁶⁹⁾만 못ᄒ니요.

　부귀 영화의 ᄯᅳ시 업고 규듕의 늘근 ᄆᆞ옴이 소녀의 원니로소이다.

　범갓튼 부모님 영을 다른 긔결⁷⁰⁾은 다 드르되 니 말숨은 죽어도 드를 쓰시 업ᄉ오니 너머 과이 권치 마ᄅᆞ소셔. 이ᄎᆞ한⁷¹⁾ 이 목슘 경각의 죽으면 무엇시 유익ᄒ니잇가. 소녀가 셜영 그릇쳐도 올흔 말숨으로 가르치시기난 올습거니와 그런 말숨은 다시 닙 박긔 니지 마옵소서.

　이러틋시 스리 당연니 알외니 그 부모 ᄋᆞ모리 ᄌᆞ식의 말이라도 스리 당연ᄒ니 흔 말숨 전혀 업고 ᄯᅩ흔 무료ᄒ더라⁷²⁾.

　불상 불쌍한 청춘 소제 독슈공방⁷³⁾ 찬자리의 세월을 보닐 적의 일구월심⁷⁴⁾ᄒ야도 쥬야의 싱각 옥듕의 인난 가장 살일 ᄆᆞ옴만 집피 먹고 부모전의 들어가 이미을 나작이 ᄒ고 조용흔 말숨으로 소겨 엿ᄌᆞ오디 세상의 삼겨나셔 남ᄌᆞ 복식 한번 ᄒ고 세상 귀경 한 번 ᄒ고 그날 주근들 무슴 ᄒ니 일실이닛가. 복원 ᄒ오신 부모님은 불초⁷⁵⁾ 녀식의 말을 어엿비⁷⁶⁾ 넉여 싱각ᄒ시옵소서.

　만단 이결 ᄉᆞ은흔디 그 부모 마지못ᄒ야 남자 의관을 준비ᄒ고 철이 준마을 니여 은자 수빅 양을 실고 별갓탄 종을 불너 천번 만번이나 당부ᄒ디

---

69) 오계초여 : ? 아마 '옛날의 열녀 이름' 등을 가리키는 말인 듯.

70) 구절(句節) : 구절. 말.

71) 이ᄎᆞ한 : ? 아마 '슬픈' 등의 뜻인 듯.

72) 무료하다(無聊─) : ①탐탁하게 어울리는 맛이 없다. ②부끄럽고 열없다. ③심심하다.

73) 독수공방(獨守空房) : 독숙공방(獨宿空房) : 아내가 남편 없이 혼자 밤을 지내는 일.

74) 일구월심(日久月深) : (날이 오래고 달이 깊어진다는 뜻으로) 세월이 갈수록 더욱 더해짐을 이르는 말. 오랜 동안 골똘히 바람.

75) 불초(不肖) : ①못나고 어리석은 사람. ②어버이의 덕망이나 일을 이을 만한 재질이 없는 사람.

76) 어엿브다 : 딱하다. 불쌍하다.

생겼으니 소녀의 나이가 이제 십육 세가 되었으니 어찌 초나라의 오계라는 여자만 못하겠습니까? 부귀 영화에는 뜻이 없고 오직 규방에서 혼자 늙는 것이 소녀의 소원입니다. 호랑이 같이 무서운 부모님의 명령을 다른 것은 다 들어도 이 말씀은 죽어도 들을 뜻이 없으니 너무 권하지 마소서. 애처롭고 불쌍한 이 목숨이 지금 이 자리에서 죽으면 무엇이 유익하겠습니까? 소녀가 설령 잘못된 생각을 하더라도 옳은 길로 가도록 가르치는 것이 옳지 않겠습니까? 그런 말씀은 다시 입 밖에 내지 마십시오."

이렇듯이 사리에 당연한 말을 아뢰니 그 부모 아무리 자식의 말이라도 사리에 당연하니 할 말이 전혀 없고 또한 부끄럽고 열없을 뿐이더라.

불쌍하고 불쌍한 청춘 소저 독수공방 찬 자리에 세월을 보낼 적에 아무리 오랜 세월이 간다고 해도 밤낮 생각은 감옥 속에 있는 남편 살릴 마음만 간절하여 부모님 앞에 들어가서 머리를 숙이고 나직하고 조용한 목소리로 속여서 말하기를,

"세상에 태어나서 남자의 옷차림 한번하고 세상에 나가 세상 구경 한번 한다면 그 날 죽은들 무슨 한이 있겠습니까? 엎드려 바라옵건대 부모님은 못난 딸의 말을 불쌍하게 여겨서 생각하여 주옵소서."

온갖 말로 애걸하고 사정하니 그 부모가 어쩔 수 없어 남자의 의관을 준비하고 천리마를 내어 은자 수백 냥을 싣고 매우 똑똑한 종을 불러 천만 번 당부하되,

서방님을 펑안니 뫼시고 조히 단여오라. 하시니 소제 디히하야 이날 즉시 부모님게 하직ᄒ고 남자 복식을 차리고 종을 불너 힝장77)을 츠려 지촉하야 나서니 이러타시 헌건한78) 틱도난 장부의 긔상이 늠늠한지라79). 뉘 능히 여잔 줄 알이요.

마상의 안ᄌ 쳐연80)니 나온이 그 부모 슬픔을 이긔지 못ᄒ시더라. 쏘굿보난81) ᄉ롬이 뉘 아니 불상이 너기리 업더라.

아름다온 청춘 소져 밤나지로 말을 달여 질 쩌난 사오일만의 가장 일난 고들 ᄎᄌ가셔 성박의 주점ᄒ고 종을 불너 분부ᄒ되 오늘 밤의나 닉일 밤의나 옥중의 계신 셔방님을 닉여보닐 거시니 은젼 잇난 디로 노ᄌᄒ고 말긔 모셔 불원 천이 가난 디로 가면 만일 천힝82)으로 사라나면 너을 송양83)도 ᄒ려니와 천금으로 은혜을 갑푸마.

천만 번이나 당부ᄒ 후의 닙어든 의관을 다시 정제84)ᄒ고 종을 압세우고 성안의 들어가서 형방85)을 ᄎᄌ가니 형방이 나와 마자 당상86)의 안치고 읍녜87)을 공순니 흔 후의 형방이 뭇ᄌ오디 어디 겨시며 무슴 일노

---

77) 행장(行裝) : 여행할 때 쓰는 여러 가지 물건이나 차림.
78) 헌걸차다 : ①대단히 헌거롭다. ②기운이 매우 장하다. ③키가 썩 크다.
79) 늠름하다(凜凜—) : 생김생김이나 태도가 씩씩하고 의젓하다.
80) 천연(天然) : ①사람의 힘을 가하지 않고 저절로 이뤄진 상태. ②사람의 힘으로 좌우할 수 없는 근본 생긴 그대로의 상태. ③아주 비슷하게.
81) 굿보다 : 남의 관상을 보다. 남들이 하는 일을 구경하다.
82) 천행(天幸) : 하늘이 준 다행.
83) 속량(贖良) : ①종을 그냥 놓아 주어서 양민이 되게 함. 속신. ②속죄(贖罪). ③남의 환난을 대신하여 받음.
84) 정제(整齊) : 격식에 맞게 바르고 가지런하게 함.
85) 형방(刑房) : ①조선 때 승정원과 지방관아에 각각 딸린 육방의 하나. 형률 사무를 맡았다. ②조선 때, 지방 관아에 딸려, 형전을 맡은 아전.
86) 당상(堂上) : ①대청의 위. ②조부모나 부모가 거처하는 곳.
87) 읍례(揖禮) : 읍하는 예.

"서방님을 편안하게 모시고 잘 다녀오너라."

하시니 소저 크게 기뻐하며 이날 즉시 부모님께 하직하고 남자의 의복을 차려 입고 종을 불러 길 떠날 차비를 하고 서둘러서 길을 나서니 헌거로운 태도는 대장부의 늠름한 기상과 방불하더라. 누가 감히 여자인 줄 알겠는가?

말 위에 앉아 태연하게 나오니 그 부모는 슬픔을 이기지 못하더라. 또 구경하는 사람들 중 불쌍하게 여기지 않는 사람이 없더라.

아름다운 청춘 소저 밤낮으로 말을 달려 길 떠난 지 사오일 만에 남편이 있는 감옥을 찾아가서 성 밖에 있는 주점에 머물 곳을 정하고 종을 불러 분부하기를,

"오늘 밤이나 내일 밤에 감옥에 있는 서방님을 내어보낼 것이니 돈이 있는 대로 노자를 삼아 말에 태우고 아무리 먼 곳이라도 가는 대로 멀리 가라. 만일 천만다행으로 살아나면 너를 속량 시켜주는 것은 물론이거니와 천금으로 그 은혜를 갚을 것이다."

천만번이나 당부한 후에 입었던 의관을 다시 가지런하게 하고 종을 앞세우고 성안에 들어가서 형방을 찾아가니 형방이 나와 맞아 대청 위에 앉히고 인사를 공손하게 한 후에 형방이 묻기를,

"어디 계시며 무슨 일로

이러흔 누지의 오시나니잇가. 흔디 그 양반니 안식을 정제ᄒ고 조은 말노쎠 디답ᄒ디 과연 다름 아니라 주인게 쳥홀 말이 잇셔 완노라 ᄒ고 쳔연니 안자시니 활연ᄒ고[88] 늠늠흔[89] 풍치[90]와 인물이 츄월 갓튼지라.

형방이 졔 ᄆᆞᆷ의 헤오디 그 긔상이 션풍도골[91]이요. 아모리 살펴보아도 양반 도사 틱온닷ᄒ고[92] 우션 언언 동지[93]가 흘일업슨 경화[94]집 ᄌᆞ졔을 못니 판독[95]ᄒ더라.

그 양반니 형방다려 물은 말이 니도[96] 양쳔 ᄯᅡ의셔 사난 김가 양반니 살인ᄒ고 갓치엿단 말이 풍편[97]의 들이니 그 말이 올흐야. ᄒ신디 형방이 디답ᄒ디 과연 올사오니이다.

ᄯᅩ 양반니 일온 말이 내 다름니 아니라 그 양반과 셰교[98]로 ᄯᅩ흔 죽마교우[99]로 동문샹[100] 벗스로 평ᄉᆡᆼ을 조와ᄒ야 서로 언약[101]이 문경지교[102]로

---

88) 활연하다(豁然―) : ①터진 모양이 환하다. ②깨달은 모양이 막힌 것 없이 밝다.
89) 늠늠하다 : 속이 너그럽고 활달하다.
90) 풍채(風采) : 빛나서 드러나 보이는 사람의 겉모양.
91) 선풍도골(仙風道骨) : ('신선의 풍채와 도인의 골격'이라는 뜻으로) '남달리 뛰어나고 청초하게 생긴 풍채'를 일컫는 말.
92) 틱온닷ᄒ고 : ? 아마 '태도인 듯 하고' 등의 뜻인 듯.
93) 동지(動止) : ①'행동거지'의 준말. ②기거(起居).
94) 경화(京華) : ①서울의 번화함. ②번화한 서울.
95) 판독(判讀) : 어떤 내용인가를 헤아려서 읽음.
96) 니도 : ? 아마 '이 도(道) 즉, 경상도' 등의 뜻인 듯.
97) 풍편(風便) : 바람결.
98) 세교(世交) : 대대로 사귀어 오는 교분.
99) 죽마고우(竹馬故友) : ('대말을 타고 놀던 벗'이란 뜻으로) 어릴 때부터 같이 놀며 자란 벗.
100) 동문샹 : ? 아마 '동문수학(同門受學/同門修學) : 한 스승 밑에서 같이 학문을 닦고 배움.' 등의 오기인 듯.
101) 언약(言約) : ①말로 한 약속. ②말로 약속함.
102) 문경지교(刎頸之交) : ①죽고 살기를 같이하는 친한 사이. ②죽고 살기를 같이하는

이렇게 누추한 곳에 오시나이까?"

하니 그 양반이 얼굴빛을 단정하게 하고 좋은 말로서 대답하기를,

"과연 다름이 아니라 당신에게 청할 말이 있어서 왔노라."

하고 태연하게 앉았으니 활달하고 늠름한 풍채와 그 생김새가 가을 달같이 빼어나더라.

형방이 제 마음속으로 생각하기를,

"그 기상은 선풍도골이고 태도는 아무리 보아도 양반이나 도사의 태도와 같고 또 모든 말과 행동으로 보아 틀림없이 서울에 사는 부자집 자제일 것이다"

라고 판단하더라.

그 양반이 형방에게 묻기를,

"경상도 영천 땅에서 사는 김가 양반이 살인을 하고 그 죄로 감옥에 갇히었단 소문을 들었는데 그 말이 사실인가?"

하시니 형방이 대답하기를,

"과연 옳습니다."

또 양반이 말하기를,

"내 다름이 아니라 그 양반과 나는 대대로 사귀어 왔을 뿐만 아니라 어릴 때부터 아주 친하게 지내며 동문수학한 벗이다. 평생을 서로 좋아하며 서로 약속하기를 죽고 살기를 함께 하며

친한 사이의 벗.

살인도 모도ᄒᆞᄌᆞ103) 언약이 금셕104)으로 미진 후의 나난 일즉 셔울노 올나가 잇고 졔가105)난 영남의 잇기로 열어 희얼 보지 못ᄒᆞ야 젼위106)ᄒᆞ야 ᄂᆞ려와 본가107)의 가 차진 즉 쳔만ᄯᅳᆺ밧긔 죄인니 도여 옥즁의 잇다ᄒᆞ기로 차자왓니.

보완졔108) ᄒᆞ도 오리고 불상키도 측양 업고 붕우유신을 얼풋 생각ᄒᆞ야 조곰 보고 가기을 쳥ᄒᆞ니 ᄒᆞ신디 형방이 엿ᄌᆞ오디 본관삿또 분부 지엄ᄒᆞ기로 그 실노 시힝ᄒᆞ기 어렵ᄉᆞ완니다. ᄒᆞ디 ᄯᅩ 양반니 다시 일오디 니 엇지 남의 공효109)을 모로리요.

잔니도 빅사졍 빈옥110) 가온디 푼젼111) 츌쳐 업난디 언졔라 홀가. 우션 은젼 오십 양을 주인 줄 거시니 ᄒᆞᆫ 씨 가용112)이나 ᄒᆞ고 ᄯᅩ 오십 양을 두 사장113)을 줄 거시니 동심 상의 ᄒᆞ야 잠간 보고 가게 ᄒᆞ소. ᄒᆞ신디 ᄯᅩ 형방이 엿자오디 사장을 불너 의논ᄒᆞ여 보ᄉᆞ이다. ᄒᆞ고 옥사장을 불으니 즉시 왓거ᄂᆞᆯ 형방이 그 양반의 말ᄉᆞᆷ디로 젼후 ᄉᆞ연을 낫낫치 다ᄒᆞ고 은젼 오십 양을 니여주니 사장이 엿ᄌᆞ오디 그 이리 그러홀 ᄯᅳᆺ ᄒᆞ오니 허락ᄒᆞ여 동심동역114)이 도엿난지라.

---

103) 살인도 모도ᄒᆞᄌᆞ : ? 아마 '살인이라도 함께 하자' 등의 뜻인 듯.
104) 금셕(金石) : ①쇠붙이와 돌. ②금돌.
105) 졔가 : ? 아마 '아우 혹은 친구' 등의 뜻인 듯.
106) 젼위(轉位) : 자리를 옮김.
107) 본가(本家) : ①본집. ②친정. ③원채.
108) 보완졔 : ? 아마 '서로 얼굴을 본 지도' 등의 뜻인 듯.
109) 공효(功效) : 공을 들인 보람.
110) 빈옥 : ? 아마 '빈옥(貧屋) : 가난한 집' 등의 뜻인 듯.
111) 푼젼 : 푼돈.
112) 가용(家用) : ①집안 살림에 드는 씀씀이나 쓰이는 물건. ②집안 살림에 필요하여 씀.
113) 사장 : ? 아마 '옥사장'의 준말인 듯.

살인이라도 함께 하자는 약속을 금석같이 맺었다.

그러나 후에 나는 일찍 서울로 올라가 생활하고 친구는 영남 지방에 있었기 때문에 서로 여러 해를 보지 못했네. 그러다가 우연히 자리를 옮길 일이 있어서 고향에 내려와 본가의 가서 친구를 찾은 즉 천만뜻밖에 죄인이 되어 감옥에 있다 하기에 찾아왔네. 서로 얼굴을 본 지도 하도 오래되고 불쌍하기도 한이 없네. 친구 간의 의리를 생각하여 잠시 보고 가기를 청하네."

하시니 형방이 말씀드리기를,

"본관사또의 분부가 지극히 엄하기로 그 것은 정말 행하기 어렵습니다."

하니 또 양반이 다시 말하기를,

"내 어찌 남의 도움을 잊겠는가? 자네도 백사장 빈 집 가운데 있는 것 같아서 돈 한푼 나올 곳이 없지 아니한가? 내가 우선 은전 오십 냥을 자네에게 줄 것이니 한 때 집안 일에 보태 쓰게. 또 오십 냥을 두 옥사장에게 줄 것이니 서로 마음을 합쳐 상의하여 잠깐 보고 가게 하소."

하시니 또 형방이 말씀드리기를,

"옥사장을 불러서 의논해 보십시다."

하고 옥사장을 부르니 즉시 왔거늘 형방이 그 양반의 말씀대로 전후 사연을 낱낱이 말하고 은전 오십 냥을 내어주니 옥사장이 말하기를,

"그 일이 그럴 듯하니 허락하고 서로 힘을 합칩시다."

---

114) 동심동력(同心同力) : 마음을 함께 하여 힘을 모음.

그 양반이 쏘 주인다려 일온말이 남은 은젼니 잇스니 주식115)을 만니 준비ᄒᆞ디 조흔 술과 조흔 안주을 준비ᄒᆞ면 벗님도 디작116)ᄒᆞ고 우리도 먹고 옥슈117)도 먹기고즈 ᄒᆞ니 옥수가 얼마나 되나요. ᄒᆞ신디 주인니 엿자오디 옥수가 육칠 명이나 되나이다. ᄒᆞ니 그 양반니 일은 말이 그러ᄒᆞ면 쥬효118)을 만니 장만ᄒᆞ라 ᄒᆞ고 은젼 오십 양을 쏘 니여주며 왈 오날 밤의 나 옥중의 드러가 벗님을 보게 ᄒᆞ소. ᄒᆞ시니 형방과 사장이 쏘 엿즈오디 그 말슴디로 시힝ᄒᆞ리이다. ᄒᆞ거날 그날 밤의 즉시 옥중의 드러간난지라.

소제의 구든 ᄆᆞ음은 천지와 귀신니나 알제 스람이야 뉘 감히 알이 잇스리요.

슬푸다. 꼿다온 인연을 연석119)의 일워지 못ᄒᆞ고 적막ᄒᆞᆫ 옥 가온디 피츠 남복으로 만나시니 신낭 신부지간을 김성120)인들 어니 알이요.

소져 비옥갓튼 밀밀ᄒᆞᆫ121) 경절122)을 뉘라 알이요. 전후 불견123) 김가즈을 쳐연니124) 불너 왈 반갑기도 ᄒᆞ고 간절ᄒᆞ기 측냥 업너. 벗님니야 과연 보완 제도 올이고 쩌난 제도 오리여 피츠 형용이 변ᄒᆞ야 아라보기 어렵도다. ᄒᆞ며 소리 업난 울음으로 눈물을 금치 못ᄒᆞ며 첩첩ᄒᆞᆫ 비회125)을 이긔

---

115) 주식(酒食) : 술과 음식.
116) 대작(對酌) : 서로 마주 대하여 술을 마심.
117) 옥수(獄囚) : 옥에 갇힌 죄수.
118) 주효(酒肴) : 술과 안주.
119) 연석(宴席) : 연회석. 잔치 자리.
120) 김성(金姓) : 김씨 성.
121) 밀밀하다(密密—) : 썩 빽빽하다.
122) 정절(貞節) : 여자의 곧은 절개.
123) 불견(不見) : 보지 아니함.
124) 처연하다(凄然—) : 처량하고 구슬프다.
125) 비회(悲懷) : 마음속에 서린 슬픈 시름.

하더라. 그 양반이 또 주인에게 말하기를,

"남은 돈이 있으니 술과 음식을 많이 장만하여라. 좋은 술과 좋은 안주를 준비하여 옛 친구와 술을 나누고 우리도 먹고 감옥을 지키는 옥졸도 먹이려고 하는데 옥졸이 몇 명이나 되는가?"

하시니 주인이 말하기를,

"옥졸이 육칠 명이나 됩니다."

하니 그 양반이 말하기를,

"그러면 술과 안주를 많이 장만해라."

하고 은전 오십 냥을 또 내어주며 말하기를,

"오늘밤에는 감옥에 들어가 친구를 만나게 해 주소."

하시니 형방과 옥사장이 또 말하기를,

"그 말씀대로 시행하겠습니다."

하거늘 그 날 밤에 즉시 감옥에 들어가게 되었더라.

소저의 굳은 마음은 하늘과 땅 그리고 귀신이나 알지 사람이야 그 누가 감히 알겠는가?

슬프다. 아름다운 인연을 잔치 자리에서 이루지 못하고 적막한 감옥 속에서 피차 남자의 복장으로 만났으니 신랑과 신부의 관계임을 김생인들 어찌 알겠는가? 소저의 백옥같이 맑고 깨끗하고 단단한 정절을 그 누가 알겠는가? 이전 이후에도 볼 수 없는 김가 남자를 태연하게 불러서 말하기를,

"반갑기도 하고 간절하기도 한이 없네. 친구야 과연 본 지도 오래고 떠난 지도 오래 되니 서로 모습이 변하여 알아보기 어렵구나."

하며 소리 없는 울음으로 눈물을 금하지 못하며 첩첩이 쌓인 슬픔을 이기

지 못ᄒ거눌 김싱이 ᄆᆞᄋᆞ믜 시라니 디니 보아도¹²⁶⁾ 져러트시 기쟈한¹²⁷⁾ 벗님이 업고 셜영 잇다 ᄒ여도 니 몸이 이제 죄인니 도여시니 져디지 간졀이 슬퍼ᄒ며 이디지 진진흔¹²⁸⁾ ᄆᆞᄋᆞᆷ으로 날을 ᄎᆞ자보니 업건마는 이 난 반드시 곡졀이 잇쏘다. ᄒ고 아모러커나 나죵을 보리라 ᄒ고 그 ᄉᆞ롬의 말디로 응구쳥디¹²⁹⁾ᄒ니 굿보난 옥수들이 다 붕우유신ᄒ다 층찬 아니ᄒ리 업더라.

이러한고로 형방과 ᄉᆞ장이 다시 의심이 업셔 장만흔 쥬효을 드러왓난지라. 옥수을 차례로 안치고 소제 몬져 술잔을 들고 김생의게 견권¹³⁰⁾ᄒ니 이난 실낭 신부 둥기연¹³¹⁾의 젼젼ᄒ는¹³²⁾ 술일너라.

이 깁푼 ᄆᆞᄋᆞᆷ을 뉘 능히 알이요. 소져 먹난 체ᄒ고 술을 마시며 옥수단숙¹³³⁾을 무흔이 디젹¹³⁴⁾고즈 ᄒ야 취토록 먹인 후의 ᄯᅩ 옥수을 차례로 마니 먹이니 술이 독홀뿐 아니라 안주 만ᄒ고 잔치을 비셜흔 듯ᄒ고 낫낫치 취흔 후의 날이 님의 져물고 인젹¹³⁵⁾니 고요흔지라.

소제 ᄀᆞᆯ오디 나도 술의 취ᄒ고 좌즁이 ᄯᅩ흔 디취ᄒ여시니 각각 일즉 쳐소로 도라가라. 나난 오날 밤의난 벗님과 동침ᄒ야 평싱 그리던 회포을 만분지일이나 셜화¹³⁶⁾ᄒ고 니일 ᄶᅥ날 ᄶᅥ의 ᄯᅩ 말슴ᄒ자 ᄒ니 옥수더리

---

126) 시라니 디니 보아도 : ? 아마 '곰곰히 생각해 보아도' 등의 뜻인 듯.
127) 개자하다 : 개제하다(豈弟一) : 화락하고 단아하다.
128) 진진하다(津津一) : ①입에 착착 들러붙을 만큼 맛이 좋다. ②물건이 넉넉하거나 일이 아주 재미스럽다.
129) 응구쳥대(應口聽對) : 상대의 말에 응하여 상대함.
130) 견권(繾綣) : 생각하는 정이 살뜰하여 못내 잊히지 아니함.
131) 둥기연 : ? 아마 '초례청' 등의 뜻인 듯.
132) 전전ᄒ는 : ? 아마 '초례 때 남녀가 합근례하는' 등의 뜻인 듯.
133) 옥수단숙 : ? 아마 '옥사장' 등의 뜻인 듯.
134) 대적(對敵) : ①적을 마주 대함. ②맞서 겨루고 있는 적. ③맞서 겨룸. ④맞적수.
135) 인적(人跡·人迹) : 사람이 발자취. 또는 사람의 왕래.

지 못하더라. 김생이 마음속으로 곰곰이 생각해 보아도 저렇게 단아한 친구가 없고 또 설령 있다고 해도 내 몸이 이제 죄인이 되었으니 저렇게 간절하게 슬퍼하며 이렇게 다정한 마음으로 나를 찾아볼 사람이 없건마는 이는 반드시 무슨 곡절이 있도다 하고 어찌 되었든지 나중을 보리라는 생각으로 그 사람의 말대로 적당하게 상대를 하니 구경하는 옥졸들이 모두 친구간에 정말 의리가 있다고 칭찬하지 않는 사람이 없더라.

이러하므로 형방과 옥사장이 다시 의심하지 않고 또 장만해 온 술과 안주가 들어왔더라. 옥졸들을 차례로 앉히고 소저가 먼저 술잔을 들고 김생에게 다정하게 권하니 이것은 신랑과 신부가 초례청에서 서로 합근례하는 술이더라. 이 깊은 마음을 그 누가 알겠는가?

소저가 술을 먹는 체하고 술을 버리면서 옥사장을 거듭거듭 권하여 취하도록 술을 먹인 후에 또 옥졸을 차례대로 많이 먹이니 술이 독할 뿐 아니라 안주가 많고 잔치를 베푼 듯한 분위기가 되었으므로 모든 옥졸들이 드디어 술이 취하고 날도 이미 저물고 인적도 고요하더라.

소저가 말하기를,

"나도 술이 취하고 좌중이 또한 크게 술이 취했으니 각각 일찍 자기의 처소로 돌아가라. 나는 오늘밤 친구와 동침하여 평생 그리던 회포를 만분지일이나 이야기하고 내일 떠나고자 한다."

하니 옥졸들이

---

136) 설화(說話) : 이야기.

일시의 각각 쳐소로 도라가 잠을 깁피 들어거놀 소제 안사장¹³⁷⁾을 불너 분부ᄒ되 어나 ᄯ예 나갈 줄 모라니 쳥ᄒ는 디로 문얼 여러다고 ᄒ니 ᄉ장이 엿ᄌ오디 오날 밤의난 문을 아니 다들 ᄯ시니 아무 ᄯ라도 셔방님 나가고 시분디로 나가시압소셔. ᄒ더 소제 그제야 일리 긔묘ᄒ¹³⁸⁾ 줄 알고 김생의 목을 안고 일은 말이 자너난 엇지 목교¹³⁹⁾가 그더지 둔박¹⁴⁰⁾ᄒ가. 조금 짐작도 업는가.

　나는 ᄌ너의 가인¹⁴¹⁾이니니 그 말 져말 다 바리고 밧비 의복과 칼을 벗고 문밧긔 나가오면 하인과 마리 잇슬 거시니 마을 타고 ᄉ환을 다리시고 불원천이¹⁴²⁾ 가난디로 가 김시의 싱화¹⁴³⁾을 근치지 말고 만세 무양ᄒ옵소셔¹⁴⁴⁾. 만일 니 말을 거역ᄒ면 디ᄉ¹⁴⁵⁾가 글읏될 거시니 잔말 마압소셔 ᄒ니 김싱이 사세¹⁴⁶⁾ 난쳐ᄒ나¹⁴⁷⁾ 일이 급ᄒ고로 암무란 줄을 분간도 못 ᄒ고 언겁¹⁴⁸⁾의 칼과 의복을 버셔노코 문밧긔 나와 주막을 ᄎ자가 말을 타고 종을 압세우고 남방을 향ᄒ야 ᄉ중구생¹⁴⁹⁾으로 다라나더라.

---

137) 안사장 : ? 아마 '감옥 안에서 죄수를 지키는 간수' 등의 뜻인 듯.
138) 기묘하다(奇妙—) : 기이하고 묘하다.
139) 목교(目巧) : 눈썰미.
140) 둔박(鈍朴) : 둔하고 순박함.
141) 가인(家人) : ①한집안 사람. ②남에게 '자기의 아내'를 일컫는 말.
142) 불원천리(不遠千里) : 먼길을 멀게 여기지 않음.
143) 싱화 : ? 아마 '향화'의 오기인 듯. 향화(香火) : ①향불. ②향을 피운다는 뜻에서 '제사(祭祀)'를 일컫는 말.
144) 무양하다(無恙—) : 탈없다. 병이 없다.
145) 대사(大事) : 큰 일.
146) 사세(事勢) : 일의 형세.
147) 난처하다(難處—) : 이럴 수도 저럴 수도 없어 딱하다.
148) 언겁 : ? 아마 '응급결'의 오기인 듯. 응급(應急) : 급한 대로 우선 처리함.
149) 사중구생(死中求生) : 죽을 지경에서 살 길을 찾음.

일시에 각각 자기의 처소로 돌아가 잠을 깊히 들거늘 소저가 감옥 안의 옥졸을 불러 분부하기를,

"어느 때에 나갈 줄을 모르니 청하는 대로 문을 열어주게."

하니 옥졸이 말하기를,

"오늘 밤에는 감옥의 문을 닫지 않을 것이니 아무 때라도 서방님이 나가고 싶을 때에 나가십시오."

하니 소저가 그제야 일이 아주 쉽게 풀리는 줄 알고 김생의 목을 안고 말하기를,

"자네는 어찌 눈썰미가 그렇게 둔하고 순박한가? 조금도 짐작 가는 바가 없는가? 나는 자네의 아내라네. 그말 저말 다 버리고 즉시 의복과 칼을 벗고 문밖에 나가세요. 나가면 하인과 말이 준비되어 있을 것이니 말을 타고 종을 데리고 불원천리하고 가는 대로 멀리 가서 김씨의 혈통을 끊지 말고 만세까지 평안하소서. 만일 내 말을 거역하면 모든 일이 그릇 될 것이니 잔말하지 마소서."

하니 김생이 일의 형세가 매우 난처하나 일이 급하기에 어찌 된 일인지 분간도 못하고 응급결에 목에 쓴 칼과 의복을 벗어놓고 문밖에 나와 주막을 찾아 가서 말을 타고 종을 앞세우고 남방을 향하여 죽을 지경에서 살길을 찾아 달아나더라.

소제의 비옥 갓탄 정절150)을 명쳔151)니 흐감152)호시고 귀신이 알지라. 김성의 옷슬 닙고 진칼을 쓰고 찬자리의 누어시니 비옥 가튼 두 귀밋터 흐르난 것 눈물니요. 쉬는 것슨 한숨니라.

그럭뎌럭 날이 발근 후의 형방과 스장니 그 양반의게 문안153)차로 옥즁의 들어가 그 양반을 츠즌 즉 그 양반도 업고 죄인도 업거늘 형방과 스장이 황겁호야 옥수을 자시보니 과연 어제 그 양반니여날 형방과 스장이 급피 관젼154)의 들어가 고관155)호니 본관 스쏘 셩닌 마리 살인 죄인 밧비 올리라 호시난 소리 츄상갓더라.

발진156) 장교157) 쳥명158)호고 밧비 가 옥문을 발노츠며 살인 죄인 밧비 잡아니라 호며 흔 손으로 상토 잡고 쪼흔 손으로 뺨을 치며 어서 가즈 밧비 가즈 즉부부지159) 잡아갈 제 혼빅160)니 엇지 온젼홀가. 팔더센161) 사영162)놈이 상토 쩌어 관젼의 복지163)호니 본관 스쏘 위의을 갓초와 물음 마리 너난 엇쩌흔 놈이관더 사린 죄인을 님으로 니여보니고 네라셔

---

150) 정절(貞節) : 여자의 곧은 절개.
151) 명천(明天) : ①내일. ②모든 것을 다 아는 하느님.
152) 하감(下瞰) : 위에서 내려다봄.
153) 문안(問安) : 웃어른에게 안부를 여쭘.
154) 관전(官前) : 아전이나 하인들이 벼슬아치를 높여 일컫던 말.
155) 고관(告官) : 관가에 고함.
156) 발재다 : ? 아마 '발이 빠르다' 등의 뜻인 듯.
157) 장교(將校) : ①군관. ②육해공군의 소위 이상의 무관.
158) 청명(聽命) : 명령을 듣는 것.
159) 즉부부지 : ? 아마 '매우 서두르며' 등의 뜻인 듯.
160) 혼백(魂魄) : 넋 : 사람의 몸에 있으면서 목숨이 붙어 있게 하며 몸이 죽어도 영원히 남아 있다고 생각하는 초자연적인 것.
161) 팔더센 : ? 아마 '팔의 힘이 매우 센' 등의 뜻인 듯.
162) 사령(使令) : ①관아에서 심부름하던 사람. ②명령하여 일을 시킴.
163) 복지(伏地) : 땅에 엎드림.

소저의 백옥 같은 정절을 밝은 하늘이 내려다보시고 귀신만이 알 따름이더라. 김생의 옷을 바꾸어 입고 긴 칼을 쓰고 찬 자리에 누웠으니 백옥 같은 두 귀밑에 흐르는 것은 눈물이요 쉬는 것은 한숨이더라.

 그럭저럭 날이 밝은 후에 형방과 옥사장이 그 양반에게 문안을 드리려고 감옥에 들어와 그 양반을 찾으니 그 양반은 간 곳 없고 죄인도 간 곳이 없거늘 형방과 사장이 놀라고 두려워서 감옥 속의 죄인을 자세히 살펴보니 과연 어제 그 양반이거늘 형방과 사장이 급히 사또 앞에 들어가서 사실을 보고하니 본관사또가 성을 내며 하는 말이,

 "살인 죄인을 급히 올려라."

 하시는 소리 가을 서리 같더라.

 발이 빠른 군관들이 명령을 듣고 급히 가서 감옥의 문을 발로 차며 살인 죄인을 빨리 잡아가자 하며 매우 서둘러서 잡아갈 때 혼백인들 어찌 온전하겠는가? 팔의 힘이 매우 센 사령들이 상투를 끌어 사또 앞에 꿇어 엎드리게 하니 본관사또가 위엄 있는 모습으로 묻는 말이,

 "너는 어떠한 놈이기에 살인 죄인을 너 마음대로 내어보내고 네가 대신

갓치엿난고.

호령ᄒ니 형방 국쳥164) 군노165) 아젼166) 사령드리 발은디로 알외여라 호통167)ᄒ니 지눈이 어두어 아모 말도 못 알외오니 슷쏘 분부ᄒ디 그 놈 결박ᄒ고 차라 ᄒ시니 발진 슈령 달여드러 결박ᄒ고 미질ᄒ니 ᄒ나니ᄂ 치고 김죽학 가두리라 치고 김작홀가168) 열 시물 슴십 도 너머가니 분통갓 탄 다리의 살디169) 갓탄 피가 나니 졍신이 혼미ᄒ야170) 죽을 줄로 업져시 니 발은디로 아뢰여라.

호령 소리의 가슴의 가감171)이 막켜 셰목172)으로 알외난 마리 과연 소여가 션풍 곽참판의 녀ᄌ로셔 연광 십육 셰의 의연173)니 영쳔 짜의 김생의 게 미진174) 졍혼175)ᄒ와 슈쥬176) 날 바다 집을 쩌나오더니 영쳔서 션풍이 이슈177)가 먼고로 낫참178)의 주막의 들어셔 인마179)을 먹이더니 듀인 놈

164) 국쳥(鞫廳) : 조선 때, 역적 같은 큰 죄인을 신문하기 위하여 임시로 둔 관아.
165) 군노(軍奴) : 군대 사무를 보던 관아에서 부리던 종.
166) 아젼(衙前) : 각 관청에 딸려 벼슬아치 밑에서 일을 보던 중인 계급 사람.
167) 호통 : 몹시 성이 나거나 겁을 주기 위하여 큰소리로 하는 꾸짖음. 또는 그 소리.
168) ᄒ나니ᄂ 치고 김죽학 가두리라 치고 김작홀가 : ? 아마 '하나 정도쯤 치고 가둘 것으로 짐작하고' 등의 뜻인 듯.
169) 살대 : ①화살대. ②삿대.
170) 혼미하다(昏迷—) : ①정신이 헛갈리고 흐리멍덩하다. ②사리에 어둡고 미욱하다.
171) 가감 : ? 아마 '가래' 등의 뜻인 듯.
172) 세목 : ? 아마 '가는 목소리' 등의 뜻인 듯.
173) 의연(依然) : 전과 같이 다름이 없는 것.
174) 매진(邁進) : 힘차게 나아감.
175) 정혼(定婚) : 혼인을 정함.
176) 사주(四柱) : ①사람이 난 해・달・날・때의 네 가지. 사람의 길흉화복을 점치는 자료가 된다. ②사주단자.
177) 이수(里數) : 거리를 이의 단위로 나타낸 수.
178) 낮참 : (일을 하다가) 점심 전후의 쉬는 동안. 또는 그때에 먹는 음식.
179) 인마(人馬) : ①사람과 말. ②마부(馬夫)와 말.

간히었는가?"

호령하니 형방 등 심문 장소의 군노와 아전과 사령들이 바른대로 아뢰어라. 호통하니 금방 눈마저 어두워져서 아무 말도 못하니 사또가 분부하기를,

"그 놈을 결박하고 쳐라."

하시니 발빠른 사령들이 달려들어 결박하고 매질하니 하나 정도쯤 치고 감금할 것이라고 짐작하다가 열, 스물, 삼십 도가 넘어가니 분통같이 희던 다리에 화살대 같은 피가 솟아나더라. 소저가 희미한 정신으로 죽을 것으로 알고 엎어져 있다가 바른 대로 아뢰어라는 호통 소리를 듣고 가슴에 가래가 막혀 가느다란 목소리로 아뢰되,

"과연 소녀는 선풍 곽참판 댁의 딸입니다. 나이가 십육 세가 되었을 때 당당히 영천 땅에 사는 김생과 정혼하여 사주단자가 오고가고 하여 혼인날을 받아 김생이 집을 떠나오더니 영천서 선풍은 거리가 먼 까닭으로 한낮 즈음에 주막에 들어가서 점심을 먹게 되었습니다. 그 때 그 주막집의 주인

과 마즁180) 놈이 말쥭181) 갑을 다토와 주인놈이 신낭을 향하야 고셩 후욕182)을 무흔니 흔이 연소 셥긔183)의 참다못ᄒ야 주인놈을 쑤짓고 쏘흔 ᄌ장격지184)로 조곰 ᄯ여더니 일슈185)가 불힝ᄒ야 주인놈이 죽어 살인니 되어 디명ᄎ186)로 갓치여시니 그 아니 원통ᄒ오니잇가.

 쳔지간의 오륜187)이 읏듬이라. 군신유의 부ᄌ유친 장유뉴셔 붕우유신 부부유별언 일윤188)이 읏듬이요. 츙셩츙ᄌ 삼긴 후의 계집여ᄌ 삼겨낫시니 그 쏘흔 삼강189)이미 소여ᄂ 나무집190) 여ᄌ요. 김싱은 나무집 독ᄌ191)오니 소여난 죽어도 그만이요. 김싱은 죽ᄉ오면 나모집 싱와192)을 근치오미 삼종지의193)가 즁ᄒ와 일시간의 건지194)을 밧ᄌ옵기로 디신ᄒ엿시니

---

180) 마즁 : ? 아마 '말을 잡고 가는 종놈 또는 마부' 등의 뜻인 듯.
181) 말쥭(—粥) : 말에게 먹이는 먹이. 콩·겨·여물 따위를 섞어서 묽게 쑤어 만든다.
182) 후욕(詬辱) : 꾸짖어서 욕함.
183) 셥긔 : ? 아마 '혈기'의 오기인 듯. 혈기(血氣) : ①목숨을 부지하여 가는 피와 기운. ②격동되기 쉬운 의기.
184) 자장격지(自將擊之) : ①스스로 군사를 거느리고 나가 싸움. ②무슨 일을 남에게 시키지 않고 손수 함을 가리키는 말.
185) 일수(日數) : ①날의 수효. <동의어> 날수. ②그 날의 운수.
186) 대명차 : ? 아마 '살인죄' 등의 뜻인 듯.
187) 오륜(五倫) : 사람이 지켜야 할 다섯 가지의 떳떳한 도리. 곧 부자 사이의 친애, 군신 사이의 의리, 부부 사이의 분별, 장유 사이의 차서, 붕우 사이의 신의.
188) 인륜(人倫) : ①사람으로서 지켜야 할 떳떳한 도리. <동의어> 이륜. ②오륜(五倫).
189) 삼강(三綱) : 군신·부자·부부 사이에 지켜야 할 떳떳한 도리.
190) 나무집 : ? 아마 '남의 집'의 사투리인 듯.
191) 독자(獨子) : 외아들.
192) 싱와 : ? 아마 '향화'의 오기인 듯. 향화(香火) : ①향불. ②향을 피운다는 뜻에서 '제사(祭祀)'를 일컫는 말.
193) 삼종지의(三從之義) : 여자가 지켜야 할 세 가지의 도. 집에 있어서는 아버지를, 시집가서는 남편을, 남편이 죽은 뒤에는 아들을 좇음을 이른다. <동의어> 삼종의탁. 삼종지도. 삼종지탁.
194) 건즐(巾櫛) : ①수건과 빗. ②낯을 씻고 머리를 빗는 일. 건즐-하다. 건즐을 받들다

과 김생의 마부가 말먹이 값으로 다투다가 주인이 신랑을 향하여 큰소리로 온갖 욕을 끝없이 하기에 이르렀습니다. 신랑이 젊은 나이의 혈기를 이기지 못하여 주인을 꾸짖고 또한 손수 주인을 조금 때렸더니 그날의 운수가 불길하여 그만 그 주인이 죽게 되어 살인 죄인이 되고 살인죄로 갇히게 되었으니 그 아니 원통하겠습니까?

하늘과 땅 사이에 오륜이 으뜸이라. 군신유의 부자유친 장유유서 붕우유신 부부유별은 인간 도리의 으뜸이요, 충성 충(忠)자 생긴 후에 계집 여(女)자 생겼으니 그 또한 삼강이며 소녀는 출가하면 남의 집 여자요. 김생은 남의 집 독자이니 소녀는 죽어도 그만이지만 김생이 죽으면 남의 집 혈통이 끊어지게 됩니다. 삼종지의가 중하기에 잠시 사이에 그의 처가 되어 그를 대신하여 벌을 받기로 하였으니

'아내나 첩이 됨'을 겸손하게 이르는 말.

복원195) ᄒᆞ옵신196) 삿도님 소여을 너머 졸으지197) 말아시고 어셔 죽여주옵소셔.

전후 ᄉᆞ연을 셰셩198)으로 알외온디 본관 삿쏘 이 말숨을 즉시 드르시고 보션 발노 쑤여나와 이게 웬말인고 하인더라. 물너거라. 지셩199)더라 칼 벗겨라. 형방놈아 보장200) 셔라. 오빅여 리을 삼일 니로 환보201) 식여202) 보장ᄒᆞ니 순샷쏘203) 보장 보시고 디경204)ᄒᆞ야 탑젼205)의 샹소206)ᄒᆞ니 젼하207) 친감208)ᄒᆞ시고 놀납다. 이 말이 옛 츙신의 집의 효ᄌᆞ 나고 효ᄌᆞ 집의 열녀 낫다 ᄒᆞ더니 일노두고 일으미라. 일언 ᄉᆞ롬이 셰상의 쏘 잇슬가. 일어한 사람의 ᄌᆞ식이 일후의 츙신되리로다. ᄒᆞ시고 팔도의 관ᄌᆞ209)ᄒᆞ시더 각도 방빅210)덜언 열읍211)의 힝관212)ᄒᆞ야 경상도 영쳔 ᄯᅡ의셔 사던

---

195) 복원(伏願) : 웃어른께 엎드려 원함.
196) ᄒᆞ옵신 : ? 아마 '너그러우신' 등의 뜻인 듯.
197) 조르다 : ①동이거나 감은 것을 단단히 죄다. ②차지고 끈덕지게 무엇을 요구하다.
198) 셰셩(細聲) : 가는 목소리.
199) 지셩 : ? 아마 '사령' 등의 뜻인 듯.
200) 보장(報狀) : 어떤 사실을 윗관원에게 알려 바치는 공문.
201) 환보 : ? 아마 '발걸음이 빠른 사람' 등의 뜻인 듯.
202) 식여 : ? 아마 '시켜'의 오기인 듯.
203) 순사또(巡使道) : '감사'를 높여 일컫는 말.
204) 대경(大驚) : 크게 놀람.
205) 탑젼(榻前) : 임금의 자리 앞.
206) 상소(上疏) : 임금에게 글을 올림. 또는 그 글.
207) 젼하(殿下) : 왕이나 왕비 또는 왕족을 높여 부르는 말.
208) 친감(親鑑) : (임금이) 몸소 봄.
209) 관자(關子) : 관문(關文) : ①조선 때, 상급 관청에서 하급 관청에 보내던 공문서. ②(지난날) 관청의 허가서.
210) 방백(方伯) : 관찰사.
211) 열읍(列邑) : 모든 고을.
212) 행관(行款) : ? 아마 '살피며 돌아다니다' 등의 뜻인 듯.

엎드려 원하건대 너그러우신 사또님은 소녀를 너무 힘들게 하지 마시고 어서 죽여주십시오."

전후 사연을 가는 목소리로 아뢰니 본관사또가 이 말씀을 자세히 들으시고 보선 발로 뛰어나와,

"이게 웬 말인가? 하인들아 물러나거라. 사령들아 칼을 벗겨라. 형방들아 보고장을 써라."

오백여 리를 삼일 내로 발걸음이 빠른 사람을 시켜 보고하니 감사가 보고장을 보시고 크게 놀라 임금에게 상소하더라. 임금이 그 보고서를 친히 보시고,

"놀랍다. 이 말이여. 옛말에 충신의 집에 효자가 나고 효자의 집에 충신과 열녀가 태어난다 하더니 이것을 두고 하는 말이로다. 이런 사람이 세상에 또 있겠는가? 이러한 사람의 자식이 이 후에 충신이 될 것이다."

하시고 팔도에 공문을 보내되,

"각도의 관찰사들은 모든 고을에 공문을 보내어 경상도 영천 땅에 살던

김생을 ᄎᆞᄌᆞ오며 일면 곽소제ᄂᆞᆫ 살인 말은 물시213)ᄒᆞ고 자유 방송214)ᄒᆞ더 다시 길일215) 바다 김생과 육예216) 갓초와 힝례217) 후의 북호218)을 만이 주어 으식ᄒᆞ고219) 우선 경상 감ᄉᆞ게 관ᄌᆞᄒᆞ시디 경상 도빅은 명치220)ᄒᆞ기로 경의 도의 일어틋 착실ᄒᆞᆫ 사람이 낫시니 일후의 국가의 쥬셕지신221)니 나리로다. ᄒᆞ시고 못ᄂᆡ 층찬ᄒᆞ시더라.

팔마222)로 관ᄌᆞ 나려 각도 여름의 김생을 슈탐223)ᄒᆞ야 다시 즁미 세고 사주 날바다 육예 갓춘 후의 본관이 그 연유224)을 보장ᄒᆞ니 영문225)의셔 탑전의 장계226)ᄒᆞ니 전하 즉시 디국의 사신ᄒᆞ니 디명 천지 바다보시고 조션 왕이 덕이 만ᄒᆞ고로 일어ᄒᆞᆫ 사람이 낫ᄉᆞ다 ᄒᆞ시고 무ᄒᆞ니 층찬ᄒᆞ시 더라.

밧비 싱존 열녀문 ᄒᆞ면 정열부인 가자227)을 보니시니 조션 왕이 보시고

---

213) 물시(勿施) : ①하려던 일을 그만둠. ②해 온 일을 무효로 함.
214) 방송(放送) : ①라디오나 텔레비전을 통해서 널리 듣고 볼 수 있게 소리나 영상을 전자파로 바꾸어 내보냄. ②석방. 방송-하다.
215) 길일(吉日) : 좋은날(길한 날).
216) 육례(六禮) : ①유교 사회에서 행하여지는 여섯 가지 큰 의식. 곧 관·혼·상·제·향음주·상견. ②혼인의 여섯 가지 예법. 곧 납채·문명·납길·납폐·청기·친영.
217) 행례(行禮) : 예식을 행함. 행례-하다.
218) 복호(復戶) : 조선 때, 충신·효자 들에게 부역·조세 따위를 면해 주던 일.
219) 으식ᄒᆞ고 : ? 아마 '위로하고' 등의 뜻인 듯.
220) 명치(明治) : 밝게 다스림.
221) 주석지신(柱石之臣) : 나라에 아주 중요한 신하.
222) 팔마(八馬) : 여듧 마리 말.
223) 수탐(搜探) : 염알이; 남의 사정이나 비밀 따위를 몰래 알아냄. <동의어> 밀정②. 밀탐. 수탐. 염문(廉問). 염찰. 염탐.
224) 연유(緣由) : ①까닭. ②어떤 의사표시를 하게 되는 동기.
225) 영문(營門) : ①병영의 문. <준말> 영(營). ②감영.
226) 장계(狀啓) : 감사 또는 임금의 명을 받들고 지방에 나간 벼슬아치가 임금에게 글로써 하는 보고.

김생을 찾아올 것이며 곽소저의 살인죄는 없었던 것으로 하고 자유롭게 돌아보내되 다시 좋은 날을 받아 김생과 육례를 갖추어 혼례를 올리게 한 후에 상금을 많이 주어 위로하라."

그리고 우선 경상 감사에게 공문을 보내되,

"경상 감사는 백성을 잘 다스렸기 때문에 경의 도에 이렇게 착실한 사람이 나타났으니 이후에 국가의 주석지신이 그 도에 날 것이다."

하시고 못내 칭찬하시더라.

조선 팔도 전체에 공문을 보내어 각도와 모든 고을에서 김생을 찾아 다시 중매를 서고 사주를 보내어 날을 받아 육례를 갖춘 후에 본관사또가 그 사연을 보고하자 감영에서 또 임금께 보고하더라. 임금이 보고서를 보시고 즉시 중국 천자에게 사신을 보내어 이 사실을 보고하니 명나라 천자가 받아보시고,

"조선왕의 덕이 높아서 이러한 사람이 태어났다"

하면서 한없이 칭찬하시더라.

중국 천자가 급히 열녀문을 내리고 정열부인 가자를 보내시니 조선왕이 보시고

---

227) 가자(加資) : 정3품 통정대부 이상의 품계를 올리던 일. 또는 그 올린 품계.

쑈훈 슉열부인 가자을 날이시니 곽씨 바다 북향 사비 후의 국은228)을 축스229)ᄒ더라.

세워리 여류230)ᄒ야 아들 삼형제 나흔 후의 십오 세의 동방급제231)ᄒ여시니 국은을 축사 후의 계하232)의 복지ᄒ디 전하 무르신디 세 신원233)니 깅복234)ᄒ야 알왼 말삼이 소신 등이 졍상도 영쳔 사옵고 부명235)은 김싱이로소이다. ᄒ더라.

오회 츙지비지라. 츠세 인싱드리 이다지 어진 스람이 잇슬지 열여부경니부지자을 창송갓치 곳게 ᄒ여 니갓치 어진 칙니 되도다.

설화 세세 글 역역치 못ᄒ니 이답기 측양업다.

갑신 초 밍월의 김소제을 츄츄 흉필노 심심소일 기록ᄒ나 글시 써 갈스록 참괴참괴ᄒ나 아무라도 츠칙 보려ᄒ거든 글시나나 보지 말고 칙설로 보시옵소서.

---

228) 국은(國恩) : 나라의 은혜.
229) 축사(祝辭) : 축하하는 뜻의 글이나 말.
230) 여류(如流) : 흐르는 물 같음.
231) 동방급제(同榜及第) : 대과에 함께 급제함.
232) 계하(階下) : 섬돌의 아래.
233) 신원(新元) : 새로 장원 급제 한 사람.
234) 갱복(更伏) : 다시 엎드림.
235) 부명(父名) : 아비의 이름.

또한 숙열부인 가자를 내리시더라. 곽씨가 가자를 받고 북쪽을 향하여 네 번 절한 후에 나라의 은혜에 감사를 드리더라.

세월이 흐르는 물과 같아서 아들 삼 형제를 낳았는데 그들이 십오 세가 되었을 때 함께 과거에 급제하여 나라의 은혜에 감사하며 임금 앞에 엎드리니 임금이 세 사람의 근원을 묻더라. 새로 급제한 세 사람이 다시 엎드려서 아뢰는 말씀이,

"소신 등은 경상도 영천에 사옵고 부친의 성명은 김생이로소이다."

하더라.

목시룡전

－목시룡전 해제

1. 書誌

이 작품은 박순호본인 『한글필사본 고소설자료총서』 16권에 등재되어 있는 유일본이라 할 수 있다.

이 작품은 필체가 너무 나쁘고 경상도 사투리가 심하며 필사 과정에 말이 통하지 않는 부분이 매우 많다. 그래서 필자가 문맥으로 보아 대충 뜻이 통하도록 맞추어 타자한 부분도 있다.

그리고 작품의 끝 부분에는 "~가를 부르더라" 정도가 탈락된 듯하다.

2. 작가와 년대

다른 대부분의 고소설과 마찬가지로 이 작품도 작가와 연대는 미상이다. 다만 필체로 미루어 볼 때 작가는 한글을 겨우 깨친 정도의 글씨체가 매우 나쁜 사람이며 특히 말투로 보아서는 경상도 방언을 사용하는 사람 정도로 추정될 뿐이다.

3. 시·공간적 배경

다른 고소설과 마찬가지로 공간적 배경은 중국이고 시간적 배경은 명나라 가정 연간으로 설정되어 있다.

4. 내 용

먼저 주인공이 쌍둥이 형제라는 점이 특징이다. 이들 쌍둥이는 다른 고소설의 주인공이 가진 성격을 어느 정도 나누어 가지고 있고 또 역할 분담도 그렇다고 할 수 있다.

그러나 또 다른 측면에서는 작품의 쌍둥이 주인공 중 형인 시룡은 다른 고소설에서 주인공의 父가 담당하던 역할을 맡고 있다고 할 수 있으며 아우인 시호는 3대기 중 3대에 해당하는 주인공의 역할을 담당하고 있다고도 할 수 있다.

아무튼 이 작품은 쌍둥이 주인공이 등장하고 그 역할이 다른 고소설의 주인공 1인의 역할을 두 사람이 분담하고 있다고 볼 수 있는 측면이 있고 또 그들 중 1인은 다른 고소설에 등장하는 주인공 父의 역할을 담당한다고도 할 수 있다는 점이 특징이라고 하겠다.

또 다른 측면에서 보면 고소설 중에는 '홍부전' 이외에 형제간의 우애를 중심화소의 하나로 선택한 소설은 더물다.

그런데 이 작품은 시룡과 시호 형제가 등장하여 형이 죽으면 아우가 그를 위해 따라 죽고 아우가 죽으면 또 그를 위해 형이 따라 죽으려 하는 등 형제간에 서로를 위해 목숨마저 초개처럼 던진다. 이처럼 이 작품은 형제간의 지극한 우애를 다루고 있다는 점도 아주 큰 특징 중의 하나라고 하겠다.

그리고 이 작품은 시호의 수학 과정이나 승전 과정 등 구체적으로 보여주어야 할 내용은 생략되는 경우가 많고 전체적인 내용과 별로 어울리지도 않는 윤부인의 상소 내용 등은 지나치게 확대되어 나열되기도 했다. 뿐만 아니라 고소설은 대부분 주인공의 일대기로서 주인공이 이 세상을 마감하는 것으로 끝이 난다.

그러나 이 작품은 주인공의 일생 마무리 부분이 생략되었다. 이런 점도 특징이라면 특징이라 하겠다.

5. 문제 해결 방법

이 작품도 다른 고소설과 마찬가지로 주인공이 처한 어려운 문제를 주인공의 노력이나 능력에 의해 해결하는 것이 아니라 대부분 이인의 현몽이나 도사 등 천상적 존재의 개입과 도움이라는 환상적인 방법으로 해결한다.

6. 유형

쌍둥이 주인공이 서로 사랑하고 서로를 위해서 목숨마저 버린다는 측면에서 보면 형제 우애를 다룬 '형제우애형 소설'이라고 할 수 있다.

그러나 이 작품의 내용은 간신과 주인공 형제가 갈등하다가 주인공 중 형은 패배하여 유배를 가고 아우는 형을 찾아가다가 형이 죽은 줄 알고 죽음을 택한다. 그러나 도사에게 구원되어 수학의 과정을 거치고 전란을 통하여 단숨에 천하를 평정하고 복수한 뒤 부귀영화를 마음껏 누린다.

이런 측면에서 보면 이 작품은 다른 영웅소설들의 주인공들과 일생의 패턴이 거의 동일하다.

이런 점에서 이 작품은 그 유형을 '영웅소설'이라 할 수 있고 특히 간신과 충신의 갈등에서 충신이 패배했다가 전란을 통해서 충신이 捲土重來한다는 측면에 초점을 맞추면 영웅소설 중에서도 '현체제 개조형 영웅소설'[236]이라고 할 수도 있을 것이다.

7. 사상적 배경

이 작품에는 부모에 대한 자식의 지극한 효심과 용궁과 도사 그리고 관세음보살 화상을 그려주고 복받는 내용 그리고 묘터로써 명당을 잡아주는 내용 등 다양한 사상과 관련된 내용이 등장한다.

이런 점에서 이 작품도 결국 유교와 도교와 불교와 민간신앙 등이 융합된 사상을 배경사상으로 취하고 있다 하겠다.

8. 제목의 특징

고소설의 제목은 주인공의 이름으로 정해진 경우가 많다. 그리고 고소설의 주인공이란 사건의 발단이나 고난의 중심 인물이 아니라 가족이 격고 있는 고난을 해결하는 인물이 주인공이 되고 또 그 인물의 이름이 작품의 제목이 되는 경우가 대부분이다.

그런데 이 작품에서 고난과 시련은 시룡이 주로 격지만 도사에게 구출되어 수학하고 나라가 위기에 처했을 때 국가의 위기를 해소하고 천하를 평정함으로써 지금까지의 모든 상황을 반전시키고 가족의 재합은 물론 가족의 부귀영화를 가져오는 인물은 동생 시호이다.

그러므로 일반적으로 고소설에 붙은 제목으로 미루어 본다면 제목을 '목시호전'이라고 하는 것이 마땅하다.

그러나 이 작품에는 그렇지 않다. 그 이유는 여러 가지로 추측할 수 있지만 첫째, 이들 형제가 쌍둥이이기 때문에 단순하게 두 형제를 하나로 보아 둘 중에서 하나 그 중에서도 형의 이름을 따서 제목으로 삼았다고 할 수 있다. 그 다음으로는 조선시대가 남존여비와 가부장제가 강화된

---

236) 졸고 : 군담소설의 유형설정과 그 특징연구, 1986. 석사학위논문.

사회였다는 점을 감안한다면 장자를 우선시하는 사회적 현상이나 사고방식 때문에 일반적인 제목 부여의 방식을 버리고 의도적으로 장자의 이름을 따서 제목으로 삼은 것으로 볼 수도 있을 것이다.

아무튼 이 작품의 제목이 다른 작품의 제목과 그 성격이 다르다는 점도 특징이라면 특징이라 할 것이다.

9. 주제

이 작품을 형제 우애형 소설로 본다면 주제가 형제간에 우애가 있으면 복을 받는다는 '형제 우애 예찬'을 주제로 했다고 할 수 있다.

그러나 현체제 개조형 영웅소설로 본다면 '영웅적 삶에 대한 예찬적 부러움'을 주제로 했다고도 할 수 있겠다.

－줄거리

1. 대명 가정 연간에 순천부에 목상서의 아들 목엽이란 사람이 있었다.
2. 목엽은 효성이 지극하고 그림에 특출한 재능이 있으나 집안이 너무 가난하여 이웃마저 안타까워할 정도다.
3. 권문세가보다 효행을 중시하는 박정승이 청혼하여 목엽이 박정승의 딸과 혼인하다.
4. 박정승이 목엽에게 후사를 부탁하다.
5. 몇 달 후 박정승이 우연히 득병하여 부부가 함께 구몰하니 목엽이 예로서 합장하고 삼년 시묘살이를 하다.
6. 세월이 무정하여 목엽의 나이가 사십이 되도록 자식이 없다.
7. 박부인이 목엽에게 다른 여자를 취하여 후사를 볼 것을 간청하나 목엽이 유예하다.
8. 어느 날 여승이 목엽을 찾아와 관세음보살상을 그려줄 것을 요청하다.
9. 목엽이 정성을 다해 관세음보살상을 그려주고 자식을 발원하다.
10. 목엽 부부가 청룡과 호랑이의 꿈을 꾸고 부인이 잉태하다.
11. 열 달 만에 쌍둥이 아들을 낳아 형을 시룡이라 하고 아우를 시호라 하다.
12. 두 아들의 외모와 능력이 특별히 빼어나 일람첩기하다.
13. 황제가 태평성대를 맞아 천하의 청렴강직한 사람과 효행이 있는 사람을 추천하게 하다.

14. 목엽이 효행이 뛰어난 인물로 추천 받아 한림학사가 되다.
15. 목엽이 금의환향하여 선산에 소분하고 서울로 올라가 임금을 돕다.
16. 목엽의 충성에 감동한 황제가 목엽에게 승상과 원로의 직품을 내리고 그 부인에게도 그에 맞는 직품을 내리다.
17. 간신들이 시기하여 목엽을 해치려하다.
18. 목엽이 충성하기 어렵다는 내용의 편지를 부인에게 보내다.
19. 두 아들이 아버지에게 낙향하기를 권하는 편지를 보내다.
20. 아들의 글에 감동한 아비가 사직을 상소하여 허락받고 낙향하다.
21. 목엽 부부가 우연 득병하여 백약이 무효하니 아들에게 각각 삼강오륜을 강조하는 유서 한 장씩 남기고 죽다.
22. 시룡 형제가 도인이 지시하는 대로 부모의 장례를 치르고 시묘살이를 지극하게 하다.
23. 시룡 형제가 십오 세가 되었을 때 집안이 피폐하여 어쩔 수 없이 구걸하여 연명하다.
24. 윤시랑에게는 아주 똑똑한 혜영이란 딸과 사촌 난양이란 딸이 있었다.
25. 딸의 뜻에 따라 윤시랑은 그해에 과거에 급제한 사람을 사위 삼기로 하다.
26. 시룡 형제가 윤시랑의 도움으로 과거에 응시하여 동방급제하다.
27. 황제가 시룡에게는 한림학사를 시호에게는 간의대부를 제수하다.
28. 윤시랑의 주선으로 혜영은 시룡의 아내가 되고 난양은 시호의 아내가 되다.
29. 형제가 금의환향하여 조상의 무덤에 소분하다.
30. 시호의 제안으로 시룡은 벼슬을 하고 시호는 고향을 지키며 조상 무덤을 보살피기로 하다.

31. 시룡이 성심을 다하여 황제를 보필하나 엄숭의 모함을 받아 구주 칠천삼백 리 밖에 귀양을 가게 되다.
32. 시룡이 귀양가게 된 사연을 집에 편지로 알리고 귀양길에 오르다.
33. 편지를 접한 가족들은 매우 슬퍼하고 상심하다.
34. 시룡이 유배지로 가는 도중 부친의 유서와 호패 등을 도적맞다.
35. 시룡이 유배지에 도착하여 물의 부족과 풍토병 등으로 거의 죽게 되다.
36. 꿈에 여승이 나타나 물이 나오는 곳을 알려주고 약을 주어 살려내다.
37. 시룡이 꿈에 여승이 알려준 곳을 파서 물을 얻으니 마을 주민 모두가 존경하고 따르다.
38. 시호가 꿈에 부모님이 나타나 형제 사이에 재액이 있을 것이라고 알려주는 말을 듣고 형을 걱정하여 형의 유배지로 형을 찾아가다.
39. 시호가 서주 경계에서 형이 잃어버린 형의 호패와 아버지의 유서 그리고 시체를 발견하고 형이 죽은 것으로 알고 제문을 지어 위로하다.
40. 시호가 형의 죽음으로 인한 슬픔을 이기지 못하여 회구성 악양루의 기둥에 자기의 죽음을 알리는 글을 남기고 물에 투신하다.
41. 봉래산 박도사가 시호를 구원하여 제자로 삼고 병마지술을 가르치다.
42. 윤부인이 남편과 시동생의 생사를 몰라 황제에게 상소를 올리다.
43. 황제가 시룡을 사면하다.
44. 시룡이 귀향 중에 악양루에서 동생이 남긴 글을 보며 동생을 구해주지 않은 용왕을 원망하다.
45. 시룡이 꿈에 용왕에게 불려가서 용왕을 욕한 것에 대해 호되게 꾸중을 듣다.
46. 시룡의 변명을 들은 용왕이 불쌍하게 여겨 시룡을 돌려보내다.

47. 시룡이 용궁을 빠져 나오는 길에 저승의 상황을 구경하다.
48. 꿈을 깬 시룡이 시호를 그리워하며 시호의 명복을 빌기 위해 황용사에 가서 머리를 깎고 중이 되고자 하다.
49. 황용사에서 시룡은 아버지가 그려준 관세음보살상 덕택에 그 곳에서 특별 대우를 받고 중이 되다.
50. 조정에 간신이 가득하자 가달국이 간신 엄숭과 내통하여 황성을 침범하고자 하다.
51. 황제가 놀라서 유통을 대원수로 삼고 엄숭을 후군장으로 삼아 적을 막도록 하다.
52. 유통이 적과 싸우다 죽고 명나라 군사가 대패하다.
53. 엄숙의 거짓말에 속아 황제가 직접 군사를 이끌고 친정에 나서다.
54. 황제의 군사가 가달국과 싸워 대패하고 황제가 생포되어 절체절명의 위기에 빠지다.
55. 봉래산 박도사가 천기를 보고 나라의 상황을 짐작하고 시호에게 청룡검과 갑주 그리고 용마를 주어 황제를 구하게 하다.
56. 시호가 한칼에 적장을 베고 위기에 빠진 황제를 구하다.
57. 시호가 적과 싸우다가 위기에 빠지자 선생의 도술에 의한 신장의 도움을 받아 적을 대파하다.
58. 황제는 시호가 목상서의 아들이자 시룡의 아우임을 알고 몹시 부끄러워하다.
59. 황제가 엄숭을 시호에게 주어 원수를 갚고 처리하게 하다.
60. 황제가 시룡이 죽었다는 소식을 듣고 그 시체를 고향으로 반장하게 하다.
61. 이때 전국에 괴질이 돌자 황제가 시호에게 황룡사에 가서 제를 올리

게 하다.

62. 시호가 황룡사에서 형의 목소리와 아버지가 그린 관세음보살상을 인연하여 시룡을 만나다.
63. 형제가 서로 죽은 줄 알고 오해했던 내력을 이야기하고 또 지금까지 지내온 내력을 이야기하다.
64. 시호가 이 사연을 황제께 보고하니 황제가 크게 놀라고 신기한 일이라 하여 전국에 알리게 하다.
65. 시호 형제가 여승들에게 크게 감사를 드린 뒤 후일을 기약하고 떠나다.
66. 황성에 도착하니 황제가 시룡에게 대광보국숭록대부를 제수하시고 부인에게도 정열부인 품계를 내리시고 형제가 고향에 내려가 회포를 풀게 하다.
67. 시룡 형제가 고향에 돌아가 거의 죽게 된 부인을 상봉하고 고향에서 연일 큰 잔치를 베풀다.
68. 시룡 형제가 부인을 데리고 서울에 가서 친정부모를 만나보게 하다.
69. 황제가 시룡 형제를 사랑하시고 천하가 태평하다.

– 목시룡젼이라

 디명1) 가졍2)연간의 슌쳔부의 흔 사람이 잇스되 셩은 목이요. 명은 엽이라. 목상서의 아달이요. 목쳐사의 증손이라. 일즉 부모를 여히고 일셩 부모를 싱각ᄒᆞ야 묘하3)를 써나지 오이ᄒᆞ고 세월을 보니더라.
 가세4)가 졈졈 더 더피5)ᄒᆞ야 불승 무양ᄒᆞ야6) 그려ᄒᆞ나 부질7)은 이티빅8) 왕히지9)의게 지니고 기림10)은 쳔고으 유명ᄒᆞ야 당나라 화용션싱11)이 밋지 못ᄒᆞ니라.
 이 갓치 귀자를 엇지 ᄒᆞ날이 박복12)게 ᄒᆞ민고. 동너 스람들도 뉘 아니 슬어ᄒᆞ리. 은역이13) 사람을 디ᄒᆞ면 곤궁14)ᄒᆞ말 자탄15)ᄒᆞ고 아모도 여가

---

1) 명(明) : 중국 강남을 근거지로 하여 전국을 통일한 한족의 왕조.
2) 가정(嘉靖) : 명나라 15대 세종의 연호.
3) 묘하(墓下) : 조상의 산소가 있는 땅.
4) 가세(家勢) : 집안 살림의 형세.
5) 대패(大敗) : ①크게 실패함. ②크게 짐.
6) 무양하다(無恙―) : 탈없다. 병이 없다.
7) 부질 : ? 아마 '붓질'의 오기인 듯. 붓질 : ? 아마 '글씨 쓰기' 등의 뜻인 듯.
8) 이백(李白) : 중국 당나라 시인. 자는 태백, 호는 청련거사. 농서군 성기현 출신. 두보와 함께 <이두>라고 일컬어진다. 두보를 <시성>, 왕유를 <시불>, 이백은 <시선>이라고 한다. 이 밖에 적선인 또는 벼슬이름을 따서 이한림이라고도 한다.
9) 왕희지(羲之) : 중국 동진의 서예가. 자는 일소. 산둥성 린이현 출신. 동진 건국에 공로를 세운 왕도의 사촌인 왕광의 아들이다. 비서랑을 비롯하여 회계왕우·임천태수·강주자사·호군장군을 지냈다.
10) 기림 : ? 아마 '그림 그리기'의 오기인 듯.
11) 화용선생 : 아마 '사람 이름'인 듯
12) 박복하다(薄福―) : 복이 별로 없다. 복을 타고나지 못하다.

- 목시룡 현대역

  명나라 가정 연간에 순천부에 한 사람이 있었는데 성은 목이고 이름은 엽이며 목상서의 아들이자 목처사의 증손이더라.
  일찍 부모를 여의고 한평생 부모를 생각하며 묘지 아래를 떠나지 아니하고 세월을 보내더라.
  집안의 살림살이가 점점 더 피폐해져서 편안하고 건강하게 살 수가 없는 정도가 되었지만 글쓰기는 이태백과 왕희지를 능가하고 그림 그리기는 역사상 매우 유명하여 화용선생이란 분도 미치지 못할 정도더라.
  이같이 귀한 사람을 하늘은 사는 것을 어찌 이렇게 어렵게 만드는가? 동네 사람들 중 누가 슬퍼하지 않겠는가? 간혹 사람을 만나면 가난함을 스스로 탄식하고 그러다가 여가

---

13) 은역이 : ? 아마 '간혹' 등의 뜻인 듯.
14) 곤궁(困窮) : 곤란하고 궁함.
15) 자탄(自歎/自嘆) : 스스로 탄식함.

사면16) 미일 부모만 싱각ᄒ더라.

ᄒ리난 등족17)ᄒ던 버시 와 전후사를 설화ᄒ다가 그디 자소로18) 이갓치 곤궁홈은 엇지요. 문왕19) 갓트신 셩인 호 왕비를 구ᄒ실시 오미20) 구지ᄒ야 전반측하내다가21) 티사22)를 구ᄒ신 후 종고낙지23)ᄒ여 계시거든 엇지 연장24)이 시가25)의 실가지낙26)을 구치 아니나뇨.

여가27)이 디 왈 형은 지기28) 일이요. 미지기 이로다. 엇지 닌들 실가지낙을 모로리요마난 옛 말슴의 ᄒ엿스되 국난이 사양상29)ᄒ고 가빈이 사현쳐30)라 ᄒ엿시니 홍망셩쇠31) 잇슬지라.

이려ᄒ무로 하32)나라난 달기33)로 망ᄒ고 당34) 명왕35)은 양구비36)로

---

16) 여가사면 : ? 아마 '여가가 있으면' 등의 뜻인 듯.
17) 등족(登足) : ? 아마 '등산' 등의 뜻인 듯.
18) 자소로 : 자소이래로(自少以來—)의 준말. : 젊고 어렸을 때부터 이제까지.
19) 문왕(文王) : 중국 주나라 초대 임금. 성은 희, 이름은 창이다. 무왕의 아버지이고 계력의 아들이다. 주위 여러 부족을 멸하고 도읍을 산시성 치산에서 시안 부근 풍읍으로 정하고 서백이라 했다. 문왕은 덕으로써 만민을 다스렸다.
20) 오매(寤寐) : 깬 때나 자는 때.
21) 전반촉하내다가 : ? 아마 '전전반측으로 지내다가' 등의 오기인 듯. 전전반측(輾轉反側) : 누워서 이리 뒤척 저리 뒤척 하며 잠을 이루지 못함.
22) 태사 : ? 아마 '문왕의 비 이름'인 듯.
23) 종고낙지(鐘鼓樂之) : ? 아마 '종고지락(鐘鼓之樂)의 다른 말인 듯.' 종고지락 : 종과 북의 어울림 같이 화목한 부부 사이의 화목한 즐거움을 뜻함.
24) 연장(年長) : 견주어 보아 나이가 많음.
25) 시가 : ? 아마 '현재, 현실' 등의 뜻인 듯.
26) 실가지락(室家之樂) : 부부간의 재미로운 낙.
27) 여가(餘暇) : 겨를 : 시간적인 틈이나 짬.
28) 지기(知己) : 지기지우(知己之友)의 준말. : 서로 마음을 알아주는 벗.
29) 국난에 사양상 : 나라가 어려울 때 어진 재상을 생각함.
30) 가빈이 사현쳐 : 집안이 어려울 때 어진 아내를 생각함.
31) 홍망셩쇠(興亡盛衰) : 홍하고 망하고 성하고 쇠함.
32) 하(夏) : 1) 중국 은나라 이전에 있었다고 하는 가장오래 된 왕조. 2) 중국 오호십육국의 하나.

가 있으면 매일 부모만 생각하더라.

하루는 놀러 다니던 친구가 찾아와서 살아가는 사연을 이야기 하다가, "젊고 어렸을 때 이후로 이같이 가난함은 어찌 된 일인가? 문왕 같은 성인도 왕비를 구하실 때 자나깨나 깊이 생각하고 잠을 설쳐가며 고민하면서 어려움을 격다가 태사를 얻은 이후에는 평생 부부 사이의 화목한 즐거움을 누리셨는데 어찌 나이가 혼인할 때를 지났는데도 아직 가정을 이루어 부부간의 재미로운 즐거움을 구하지 아니하는가?"

잠시 후에 대답하기를,

"형은 하나는 알고 둘은 알지 못하도다. 어찌 낸들 가정을 이루어서 누리는 즐거움을 모르겠는가마는 옛 말씀에 말하기를,

"나라가 어지러울 때는 어진 재상을 생각하고 집안이 가난할 때는 현명한 아내를 생각한다고 하였습니다. 그러므로 아내를 얻는 것은 가정의 흥하고 망함을 결정짓는 요소가 될 것입니다.

이러하므로 하나라는 달기 때문에 망했고 당나라 현종은 양귀비 때문에

---

33) 달기 : 중국 은나라 말엽 주왕의 비. 유소의 딸. 기는 아버지의 성. 달은 자. 주왕은 총명하고 완력도 있었으나 수색을 남달리 좋아하여 달기를 매우 총애하였다. 그녀의 말은 무엇이든 따르며, 백성에게 중세를 부과하면서까지 허영에 빠졌다. 주지육림을 벌이고 남녀가 밤새 뛰어노는 잔치를 베풀 정도였다. 이에 반발한 주나라 무왕에게 주왕과 함께 죽음을 당했다.
34) 당(唐) : 중국 왕조. 황실은 이씨로 14세대 20대에 걸쳐 이어졌다. 수도는 장안에 두었고 뤄양을 동도, 타이위안을 북도로 하였다. 중국 고대제국의 최후를 장식한 시대로, 그들의 세력은 점차 넓어져 세계제국으로서의 위용을 과시하였다.
35) 명왕 : ? 아마 '현종'의 오기인 듯.
36) 양귀비(楊貴妃) : 중국 당나라 현종의 비. 아명은 옥환. 촉주 출신. 일찍이 아버지를 여의고, 숙부인 허난부사조참군 양현교의 양녀가 되었다.

망국흔 사적이 소소ᄒᆞ고37) 문원38)을 아라 착ᄒᆞ면 후비39)로 간턱40)ᄒᆞ미와 덕활주남41) 소날ᄒᆞ니42) 일로 보건더 혼인은 인간 더스라 슌치43) 아니ᄒᆞ거니와 이제 형은 실인지낙44)만 가진45) 말삼ᄒᆞ미니 소견46)이 용성47)ᄒᆞ미로다 ᄒᆞ니라.

슌천인이 그 뜻 거주말복48) ᄒᆞ더라.

각셜49) 오자구의 세사난 사람이 잇시되 셩은 박이요. 명은 막셩이라 ᄒᆞ난 직상이 잇시되 벼살을 사양ᄒᆞ고 졍이 도라와 산슈의 지미랄 붓쳐 세월을 보니더니 늣게야 ᄒᆞᆫ 쌀을 두어시되 얼골이 비범ᄒᆞ고50) 지덕이 겸젼51)ᄒᆞ여 시서52)빅가53)의를 무불통지54)ᄒᆞ며 부모의게 효셩이 지극ᄒᆞ니 박생이 인지55)ᄒᆞ여 져와 갓튼 비필을 구ᄒᆞ더니 일일은 중미56) 와 엿자

---

37) 소소하다(昭昭一) : 아주 밝고 또렷하다.
38) 문원 : ? 아마 '근원'의 오기인 듯.
39) 후비(后妃) : 임금의 아내.
40) 간택(揀擇) : ①분간하여 가림. ②임금의 아내나 며느리나 사윗감을 고르던 일.
41) 덕화주남 : ? 아마 '덕성이 부족하고 주책인 인물' 등의 뜻인 듯.
42) 소활하다(疏闊一) : ①성품이 데면데면하고 어설프다. ②사귀는 사이가 서먹서먹하고 버성기다.
43) 순치 : ? 아마 '순탄하지' 등의 뜻인 듯.
44) 실인지락(室人之樂) : 실가지락(室家之樂).
45) 갖은 : ①갖가지의. 온갖. ②골고루 갖춘.
46) 소견(所見) : 일이나 물건을 살펴보고 느끼는 의견이나 생각.
47) 용생 : ? 아마 '용렬'의 오기인 듯. 용렬(庸劣) : 재주가 남만 못하고 어리석음.
48) 주거말복 : ? 아마 '거룩함에 탄복' 등의 뜻인 듯.
49) 각설(却說) : 화제를 돌려 다른 말을 꺼낼 때 첫머리에 쓰는 말.
50) 비범하다(非凡一) : 보통 수준에서 훨씬 뛰어나다.
51) 겸전(兼全) : 여럿이 다 같이 온전함.
52) 시서(詩書) : ①시경과 서경. ②시와 글씨.
53) 백가(百家) : 백가서(百家書)의 준말 : 여러 학자들의 여러 가지 저서.
54) 무불통지(無不通知) : 무슨 일이든지 다 통하여 모르는 것이 없음.

망한 사적이 분명합니다. 근원을 알아서 착하면 왕비로 간택하는 것이 당연하지만 덕성이 부족하고 주책인 인물은 문제가 있습니다. 이런 것으로 볼 때 혼인은 인간 삶의 큰 일이라 순탄치 아니하거니와 이제 형은 혼인만 말씀하시니 생각이 부족한가 합니다."

순천 사람이 그 뜻의 거룩함에 탄복하더라.

각설이라. 오자구에 세력 있는 사람이 있는데 성은 박이요. 이름은 막성이더라. 벼슬이 재상에 있으되 벼슬을 사양하고 바로 고향에 돌아와 자연에 묻혀 재미를 누리며 세월을 보내더니 늦게야 한 딸을 두었더라. 그 딸은 얼굴이 보통이 넘고 재주와 덕행이 겸전하여 시서와 백가서를 통하지 못하는 것이 없으며 부모에게도 효성이 지극하더라.

박생이 매우 사랑하여 딸과 같이 빼어난 인물을 짝으로 구하더니 하루는 중매가

---

55) 애지 : 애지중지(愛之重之) : 사랑하며 소중하게 여김.
56) 중매(仲媒) : 혼인을 하도록 소개하는 일. 또는 그 사람.

오디 딕이셔 틱셔57)ᄒ기를 극키ᄒ신다 ᄒ압기에 왓사오니 허슈의58) 싱각지 말고 자셔이 통쵹59)ᄒ압소셔.

권문60)을 취ᄒ실진디 승상임 집이 졍ᄒ시고 쳥빈ᄒ외61) 효힝과 힝실을 취ᄒ시면 슌천부의 사난 목상셔 아달 만ᄒ 곳시 업사오니 두 곳시 엇더ᄒ올잇가. ᄒ이 ᄌ단62)디로 졍ᄒ압소셔. ᄒ더 박졍승이 만안희싴63)ᄒ고 디 왈 권문은 비록 원이라도 엇지 가난하고 효힝 인난 사람을 취치 아니ᄒ리오.

그 스롬 효힝이 거록ᄒ 말은 이왕 듣건이와 그 스의 취쳐64)ᄒ 줄 알고 싱각지 아니ᄒ얏도다.

즁미 목상셔 딕기 가 목엽을 보고 엿자오디 군자게압셔 혼처을 졍치 못ᄒ기로 소인이 어진 비필을 구ᄒ여 왓나이다. ᄒ고 박졍승이 쳐자 덕싴65)과 힝실을 낫낫치 고하고 쏘 박졍승 ᄒ던 말슴은 고ᄒ니 목엽이 츄연 탄식 왈 박졍승 승공66)과 션친67)과 북미우68)간이라 ᄒ오니 일면 반갑고 일면 슬푸도다.

일즉 부모 일일 주졉69)이 사라 겨셔도 ᄒ 슌도 가 뵈압지 못ᄒ엿시니

---

57) 택서(擇壻) : 사윗감을 고름.
58) 허수하다 : ①서운하고 허전하다. ②느슨하다.
59) 통촉(洞燭) : 깊이 헤아려 살핌.
60) 권문(權門) : 권문세가(權門勢家)의 준말. : 권세가 있는 집안.
61) 청빈하다(淸貧—) : 청백하여 가난하다.
62) 자단(自斷) : ①스스로 끊거나 자름. ②스스로 결단을 내림.
63) 만안희색(滿顔喜色) : 얼굴 가득하게 기쁜 색을 띰.
64) 취처(聚妻) : 장가를 들어 아내를 얻음.
65) 덕색(德色) : 덕성스런 성품과 겉모습.
66) 상공(相公) : '재상(宰相)'의 높임말.
67) 선친(先親) : 남에게 대하여 '자기의 돌아간 아버지'를 일컫는 말.
68) 북매우 : ? 아마 '복매부'의 오기인 듯. 복매부(復妹夫) : 중복된 누이의 남편.
69) 주접 : ①(생물이) 이런저런 탓으로 제대로 잘 자라지 못하는 것. ②(사람이) 초라해지거

와서 말하기를,

"댁에서 사위 보기를 매우 신중하게 한다는 말을 듣고 왔으니 대충 생각하지 마시고 깊이 생각하소서. 권문 세가를 택하실 것 같으면 승상 댁으로 정하시고 청빈하나 효행과 행실이 있는 댁을 택하시려면 순천부에 사는 목상서의 아들 만한 곳이 없으니 두 곳 중에서 한 곳을 택하소서."

하면서 마음대로 정하라 하니 박정승이 얼굴 가득하게 기쁜 빛을 띠고 대답하기를,

"권문 세가가 비록 좋기는 하지만 어찌 가난하나 효행이 있는 사람을 택하지 않을 수 있겠는가? 그 사람의 효행은 이미 들은 적이 있지만 그 사이에 혼인한 줄 알고 생각지 아니하였다."

중매장이가 목상서 댁에 가서 목엽을 보고 말하기를,

"군자께서 혼인할 곳을 정하지 못하였다기에 소인이 어진 짝을 구하여 왔습니다."

하고 박정승 딸의 아름다움과 덕행 등 행실을 낱낱이 말하고 또 박정승이 하던 말씀을 말하니 목엽이 슬픈 얼굴로 탄식하며 말하기를,

"박정승 어르신과 나의 돌아가신 아버지는 이중 매부 사이라 하니 한편으로는 반갑고 한편으로는 슬프다.

일찍 부모가 살아 있을 때도 집안이 궁색하여 한 번도 가 뵈압지 못하였으니

나 궁색해지는 것.

인스 불민ᄒ기70) 층양업슬 쑨더러 쏘호 세의71)를 싱각ᄒ여 날 갓탄 사람을 취코져 ᄒ신 엇지 존명72)을 거사려 듣지 아니ᄒ리요.

시젼73)이 ᄒ엿스되 즁미 아니면 혼인ᄒ기 어렵다 ᄒ니 승상 즁미난 혼인을 되게 ᄒ소셔 ᄒ고 보니이라.

잇쩌의 박졍승이 부인 최씨로 더부러 여아의 혼사 말슴 ᄒ시더니 즁미와 보기를 고ᄒ거늘 박졍승이 밧비 외당74) 나와 셩불셩75)을 뭇거날 즁미 디 왈 목상셔 가계76)를 보오니 예양77)지효78)난 당시 군자79)압고 ᄒ시난 말삼은 사사80)이 착ᄒ더이다. ᄒ고 낫낫치 ᄒ니 박졍승이 디히81)ᄒ야 즉시 턱일ᄒ야 보니이라.

목엽 턱일 바든 후로 관 구쳔의 가니82) 부모랄 더욱 싱각ᄒ여 얼골의 히식83)이 업고 쳐량호84) 마음을 디니더니 혼인 날이 당ᄒ미 모욕졔게85)

---

70) 불민하다(不敏―) : 둔하고 재빠르지 못하다.
71) 세의(世誼) : 대대로 사귀어 온 정의.
72) 존명(尊命) : 귀명(貴命) : 상대방을 높여 '그의 명령'을 일컫는 말.
73) 시젼 : ? 아마 '시경'의 오기인 듯. 시경(詩經) : 중국 최고의 시집으로, 주나라 초부터 춘추시대 초기까지의 시 305편을 모은 유가 경전의 하나. 본디 3천여 편이었으나 공자가 간추렸다 한다.
74) 외당(外堂) : ①사랑(舍廊). ②선종의 절에서 승당의 내당 바깥쪽에 있어, 잠시 다녀가는 중이나 지사·시자들이 좌선도 하고 밥도 먹는 곳.
75) 셩불셩(成不成) : 일의 되고 안 되는 것.
76) 가계(家系) : 한 집안의 계통.
77) 예양(禮讓) : 예를 지키어 사양함.
78) 지효(至孝) : 지극한 효성.
79) 군자(君子) : ①덕행이나 학식이 높은 사람. ②벼슬이 높은 사람. ③마음이 착하고 무던한 사람. ④아내가 자기 남편을 일컫던 말.
80) 사사(事事) : 일마다. 모든 일.
81) 대희(大喜) : 크게 기뻐함. 또는 큰 기쁨.
82) 관 구천에 가니 : ? 아마 '목엽의 부모가 죽어서 관이 저승에 가니' 등의 뜻인 듯.
83) 희색(喜色) : 기뻐하는 얼굴빛.

인간 도리를 다하지 못함이 끝이 없다. 그런데도 그 동안의 정을 생각해서 나 같은 사람을 택하고자 하시니 어찌 그 말씀을 따르지 않겠는가? 시전에서 말하기를 '중매가 아니면 혼인하기 어렵다' 하니 승상의 중매는 혼인이 되도록 힘써 주십시오."

하고 보내더라.

이때에 박정승이 부인 최씨와 함께 딸의 혼사를 이야기하더니 중매가 와서 보기를 청하거늘 박정승이 급히 사랑채에 나와서 되고 안됨을 물으니 중매가 대답하기를,

"목상서의 가문을 보니 예의와 지극한 효도는 당대의 군자 집안이고 하시는 말씀은 말마다 착합다."

하고 낱낱이 말씀드리니 박정승이 크게 기뻐하며 즉시 날을 택하여 보내더라.

목엽이 택한 날을 받은 후에 목엽의 부모가 죽어서 그 관이 그때에서야 저승으로 가게 되니 부모를 더욱 간절하게 생각하여 얼굴에는 기쁜 빛이 없고 처량한 마음으로 시내더라.

혼인날이 되자 목욕재계

---

84) 처량하다(凄凉—) : ①마음이 구슬퍼질 만큼 쓸쓸하다. ②서글프고 구슬프다.
85) 목욕재계(沐浴齋戒) : 종교적 의식에서, 목욕을 하고 음식을 삼가며 몸가짐을 깨끗이 하는 일.

ᄒᆞ고 제문[86] 지어 제ᄒᆞ니 그 제문의 ᄒᆞ여스되 천지 잇사오미 만물이 잇고 만물이 잇사미 부모 인난니 부모 잇사미 부자 잇나이 이 몸은 부모 혈육을 타나셔 부모 싱젼의 영화[87]을 보이지 못ᄒᆞ고 사후 이갓치 히낙[88]ᄒᆞ난 일을 보올진디 엇지 불효를 면ᄒᆞ리요. 봉방[89] 부모님 혼빅이나 소ᄌᆞ[90]의 혼인을 감동ᄒᆞ옵소셔.

이린고로 셩인의 말삼이 ᄒᆞ여시되 취쳐호더 방다니[91] 부모젼의 고ᄒᆞ다 ᄒᆞ압기로 불효자 엽은 부모임 덕을 입ᄉᆞ와 옥안 사난 박졍승 여식게 정혼ᄒᆞ여 부부되오니 죄 만사무셕[92]이로이다.

익기[93]를 다ᄒᆞ고 길을 차자 가 입니[94]ᄒᆞ니 남의 박졍승 양위랄 뵈온더 박졍승 왈 층한[95] 사람으로만 비필 구ᄒᆞ더니 쳔만 드디어 너를 만나오니 종윤되날을[96] 맛기고 우리 무자ᄒᆞ여 후일을 염녀ᄒᆞ엿더니 오날부터 여한 니 업도ᄃᆞ ᄒᆞ더라.

이러구러 슈삭 후 조물이 시기하여 박정승 우연 득병ᄒᆞ야 빅약이 무효 ᄒᆞ고 졈졈 즁ᄒᆞ니 박졍승이 회춘치 못홀 줄을 알고 목엽 부부를 더ᄒᆞ여

---

86) 제문(祭文) : 죽은 사람을 조상하는 글. 흔히 제물을 올리고 축문처럼 읽는다.
87) 영화(榮華) : 세상에 드러나는 영광.
88) 희락(喜樂) : 기쁨과 즐거움.
89) 봉방 : ? 아마 '봉분(封墳)'의 뜻인 듯. 봉분(封墳) : 무덤에서, 둥글게 흙을 쌓아 올린 부분.
90) 소자(小子) : ①임금이 자기의 선조나 국민에 대하여 '자기'를 겸손하게 일컫는 말. ②어버이에게 아들이 스스로 '자기'를 겸손하게 일컫는 말. ③스승이 제자'를 사랑스럽게 부르는 말.
91) 방다니 : ? 아마 '반드시'의 오기인 듯.
92) 만사무셕(萬死無惜) : 만 번 죽어도 아깝지 않을 만큼 죄가 무거움.
93) 익기 : 읽기의 오기인 듯.
94) 입내(入內) : 안으로 들어옴.
95) 층한 : ? 아마 '착한'의 오기인 듯.
96) 종윤되날을 : ? 아마 '조종 향화를' 등의 뜻인 듯.

하고 제문을 지여 제사를 지내니 그 제문에 말하기를, 하늘과 땅이 있기에 만물이 있고 만물이 있기에 부모가 있으며 부모가 있기에 부자가 있나니 이 몸은 부모의 혈육을 받아 나서 부모가 살아 있을 때 영화를 보이지 못하고 죽은 후에야 이렇게 즐거운 일을 보게 되니 어찌 불효를 면하겠는가? 무덤 속에 계신 부모님은 혼백이나마 소자의 혼인에 감동하소서. 이런 까닭으로 성인이 말씀하시기를,

"아내를 얻되 반드시 부모님께 말씀드린다. 하되 불효자 엽은 부모님 덕택으로 옥안에 사는 박정승의 딸과 정혼하여 부부가 되나 먼저 말씀을 드리지 못하였으니 그 죄는 죽어 마땅할까 합니다."

읽기를 다하고 길을 찾아가서 오자구의 박정승 내외분을 뵈오니 박정승이 말하기를,

"착한 사람으로만 딸의 짝을 구하더니 천만뜻밖에 너를 만나게 되었다. 이제부터는 조상의 향화를 너에게 맡기고자 한다. 우리는 아들이 없어서 뒷날을 걱정하였더니 오늘부터는 남은 한이 없다."

하더라. 이러구러 몇 달 후 조물주가 시기하여 박정승이 우연히 병을 얻어 모든 약이 효과가 없고 병이 점점 깊어지니 박정승이 회춘하지 못할 줄 알고 목엽의 부부를 대하여

왈 우리 부부 연여97)를 너의게 이탁ᄒ여 부귀ᄒ더니 천명이 진ᄒ고 ᄯᅩ ᄒᆞᆫ 말을 붓치노라.

여아가 혹 불민한98) 일이 잇셔도 우리 부부 젼우99)를 싱각ᄒ여 부디 잘 잇서라. ᄯᅩᄒᆞᆫ 여아의 손을 잡고 체읍100) 왈 너난 미ᄉ를 삼가101)여 조심ᄒ여 부모 잇사면 부모의게 극진이 ᄒ며 친척 잇사면 화합ᄒ라.

니 일쥬102)를 아니 부모난 업고 다만 가쟝 ᄲᅮᆫ이라. 가장의 ᄯᅳᆺ을 어기지 말고 부디부디 너의 부부 동낙103)ᄒ여 빅연히로104) ᄒ야 잘 일거라. ᄒ고 인ᄒ야 ᄒᆞᆫ날이 부부 구몰105)ᄒ니 박부인이 망자106)이통 중 쳔붕지통107)을 당ᄒᆞ미 ᄒ난108) 경식109)을 층양치 못홀지라. 목엽 부부 예로셔 쳥쥬산의 흡쟝110)ᄒ고 삼연을 극진니 지니더라.

이러구러 무정ᄒᆞᆫ 세월이 연광111)을 지쵹ᄒ니 목엽 부부 나히 사십이 당ᄒ되 자식이 업스니 부인니 호련 탄식 왈 니 박복ᄒ여112) ᄒᆞ나 자식도

---

97) 여년(餘年) : 여생(餘生) : 앞으로 남은 인생.
98) 불민하다(不敏—) : 둔하고 재빠르지 못하다.
99) 젼우 : ? 아마 '이전의 사랑' 등의 뜻인 듯.
100) 체읍(涕泣) : 소리를 내지 않고 눈물을 흘리면서 슬피 욺.
101) 삼가다 : ①말이나 행동을 조심스럽게 하다. ②꺼리껴 조심하거나 하지 않다.
102) 일주 : ? 아마 '나의 죽음' 등의 뜻인 듯.
103) 동락(同樂) : 함께 즐김.
104) 백년해로(百年偕老) : 부부가 되어 서로 사이가 좋고 즐겁게 함께 늙음.
105) 구몰(俱沒) : 어버이가 다 죽음.
106) 망자(亡者) : 죽은 사람. 망인(亡人).
107) 천붕지통(天崩之痛) : (하늘이 무너지는 것 같은 아픔이란 뜻으로) 제왕이나 아버지의 상사를 당한 슬픔을 이르는 말.
108) ᄒ난 : ? 아마 '슬퍼하는' 등의 뜻인 듯.
109) 경색(景色) : ①경치. ②정경이나 광경.
110) 합장(合葬) : 남편과 아내를 한 무덤에 장사함.
111) 연광(年光) : ①변하는 사철의 경치. ②나이. ③세월.

말하기를,

"우리 부부의 남은 삶을 너에게 의탁하니 편안하고 좋았다. 그러나 타고난 목숨이 다하여 죽게 되니 마지막으로 또 한 마디 말을 더하노라. 내 딸이 혹시 민첩하게 행동하지 못하는 일이 있어도 우리 부부가 이전에 사랑했던 정을 생각해서라도 부디 화목하게 잘 지내라."

또 딸아이의 손을 잡고 흐느껴 울며 말하기를,

"너는 모든 일을 삼가고 조심하며 부모가 있으면 부모에게 극진하게 효도를 할 것이며 친척이 있으면 친척과 화목하도록 유의해라. 나는 나의 죽음을 아나니 이제부터 너는 부모는 없고 다만 남편뿐이다. 가장의 뜻을 어기지 말고 부디부디 너의 부부가 행복하게 한평생 잘 살기를 바란다."

하며 인하여 동시에 부부가 다 죽으니 박부인이 부모의 죽음을 당하여 슬퍼하는 모습은 말로 다 표현하지 못할 정도더라. 목엽 부부가 예로서 청주산에 합장하여 장사를 지내고 삼년 동안 시묘를 극진하게 하더라.

이러구러 무정한 시간이 세월의 흐름을 재촉하니 목엽의 부부 나이가 사십이 되었으나 아직 슬하에 자식이 없더라.

어느 날 부인이 갑자기 탄식하며 말하기를,

"내가 복이 없어 자식이 하나도

---

112) 박복하다(薄福一) : 복이 별로 없다. 복을 타고나지 못하다.

업스오니 목씨 향화113)라 끈케 되연난지라. 칠거지114)중 읏듬이요. 무자식ᄒᆞ면 버린다 ᄒᆞ오나 군자의 너부신 덕을 입스와 지금가지 히로ᄒᆞ오나 복걸115) 군자난 마음을 두로여 어진 여자를 취ᄒᆞ여 자식 나어 션영116) 향화를 끈케 말고 니의 소원을 일우소서.

목엽이 디 왈 부인은 너무 슬어마옵소셔. 자식 업스니 다 니의 죄라. 엇지 부인의 죄라 ᄒᆞ리요. 그려ᄒᆞ거이와 나난 싱각ᄒᆞ이 누디117) 나려온 과업118) 니의게 이로러 끈케 되오니 엇지 섭지 아니ᄒᆞ리오.

옛 말슴이 ᄒᆞ엿스되 불효 천삼(삼천)에 무자식이 웃듬이라 ᄒᆞ엿스니 ᄯᅩᄒᆞᆫ 우리도 나히 사십이라. 아마도 무자ᄒᆞ올시니 불효 극ᄒᆞᆫ지라.

그러나 부인 말삼이 가긍ᄒᆞ니119) 일후 싱각ᄒᆞ여 보스이다. ᄒᆞ고 서로 슬어ᄒᆞ다가 시비를 불너 주찬120)을 니여오라 ᄒᆞ여 먹고 안자스니 ᄒᆞᆫ 여승이 빅팔 염주를 목이 걸고 흡장 비례121)ᄒᆞ여 가로디 셔방님 부부 무양ᄒᆞ압신잇가122). 하거날 엽이 답 왈 어디 잇난 션ᄉ123)관디 우리 갓탄 사람을 보고 져디지 관디124)ᄒᆞ나요.

---

113) 향화(香火) : ①향불. ②향을 피운다는 뜻에서 '제사(祭祀)'를 일컫는 말.

114) 칠거지악(七去之惡) : (지난날) 아내를 내쫓을 수 있는 이유가 되는 일곱 가지의 허물. 곧 시부모에게 불순함, 자식이 없음, 음행함, 투기함, 악질이 있음, 말이 많음, 도둑질함 등이다.

115) 복걸(伏乞) : 엎드려 빎.

116) 선영(先塋) : 조상의 무덤이 있는 산.

117) 누대(累代/屢代) : 여러 대.

118) 과업(課業) : ①해야 할 일이나 임무. ②일과로 정한 학업.

119) 가긍하다(可矜―) : 불쌍하고 가엾다.

120) 주찬(酒饌) : 술과 안주.

121) 합장배례(合掌拜禮) : 두 손바닥을 마주 대고 절하는 예.

122) 무양하다(無恙―) : 탈없다. 병이 없다.

123) 선사(禪師) : ①선종에서 참선하여 진리를 통달한 스님. ②'중'의 높임말. ③조선 때, 선종에서 스님의 셋째 법계. 중덕의 위이고 대선사의 아래이다.

없으니 목씨 조상의 제사를 끊게 되었습니다. 조상의 향화를 받들지 못하는 것은 칠거지악 중 가장 큰 것이요 자식을 낳지 못하면 버린다고 하였으나 군자의 넓으신 덕택으로 지금까지 함께 살고 있습니다. 그러나 엎드려 바라건대 군자께서는 마음을 돌이켜 어진 여자를 취하여 자식을 낳아 조상의 향화를 끊지 않게 하소서. 이것이 저의 소원입니다."

목엽이 대답하여 말하기를,

"부인은 너무 슬퍼하지 마소서. 자식이 없는 것은 모두 나의 죄입니다. 어찌 부인의 죄라고 할 수 있겠습니까? 그러하거니와 나는 생각하니 이제까지 내려온 집안의 내력이 나에게 와서 끊어지게 되니 어찌 서럽지 않겠습니까? 옛 말씀에 말하기를, 불효 삼천에 자식 없음이 가장 큰 불효라고 하였으며 우리가 또한 나이가 사십이 되었으니 아무래도 자식을 낳지 못할까 하오니 불효가 매우 심한 것 같습니다. 그러나 부인의 말씀이 불쌍하고 가엾으니 이후에 다시 생각하여봅시다."

하고 서로 슬퍼하다가 시녀를 불러 술과 안주를 내어오라고 하여 먹고 앉았더니 한 여승이 백팔 염주를 목에 걸고 찾아와 합장하고 머리를 숙여 예를 표하며 말하기를,

"서방님 부부 별고 없으십니까?"

하거늘, 엽이 대답하기를,

"어디에 계시는 선사이시기에 우리 같은 사람을 알아보고 그렇게 친절하게 대하십니까?"

---

124) 관대(款待) : 친절하게 대하거나 정성껏 대접함.

여승이 디 왈 소승은 화승125)이 날가기로 그기코져126) ᄒ여 상공게압셔 기림이 당세의 제일이란 말을 듯고 불원철이127)ᄒ고 왓사오니 발이건디 싱곡ᄒ야 보압소셔.

목엽이 답 왈 용면지법128)을 조빅129)이 아압거슬 션사게압셔 허명130) 을 듯삽고 욕되게 임ᄒ와131) 쳥ᄒ오니 니 지조 업사오나 진심갈역132)ᄒ여 쳥상써기133) ᄒ오리다.

ᄒ디 여승이 디히ᄒ여 바랑134)으로셔 비단을 니여 노거날 광치 찰난ᄒ 여 사람의 졍신을 놀니(?) 기이ᄒ 문치135)난 인간 비단 아일니라.

목엽이 분향 지비ᄒ고 관복을 갓초와 성심으로 관음136)화승을 다 기린 후의 갑자연 갑자일 순천부 사난 목엽은 근셔137)ᄒ노라. 쓰기를 다ᄒ 후 관세음 화승을 중당138)의 걸고 보니 참 관세음이 인간의 환세139)ᄒ 닷ᄒ

---

125) 화상(畵像) : ①어떠한 사람의 얼굴과 똑같게 그린 그림. ②'아무 능력도 없는 사람'을 비유하는 말. ③생긴 꼬락서니.
126) 그기코져 : ? 아마 '다시 그리고자' 등의 뜻인 듯.
127) 불원천리(不遠千里) : 먼길을 멀게 여기지 않음.
128) 용면지법 : ? 아마 '용렬한 솜씨' 등의 뜻인 듯.
129) 조백 : ? 아마 '모든 사람' 등의 뜻인 듯.
130) 허명(虛名) : 실속이 없이 헛되게 난 이름.
131) 임하다(臨一) : ①높은 곳에서 낮은 곳을 대하다. ②낮은 사람을 대하다. ③높은 사람이 낮은 사람의 집으로 가다. ④어떠한 자리에 다다르다. ⑤어떠한 일을 대하다. ⑥면하다.
132) 진심갈역(盡心渴力) : 마음을 다하고 힘을 다함.
133) 쳥쌍서기 : ? 아마 '힘닫는 데까지 열심히' 등의 뜻인 듯.
134) 바랑 : 중이 등에 지고 다니는 자루 같은 큰 주머니.
135) 문채(文彩/文采) : ①아름다운 광채. ②무늬.
136) 관음(觀音) : '관세음 보살'의 준말.
137) 근서(謹書) : 삼가 글을 쓰다.
138) 중당(中堂) : 집의 중앙.
139) 환세 : ? 아마 '환생'의 오기인 듯.

여승이 대답하기를,

"소승은 관세음보살의 화상이 낡았기로 다시 그리고자 하는데 상공께서 그림 그리는 솜씨가 현세에 제일이라는 말을 듣고 천리 길이 멀다하지 않고 왔으니 바라건대 생각하여 주소서."

목엽이 대답하기를,

"용열한 솜씨를 모든 사람들이 다 알고 있는데 선사께서 헛된 이름만 듣고 욕되게 여기까지 와서 청하니 내가 재주는 없으나 마음과 몸을 다하여 힘닿는 데까지 해보겠습니다."

하니 여승이 크게 기뻐하며 바랑에서 비단을 내어놓거늘 바라보니 광채가 찬란하여 사람의 정신을 놀라게 하고 이상하게 아름다운 광채는 인간 세상의 비단이 아닌 듯 하더라.

목엽이 분향하고 두 번 절한 뒤에 관복을 갖추어 입고 정성을 다하여 관세음보살 화상을 다 그린 후에 갑자연 갑자일 순천부에 사는 목엽이 삼가 쓰노라. 하고 쓰기를 마친 후에 관세음보살 화상을 집의 중앙에 걸고 바라보니 진짜 관세음보살이 인간 세상에 환생한 듯 하더라.

니 여승이 홉장 치샤140) 왈 상공이 지조난 세상 사람이 아니로소이다. 소승의 소원을 일워싸오니 난망지은141)을 만분지일이나 갑사오이다. 흐디 목엽이 디 왈 인성 사십에 일졈 혈육 업셔 부부 미일 한탄이로소이다. 흐고 예단142)을 갓초와 주거날 여승이 밧고 왈 자식을 엇지 임으로 흐리요. 그러나 졍셩을 다흐여 축원흐오이다. 흐고 관세음 화샹을 뫼시고 황요사의 도라가 목엽을 위흐야 귀자를 졈지143)흐기로 불젼144)의 미일 발원145)흐니라.

각셜146) 목엽 부부 무자147)흐말 셜워흐여 눈물 홀여 자탄148)흐다가 월식을 탐흐야 춘풍이 호졉149)을 인도흐난 닷 부부 월식을 히롱150)흐더니 비몽간151)의 뇌셩152) 디작153)흐며 청용이 여의주154)을 희롱흐고 목부인의 품으로 드러오더니 쏘흔 이윽흐여 디풍이 이러나며 디호155) 입을 벌니

---

140) 치샤(致謝) : 고맙다고 사례하는 뜻을 나타냄.
141) 난망지은(難忘之恩) : 잊기 어려운 은혜.
142) 예단(禮緞) : 예물로 주는 비단.
143) 졈지(點指) : 신불이 사람에게 자식이 생기게 하여 줌.
144) 불젼(佛前) : ①부처의 앞. ②부처가 세상에 나기 전.
145) 발원(發願) : 바라고 원하는 생각을 냄.
146) 각셜(却說) : 화제를 돌려 다른 말을 꺼낼 때 첫머리에 쓰는 말.
147) 무자(無子) : ①대를 이을 아들이 없음. ②무자식'의 준말.
148) 자탄(自歎/自嘆) : 스스로 탄식함.
149) 호졉(胡蝶) : 나비.
150) 희롱(戲弄) : 말이나 행동으로 실없이 놀리는 짓.
151) 비몽간 : 비몽사몽간(非夢似夢間)의 준말. : 꿈을 꾸는지 잠이 깨어 있는지 어렴풋한 상태.
152) 뇌셩(雷聲) : 천둥소리.
153) 대작(大作) : 구름·바람·아우성 소리 등이 크게 일어남.
154) 여의주(如意珠) : 용의 턱 아래에 있다고 하는 영묘한 구슬. 사람이 이것을 얻으면 변화를 마음대로 부릴 수 있다고 한다.
155) 대호(大虎) : 큰 호랑이.

여승이 합장하고 칭찬하기를,

"상공의 재주는 세상의 사람이 아닌 것 같습니다. 소승이 소원을 이루었으니 그 은혜를 만분지일이나 갚고 싶습니다."

하니 목엽이 대답하기를,

"인생 사십에 한 명의 자식도 없어 부부가 매일 한탄하고 있습니다."

하고 예단을 갖추어 주거늘 여승이 받고 말하기를,

"자식을 어찌 마음대로 하리요. 그러나 정성을 다하여 축원해 보겠습니다."

하고 관세음보살 화상을 모시고 황용사에 돌아가 목엽을 위하여 귀자를 점지해 줄 것을 부처님 앞에 매일 기원하더라.

각설이라. 목엽의 부부 자식 없음을 서러워하여 눈물을 흘리며 스스로 탄식하더니 하루는 달빛을 사랑하는 가운데 봄바람이 나비를 인도하는 듯 부부가 달빛을 즐기더니 꿈인지 생신지 희미한 가운데 천둥소리가 크게 일어나며 청룡이 여의주를 물고 장난하다가 목부인의 품으로 들어오더니 또 한참 있다가 큰 바람이 일어나며 큰 호랑이가 입을 벌리고 목엽의 품으로 들거날 놀니여 씨다로니 남가일몽156)이라. 부부 서로 몽사157)를 의논ᄒ고 ᄒ여나 자식 잇기를 축수158)ᄒ더니 과연 그 달부터 터기159) 잇셔 십삭이 차미 일일른 예업든 향니 집안 가득ᄒ고 구람도 끼고 바람 불고 지반160)이 요란ᄒ더니 쌍ᄋ를 나어난지라.(710-2)

아희를 보니 기이흔 기남자161)요. 소리 웅장ᄒ여 사람을 놀니난지라. 목엽 부부 깃거ᄒ여 장자의 일홈은 시룡이라. 차자 일홈은 시호라 ᄒ미 시룡 시호 점점 즈라미 기골이 장디162)ᄒ고 미간163)이 강산 졍긔164)라 씌이고 또 일월 졍긔을 듸워시니 보난 사람 뉘 아니 놀니리 업더라.

인물은 쳔고165) 졀식166)이고 풍치167)난 남중호걸168)이라. 엇지 인간 사람이라 ᄒ리요. ᄒ나님이 목엽 부부 간장 석은 후 이런 자식 흔 쌍식 졈지ᄒ야거든 비멘ᄒ리요.169)

---

156) 남가일몽(南柯一夢) : (당나라 때 순우분이란 사람이 남쪽으로 뻗은 홰나무 가지 아래서 잠이 들어 영화를 누리는 꿈을 꾸었다는 데서 나온 말) 꿈과 같이 헛된 한때의 부귀와 영화.
157) 몽사(夢事) : 꿈에 나타난 일.
158) 축수(祝手) : 두 손바닥을 마주 대고 빎.
159) 태기(胎氣) : 아이를 밴 기미.
160) 지반(地盤) : 땅의 바닥.
161) 기남자(奇男子) : 재주와 슬기가 남달리 뛰어난 사내.
162) 장대(長大) : 길고 큼.
163) 미간(眉間) : 두 눈썹 사이.
164) 정기(精氣) : ①정신과 기력. ②정수와 기분. ③만물의 생성하는 원기. 곧 생명의 원천인 원기. ④사물의 순수한 기운.
165) 천고(千古) : ①썩 먼 옛적. ②매우 오랜 세월. ③오랜 세월을 통하여 그런 종류가 드묾.
166) 절색(絶色) : 견줄 데 없이 뛰어나게 아름다운 여자.
167) 풍채(風采) : 빛나서 드러나 보이는 사람의 겉모양.
168) 남중호걸(男中豪傑) : 남자 가운데 슬기와 힘이 뛰어나고 넓은 마음과 높은 기상을 가진 사람.

고 목엽의 품으로 들어오거늘 놀라서 잠을 깨니 한바탕의 허망한 꿈이더라.

　부부가 서로 꿈을 이야기하며 혹시나 자식 낳기를 빌더니 과연 그 달부터 임신한 기미가 있더라. 열 달이 차자 하루는 평소에 없던 향기가 집안에 가득하고 구름도 끼고 바람도 불고 땅바닥이 요란하게 흔들리더니 그 사이에 쌍동이가 태어났더라.

　아이를 보니 특별하게 잘 생긴 멋진 남자요. 울음소리가 웅장하여 듣는 사람을 놀라게 하더라. 목엽 부부가 기뻐하며 장자의 이름을 시룡이라 하고 차자의 이름을 시호라 하더라.

　시룡과 시호가 점점 자라자 기골이 장대하고 미간에는 산천 정기가 어리어 있고 일월 정기마저 띠었으니 보는 사람마다 놀라지 않는 사람이 없더라. 인물은 역사상 찾기 힘들 정도로 빼어나고 풍채는 남자 중에 호걸이라 하겠더라.

　어찌 인간 세상의 사람이라 하겠는가? 하느님이 목엽 부부의 마음을 썩힌 후 이런 자식 한 쌍을 점지하였으니 빈틈이 있겠는가?

---

169) 비멘흐다 : ? 아마 '분명하지 않겠는가' 등의 뜻인 듯.

쏘흔 관세음이 상셔긔 주달170)흔 비라. 형제 모식171)이 더등ᄒ여 분별치 못ᄒ니라.

칠팔 세이 당ᄒ믹 시서빅가172)이라 흔번 보면 모랄 것시 업스며 부모게 효성과 형제 우애ᄒ난 영은 고지군자173)ㄹ도 당치 못ᄒ지라.

부모 극키 사랑ᄒ여 둘다 압세우고 히롱ᄒ여 왈 우리 무자홀가 흔탄ᄒ더니 하날이 졈지ᄒ고 관음이 축원174)ᄒ여 필시 문호175)를 빗니미라 ᄒ더라.

각셜 덕화176) 호시절177)의 사방이 무일178)ᄒ고 빅셩이 함포고복179)ᄒ고 격양가180)를 부르니 잇씨난 춘삼월이라. 만물이 화싱181)ᄒ난지라.

천자 각도 열읍182)이 하교183)ᄒ시되 청염흔184) 강직185)흔 효힝 인난

---

170) 주달(奏達) : 임금에게 말하여 알림.
171) 모색(貌色) : 얼굴의 모양. 얼굴 빛.
172) 시서백가(詩書百家) : 시경 서경 등 여러 학자들의 여러 가지 저서.
173) 고지군자(古之君子) : 옛날의 군자.
174) 축원(祝願) : 신불에게 바라는 바를 아뢰고 그 성취를 비는 일.
175) 문호(門戶) : ①집으로 드나드는 문. ②'어떤 지방을 드나드는 초입이 되는 곳'을 비유하는 말. ③가문.
176) 덕화(德化) : 덕행으로 감화시킴. 또는 그 감화.
177) 호시절(好時節) : 좋은 철.
178) 무일 : ? 아마 '무사'의 오기인 듯.
179) 함포고복(含哺鼓腹) : ('잔뜩 먹고 배를 두드린다'는 뜻으로)'먹을 것이 풍족하여 좋아하고 즐기는 모양'을 이르는 말.
180) 격양가(擊壤歌) : 농부가 풍년이 들어 태평한 세월을 즐겨서 부르는 노래. 옛날 중국 요나라 때부터 불렀다 함.
181) 화생(化生) : ①생물의 몸이나 그 조직의 일부가 형상이나 기능을 바꾸어 달리 되는 일. ②의탁할 곳이 없이 홀연히 생겨나는 일. 또는 그렇게 생겨난 귀신.
182) 열읍(列邑) : 모든 고을.
183) 하교(下敎) : ①윗사람이 아랫사람에게 가르치어 보임. ②전교(傳敎).
184) 청렴하다(淸廉―) : 성품과 행실이 높고 맑으며 탐하는 마음이 없다.
185) 강직(剛直) : (마음이) 꿋꿋하고 곧음.

또한 관세음보살이 상서에게 말씀드린 바이다.

형제의 모습이 비슷하여 구별하기 힘들더라. 칠 팔 세가 되니 시서와 백가서를 한 번 보면 모를 것이 없으며 부모에게 효도하고 형제간에 우애하는 모습은 옛날 일컫는 군자라도 감당하지 못할 듯 하더라.

부모가 지극하게 사랑하여 둘 다 앞세우고 희롱하여 말하기를,

"우리가 자식이 없어서 한탄하더니 하늘이 너희들을 점지하시고 또 관세음보살에게 축원하여 너희를 낳았으니 너희들은 반드시 문호를 빛낼 것이다."

하더라.

각설이라. 임금의 덕화가 사방에 미치어 천하가 태평하고 백성이 먹을 것이 넉넉하여 배를 두드리며 태평가를 부르니 이때는 춘삼월 좋은 시절이라. 만물이 소생하더라.

황제가 전국에 명령을 내려,

"청렴하고 강직하며 효행이 있는

스람을 틱쳔186)ㅎ여 주달187)ㅎ라 ㅎ여 겨시거날 슌쳔부의 부윤188)이 목엽이 효힝을 장계189)ㅎ엿더니 쳔자 춘기현훈190)으로 목엽을 부르신디 목엽의 황공함191)을 이기지 못ㅎ여 즉시 올나가 계하에 복지ㅎ디 쳔자 반가이 목엽이 손을 잡고 무로시되 경은 뉘집 자손이관디 효힝이 거록ㅎ여 짐의게 밋쳐나요. ㅎ신디 목엽이 피셕192) 디 왈 소신193)은 젼 샹셔 목아모 아달이 슌쳔부의 사압더니 슌쳔 부윤이 소신의 허명 듯삽고 그릇 젼ㅎ여 주달ㅎ여엿사오니 소신이 만스무셕194)이로소이다.

쳔자 추연195) 탄식 왈 경의 부친은 짐이 주셕지신196)이라. 짐을 지셩으로 돕다가 불힝이 스하기로197) 짐이 심스198) 불안ㅎ더니 이지 경199)을 보니 깃부기 층양업서이다. 효자 문의 충신나고 충신 문의 효자 난단 말이 예날부터 인난 말리라.

---

186) 틱쳔(擇薦) : 션택해셔 추천하는 것.
187) 주달(奏達) : 임금에게 말하여 알림.
188) 부윤(府尹) : ①조선 때, 정2품의 외관직. ②일제 강점기 때, 부의 최고 책임자. 또는 그 직위.
189) 장계(狀啓) : 감사 또는 임금의 명을 받들고 지방에 나간 벼슬아치가 임금에게 글로써 하는 보고.
190) 춘기현훈 : ? 아마 '대표적인 효자' 등의 뜻인 듯.
191) 황공하다(惶恐—) : 지위나 위엄에 눌려 두렵다.
192) 피셕(避席) : ①자리에서 물러남. ②공경의 뜻을 나타내려고 웃어른을 모시던 자리에서 일어남.
193) 소신(小臣) : 신하가 임금에게 '자기'를 겸손하게 일컫는 말.
194) 만사무셕(萬死無惜) : 만 번 죽어도 아깝지 않을 만큼 죄가 무거움.
195) 추연(惆然) : 슬퍼하는 것.
196) 주셕지신(柱石之臣) : 나라에 아주 중요한 신하.
197) 사하기로 : ? 아마 '사직하기로' 등의 오기인 듯.
198) 심사(心思) : ①'마음'의 뜻. ②고약하거나 심술궂은 마음.
199) 경(卿) : 임금이 2품 이상의 벼슬아치를 부르던 말.

사람을 가려 뽑아서 추천하여 아뢰어라."

하시거늘 순천부의 부윤이 목엽의 효행을 보고하였더니 황제가 대표적 효자로 목엽을 부르시더라.

목엽이 황공함을 이기지 못하여 즉시 올라가 엎드려 인사를 드리니 황제가 반갑게 목엽의 손을 잡고 묻기를,

"경은 뉘 집 자손이기에 효행이 거룩하여 나에게까지 알려졌는가?"

하시니 목엽이 자리를 피하며 대답하기를,

"소신은 전 상서 목 아무개의 아들로서 순천부에 살더니 순천 부윤이 소신의 헛된 이름을 듣고 잘못 전하여 아뢰었으니 소신은 만 번 죽어도 아깝지 않을까 합니다."

황제가 슬퍼하고 탄식하며 말하기를,

"경의 부친은 짐의 중요한 신하였다. 짐을 지극한 정성으로 돕다가 불행하게도 벼슬을 사직하기에 짐의 마음이 불안하였더니 이제 경을 보니 기쁘기 끝이 없도다. 효지가 있는 가문에 충신이 태어나고 충신이 태어난 가문에 효자가 태어난다는 말이 옛날부터 있는 말이다."

ㅎ시고 즉시 할님을 제슈ㅎ고 짐을 도워라 ㅎ신디 목엽이 사은슉빈200)ㅎ고 도라가 소분201)ㅎ고 지로 상달202)ㅎ니 쳔자 허락ㅎ시니 십힐 유과203) 주시니 목홀님이 금의환향204)ㅎ시니 보난 사람 뉘 아니 층찬ㅎ리요. 각도 열읍의 지니난 기구 당당ㅎ야 국은이 망극ㅎ야더라205).

홀님이 선산의 소분홀 제 두 아달노 축문206)지어 고뫼207)ㅎ여 왈 부모님은 혼영 도으사 어진 비필을 구ㅎ여 시룡 시호를 나케 ㅎ시니 쳔지 갓탄 부모님 은덕을 만분지일도 갑지 못ㅎ니 불효한 죄난 만스무셕이로소이다.

일기를 다ㅎ 일중208) 이통209)ㅎ니 보난 사람이 홀님의 효셩을 감동ㅎ여 비금치못ㅎ더라.210)

흔님이 두 아달과 집의 도라와 부인을 대ㅎ여 왈 지금은 니 몸이 국가의 허ㅎ여 소임이 지중211)ㅎ고로 여러 날 유ㅎ기212) 극키 미안ㅎ니 부인은 두 아달을 잘 보호ㅎ소셔. ㅎ고 이날 발힝ㅎ여 쳔즈게 복지ㅎ디 쳔자 가라

---

200) 사은슉배(謝恩肅拜) : 임금의 은혜에 감사하여 경건하게 절함.
201) 소분(掃墳) : 경사로운 일이 있을 때에 조상의 산소에 가서 제사 지내는 일.
202) 상달(上達) : ①웃어른에게 말이나 글로 여쭈어 알려 드림. ②학문이나 기예가 진보함.
203) 유가(遊街) : 과거에 급제한 사람이 보통 사흘 동안 광대를 데리고 풍악을 잡혀 거리를 돌며 좌주·선배·친척 등을 찾아보던 일.
204) 금의환향(錦衣還鄕) : ('비단 옷을 입고 고향으로 돌아가거나 돌아옴'이라는 뜻으로) 출세하여 고향으로 돌아가거나 돌아옴.
205) 망극하다(罔極―) : 그지없다.
206) 축문(祝文) : 제사 때 신명께 고하는 글.
207) 고묘(告墓) : 묘지에 고함.
208) 일장(一場) : ①한바탕. ②한 군데의 활터.
209) 애통(哀痛) : 슬프고 가슴 아파함.
210) 비금치모하더라. : 슬픔을 금하지 못하더라.
211) 지중(至重) : 지극히 중요함.
212) 유하다 : 머물다.

하시고 즉시 한림을 제수하시고 짐을 도와라 하시니 목엽이 은혜에 공손하게 감사를 드리고 돌아가 조상에게 알릴 것을 말씀드리니 황제가 허락하시며 열흘 동안의 휴가를 주시더라.

목한림이 금의환향하시니 보는 사람들 중 누가 칭찬하지 않겠는가? 각도 여러 읍의 지나는 곳마다 차림새가 당당하니 나라의 은혜가 끝이 없더라.

한림이 선산에 제사할 때 두 아들에게 축문을 짓게 하여 조상에게 아뢰기를,

"부모님의 혼령께서 도우시어 어진 배필을 얻어 시룡과 시호를 낳게 하셨습니다. 이처럼 하늘과 땅 같이 높고 넓은 부모님의 은혜와 덕택을 저는 만분지일도 갚지 못했으니 불효한 죄가 만 번 죽어도 아깝지 않을까 합니다."

읽기를 다한 후에 한바탕 통곡하니 보는 사람이 한림의 효성에 감동하여 슬픔을 금하지 못하더라.

한림이 두 아들과 함께 집에 돌아와 부인을 대하여 말하기를,

"지금은 나의 몸을 국가에 허락하여 맡은 임무가 지극히 무거운 까닭으로 여러 날 머물기가 지극히 미안하니 부인은 두 아들을 잘 보호하소서."

하고 이날 출발하여 황제께 인사드리니 황제가 말씀하시기를,

사대 간장지신213)은 국가의 보비니 경은 흔나라 금각의 충성을 다ᄒ여 짐이 불겨흔214) 일이 잇거든 바로 가라치라. ᄒ시고 친근이 ᄒ니 할님 본디 충신니 자손이요. 어진 사람이라. 엇지 소인215)의 물이에 참여ᄒ리오.

빅일216) 갓튼 충신의 보국보국217) 묘칙218)을 지달219)ᄒ여 슈홍야밍220) ᄒ며 님군 셤키라 잘이ᄒ시고 요순221)의 착ᄒ신 덕과 걸주222)의 모진 정사223)를 기림을 거려 천자게 알윈디 천자 보시고 층찬ᄒ여 왈 옛날 위증은 십전소224)로 천자게 나오더니 경은 요순 걸주의 기림으로 짐으게 나오니 기림이 위증이 십전소에서 더ᄒ도다. ᄒ시고 홀님을 극키 사랑ᄒ쎠 즉일의 승숭225) 원로226) 즉품227)을 도도시고 승숭 부인은 가자228)을 나리오시

---

213) 간장지신 : ? 아마 '간관지신'의 오기인 듯. 간관(諫官) : 조선 때, 임금에게 간하는 일을 맡은 사간원·사헌부의 벼슬아치.

214) 불겨흔 : ? 아마 '불가한'의 오기인 듯. 불가(不可)하다 : 옳지 않다.

215) 소인(小人) : ①몸집이 작은 사람. ②간사하고 도량이 좁은 사람.

216) 백일(白日) : 밝은 해.

217) 보국보국 : ? 아마 '자주자주' 등의 뜻인 듯.

218) 묘책(妙策) : 썩 용한 꾀.

219) 재달 : ? 아마 '주달'의 오기인 듯.

220) 수홍야맹 : ? 아마 '밤낮으로 쉬지 아니하고' 등의 뜻인 듯.

221) 요순(堯舜) : 고대 중국의 요와 순의 두 임금.

222) 걸주(桀紂) : 중국 하(夏)나라의 걸왕과 은(殷)나라의 주왕. 포악한 임금의 상징으로 일컬어진다.

223) 정사(政事) : ①정치에 관계되는 일. 또는 행정에 관한 사무. ②벼슬아치의 임면·출척에 관한 사무.

224) 십전소 : ? 아마 '열가지 조목의 상소' 등의 뜻인 듯.

225) 승상(丞相) : 옛적 중국의 벼슬 이름. 조선 때의 정승과 같다.

226) 원로(元老) : ①나이·벼슬·덕망이 높은 사람. ②오래 그 일에 종사하여 공로가 있는 나이 많은 사람.

227) 직품(職品) : 벼슬의 품계.

228) 가자(加資) : 정3품 통정대부 이상의 품계를 올리던 일. 또는 그 올린 품계.

"간관은 나라의 보배니 경은 한나라 때의 금각의 충성을 본받아 짐의 옳지 않은 일이 있으면 바로 아뢰어라."

하시고 친근하게 하니 한림이 원래 충신의 자손이요. 어진 사람이니 어찌 소인의 무리에 참여하겠는가? 밝은 햇살같이 깨끗하게 자주자주 교묘한 계책을 아뢰며 밤낮으로 쉬지 아니하며 임금 섬기기를 잘하시며 요임금과 순임금의 착하신 덕과 걸주의 모진 정사를 그림으로 그려서 황제께 아뢰더라.

황제가 보시고 칭찬하여 말하기를,

"옛날 위증은 열 가지 상소로 황제에게 간언을 하더니 경은 요임금과 순임금 그리고 걸왕과 주왕의 사적을 그림으로 그려서 짐에게 경계를 하니 이 그림은 위증의 십전소라는 상소보다 훨씬 더 강열하도다."

하시고 한림을 매우 사랑하셔서 그날로 승상과 원로의 직품으로 돋우시고 승상 부인에게도 그에 맞는 품계를 내리시니라.

잇써의 총젼229)ᄒ더니 목승승의 강230)을 쩌려 마암디로 못ᄒ고 시기ᄒ야 가만이 히코자 ᄒ더니 목승상이 그 기미를 알고 셔로 불흡ᄒ더라.

목승상이 충셩만ᄒ여 국졍을 돕고자 ᄒ들 소인니 만ᄒ니 충신니 다 물너가니 혼자 ᄒ리요. 이러구러 젹연231)니 되다록 가양232)을 이져더니 일일은 일봉셔 활233)을 지여 보니이라.

각셜 박부인니 황셩234) 소식을 몰나 답답ᄒ든 차의 승승 셧찰이 왓거날 바다보니 ᄒ여스되 오리 보지 못ᄒ엿시니 무궁ᄒ 회포235)난 일필난기236) 오며 차시237) 연ᄒ여 부인게셔 졍안238)ᄒ며 아희들도 무양ᄒ지 싱각 ᄋ니 ᄒ오며 ᄂ난 몸이 국가의 분주ᄒ여 부인과 아희 등을 죵죵 보지 못ᄒᄂ니 답답ᄒ거이와 지금 죠졍이 탁난ᄒ와239) 군자난 퇴ᄒ고 국사난 살란되나니 아모리 진즁240)코져흔들 부운이 페일ᄒ니241) 날니 엇지 발그며 소인니 만죠ᄒ니 상총242)이 엇지 발글소야. 식녹지신243)이 되어 진퇴를 임으로 하

---

229) 총젼 : ? 아마 '총애를 오로지 하다' 등의 뜻인 듯.
230) 강 : ? 아마 '강작'의 오기인 듯.
231) 젹년(積年) : 여러 해.
232) 가양(家樣) : 터수 : ①살림살이의 형편이나 정도. ②서로 사귀는 분수.
233) 할(喝) : ①선종에서 말이나 글로 나타낼 수 없는 도리를 보이는 소리. ②사건을 꾸짖어 반성을 하게 하는 소리.
234) 황셩(皇城) : 황제가 있는 나라의 서울.
235) 회포(懷抱) : 마음속에 품은 시름.
236) 일필난기(一筆難記) : 내용이 길거나 복잡하여 간단히 기록할 수 없음.
237) 차시(此時) : 이때.
238) 졍안 : ? 아마 '마음과 몸이 편안함' 등의 뜻인 듯.
239) 탁란하다(濁亂—) : 흐리고 어지럽히다.
240) 진즁하다(鎭重—) : 점잖아서 드레가 있다.
241) 부운이 페일ᄒ니 : 부운폐일(浮雲蔽日) : 뜬구름이 해를 가림.
242) 상총(上聰) : 임금의 총명.

더라.

  이때 황제의 총애를 오로지 하는 인물들이 목승상의 강직함을 꺼려 마음대로 못하자 시기하여 남몰래 해치고자 하더라. 목승상이 그 기미를 알고 서로 화합하지 못하더라.

  목승상이 충성심만으로 국정을 돕고자 한들 소인들이 가득하여 충신이 다 물러가니 혼자 힘으로 어찌 하겠는가? 이러구러 몇 년이 지나도록 집안의 살림살이에 대한 생각을 잊고 있다가 하루는 편지 한 장을 써서 집으로 보냈더라.

  각설 박부인이 서울의 소식을 몰라서 답답하던 차에 승상의 편지가 왔거늘 받아보니 말하기를,

  "오래 동안 보지 못하였으니 끝없는 회포를 간단하게 기록할 수가 없습니다. 이제까지 부인께서는 몸과 마음이 다 편안하며 아이들도 별고 없는지 걱정이 됩니다. 나는 몸이 국가의 일에 분주하여 부인과 아이들을 자주 보지 못하니 답답합니다. 뿐만 아니라 지금은 조정이 타락하고 어지러워 군자는 물러가고 나라 일은 어지럽기만 합니다. 아무리 잘하려고 해도 뜬구름이 해를 가리는 것과 같으니 날씨가 어찌 밝겠으며 소인이 조정에 가득하니 임금의 총명이 어찌 밝겠는가? 국가의 녹봉을 받는 신하가 되어 나아가고 물러감을 마음대로 하지 못하

---

243) 식녹지신(食祿之臣) : 녹봉을 받는 신하.

니244) 엇지 사싱245)을 알니 ᄒ엿더라.

부인이 보기라 다하미 가슴 더러지난 닷 ᄒ고 혼이 업난 닷 ᄒ거날 시룡 형지 보다가 가로디 모친은 과도히 쓸어 마소셔. ᄒ고 도 임군을 섬기다가 불가ᄒ면 끈치다 ᄒ니 벼살을 갈고 도라 오심만 같지 못ᄒ도다. ᄒ고 져의 등이 즉시 답셔를 보니이라.

승상이 국사를 걱정ᄒᆯ 제 가중246) 답서랄 들리거날 쩌여보니 ᄒ여스되 시룡 시호난 돈수247)ᄇᆡ배 상셔248)ᄒ나이다. 연연 문안을 절ᄒ여사오니 복모249) 만만이로소이다. 긔톄후250) 일향만강251) ᄒ압시기 복망252) ᄒ오며 소자 등은 모친을 모시고 무양ᄒ오니 하렴253)치 마압소서.

조정의 소인놈 걱정ᄒ신다 ᄒ오니 소자의 마암을 부리지 못ᄒ오며 더져254) 군자 시절의난 소인놈이 용납지 못ᄒ압고 소인놈이 시절의난 군자가 용납255)지 못ᄒ오니 쳘이256) 당연ᄒᆫ 일이오니 부친은 위방불닙257) ᄒ

---

244) 임의로하니 : ? 아마 '임의로 하지 못하니' 등의 뜻인 듯.
245) 사생(死生) : 살고 죽는 것.
246) 가중(家中) : ①한 집의 안. ②온 집안.
247) 돈수(頓首) : ①공경하여 머리를 땅에 닿도록 꾸벅임. ②편지의 첫머리나 끝에 경의를 나타내려고 쓰는 말.
248) 상서(上書) : 위로 올리는 글.
249) 복모(伏慕) : 웃어른을 공손히 그리워함.
250) 기체후(氣體候) : 기체(氣體) : ('기력과 체후(건강 상태)'라는 뜻으로) 편지에 웃어른께 문안할 때 쓰는 말.
251) 일향만강(一向萬康) : 한결같이 편안하다.
252) 복망(伏望) : 웃어른의 처분을 공손히 바람.
253) 하렴(下慮) : 아랫 사람을 걱정함.
254) 대저(大抵) : 대체로 보아서.
255) 용납(容納) : ①너그러운 마음으로 남의 말이나 행동을 용서하거나 받아들임. ②물건을 제자리에 들어서도록 받아 줌.
256) 천리(天理) : 하늘의 이치.

니 어찌 살고 죽음을 알겠는가?"

하였더라. 부인이 보기를 다한 후에 가슴이 터지는 듯하고 혼이 날아가는 듯 하거늘 시룡 형제가 보다가 말하기를,

"어머니는 지나치게 슬퍼 마소서."

하고 또,

"임금을 섬기다가 불가하면 그만둔다 하였으니 벼슬을 그만두고 돌아오시는 것이 좋을 듯 합니다."

하고 저들이 즉시 답장을 써서 보내더라.

승상이 나라 일을 걱정할 때 집에서 답장이 왔거늘 떼어보니 그 편지에서 말하기를,

"시룡과 시호는 머리를 조아려 공손하게 절하고 글을 올립니다. 해마다의 문안 인사는 끊었으나 엎드려 사모하는 마음은 끝이 없습니다. 건강은 한결 같으며 편안하시기를 가슴 가득히 바라오며 소자들은 어머니를 모시고 아무 탈이 없이 지내오니 걱정하지 마소서.

조정의 소인놈이 걱정된다 하시니 소자의 마음도 걱정이 됩니다. 그러나 대체로 군자의 시절에는 소인놈이 용납되지 못하고 소인놈의 시절에는 군자들이 용납되지 못하는 법이오니 하늘의 이치가 당연하가 합니다.

부친께서는 위험한 곳에 들어가지 마시

---

257) 위방불입(危方不入) : 위험한 곳에는 들어가지 아니함.

오며 난방불길258)ᄒᆞ옵소셔.

혁면지(흙 먼지) ᄒᆞ의난 구타ᄒᆞ여 사로니니259) 엇지 얼관260) 보국지심261)만 잇셔 용퇴262)ᄒᆞᆯ 줄 모르신잇가.

사시지세263) 셩공디결264)이 ᄒᆞ압기로 옛날예난 아호의 비를 타고 적송자265)를 원ᄒᆞ여ᄉᆞ오니 봉망266) 부친은 이를 싱각ᄒᆞ압셔 용퇴ᄒᆞ압소셔 ᄒᆞ엿더라.

승상이 보기를 다ᄒᆞᆫ 후 종천불니267)ᄒᆞ고 즉시 상소ᄒᆞ야 학고268)를 쳥ᄒᆞᆫ디 쳔자 허ᄒᆞ시거날 승상이 이날 쳔자게 ᄒᆞ직ᄒᆞ고 본가로 드러와 부인과 아희들을 보고 몬닉 깃거 왈 부인은 무산 복으로 져러ᄒᆞᆫ 지자269)를 나어나요. 미세ᄋᆞ270)늘 아희 소견271)으로 활탕272)ᄒᆞ여 날노 ᄒᆞ여곰 여연273)을

---

258) 난방불길 : ? 아마 '어지러운 곳에는 가지 아니함' 등의 뜻인 듯.
259) 구타ᄒᆞ여 사로니니 : ? 아마 '깨끗하게 살기 어려우니' 등의 뜻인 듯.
260) 얼관 : ? 아마 '어리석게' 등의 뜻인 듯.
261) 보국지심(保國之心) : 나라를 위한 마음.
262) 용퇴(勇退) : 어떤 일이나 자리에서 시원스럽게 물러가거나 손을 뗌.
263) 사시지세 : ? 아마 '일의 형세' 등의 뜻인 듯.
264) 셩공대결 : ? 아마 '서로 대결' 등의 뜻인 듯.
265) 적송자(赤松子) : 신선. 장생불사술을 체득하여 속세를 떠나 산속에 살며 공중을 날 수 있는 이상적인 선인. 중국 전국시대 말 산동반도를 중심으로 한 제·연나라 지방에서 생긴 신선설이 그 뒤 음양가의 설을 받아들인 방사에 의해 발전하고, 도가사상과 결합하여 성립된 도교에 의해 상상되었다.
266) 복망(伏望) : 웃어른의 처분을 공손히 바람.
267) 종천불리 : ? 아마 '칭찬함을 마지아니하시고' 등의 뜻인 듯.
268) 학고 : ? 아마 '사직이나 하직'의 오기인 듯.
269) 지자(智者) : 슬기가 많은 사람.
270) 미세아(微細兒) : 어린 아이.
271) 소견(所見) : 일이나 물건을 살펴보고 느끼는 의견이나 생각.
272) 활탕(豁宕) : 활달하고 호탕함.
273) 여년(餘年) : 여생(餘生) : 앞으로 남은 인생.

고 또 어지러운 곳에 들어가지 마소서. 흙먼지 아래에서는 깨끗하게 살기가 어려우니 어찌 어리석게 나라를 위하는 마음만 가지고 물러날 줄을 모르십니까?

일의 형세가 서로 대결하는 형세입니다. 이런 때에는 옛날부터 아호의 배를 타고 신선을 따른다고 했습니다. 엎드려 바라건대 부친께서는 이것을 생각하셔서 물러나시기를 바랍니다."

하였더라.

승상이 보기를 다한 후에 탄식함을 마지아니하시고 즉시 상소하여 사직함을 청하니 황제가 허락하시더라.

승상이 이날 황제께 하직하고 본가로 돌아와 부인과 아이들을 보고 기뻐함을 마지아니하며 말하기를,

"부인은 무슨 복으로 저렇게 지혜로운 아들을 낳았는가? 나이가 어린아이이지만 그 소견은 활달하고 호탕하여 나로 하여금 남은 삶을

보젼케 ᄒ니 진실노 아니 복거로소이다274). ᄒ고 세월을 보니더니 일일은 황셩 소식을 드르니 승상이 퇴사ᄒ 후로난 엄숭이 별로 기탄275)ᄒᆯ 지 업셔 임으로 용권276)ᄒ며 저 ᄯᅳᆺ과 불흡ᄒ 지 잇스면 죄고277)의 모랏다가 죽거야278) ᄒ거날 승상이 이 말을 듯고 탄식 왈 엄숭이 소위279)난 이왕280) 알거이와 만일 아히 등 말을 듯지 아니ᄒ여던들 엄숭이 환을 면치 못ᄒᆯ넛다. ᄒ고 시룡 형제를 더욱 사랑ᄒ시다.

국가 사게281) 여차282)ᄒ기로 승상 미일 걱정ᄒ야 침석283)이 부란ᄒ니 일은 아나스나 물어가나 경졍이나 ᄒ더라.284) ᄒ심 ᄋ니ᄒ리요. 일어ᄒ기로 승상이 신병285)이 졸발286)ᄒ야 침즁ᄒ고287) 박시 쏘 우연 병이 나 위즁ᄒ니288) 홍진비릭289)난 인간이 상ᄉ290)ᄅ.

---

274) 아니 복거로소이다 : ? 아마 '복이 아니겠습니까' 등의 뜻인 듯.
275) 기탄(忌憚) : 어렵게 여겨 꺼림.
276) 용권(用權) : 권한을 사용함.
277) 죄고 : ? 아마 '죄중'의 오기인 듯. 죄중 : 죄 가운데.
278) 죽거야 : ? 아마 '죽이려'의 오기인 듯.
279) 소위(所爲) : 하거나 한 일.
280) 이왕(已往) : ①이전. ②이왕에.
281) 사게 : ? 아마 '일의 형세' 등의 뜻인 듯.
282) 여차(如此) : 이와 같음.
283) 침석(枕席) : ①베개와 자리. ②잠자리.
284) 아나스나 물어가나 경졍이나 ᄒ더라 : ? 아마 '아니하고 물러나 있으나 걱정은 마찬가지라 하더라' 등의 뜻인 듯.
285) 신병(身病) : 육신의 병.
286) 졸발(猝發) : 졸지에 느닷없이 일어남.
287) 침중하다(沈重─) : ①성질이 가라앉아서 진득하다. ②병이 짙어서 위중하다.
288) 위중하다(危重─) : 병세가 대단히 중하다.
289) 홍진비래(興盡悲來) : ('즐거운 일이 지나가면 슬픈 일이 닥쳐 온다'는 뜻으로) '세상의 일이 순환됨'을 가리키는 말.
290) 상사(常事) : 일상사. 예상사.

보존하게 하니 진실로 복이 아니겠습니까?"

하고 세월을 보내더라. 하루는 황성의 소식을 들으니 승상이 물러간 이후에는 엄숭이 특별히 어렵게 여겨 꺼릴 사람이 없는 까닭으로 자기 마음대로 권력을 휘두르며 자기의 뜻과 같지 않은 사람이 있으면 죄를 뒤집어씌워 죽인다 하거늘 승상이 이 말을 듣고 탄식하며 말하기를,

"엄숭의 행위는 이미 아는 것이지만 만일 아이들의 말을 듣지 아니하였더라면 엄숭의 재앙을 면하지 못하였을 것이다."

하고 시룡 형제를 더욱 사랑하시더라. 국가의 형세가 이러하기로 승상이 매일 걱정하니 먹고 자는 것이 불안하더라. 이처럼 일은 아니하고 물러나 있으나 걱정은 마찬가지이니 어찌 딱하지 않겠는가? 이러하므로 승상의 몸에 갑자기 병이 나서 위중하고 박씨 또한 우연히 병이 나서 위험하더라. 이처럼 기쁨이 다하면 슬픔이 오는 것은 인간 세상에 당연한 일이더라.

시룡 형제 효셩으로 구완ᄒ되 빅약이 무효ᄒ야 회츈치 못ᄒ니 승상 부부 자지 낫홀 줄291)을 알고 유셔 두 장을 써 시룡 형제를 ᄒ 장식 주며 가로디 병즁이 기안292)이 업셔 무궁293)ᄒ 말을 낫다ᄒ기로294) 유셔를 기록ᄒ엿스니 너의 형지난 이 유서를 버리지 말고 항상 보아라. ᄒ며 인ᄒ야 별세ᄒ시니 시룡 부모랄 ᄒ날 구몰295)ᄒ심을 보고 익통 무궁ᄒ더라.

그 유셔의 ᄒ여시되 쳔지만물 즁의 가장 귀타홈은 오륜296)의 잇사니라. 히고로 오륜이 사람이 근본 되야시니 근본을 아난 이난 퇴ᄒ야297) 도망 안ᄒ고 부지근본자298)는 평안ᄒ여도 필경 앙화299)랄 밧나니 오륜의 장유유서300)를 형제를 두고 일윤301)이라헌들 시룡 형지 갓치 못ᄒ시고 한 부모의 혈육으로 엇지 아니 효슌ᄒ리302).

씩자303)의 사람이 그 형상으로 우익우들ᄉ야304) 삼기를 범부305) 갓치

---

291) 자지 낫홀 줄 : ? 아마 '자기 죽을 줄' 등의 뜻인 듯.
292) 기한(期限) : 미리 어느 때까지라고 정함. 또는 그 시기.
293) 무궁(無窮) : 공간이나 시간 따위의 끝이 없음.
294) 낫다ᄒ기로 : ? 아마 '미리 다할 수 없기로' 등의 뜻인 듯.
295) 구몰(俱沒) : 어버이가 다 죽음.
296) 오륜(五倫) : ①사람이 지켜야 할 다섯 가지의 떳떳한 도리. 곧 부자 사이의 친애, 군신 사이의 의리, 부부 사이의 분별, 장유 사이의 차서, 붕우 사이의 신의.
297) 태하다 : ? 아마 '마음이 태평하다' 등의 뜻인 듯.
298) 부지근본자 : ? 아마 '인간의 근본을 알지 못하는 자' 등의 뜻인 듯.
299) 앙화(殃禍) : ①죄악의 과보로 받는 재앙. ②어떤 일로 말미암아 생기는 근심이나 재난.
300) 장유유서(長幼有序) : 오륜의 하나. 어른과 어린이 사이에는 차례가 있음.
301) 인륜(人倫) : ①사람으로서 지켜야 할 떳떳한 도리. ②오륜(五倫).
302) 효순하다(孝順—) : 효행이 있고 유순하다.
303) 식자(識者) : 학식·견식, 또는 상식이 있는 사람.
304) 우익우들ᄉ야 : ? 아마 '우애의 모범' 등의 뜻인 듯.
305) 범부(凡夫) : ①범인(凡人). ②번뇌에 얽매이어서 생사를 초월하지 못하는 사람.

시룡의 형제가 지극한 효성으로 구완하되 어떠한 약도 효과가 없어 회복하지 못하니 승상 부부가 스스로 죽을 줄 알고 유서 두 장을 써서 시룡 형제에게 각각 한 장씩 주며 말하기를,

"병이 든 사람은 죽을 때가 정해져 있는 것이 아니기에 끝없는 말을 미리 다할 수 없어서 유서에 기록해서 남겨 둔다. 너희 형제는 이 유서를 버리지 말고 항상 몸에 지니고 다니면서 보아라."

하며 인하여 돌아가시니 시룡 형제는 부모가 한날한시에 돌아가시는 것을 보고 슬퍼함이 끝이 없더라.

그 유서에 적힌 내용은,

"천지만물 가운데 가장 귀한 것은 오륜에 있다. 이러므로 오륜이 사람의 근본이 되었으니 근본을 아는 사람은 마음이 태평하여 도망하지 않고 근본을 알지 못하는 자는 편안하여도 반드시 재앙을 받는다. 오륜의 장유유서는 형제를 두고 하는 말이라고 한들 시룡 형제와 같이 하지는 못할 것이다. 한 부모의 혈육으로 태어나서 어찌 효행이 있고 유순하지 않겠는가?

지식 있는 사람이 그런 모습으로 우애의 모범을 보인다면 평범한 사람들도

밧드기랄 어린 아히 갓치 ᄒᆞ리고. 쳔슈306) 유젼307)ᄒᆞ야 잇난이 맛당이 형은 우이ᄒᆞ고 동ᄉᆡᆼ은 공경ᄒᆞ야 혹 불민혼308) 일이 잇셔도 서로 셩ᄂᆡ지 말고 원망치 말고 화목ᄒᆞ난 것시 당당한지라.

ᄭᅳᆫ친혼309) 것은 불합ᄒᆞ면 ᄭᅳᆫ코 아니보면 말연이와 형지난 불흡ᄒᆞ여 ᄭᅳᆫ치 못ᄒᆞ고 바례자310) 혼들 발일소야. 불흡ᄒᆞ여도 형지요. 화흡ᄒᆞ여도 형지라. 우리 형지 목슘이 확쳘부어311)와 갓습고 목312) 혈육기 우리 형지분이라. 셔로 우이ᄒᆞ여 구쳔313)의 간 부모를 욕되게 말아 구쳔의 간 혼빅인들 너의를 ᄭᅳᆫ코 갈 써 눈감지 못ᄒᆞ니로다. ᄒᆞ엿더라.

시룡 형제 부모의 유서를 보고 더욱 망극ᄒᆞ야 망극 셜어 우니 초목금수314)도 다 슬어ᄒᆞ난 닷 ᄒᆞ더라.

출천지효315)라 ᄒᆞ날이 엇지 감동치 아니ᄒᆞ리요. 잇써 혼 노인이 드러와 주인을 쳥ᄒᆞ거날 시룡 형지 나어가 비리316) 왈 뉘시며 엇지 오신지 소자 등은 불지예317) 쳔붕지탁318)을 당ᄒᆞ와 어룬을 공경치 못ᄒᆞ오니 죄사319)

---

306) 쳔수 : ? 아마 '쳔년' 등의 뜻인 듯.
307) 유젼(流傳) : 널리 퍼지거나 퍼뜨림.
308) 불민하다(不敏―) : 둔하고 재빠르지 못하다.
309) ᄭᅳᆫ친하다 : ? 아마 '끊어버릴 수 있는 것' 등의 뜻인 듯.
310) 바례자 : ? 아마 '버리자'의 오기인 듯.
311) 확쳘부어 : ('수레바퀴 자국에 괸 물에 있는 붕어'라는 뜻으로) '몹시 곤궁하게 된 처지나 그 처지에 있는 사람'을 비유하는 말.
312) 목 : ? 아마 '목씨' 등의 오기인 듯.
313) 구쳔(九泉) : ①땅속 깊은 밑바닥. ②저승.
314) 금수(禽獸) : ①날짐승과 길짐승. ②'행실이 아주 더럽고 나쁜 사람'의 비유.
315) 출천지효(出天之孝) : 천성으로 타고난 지극한 효성. 또는 효자.
316) 배례(拜禮) : ①절을 하는 예. ②절하여 예를 표함.
317) 불지예 : ? 아마 '알지 못하는 사이에' 등의 뜻인 듯.
318) 쳔붕지탁 : ? 아마 '쳔붕지통'의 오기인 듯. 쳔붕지통(天崩之痛) : (하늘이 무너지는 것 같은 아픔이란 뜻으로) 제왕이나 아버지의 상사를 당한 슬픔을 이르는 말.

어린아이와 같이 따라서 할 것이다. 이러므로 수 천년 동안 전해져 온 것으로서 형은 우애하고 동생은 공경하여 혹 둔하고 재빠르지 못한 것이 있어도 서로 성내지 말고 원망하지 말고 화목하는 것이 마땅하다.

끊어버릴 수 있는 것은 화합하지 못하면 끊어버리고 보지 않으면 되지마는 형제는 화합하지 못해도 끊어버릴 수 없는 관계이고 버리고자 하나 버릴 수 없는 존재이다. 화합하지 못해도 형제요. 화합해도 형제이다. 너희 형제의 목숨이 몹시 곤궁한 처지에 놓여있고 차마 눈으로 보지 못할 만큼 어려운 상황에 처해 있다고 해도 목씨 혈육이라고는 너희 형제뿐이다. 서로 우애하여 저승에 간 부모를 욕되게 하지 말아라. 저승에 간 혼백인들 너희를 끊고 갈 때 눈을 감지 못할 것이다."

하였더라.

시룡 형제 부모의 유서를 보고 더욱 망극하여 한없이 서럽게 우니 초목과 금수라도 다 슬퍼하는 듯 하더라. 천성으로 타고난 효성이니 하늘이 어찌 감동하지 않겠는가? 이때 한 노인이 들어와서 주인을 찾거늘 시룡 형제가 나아가 인사하며 말하기를,

"누구시며 어떻게 오셨습니까? 소자 등은 갑자기 부모님이 함께 돌아가셔서 어른을 공경할 처지가 되지 못하니 그 죄가

---

319) 죄사(罪死) : 죽을 죄.

무궁이로소이다.

　도인이 왈 노상지인320)으로 이곳에 왓사오니 허물치 말나. 그러나 보니 아직 장지 엇지 못ᄒᆞᆫ가 시푸니 ᄂᆡ 가라치난 ᄃᆡ로 놀나 후원 동산의 안장ᄒᆞ되 장예321)를 여차여차322)하라 ᄒᆞ고 간ᄃᆡ 업거날 시룡 형제 망극 중 고히323)여겨 도인324) 가라치난 ᄃᆡ로 안장325)ᄒᆞ고 실묘326)를 극진이 ᄒᆞ니 가산이 졈졈 디픠ᄒᆞ여 빈집이 되야난지라.

　이러구러 시룡 형제 나히 십오 시가 되다록 집이 가난ᄒᆞ여 취처를 못ᄒᆞ고 궁곤이 자심ᄒᆞ여327) 의복이 남누ᄒᆞ고328) 긔ᄒᆞᆫ329)을 견디지 못ᄒᆞ여 관옥330) 갓탄 얼골이 졈졈 수척ᄒᆞ니331) 형산빅옥이 진퇴332) 중의 뭇침 갓더라.

　형제 탄식 왈 목상셔의 자제로 긔걸333)ᄒᆞᆯ 지경이 당ᄒᆞ엿시니 엇지 가련치 아니ᄒᆞ리요. 시룡 형제 여러 날 주리믹334) 긔운이 업셔 정신을 쉬습지

---

320) 노상지인(路上之人) : 길가는 사람.
321) 장례(葬禮) : 장사를 지내는 의례.
322) 여차여차(如此如此) : 이러이러한 것.
323) 괴이(怪異) : 괴상하고 이상야릇한 것.
324) 도인(道人) : 도사.
325) 안장(安葬) : 편안하게 장사 지냄.
326) 실묘 : ? 아마 '시묘'의 오기인 듯. 시묘(侍墓) : 어버이의 거상 중에 무덤 옆에서 막을 짓고 3년간 사는 일.
327) 자심하다(滋甚―) : 더욱 심하다.
328) 남루하다 : 옷 따위가 해지고 지저분하다.
329) 기한(飢寒/饑寒) : 배고프고 추움.
330) 관옥(冠玉) : ①관의 앞을 꾸미는 옥. ②'사내의 아름다운 얼굴'을 비유하는 말.
331) 수척하다(瘦瘠―) : 야위고 파리하다.
332) 진토(塵土) : 티끌과 흙.
333) 개걸(丐乞) : 비럭질. 비러먹는 것.
334) 주리다 : ①먹을 만큼 먹지 못해 배를 곯다. ②원하는 것을 얻지 못해 마음에 허기가 생기다.

끝이 없습니다."

도인이 말하기를,

"길가는 사람으로서 이곳에 왔으니 탓하지 말아라. 그러나 살펴보니 아직 매장할 묘터를 정하지 못한 것 같은데 내가 가르쳐주는 대로 하여라. 후원의 동산에 안장을 하되 장례의 절차를 이러이러하게 하라."

하고 간 곳이 업거늘 시룡 형제가 정신이 없는 가운데서도 이상하게 여겨 도사가 가르쳐주는 대로 안장하고 시묘살이를 극진하게 하니 집안의 살림살이가 점점 피폐해져서 빈집이 되었더라.

이러구러 세월이 흘러 시룡 형제의 나이가 십오 세가 되었으나 집안이 가난하여 장가를 가지 못하고 가난이 극심하여 의복이 남루하고 배고픔을 견디지 못하여 관옥 같이 맑고 깨끗한 얼굴이 점점 수척해지니 형산의 백옥이 진흙 속에 묻힌 듯 하더라.

형제가 탄식하며 말하기를,

"목상서의 자식으로서 구걸할 지경이 되었으니 어찌 가련하지 않겠는가? 시룡 형제가 여러 날 굶주렸으므로 기운이 없어 정신을 차리지 못ᄒᆞ니 시호 형을 더ᄒᆞ여 쳐량흔 소리로 울며 말삼ᄒᆞ되 인명이 지즁335) ᄒᆞ와 좌이디ᄉᆞ336)흘 겨랄이 업사오니 인간의 양식 비러다가 연명337)이나 ᄒᆞᄉᆞ이다. 흔디 시룡이 묵연338)의 말노 ᄶᅮ지져 왈 쳥빅339) 자손이 굴며 주글지라도 엇지 차마 타인 문젼이 가 구차흔340) 말을 발시341)ᄒᆞ리. 너 말이 ᄒᆞ심ᄒᆞ도다.

시호 이연342) 탄왈 형의 말삼이 지당ᄒᆞ온디343) 깁피 싱각ᄒᆞ소셔. 우리 형제 목슘이 활쳘 이와344) 갓삽고 쏘흔 목시 혈육이 형과 니 분이라. 흔갓 쳥빅만 밋고 좌이디ᄉᆞ를 ᄒᆞ오면 션영봉사345)를 뉘라셔 ᄒᆞ오릿가.

셕일346) 영웅 쥰걸347)이라 궁곤348)을 면치 못ᄒᆞ기로 강틱공349)은 우슈

---

335) 지즁(至重) : 지극히 소중함.
336) 좌이대사(坐而待死) : (가만히 앉아서 죽기만을 기다린다는 뜻으로) 몹시 궁박하여 어찌할 수가 없이 운수에 맡김.
337) 연명(延命) : 겨우 목숨을 이어 살아 감.
338) 묵연(默然) : 말없이 잠잠한 것.
339) 쳥빅 : ? 아마 '쳥백리'의 오기인 듯. 청백리(淸白吏) : ①청렴한 벼슬아치. ②조선 때 의정부·육조·경조의 2품 이상의 당상관과 사헌부·사간원의 수직들이 추천하여 뽑은 청렴한 벼슬아치.
340) 구차하다(苟且—) : ①군색하고 구구하다. ②매우 가난하다.
341) 발시(發示) : ? 아마 '내어 보이다' 등의 뜻인 듯.
342) 애연(哀然) : 슬픈 것.
343) 지당하다(至當—) : 사리가 꼭 맞다. 또는 매우 마땅하다.
344) 활철이어 : ? 아마 '확철부어'의 오기인듯.
확철부어 : (물이 말라버린 수레바퀴 자국에 있는 붕어라는 뜻으로) 몹시 곤궁하게 된 처지나 그 처지에 있는 사람'을 비유하는 말.
345) 션영봉사(先塋奉祀) : 조상의 산소에 제사를 받들어 모심.
346) 셕일(昔日) : 지난 날.
347) 쥰걸(俊傑) : 재주와 슬기가 뛰어난 사람.
348) 곤궁(困窮) : 곤란하고 궁함.
349) 강태공(姜太公) : 중국 주나라 초기의 정치가. 뒤에 무왕을 도와 은나라를 멸망시키고 제나라에 봉함을 받아 그 시조가 되었다. '태공망'이라고도 한다.

의 고기 낚고 이윤350)은 시골의 밧슬 갈고 흑신351)은 거식어피352) 못ᄒᆞ여 못하더라.

시호가 형을 대하여 처량한 목소리로 울면서 말씀하되,

"사람의 목숨이 중한데 앉아서 죽기를 기다릴 겨를이 없으니 마을에 나가서 양식을 빌어다가 연명이나 합시다."

하니 시룡이 한참 동안 말없이 잠잠하게 있다가 꾸짖어 말하기를,

"청렴한 벼슬아치의 자손으로서 굶어죽을지언정 어찌 차마 남의 집에 가서 구차한 말을 하며 구걸을 하겠는가? 너의 말이 한심하다."

시호가 슬프게 탄식하며 말하기를,

"형의 말씀이 지극히 당연하지만 깊이 생각하소서. 우리 형제의 목숨이 경각에 달려 있고 또한 목씨의 혈육이 형과 나뿐입니다. 오직 청렴결백만 믿고 앉아서 죽기를 기다린다면 조상의 제사는 누가 감히 받들겠습니까? 옛날에도 영웅과 호걸들이 가난함을 면하지 못하였기 때문에 강태공은 우수에서 고기를 낚았고 이윤은 시골에서 밭을 갈았으며 한신은 걸식을 피하지 못하였

---

350) 이윤 : 중국 은나라 탕왕의 신하. 태갑제를 축출하였다가 회개시켜 다시 황제위에 올려준 인물.
351) 흑신 : '한신'의 오기인 듯. 한신(韓信) : 중국 한나라 고조 유방의 공신. 화이인 출생.
352) 거식어피 : ? 아마 '걸식을 피하지' 등의 뜻인 듯.

사오니 형은 조곰도 구차이 싱각 말고 겨시오면 니 양식을 끼리오리다353). 흔디 시룡이 동싱 말을 드른 즉 일면 울며 일면 측은흔지라354).

예말이 그러홀진디 니 엇지 너를 혼자 보닐고 ᄒ고 이날 시룡 형제 구걸355)차로 문밧기 나셔니 천지 아득ᄒ고 가슴이 답답ᄒ여 희음업난356) 눈물이 비 오듯 ᄒ며 형지 셔로 잡고 통곡ᄒ난 말이 서럽도다. 서럽도다. 빈곱푼 것 써룝도다. 구복357)이 원수로다. 가련ᄒ다 우리 형지 궁곤이 막심ᄒ여358) 지셜359)을 ᄒ단말가.

구천의 가신 부모님은 우리 형지 구ᄒ소서. 어나 ᄯᅢ 요순시절 만나 홈포고복360)홀고 ᄒ며 셜워ᄒ니 그 가련흔 경상361)은 비홀 디 업더라.

형제 양식을 비러다가 겨우 안명362)ᄒ더니 일일은 시룡이 시호다려 이로디 사람이 궁고ᄒ여도363) 청운364)의 ᄯᅳ슬 두지 말나ᄒ나스나365) 엇지 명가366) 후예367)로다.

---

353) ᄭᅵ리오리다 : ? 아마 '구걸해오다' 등의 뜻인 듯.
354) 측은하다(惻隱—) : 가엾고 불쌍하다.
355) 구걸(求乞) : (남에게) 돈・물건・음식 따위를 거저 얻으려고 사정하는 것.
356) 해음없다 : ? 아마 '분위기를 파악하지 못하다. 혹은 처한 상황을 제대로 알지 못하다' 등의 뜻인 듯.
357) 구복(口腹) : 입과 배. 먹고 사는 것.
358) 막심하다(莫甚—) : 매우 심하다.
359) 지셜 : ? 아마 '구걸'의 오기인 듯.
360) 함포고복(含哺鼓腹) : ('잔뜩 먹고 배를 두드린다'는 뜻으로) '먹을 것이 풍족하여 좋아하고 즐기는 모양'을 이르는 말.
361) 경상(景狀) : 경치나 상황.
362) 안명 : ? 아마 '연명'의 오기인 듯. 연명(延命) : 목숨을 이어감.
363) 궁고하다(窮苦—) : 궁하고 괴롭다.
364) 청운(靑雲) : ①푸른 구름. ②'높은 명예나 벼슬'의 비유.
365) 두지말나ᄒ나스나 : ? 아마 '끊지 말라 하였으니' 등의 뜻인 듯.
366) 명가(名家) : 훌륭하다고 이름이 난 집안.

으니 형은 조금도 구차스럽게 생각하지 말고 여기 앉아 계시면 내가 나가서 양식을 얻어 오겠습니다."

하니 시룡이 동생의 말을 듣고 한편으로는 울면서 한편으로는 측은하게 생각하여 옛말이 그러할진대 내가 어찌 너를 혼자 보내겠는가 하며 이날 시룡 형제가 구걸하기 위해 문밖에 나서니 천지가 아득하고 가슴이 답답하여 끝없는 눈물이 비오듯 하더라. 형제가 서로 붙잡고 통곡하며 하는 말이,

"서럽도다. 서럽도다. 배고픈 것이 서럽도다. 배고픔이 원수로다. 불쌍하다. 우리 형제가 어찌하여 가난 때문에 구걸을 한다는 말인가? 돌아가신 부모님은 우리 형제를 구하소서. 어느 때나 요임금과 순임금 시대와 같은 태평성대를 만나 풍족하게 살아볼까."

하며 서러워하니 그 가련한 광경은 비교할 곳이 없더라.

형제가 양식을 빌어다가 겨우 목숨을 이어가더니 하루는 시룡이 시호에게 말하기를,

"사람이 아무리 가난하여도 높은 명예나 벼슬에 대한 뜻을 꺾지 말라고 하였으니 어찌 우리는 이름 있는 가문의 후손으로서 뜻을 꺾을 수 있겠는가?"

하더라.

---

367) 후예(後裔) : 대수(代數)가 먼 후손.

잇씨 윤시랑이 딸 혜영과 난양은 오등셔하야368) 흑369)을 전하니 일납접더370)하여 만권 셔책을 무불통지371)하니 문장 지조라도 당홀 지 업난지라.

혜영은 십육 세요. 난양은 십오 세라. 부모게 효셩홈과 동싱 우애하난 양은 뉘 아니 탄복하리 업더라. 비록 사촌간이라도 얼골과 지조 범절372)이 층등373) 업고 활달374)한 긔운으로 항상 하난 말이 홀임학사375) 디원수376) 안히 될지연정 녹녹한377) 션비 안히 되기난 원치 아니하도라. 하며 미양 하난 말이 한 집으로 출가하여 사싱동고378) 한가범밍하난지라379).

시랑 여아의 혼사을 유의하야 규번380) 과거 참방381)하난 사람으로 셔랑382)을 퇵취383)코져 홀 차의 시룡 형지 왓거날 시랑이 문 왈 뉘집 자손잇

---

368) 오등셔하야 : ? 아마 '나이가 오육 세가 되었을 때' 등의 뜻인 듯.
369) 학(學) : 배움.
370) 일납접대 : ? 아마 '일람첩기'의 오기인 듯. 일람첩기(一覽輒記) : 한 번 보고 잊지 않음.
371) 무불통지(無不通知) : 무슨 일이든지 다 통하여 모르는 것이 없음.
372) 범절(凡節) : 일이나 물건이 지닌 모든 질서와 절차.
373) 층등(層等) : 층이나 등급.
374) 활달(豁達) : 도량이 너그럽고 큼.
375) 한림학사(翰林學士) : 고려시대 한림원에 소속된 정 4 품의 관직. 정원 2명으로 외교 문서의 작성, 서적의 편찬 및 과거를 관장하는 것을 비롯하여 서연관으로 왕에게 강의하고 시종관으로 왕의 행행에 시종하는 임무를 맡았다.
376) 대원수(大元帥) : 일부 나라에서, 군대의 제일 높은 계급인 원수를 더 높여 일컫는 말.
377) 녹녹하다 : 물기나 기름기가 돌아 딱딱하지 않고 좀 무르며 보드랍다.
378) 사생동고(死生同苦) : 죽고 삶을 함께 함.
379) 한가범밍하난지라 : ? 아마 '함께 하기를 맹서하더라' 등의 뜻인 듯.
380) 규번 : ? 아마 '이번'의 오기인 듯.
381) 참방(參榜) : 과거의 방목(합격 명단)에 이름이 오름.
382) 서랑(壻郞) : 사위.
383) 퇵취(擇娶) : 가리어 사위를 맞다.

이때 윤시랑의 딸 혜영과 난양은 나이가 다섯 살이 되었을 때부터 공부를 하더니 한번 보면 잊지 아니하여 만 권의 서책을 통하지 못한 것이 없으니 문장과 재주가 아무리 뛰어난 사람이라도 당하지 못할 정도더라.

혜영은 십육 세요. 난양은 십오 세라. 부모에게 효성함과 동생에게 우애하는 모습은 칭찬하지 않고 탄복하지 않는 사람이 없더라. 비록 사촌간이라도 얼굴과 재주와 예의범절에 차이가 없더라. 또 도량이 넓고 큰 기상으로 항상 말하기를,

"한림학사와 대원수의 아내가 될지언정 시시한 선비의 아내가 되는 것은 원하지 않는다"

하며 항상 하는 말이 같은 집에 시집을 가서 살고 죽음과 즐거움과 고생을 함께 할 것을 맹서하더라.

시랑이 딸아이의 혼사를 유의하여 이번 과거에서 합격하는 사람 중에서 사위를 택하리라 할 때에 시룡 형제가 왔거늘 시랑이 묻기를,

"뉘집 자손인

가. 나도 쟝안 만민 즁의 물식384)을 만나 보왓스나 너의 형지 갓탄 사람은 쳐음이라. 비록 우황385) 즁의 잇셔도 져386) 화려ᄒᆞ되 만일 몸이 평안ᄒᆞ고 의복을 잘 입부면 쳔ᄒᆞ이 무쌍이로다. ᄒᆞ되 시룡 형지 디왈 시ᄉᆡᆼ387) 등은 슌쳔부 사아는 목상셔 아달이압더니 조실부모388)ᄒᆞ고 가시 곤궁의 약간 학업이 잇사와 금변 과거을 귀경코져 ᄒᆞ오되 지필389)이 극난ᄒᆞ와390) 젹집 셩실391)을 듯삽고 왓나이다.

시랑이 디경392)ᄒᆞ여 왈 샹셔난 나의 죽마고우393)라. 졍힝394)이 초월395) ᄒᆞ기로 젹연396) 음397)이 돈졀398)ᄒᆞ엿더니 지금 너의 말 드르니 한심이로 다. ᄒᆞ고 몬니 불상이 너겨 과장399) 소용400)을 당ᄒᆞ야 주이라.

각셜 잇ᄯᅢ 혀영이 글을 황븐ᄒᆞ다401)가 탄식ᄒᆞ여 왈 금번 과거의 쳔ᄒᆞ

---

384) 물색(物色) : ①물건의 빛깔. ②어떤 기준이나 대중으로 무엇을 찾거나 고름. ③일의 까닭이나 형편. ④자연의 경치.
385) 우황(憂惶) : 근심스럽고 당황스러움.
386) 져 : ? 아마 '저렇게'의 오기인 듯.
387) 시생(侍生) : 웃어른에게 대하여 자기를 일컫는 말.
388) 조실부모(早失父母) : 어려서 부모를 여읨.
389) 지필(紙筆) : 종이와 붓.
390) 극난하다(極難—) : 몹시 어렵다.
391) 적집셩실 : ? 아마 '어려운 사람을 잘 도와준다는 소문' 등의 뜻인 듯.
392) 대경(大驚) : 매우 놀람.
393) 죽마고우(竹馬故友) : ('대말을 타고 놀던 벗'이란 뜻으로) 어릴 때부터 같이 놀며 자란 벗.
394) 정행(正行) : ①올바른 행실. ②극락 세계에 갈 마음을 닦는 바른 행업.
395) 초월(超越) : 어떤 한도나 표준을 벗어나거나 뛰어넘음.
396) 적년(積年) : 여러 해.
397) 음(音) : ? 아마 '소식' 등의 뜻인 듯.
398) 돈절(頓絶) : 소이 아주 끊어짐.
399) 과장(科場) : 과거 시험장.
400) 소용(所用) : ①쓸 데. ②쓸 물건.

가? 나도 서울의 모든 사람들 중에서 잘난 사람을 많이 보았으나 너희 형제 같은 사람은 처음이다. 비록 근심스러운 상황 속에 있는데도 저렇게 화려한데 만일 몸이 편안하고 의복을 잘 갖추어 입는다면 천하에 짝이 없을 것이다."

하니 시룡 형제가 대답하기를,

"저희들은 순천부에 사는 목상서의 아들입니다. 어려서 부모를 여의었기에 집안 살림살이가 매우 어렵고, 또 약간의 학입이 있어 이번 과거에 참여하고자 하나 시험에 필요한 도구를 구할 방법이 없습니다. 그런데 소문을 들으니 대감께서는 어려운 사람을 잘 도와준다기에 찾아 왔습니다."

시랑이 매우 놀라서 말하기를,

"상서는 나의 어린 시절부터의 친구다. 올바른 행실이 너무 뛰어나서 여러 해 동안 소식이 끊어졌더니 지금 너의 말을 들으니 한심하다."

하고 못내 불쌍하게 여겨 과거 시험장에서 필요한 물건들을 준비하여 주더라.

각설이라. 이때 혜영이 글을 열람하다가 탄식하며 말하기를,

"이 번 과거에는 천하에

---

401) 황븐하다 : ? 아마 '열람하다' 등의 뜻인 듯.

용문402) 디사로 지조를 시험홀흔디403) 여자라 홀길업도디 흐고 자더니 이날 밤 몽즁404)의 쳥황용이 풍운405)을 히롱ᄒ며 월공406)을 힝ᄒ더니 지화407) ᄒ난나식408) 물고 초당409)을 향ᄒ여 오더니 쳥용은 허영의 품에 들고 황용은 난영의 품의 들거날 디경ᄒ야 기달으니 남가일몽410)이라. 몽사를 시랑게 엿자온디 시랑이 디희411)ᄒ야 긔특이412) 여기더라.

과거 날이 당ᄒ야거날 시롱 형지 장즁의 드러가 글지413)를 바라보니 평싱 짓던 비라. 일필휘지414)ᄒ야 일쳔415)의 션장416)ᄒ야더니 시관417)이 보시고 디히ᄒ여 왈 이 글을 보니 츙여겸치418)ᄒ고 지이419)ᄒ 문질420)은

---

402) 용문(龍門) : 즁국 황하 상류의 급한 여울목. 잉어가 이곳을 뛰어오르면 용이 된다는 전설이 있다. 용문에 오르다 '입신 출세하거나 영달하게 되다'를 비유하는 말.
403) 시험홀흔디 : ? 아마 '시험해 보려고 했는데' 등의 뜻인 듯.
404) 몽즁(夢中) : 꿈 가운데.
405) 풍운(風雲) : 바람과 구름.
406) 월공(月空) : 달이 비치는 허공.
407) 지화 : ? 아마 '계화'의 오기인 듯. 계화(桂花) : 달속에 있다는 계수나무의 꽃.
408) ᄒ난나식 : ? 아마 '하나씩'의 오기인 듯.
409) 초당(草堂) : 집의 원채에서 따로 떨어져 있는, 억새나 짚 같은 것으로 지붕을 인 조그마한 집.
410) 남가일몽(南柯一夢) : (당나라 때 '순우분'이란 사람이 남쪽으로 뻗은 홰나무 가지 아래서 잠이 들어 영화를 누리는 꿈을 꾸었다는 데서 나온 말로) 꿈과 같이 헛된 한때의 부귀와 영화.
411) 대희(大喜) : 크게 기뻐함.
412) 기특하다(奇特─) : ①신통하고 귀엽다. ②신기하거나 신통하다.
413) 글제(─題) : 글의 제목.
414) 일필휘지(一筆揮之) : 글씨를 단숨에 내리씀.
415) 일쳔(一天) : 과거 볼 때 첫째로 글을 지어 바치는 일. 또는 그 글장.
416) 선장(先場) : 그 장소에서 가장 앞섬.
417) 시관(試官) : 조선 때 과거의 시험관. 임금이 직접 임명하는 명관・전시 응제에 수석 시관인 독권관・강경과 무과를 주재하는 고관, 그 밖에 부시관 이하의 대독관・사동관・지동관 따위가 있다.

뛰어난 인물들이 모여서 재주를 겨룰 텐데 나는 여자라서 어찌해볼 도리가 없다."

하면서 자더니 이날 밤 꿈속에서 청룡과 황용이 바람과 구름을 희롱하며 달이 빛나는 허공을 날아다니다가 계수나무 꽃 하나씩 물고 초당을 향하여 오더니 청룡은 혜영의 품에 들어가고 황용은 난영의 품에 들어가거늘 매우 놀라서 잠을 깨니 한바탕의 허망한 꿈이더라. 꿈의 내용을 시랑에게 밀씀드리니 시랑이 크게 기뻐하며 기특하게 여기더라.

과거 시험 날이 되자 시룡 형제가 시험장에 들어가 글 제목을 바라보니 그것은 평소에 짓던 것이더라. 그래서 단숨에 내려써서 그 시험장에서 제일 먼저 제출하였더니 시험관이 보시고 크게 기뻐하며 말하기를,

"이 글을 보니 충성심과 효성이 겸하여 있고 기이한 문장과 재질은

---

418) 충여겸치 : ? 아마 '충효겸전'의 오기인 듯. 충효겸전(忠孝兼全) : 충성과 효도를 겸하여 갖추고 있음.
419) 지이 : ? 아마 '기이(奇異)'의 오기인 듯.
420) 문질(文質) : ①겉으로 나타난 문체의 아름다움과 실상의 바탕. ②겉으로 꾸민 모양과 속에 든 본바탕.

황히지421) 메동좌422)랄 겸ᄒᆞ리로ᄃᆞ ᄒᆞ며 실ᄂᆡ423)늘 부르거날 시룡 형지 국운이 망극ᄒᆞ야424) 동방 급제 ᄒᆞ야시니 고금425)이 업난 일이로다.

계ᄒᆞ426)의 복지ᄒᆞᆫᄃᆡ 천자 무르시되 경은 뉘집 자손이관ᄃᆡ 문필427)과 형용428)이 이갓치 활달ᄒᆞᆫ 긔남자429)오.

시룡 형지 국궁430) 주왈 소인 등은 전 승상 목엽의 아달이로소이다.

천자 상ᄒᆞ시고 시룡으로 홀임혹사을 제슈431)ᄒᆞ시고 시호로 간이튀우 를 삼으시며 흔달 유과432)를 주시거날 시룡 형지 사은ᄒᆞ고 도라와 시랑을 뵈온ᄃᆡ 시랑이 여아의 몽사를 일을 인ᄒᆞ야 셩혼433)ᄒᆞ니 허영은 시룡이 안히 되고 난양은 시호의 안히 되얏난지라.

홀님 형지 슈연 고상ᄒᆞ다 국은434)을 입어 금의환향435)ᄒᆞ시니 엇지 질겁

---

421) 황히지 : ? 아마 '왕희지'의 오기인 듯. 중국 동진의 서예가. 자는 일소. 산동성 린이현 출신. 동진 건국에 공로를 세운 왕도의 사촌인 왕광의 아들이다. 비서랑을 비롯하여 회계왕우・임천태수・강주자사・호군장군을 지냈다.

422) 메동좌 : ? 아마 '소동파'의 오기인 듯.

423) 신래(新來) : 과거에 새로 급제한 사람.

424) 망극하다(罔極―) : 그지없다.

425) 고금(古今) : 옛날과 지금.

426) 계하(階下) : 섬돌의 아래.

427) 문필(文筆) : ①글과 글씨. ②글을 짓거나 글씨를 쓰는 일.

428) 형용(形容) : ①생긴 모양. ②사물의 어떠함을 말이나 글 또는 시늉을 통하여 드러냄.

429) 기남자(奇男子) : 재주와 슬기가 남달리 뛰어난 사내.

430) 국궁(鞠躬) : 존경하는 뜻으로 몸을 굽힘.

431) 제수(除授) : 천거의 절차를 밟지 않고, 임금이 직접 벼슬을 시킴.

432) 유가(遊街) : 과거에 급제한 사람이 보통 사흘 동안 광대를 데리고 풍악을 잡혀 거리를 돌며 좌주・선배・친척 등을 찾아보던 일.

433) 셩혼(成婚) : 혼인이 이루어짐.

434) 국은(國恩) : 나라의 은혜.

435) 금의환향(錦衣還鄉) : (비단 옷을 입고 고향으로 돌아가거나 돌아온다는 뜻으로) 출세하여 고향으로 돌아가거나 돌아옴.

왕희지와 소동파를 겸하였다."

하며 새로 합격한 사람을 부르더라. 시룡 형제는 나라의 은혜가 끝이 없어 형제가 함께 과거에 급제를 하였으니 역사상 없는 일이더라.

섬돌 아래에 엎드려 인사를 드리니 황제가 물으시되,

"경은 누구 집의 자손이기에 문필과 외모가 이렇게 활달하게 빼어났는가?"

시룡 형제가 허리를 굽히고 아뢰기를,

"저희들은 전 승상 목엽의 아들입니다."

황제가 칭찬하시고 시룡에게 한림학사를 제수하시고 시호에게 간이대부를 제수하시며 한달 간의 유가를 허락하시니 시룡 형제가 은혜에 감사를 드리고 돌아와 시랑을 뵙더라.

시랑이 딸아이의 꿈의 일을 생각하고 서로 혼인을 약속하니 혜영은 시룡의 아내가 되고 난양은 시호의 아내가 되었더라.

한림 형제가 몇 년 고생하다가 나라의 은혜를 입고 출세하여 고향으로 돌아가게 되니 어찌 즐겁지 아니ᄒ리오.

　선산436)의 소분437)ᄒᆞᆯ 지 축문438)을 지어난디 그 축문의 ᄒᆞ엿스되 불효할님흑사 시룡 후 시호 등은 돈수빅비439) 부모님전ᄒᆞ니 소자 등이 무상440)ᄒᆞ난 죄악이 만ᄒᆞ야 부모를 일삽고 간구441)의 사압다가 부모의 현몽442)ᄒᆞ신 덕턱을 입사와 국은이 망극ᄒᆞᆫ 중 윤시랑의 여식과 길예443)를 취ᄒᆞ야사오니 부부지조 중과부디 족ᄒᆞᆫ지라444) 천지갓튼 부모님 은덕 만분지일이나 갑풀 길이 업삽고 ᄯᅩᄒᆞᆫ 형지 간 절익445) 운이 잇슬이라 ᄒᆞ시니 복걸446) 부모난 ᄒᆞ감447)ᄒᆞ압소서. ᄒᆞ엿더라.

　일일은 시호 ᄒᆞᆯ김448) 엿자오되 국가 소임이 지중449)ᄒᆞ와 진퇴를 임으로 못ᄒᆞ고 ᄯᅩᄒᆞᆫ 순천부난 부모 고향이 되엇사오니 엇지 차마 영별450)ᄒᆞ릿가. 우리 형제 국사의 분주ᄒᆞ오면 선영 산소의 성묘 종종 못ᄒᆞ올 거시 형은

---

436) 선산(先山) : ①선대의 무덤. ②선대의 무덤이 있는 산.
437) 소분(掃墳) : 경사로운 일이 있을 때에 조상의 산소에 가서 제사 지내는 일.
438) 축문(祝文) : 제사 때 신명께 고하는 글.
439) 돈수백배(頓首百拜) : 공경하여 머리를 땅에 닿도록 꾸벅이며 백 번 절함.
440) 무상(無常) : ①(상주하는 것이 없다는 뜻으로) 나고 죽으며 훙하고 망하는 것이 덧없음을 일컫는 말. ②모든 것이 늘 변함.
441) 간구(艱苟) : 가난하고 구차함.
442) 현몽(現夢) : 죽은 사람이나 신령이 꿈에 나타남.
443) 길례(吉禮) : ①관례나 혼례 따위의 경사스러운 예식. ②(대사 · 중사 · 소사 등) 나라 제사의 모든 예절.
444) 부부지조 중과부디 족ᄒᆞᆫ지라 : ? 아마 '부부간의 정이 족하다' 등의 뜻인 듯.
445) 절액 : ? 아마 '서로 헤어짐' 등의 뜻인 듯.
446) 복걸(伏乞) : 엎드려 빎.
447) 하감(下瞰) : 위에서 내려다봄.
448) ᄒᆞᆯ김 : ? 아마 '홀연'의 오기인 듯.
449) 지중(至重) : 지극히 소중함.
450) 영별(永別) : 영이별.

지 않겠는가? 조상의 산소에 제사를 지낼 때 축문을 지었는데 그 축문에 쓰기를,

"불효자 한림학사 시룡과 시호는 머리를 조아려 백 번 절하고 부모님 앞에 인사를 올립니다. 소자 등이 변변치 못하고 죄악이 많아서 부모를 여의고 어렵고 가난하게 살다가 부모님의 현몽하신 은혜를 힘입어서 나라의 은혜가 끝이 없는 가운데 또한 윤시랑의 여식과 혼인을 하였으니 부부간의 정이 만족스럽습니다.

하늘과 땅 같은 부모님의 은혜를 만분지일도 갚을 길이 없고 또한 형제간 서로 이별할 운수가 있으리라 하시니 엎드려 바라건대 부모님은 내려다보시고 보살펴 주십시오."

(현몽의 내용 등이 없는 것으로 보아 이런 운수를 안다는 것이 이상함.)
하였더라.

하루는 시호가 갑자기 말하되,

"국가의 맡은 임무가 무겁기에 나아감과 물러감을 마음대로 못하지만 그래도 순천부는 부모님의 고향이 되었으니 어찌 차마 영영 이별하시겠습니까? 우리 형제 국가의 일에 바빠서 조상의 산소에 자주 성묘도 못할 것이니 형은

충성으로 천자를 도으시면 사지⁴⁵¹⁾난 벼살을 사직ᄒᆞ고 형슈와 안히를 다리고 고향어 도라와 부모 묘ᄒᆞ의 잇사오면 조홀가 ᄒᆞ오이다.

ᄒᆞ임이 올도듯 ᄒᆞ시고 황셩⁴⁵²⁾으로 올나가 천자긔 숙비⁴⁵³⁾ᄒᆞ온 후 그 원을 주달ᄒᆞᆫ디 천자 긔특이 여겨 가라사디 충신은 본디 효자 문의 나니 부모를 위코져 ᄒᆞ올 짐이 엇지 말유ᄒᆞ리요. 시호를 허락ᄒᆞ시니라.

시호 천자를 ᄒᆞ직ᄒᆞ고 윤부인을 다리고 고향의 도라와 션산 슈호⁴⁵⁴⁾ᄒᆞ기를 지셩⁴⁵⁵⁾으로 ᄒᆞ며 치가⁴⁵⁶⁾ ᄒᆞ기를 엄슉기 ᄒᆞ고 문무겸젼⁴⁵⁷⁾ᄒᆞᆯ 듯시 잇셔 손오⁴⁵⁸⁾의 병셔⁴⁵⁹⁾의 본지제소⁴⁶⁰⁾ 민첩⁴⁶¹⁾ᄒᆞ기 ᄒᆞᆯ 육도삼략⁴⁶²⁾과 즁운지손⁴⁶³⁾을 무불통지⁴⁶⁴⁾ᄒᆞ더라.

각셜⁴⁶⁵⁾ 잇찌 ᄒᆞᆯ님이 몸을 국가의 허신⁴⁶⁶⁾ᄒᆞ기로 사랑ᄒᆞ난 동싱을 총

---

451) 사지 : ? 아마 '아우'의 오기인 듯.
452) 황셩(皇城) : 황제가 있는 나라의 서울. 황경(皇京). 황도(皇都).
453) 숙배(肅拜) : 삼가 공손히 절하는 것.
454) 수호(守護) : 지켜 보호함.
455) 지성(至誠) : ①지극한 정성. ②아주 성실함.
456) 치가(治家) : 집안 일을 다스림.
457) 문무겸전(文武兼全) : 문식과 무략을 다 갖추고 있음.
458) 손오 : 중국 고대의 병법가.
459) 병서(兵書) : 병법에 관하여 쓴 책.
460) 본지제소 : ? 아마 '근본을 구체적으로 파악하기' 등의 뜻인 듯.
461) 민첩(敏捷) : 재빠른 것.
462) 육도삼략(六韜三略) : 중국병서. 두 종의 병법서 《육도》와 《삼략》을 말한다. 《육도》는 태공망 여상, 《삼략》은 황석공의 찬술이라고 전해지는데 병칭하여 도략서라고 한다. 모두 후세의 위서이지만 송나라 때의 《무경칠서》속에 들어 있으며 중국 옛 병법의 교과서로 널리 읽혔다.
463) 즁운지술 : ? 아마 '풍운지술'의 오기인 듯. 풍운지술(風雲之術) : 바람과 구름을 부릴 수 있는 재주.
464) 무불통지(無不通知) : 무슨 일이든지 다 통하여 모르는 것이 없음.
465) 각설(却說) : 화제를 돌려 다른 말을 꺼낼 때 첫머리에 쓰는 말.

충성으로서 황제를 돕고 아우인 저는 벼슬을 물러나 형수와 아내를 데리고 고향에 돌아가 부모의 묘 아래에 머물면서 산소를 돌보는 것이 좋을까 합니다."

한림이 옳다 하시고 황성에 올라가 황제께 공손히 절하고 그 소원을 아뢰니, 황제가 기특하게 여기서 말하기를,

"충신은 원래 효자의 집안에서 난다고 했는데 부모를 위하고자 하니 짐이 어찌 말리겠는가?"

하며 시호를 허락하시더라.

시호가 황제를 하직하고 윤부인을 데리고 고향에 돌아와 선산을 지키고 보호하기를 지극한 정성으로 하며 집안 다스리기를 엄숙하게 하더라. 또 문과 무를 겸전할 뜻이 있어 손자와 오자 등 병서의 근본을 구체적으로 파악하며 몸을 민첩하게 하는 육도삼략과 바람과 비를 부릴 수 있는 기술을 통하지 못하는 것이 없게 하더라.

각설이라. 이때 한림이 몸을 국가에 허락하였기에 사랑하는 동생을 서

---

466) 허신(許身) : 여자가 자기 몸을 사내에게 내맡김.

총467) 상봉468)치 못ᄒ고 음식469)을 상통470)ᄒ여 왈 지금 조졍의 소인이 만조471)ᄒ여 왈 국사472)를 날노 그릇치니 사형473)이 마음이 칼날이 안진 시오. 우물 가이 안히474)로다. 써 보니고 자탄475)을 마지아니ᄒ더라.

조물476)이 시기ᄒ여 어진 충신을 다 원찬477)ᄒ니 그 가온디 엇지 면홀 소냐. 엄승의 본디 소인놈이라. 셰이왕이 목승상과 빙탄478)니 되야난고로 할님을 히코져ᄒ여 쳔가기 흡슌479)ᄒ여 왈 셕녹지신480)이 되야 갈충보 국481)홈이 신자482)의 도리여날 연소483) 시룡은 국법이 지중ᄒ말 모라고 디신484)을 능욕485)ᄒ고 쏘흔 국친486) 일빅 오십양을 투식487)ᄒ 중의 궁여

---

467) 총총(悤悤) : 발걸음을 매우 재게 떼며 서둘러서 급히 걷는 모양.
468) 상봉(相逢) : 만남.
469) 음식 : ? 아마 '음신'의 오기인 듯. 음신(音信) : 안신(安信) : 편안하다는 소식.
470) 상통(相通) : 서로 통함.
471) 만조(滿朝) : ①온 조정. ②만조백관.
472) 국사(國事) : 나라의 일.
473) 사형(舍兄) : ①남에게 대하여 '자기의 형'을 겸손히 일컫는 말. ②형이 아우에게 대하여 '자기'를 일컫는 말.
474) 안히 : ? 아마 '아이'의 오기인 듯.
475) 자탄(自歎/自嘆) : 스스로 탄식함.
476) 조물(造物) : ①'조물주'의 준말. ②조물주가 만든 물건.
477) 원찬(遠竄) : 원배(遠配) : 먼 곳에 귀양보냄.
478) 빙탄(氷炭) : 둘이 서로 용납되지 못하는 관계.
479) 쳔가기 흡슌 : ? 아마 '온갖 방법으로 모함하여' 등의 뜻인 듯.
480) 셕녹지신(錫祿之臣) : 국가의 녹봉을 받는 주석(駐錫)이 되는 신하.
481) 갈충보국(竭忠報國) : 진충보국(盡忠報國) : 충성을 다하여 나라의 은혜를 갚음.
482) 신자(臣子) : 신하.
483) 연소(年少) : 나이가 어림.
484) 대신(大臣) : ①정승.②갑오경장 이후 대한제국 때 궁내부 각부 으뜸 벼슬. ③군주 나라에서 '장관'을 일컫는 말.
485) 능욕(凌辱/陵辱) : ①업신여겨 욕보임. ②여자를 강간하여 욕보임.
486) 국친 : ? 아마 '나라의 돈' 등의 뜻인 듯.

둘러 이별한 뒤 자주 만나보지도 못하고 소식도 서로 통하지 못하는 가운데 말하기를,

"지금 조정에는 소인이 가득하여 나라의 일은 시간이 갈수록 잘못되어 가니 이 형의 마음은 항상 칼날 위에 앉아 있는 느낌이고 우물가에 서 있는 아이의 심정이다."

라는 글을 써 보내고 스스로 탄식함을 마지아니하더라.

조물주가 시기하여 어진 충신을 다 먼 곳으로 귀양을 보내니 그런 분위기 속에서 시룡인들 어찌 무사하겠는가?

엄숭은 본래 소인놈이라. 세이 왕야가 옛날에 목승상과 서로 얼음과 재처럼 화합할 수 없는 사이가 되었기 때문에 그 아들 한림을 해치고자 하여 황제에게 온갖 방법으로 모함하여 말하기를,

"국가의 녹봉을 받는 신하가 되어 충성을 다하여 나라에 보답하는 것은 신하의 도리입니다. 그런데 나이도 어린 시룡은 국가의 법이 지극히 엄중함을 모르고 조정의 대신을 업신여겨 욕보이고 또한 나라의 돈 일백 오십 냥을 몰래 훔쳐 먹었으며 아울러 궁녀

---

487) 투식(偸食) : 훔쳐 먹음.

을 통간(488)ᄒᆞ엿사오니 기군망상지죄(489)난 만사무석(490)이로소이다.

천자 노ᄒᆞ야 홀임을 규부(491)의 나소와(492) 죽기라 ᄒᆞ더니 그 중이 구완 홀 사람이 잇셔 홀임을 구하야 죽기지 아니ᄒᆞ고 구쥬 칠쳔 삼빅니 밧기 원찬ᄒᆞ여 물재용(493)ᄒᆞ게 ᄒᆞ고 이날 금부(494)도사(495)로 ᄒᆞ여금 재촉ᄒᆞ니 홀님이 도사ᄃᆞ려 왈 고향의 가 그 처자와 동셩을 잠간 보고져 ᄒᆞ온디 도사 왈 황명이 지극홀 ᄲᅮᆫ 아니라 승상 아라시면 죄 족기 귀기 잇스리요 ᄒᆞ고 이날 발졍(496)ᄒᆞ여 갈세 다만 일 봉 셔찰(497)만 고향이 붓치고 길을 ᄯᅥ나더라.

잇ᄯᅥ 시호 황성 소식 돈졀(498)ᄒᆞ여 답답ᄒᆞ든 차의 홀님 셧찰 왓거날 ᄯᅥ여보니 ᄒᆞ여시되 창황(499) 중의 두어자 글노 젼ᄒᆞ노라. ᄒᆞ고 자고(500)로 젼ᄒᆞ여 오난 말이 황히 풍픠의 복주(501)을 잘혼다 ᄒᆞ더니 쳔만(502) 몽민(503)

---

488) 통간(通姦) : 간통.
489) 기군망상지죄(欺君罔上之罪) : 임금을 속인 죄
490) 만사무석(萬死無惜) : 만 번 죽어도 아깝지 않을 만큼 죄가 무거움.
491) 규부 : ? 아마 '형부'의 오기인 듯. 형부(刑部) : 고려시대 육부의 하나. 법률·사송·형옥을 관장하던 기관이다. 태조 때 태봉의 제도를 본받아 의형대라는 이름으로 설치해서 어사·시랑·낭중·원외랑 등의 관원을 두었다가 형관으로 이름을 바꾸었으며 995년 상서형부로 다시 바꾸었다.
492) 나소와 : ? 아마 '내려보내서' 등의 뜻인 듯.
493) 물재용(勿再用) : 다시 등용하여 쓰지 아니함.
494) 금부(禁府) : 의금부의 준말. 의금부(義禁府) : 임금의 명령을 받아 죄인을 다스리는 일을 맡아보던 관아.
495) 도사(都事) : 고려·조선시대의 관직.
496) 발졍(發程) : 길을 떠남.
497) 서찰(書札) : 편지(便紙).
498) 돈졀(頓絶) : 소식이 아주 끊어짐.
499) 창황(蒼黃) : 어찌할 겨를이 없이 매우 급함.
500) 자고(自古) : 옛날부터.
501) 복주(覆舟) : 배를 뒤집어엎음.

와 간통을 하였으니 이것은 임금을 속인 죄로서 만 번 죽어도 아깝지 아니할까 합니다."

황제가 화가 나서 한림을 형부에 내려 보내 죽여라고 했는데 그 중에 구원하는 사람이 있어서 한림을 구하니 죽이지는 아니하고 구주 칠천 삼백리 밖에 멀리 귀양을 보내고 다시 등용하여 쓰지 못하게 하더라.

이날 금부도사에게 명령하여 떠나기를 재촉하니 한림이 도사에게 말하기를,

"고향에 가서 처자와 동생을 잠깐 보고자 합니다."

하니 도사가 말하기를,

"황제의 명령이 지극할 뿐만 아니라 승상이 알면 그 죄가 죽음에 이르기에 충분합니다."

하고 이날 출발하여 갈 때 다만 한 장의 편지만 고향에 보내고 길을 떠나더라.

이때 시호가 황성과 소식이 끊어짐을 답답하게 여기든 차에 한림의 편지가 왔거늘 떼어보니 말하기를,

"정신이 없고 다급한 가운데 몇 자 소식을 전하노라."

하고 옛날부터 전하여 오는 말에 의하면 황하강의 풍파에 배가 잘 뒤집어진다 하더니 천만뜻밖

---

502) 천만(千萬) : ①만의 천 곱절. ②'아주'·'전혀'의 뜻을 나타냄.
503) 몽매(夢寐) : 잠을 자며 꿈을 꿈.

의 엄승의 음히504)로 칠천 삼빅이 원찬을 당ᄒ니 ᄒ날이 엇지 말삼을 아니
ᄒ시며 귀신도 엇지 잠잠ᄒ난고 너 드라니 구슈난 북방 사람 가면 사라오
지 못ᄒ다 ᄒ시니 이를 장차 엇지ᄒ리오. 설사 산다ᄒᆫ들 너를 그려 엇지
살니.

슬푸다. 우리 형지 무산 죄로 상봉도 못ᄒ고 사지505)의 간닷말가. 일후
황천506)의 도라가 상봉ᄒ며 그리던 정회507)을 풀가 ᄒ노라. 부디 너난
날 갓탄 형을 싱각지 말고 부인과 션영 봉사을 지셩508)으로 ᄒ야 잘 잇다
가 빅세 후 구천509)으로 상봉ᄒ기를 ᄇᆞ라노라. 홀 말이야 무궁ᄒ나 눈물
홀여 압흘 젹시고 팔이 썰여 붓슬 놀이지 못ᄒ여 디강 기록ᄒ노라. ᄒ엿더
라.

시호 보기를 다ᄒ미 정신니 아득ᄒ여 두 눈을 번 듯 쓰고 오러 기졀ᄒ얏
다가 겨우 일어안지ᄆᆡ 부히려 구어510) 피 홀여 방중의 가득ᄒ여 식경511)
을 이러ᄒᆞᆯ 제 엇지 살이요.

가속512) 등이 이통513) 중 디경514)ᄒ야 만단515) 위로 왈 형 죽기 전 몬져

---

504) 음해(陰害) : 넌지시 남을 해함.
505) 사지(死地) : 죽을 지경에 있는 매우 위태한 곳.
506) 황천(黃泉) : 저승.
507) 정회(情懷) : 정서와 회포.
508) 지셩(至誠) : ①지극한 정성. ②아주 성실함.
509) 구천(九泉) : ①땅속 깊은 밑바닥. ②저승.
510) 부히려 구어 : ? 아마 '오히려 구멍에서' 등의 뜻인 듯.
511) 식경(食頃) : 한 끼의 음식을 먹을 만한 잠깐 동안.
512) 가속(家屬) : 가권(家眷) : ①호주나 가구주가 거느리는 식구. ②남에게 '자기의 아내'
　　　를 겸손하게 일컫는 말.
513) 애통(哀痛) : 슬프고 가슴 아파함.
514) 대경(大驚) : 크게 놀람.
515) 만단(萬端) : ①수없이 많은 갈래나 실마리. ②온갖 또는 여러 가지.

에 엄숭의 모함으로 칠천 삼백 리 먼곳으로 귀양을 가게 되었다. 하늘이 어찌 말씀을 아니하시며 귀신도 어찌 잠잠한가. 내가 듣기로는 구주는 북방의 사람이 가면 살아서 돌아오지 못한다 하니 이를 장차 어찌하리오. 설사 살아있다고 한들 네가 그리워 어찌 살겠는가? 슬프다. 우리 형제 무슨 죄가 많아 서로 만나보지도 못하고 죽을 곳으로 간다는 말인가?

이후에 저승에나 가서 만나보고 그리워하던 정을 풀가 하노라. 부디 너는 나와 같은 형을 생각하지 말고 부인과 조상 받들기를 지극한 정성으로 하여 잘 있다가 천수를 다 누린 후 저승에서 서로 만나기를 바라노라. 할말이야 끝이 없지만 눈물이 흘러 앞을 가리고 팔이 떨려 붓을 놀리지 못하여 대강 기록하노라."

하였더라.

시호가 보기를 다함에 정신이 아득하여 두 눈을 번쩍 뜨고 한참동안 기절하였다가 겨우 일어나 앉으니 오히려 구멍마다 피가 흘러 방안에 가득하더라. 한 시간이 넘게 이러하니 어찌 살기를 바라겠는가?

집안 식구들이 애통해하는 가운데 크게 놀라서 온갖 방법으로 위로해서 말하기를,

"형이 죽기 전에 먼저

죽을진더 하러516)라도 보존치 못ᄒ리라. ᄒ고 만단 위로ᄒ니 시룡517) 창황518) 중 오리 기절ᄒ얏다가 가삼을 쑤다리며 형은 이 말숨이 꿈인가 싱신가 ᄒ고 광인519) 갓치 ᄒ며 슬피 우니 윤부인도 망극ᄒ야 일가의 디셩통곡520)ᄒ니 초상난 집 갓더라.

각셜 홀님이 무죄이 원춘을 당ᄒ니 분기텅쳔521)ᄒ여 눈물을 금치 못ᄒ고 슈월 만의 셔주 다의 이르려 밤은 집고 목이 굴ᄒ야522) 우더니. 도적의 홀님 힝장523)을 도적ᄒ야 가지고 가거날 상고524)ᄒ야 본즉 여간525) 노자526) 업고 부친 유서527) 쏘흔 업난지라. 앙쳔528) 탄식 왈 평싱이 남의게 굴홉529)ᄒ 일이 업건마난 우리 어진 동싱을 보지 못ᄒ고 이 지경과 부친 유서랄 잃어시니 너의 막심혼530) 불효난 쳔지간 용납지 못ᄒ리로다. ᄒ며 탄ᄒ기랄 마지 아니ᄒ며 엄슝이난 너의 불공더천531) 원슈 엇지 아니 치리오.

516) 하러 : ? 아마 '하루'의 오기인 듯.
517) 시룡 : ? 아마 '시호'의 착각인 듯.
518) 창황(蒼黃/蒼皇) : 어찌할 겨를이 없이 매우 급함.
519) 광인(狂人) : 미치광이.
520) 대성통곡(大聲痛哭) : 큰 소리로 슬프게 욺.
521) 분기탱천(憤氣撑天)·분기충천(憤氣衝天) : 분한 마음이 하늘을 찌를 듯이 북받쳐 오름.
522) 갈하다(渴—) : 목이 마르다.
523) 행장(行裝) : 여행할 때 쓰는 여러 가지 물건이나 차림.
524) 상고(詳考) : 자세하게 참고함.
525) 여간(如干) : ①웬만한, 또는 어지간한 정도. ②어지간하게, 또는 보통으로.
526) 노자(路資) : 먼 길을 가고 오고 하는데 드는 돈.
527) 유서(遺書) : 유언하는 글.
528) 앙천(仰天) : 하늘을 우러러봄.
529) 굴합(屈合) : 비굴하게 야합함.
530) 막심하다(莫甚—) : 매우 심하다.
531) 불공대천(不共戴天) : (하늘을 같이 이지 못한다는 뜻으로) 이 세상에서 같이 살 수 없을 만큼 큰 원한(怨恨)을 가진 것을 비유하는 말.

죽을 것 같습니다. 하루도 보존하기 어려울 것 같습니다."

하고 온갖 방법으로 위로하니 시호가 매우 당황한 가운데 오래 기절하였다가 정신을 차려 가슴을 두드리며,

"형은 이 말씀이 꿈입니까 생시입니까."

하고 미친 사람 같이 하며 슬피 우니 윤부인도 정신이 아득하여 온 집안이 큰소리로 슬프게 우니 초상 난 집 같더라.

각설이라. 한림이 죄 없이 먼 곳으로 유배를 당하니 분한 기운이 하늘을 찔러 눈물을 금하지 못하더라. 몇 개월 만에 서주 땅에 당도하였는데 그날 깊은 밤에 목이 말라서 일어나 보니 도적이 자신의 행장을 도적질하여 도망가거늘 자세히 살펴보니 약간의 노자와 부친의 유서가 없어졌더라.

하늘을 우러러 탄식하며 말하기를,

"한평생 남에게 비굴하고 야합한 일이 없건마는 우리 어진 동생을 보지도 못하고 이 지경을 당하고 또 부친의 유서를 잃었으니 나의 끝없는 불효는 하늘과 땅 사이에 용납하지 못할 것이다."

탄식함을 마지아니하며,

"엄숭은 나와 함께 같은 하늘 아래 살 수 없는 원수이니 어찌 아니 치겠는가?"

하더라.

일연 만의 구주의 득달532)ᄒ니 산천은 험ᄒ여 장지만지533)고 쏘ᄒ 예의 업셔 인심이 흉악ᄒ 중의 물이 극귀534)ᄒ여 오심니 밧긔 물을 지르니 그리 ᄒ기로 남방 사람이 오면 ᄌ연 병이 드러 사지 못ᄒ난지라.

홀님이 무쳔535) 타향이 외로이 잇시니 고향 소식이 망연ᄒ여536) 무를 곳시 업스니 엇지 ᄒ리오. 무궁ᄒ 근심으로 세월을 보내더니 호련 싱각ᄒ 면 이왕 갓치혀야시니537) 사난 날가지 수심538)치 마자 ᄒ여도 절노 싱각 이 자로539) 나니 엇지 살이요.

ᄒ날긔 비러 가로디 우리 형지 다시 만나 그리든 졍을 풀게 ᄒ여 주소서. 미일 열두 썌를 마지아이ᄒ니 그 잔인ᄒ540) 경을 보지 못ᄒᄂ라.

이러구러 사칙541)을 수심으로 지니난 중의 동싱 ᄒ난 일을 싱각ᄒ면 밥을 먹지 못ᄒ니 자연 병이 드러 점점 중ᄒ니 불상ᄒ고 쳐량ᄒ다. 할일업 서 죽게 되여시니 뉘라셔 구완ᄒ야 주리오.

잇써 시금542)을 전폐543)ᄒ고 졍신니 혼곤ᄒ여544) 인사545)를 바리고 누

---

532) 득달(得達) : 목적한 곳에 다다름. 또는 목적을 이룸.
533) 장지만지 : ? 아마 '만학천봉' 등의 뜻인 듯. 만학천봉(萬壑千峰) : 수많은 산봉우리와 골짜기.
534) 극귀(極貴) : 매우 귀함.
535) 무쳔 : ? 아마 '무친'의 오기인 듯. 무친(無親) : 친한 사람이 없음.
536) 망연하다(茫然—) : ①아득하다. ②아무 생각 없이 멍하다.
537) 갓치혀야시니 : ? 아마 '갇혀있으니' 등의 오기인 듯.
538) 수심(愁心) : 근심함. 또는 근심하는 마음.
539) 자로 : 자주.
540) 잔인하다(殘忍—) : 인정이 없고 아주 모질다.
541) 사칙 : ? 아마 '사철'의 오기인 듯.
542) 시금 : ? 아마 '식음'의 오기인 듯. 식음(食飮) : 먹고 마시는 것.
543) 전폐(全廢) : 아주 다 폐함.
544) 혼곤하다(昏困—) : 정신이 흐릿하고 고달프다.
545) 인사(人事) : 사람들 사이에 지켜야 할 말 예의.

일년 만에 구주에 도달하니 산천은 험하여 만학천봉이고 또한 예의가 없어 인심이 흉악한 가운데 물이 매우 귀하여 오십 리 밖에서 물을 길어다가 먹더라. 그러하므로 남방의 사람이 오면 저절로 병이 들어 살지 못하고 죽더라.

한림이 사방을 둘러보아도 친한 사람이 없는 타향에서 외롭게 있으니 고향 소식이 아득하여도 물을 곳이 없으니 어찌하겠는가? 끝없는 근심으로 세월을 보내다가 갑자기 생각하되 어차피 갇혀있으니 사는 날까지 근심하지 말자고 하여도 저절로 생각이 자꾸 나니 어찌 살겠는가? 하늘에 빌어서 말하기를,

"우리 형제 다시 만나 그리워하던 정을 풀게 하여 주소서."

매일 열두 때를 마지아니하니 그 잔인한 광경은 차마 보지 못하겠더라.

이러구러 일년 내내 근심 걱정으로 지내는 가운데 동생을 생각하면 밥을 먹지 못하여 저절로 병이 들어 점점 위중하게 되니 불쌍하고 처량하다. 어쩔 수 없이 죽게 되었으나 누가 감히 구원하겠는가?

이때 음식 먹기를 전폐하고 정신이 아득하여 인간의 도리를 잊어버리고

어시니 비몽간546)의 언더흔 여승이 무엇슬 담고 들어와 홀임을 어로만지며 왈 자고로 충신이 님군을 섬기다가 명나수547)이 쌘져 죽고 간의난 흔원을 섬기다가 자고로 귀양 갓사오니 익운548)을 면ᄒᆞ리요.

홀님은 과도희 슬어 말고 귀ᄒᆞ신 몸을 천만 보중549)ᄒᆞ압소셔. 소승은 황용사의 잇삽더니 관세음보살이 현몽ᄒᆞ시되 무죄흔 홀님이 구쥬의 적거550)ᄒᆞ여 동싱을 보지 못ᄒᆞ기로 병이 드러 지금 죽게 되야시니 불상ᄒᆞ도다 ᄒᆞ고 급피 구ᄒᆞ라 ᄒᆞ시기로 왓사오니다. ᄒᆞ고 옥병의 약물을 기여 권ᄒᆞ거날 홀님이 혼미551) 중이 바다 먹으니 정신니 상연ᄒᆞ고552) 심장이 쇠락ᄒᆞ여553) 시로이 정신이 나고 촌보554)를 못ᄒᆞ더니 오히려 날 듯ᄒᆞ니 여승다려 치ᄒᆞ555)ᄒᆞ여 왈 선사556)의 구ᄒᆞ시기로 곳 죽어가난 잔명557)을 보존ᄒᆞ니 난망지은558)이로소이다.

여승이 디 왈 불못제559) 중싱ᄒᆞ얏기로560) 엇지 은덕이라 ᄒᆞ리요. 니일

---

546) 비몽사몽간(非夢似夢間) : 꿈을 꾸는지 잠이 깨어 있는지 어렴풋한 상태.
547) 멱라수 : 중국에 있는 강 이름. 초나라 충신 굴원이 빠져 죽은 것으로 유명함.
548) 액운(厄運) : 액을 당할 운수.
549) 보중(保重) : 몸을 아끼어 잘 가짐.
550) 적거(謫居) : 귀양살이를 하고 있음.
551) 혼미(昏迷) : 정신이 헛갈리고 흐리멍덩한 것.
552) 상연하다(爽然—) : 시원스럽다.
553) 쇄락하다(灑落—) : 마음이 시원하고 깨끗하다.
554) 촌보(寸步) : 조금 걷는 걸음. 또는 몇 발자국 못 되는 걸음.
555) 치하(致賀) : 칭찬 또는 축하의 뜻을 말함.
556) 선사(禪師) : ①선종에서 참선하여 진리를 통달한 스님. ②'중'의 높임말. ③조선 때, 선종에서 스님의 셋째 법계. 중덕의 위이고 대선사의 아래이다.
557) 잔명(殘命) : ①죽음이 가까운 쇠잔한 목숨. ②죽을 때까지의 남은 목숨.
558) 난망지은(難忘之恩) : 잊기 어려운 은혜.
559) 불못제 : ? 아마 '불제자' 등의 뜻인 듯.
560) 중싱하얏기로 : ? 아마 '중생을 구제하였기로'의 뜻인 듯. 중생(衆生) : 감각이 있는

누어있으니 꿈인지 생시인지 모르는 사이에 어떤 한 여승이 무엇을 담고 들어와서 한림을 어루만지며 말하기를,

"옛날부터 충신이 임금을 섬기다가 멱라수에 빠져 죽은 일도 있었고 간의는 한원을 섬기다가 귀양을 갔으니 충신이 어찌 재액을 면하겠는가? 한림은 지나치게 슬퍼하지 말고 귀하신 몸을 제발 보호하소서. 소승은 황용사에 있더니 관세음보살이 꿈에 나타나 무죄한 한림이 구주에 귀양을 와서 동생을 보지 못하는 것이 병이 되어 지금 죽게 되었는데 불쌍하다고 하시면서 급히 구하라고 하시기에 왔습니다."

하고 옥으로 만든 병에 담긴 물에 약을 개어서 권하거늘 한림이 정신이 희미한 가운데 받아먹으니 정신이 맑아지고 심장이 시원하여 새롭게 정신이 나고 한걸음도 걷지 못했는데 오히려 날듯이 기운이 솟구치더라. 여승에게 감사를 드리며 말하기를,

"스님이 구하시기로 곧 죽어 가는 목숨을 보존하게 되었으니 그 은혜는 잊기 어렵습니다."

여승이 대답하기를,

"불제자가 중생을 구제한 것을 어찌 은덕이라 하리요. 내일

모든 생명.

은 홀님 계신 정전561)을 파면 맑은 물이 만니 날 거시니 홀님게셔 그 물을 장복562)ᄒᆞ면 병이 다시 나지 아니ᄒᆞ리다 ᄒᆞ며 즉시 ᄒᆞ직563)ᄒᆞ디 이후 상봉564)ᄒᆞᆯ 날이 닛슬 거시니 부디 긔톄565) 안분566)ᄒᆞ압소셔 ᄒᆞ고 간디 업거날 홀님이 ᄭᅵ여 몽중에 엿숩ᄒᆞ던 말을 싱싱ᄒᆞ니 영영ᄒᆞ고567) 병이 소멸ᄒᆞ여 일신니 평안ᄒᆞ거날 즉시 정전을 파니 과연 쉽슈568) 나거날 마셔보니 물맛시 달고 쳥낭ᄒᆞ지라569). 그 곳 사람이 오십니 물 먹다가 홀님 덕퇴으로 물이 흔ᄒᆞ여 다가자슈570)ᄒᆞᆯ 걱정이 업고 신병571)이 영무572)ᄒᆞ니 그 시암 일홈을 홀님쳔니라 ᄒᆞ더라.

각셜 할님이 젹소573)이 간 후로 윤부인니 홀님 도라오기만 미일 축수ᄒᆞ고 시호난 홀님 고상ᄒᆞ난 일을 싱각ᄒᆞ미 엄슘을 죽여 간을 니여 ᄭᅵ고져 홈을 이기지 못ᄒᆞ야 주야 싱각ᄒᆞ되 무가니574)라.

미일 가삼을 쑤다리며 통곡ᄒᆞ여 왈 부모게압셔 현몽ᄒᆞ시되 형지간 쏘

---

561) 정전 : ? 아마 '집의 바로 앞쪽' 등의 뜻인 듯.
562) 장복(長服) : 같은 약이나 음식을 오랫동안 두고 늘 먹음.
563) 하직(下直) : ①먼 길을 떠날 때에 웃어른께 작별을 아룀. ②서울을 떠나는 벼슬아치가 임금께 작별을 아룀. ③무엇을 버리거나 떠남.
564) 상봉(相逢) : 서로 만남.
565) 귀체(貴體) : 편지에서, 상대방을 높여 건강을 물을 때 '그의 몸'을 일컫는 말.
566) 안분(安分) : 편안한 마음으로 제 분수를 지킴.
567) 영영하다(盈盈─) : 물이 그득히 괴어 있다. 여기서는 '분명하다' 등의 뜻인 듯.
568) 샘수 : 샘물.
569) 청량하다(淸凉─) : 맑고 서늘하다.
570) 다가자슈 : ? 아마 '가물어서 물이 부족함' 등의 뜻인 듯.
571) 신병(身病) : 육신의 병.
572) 영무 : 전혀 없음.
573) 적소(謫所) : 유배지.
574) 무가내(無可奈) : '무가내하'의 준말. 무가내하(無可奈何) : 막무가내 (莫無可奈) : 도무지 어찌할 수 없음.

은 한림이 계신 집의 바로 앞을 파면 맑은 물이 많이 솟아날 것입니다. 한림께서 그 물을 오래 드시면 병이 다시는 나지 아니할 것입니다."

하며 즉시 하직하되,

"이후에 다시 만날 날이 있을 것이니 부디 귀한 몸을 편안히 하소서."

하고 간 곳이 없거늘 한림이 깨어보니 꿈속에서 여승이 하던 말이 생생하고 분명하며 병이 사라지고 몸이 편안하더라. 즉시 집 앞을 파보니 과연 샘물이 솟아나거늘 마셔보니 물맛이 달고 시원하더라.

그곳 사람들이 오십 리 밖의 물을 먹다가 한림 덕택으로 물이 흔하여 가뭄 때문에 물이 부족할 걱정이 없어지고 몸의 병이 전혀 없어지니 그 샘의 이름을 한림샘이라고 하더라.

각설이라. 한림이 유배지에 간 후로 윤부인은 한림 돌아오기만 매일 기원하고 시호는 한림이 고생하는 일을 생각할 때마다 엄숭을 죽여서 간을 내어 씹고자 하는 마음을 이기지 못하여 밤낮으로 생각하나 어찌할 방법이 없더라.

매일 가슴을 두드리고 통곡하며 말하기를,

"부모님께서 꿈에 나타나 말씀하시되 형제 사이에 또

흔 익운이 잇스리라 ᄒᆞ시더니 과연 졀박흔575) 일을 당ᄒᆞ여도다. 엇지 니 팔ᄌᆞ 일이흔고.

이러무로 형용이 수쳑ᄒᆞ야576) 병든 사람 갓고 침식이 불감577)ᄒᆞ야 각골578) 원을 더욱 잇지 못ᄒᆞᆯ너라.

일일은 윤부인 형지기리 이르디 형님게오셔 사지579)의 가온 지 수연이로디 소식이 막연ᄒᆞ니580) 엇지 당당치581) 아니ᄒᆞ리요. 니 맛당이 사싱동고582)ᄒᆞ압다가 쳔힝583)으로 형과 사라오면 부인을 다시 디면584)ᄒᆞ려니와 만일 불힝ᄒᆞ와 형이 죽어사오면 쏘흔 자결ᄒᆞ야 형이 고혼585)을 차자 그리든 졍회를 풀 거시오니 부디 부인은 과도586)의 슬허 말고 쳔금 갓탄 귀쳬를 보존ᄒᆞ와 우리 형지 불상흔 혼신587)을 위로ᄒᆞ야 주압소셔. ᄒᆞ고 상별588) 낙누589)ᄒᆞ고 발졍590)ᄒᆞ야 홀님 젹소로 차자 가니라.

수식 만의 셔주 지경의 당ᄒᆞ야 흔 고디 다다르니 여러 사람이 뫼와

---

575) 절박하다(切迫—) : ①다급하다. ②박절하다.
576) 수척하다(瘦瘠—) : 야위고 파리하다.
577) 불감(不甘) : 달지 아니함. 맛이 없음.
578) 각골(刻骨) : (뼈에 새겨지듯) 마음속 깊이 사무침.
579) 사지(死地) : 죽음의 땅.
580) 막연하다(漠然—) : ①가늠할 수 없이 아득하다. ②똑똑하지 못하고 어렴풋하다.
581) 당당치 : ? 아마 '애닯고 슬프지' 등의 뜻인 듯.
582) 사생동고(死生同苦) : 죽고 삶을 함께 함.
583) 천행(天幸) : 하늘이 준 다행.
584) 대면(對面) : ①얼굴을 마주 대함. ②직접 만남.
585) 고혼(孤魂) : 붙일 곳 없이 떠도는 외로운 넋.
586) 과도(過度) : 정도를 넘음.
587) 혼신(魂神) : 귀신. 영혼.
588) 상별(相別) : 서로 이별함.
589) 낙누(落淚) : 눈물을 흘림.
590) 발정(發程) : 길을 떠남.

한 재액이 있으리라고 말씀하시더니 과연 다급한 일을 당하였다. 어찌 내 팔자가 이러한고?"

이러므로 얼굴이 수척하여 병든 사람과 같고 먹고 자는 것이 달지 아니하니 뼈에 새긴 원한을 더욱 잊지 못하더라.

하루는 시호가 윤부인 형제에게 말하되,

"형님께서 죽을 곳에 간 지 몇 년이나 되었지만 소식이 막연하니 어찌 애닯고 슬프지 아니하겠는가? 내 마땅히 살고 죽음을 함께 하다가 천만다행으로 형과 함께 살아오면 부인을 다시 보려니와 만일 불행하게도 형이 죽었으면 또한 나도 자결하여 형의 외로운 혼을 찾아 그리워하던 정회를 풀 것이다. 부인은 부디 지나치게 슬퍼하지 말고 천금같이 귀한 몸을 잘 보존하였다가 우리 형제의 불쌍한 혼백을 위로하여 주소서."

하고 서로 이별의 눈물을 흘리고 길을 떠나 한림의 유배지로 찾아가더라.

몇 달 만에 서주 경계에 당도하여 한 곳에 가보니 여러 사람이 모여 스스로 탄식하기을 마지아니ᄒᆞ거날 고의 역겨 그 고ᄃᆡ 이르니 엇더ᄒᆞᆫ 빈소591)의 호픠592) 와 유서를 보고 자탄ᄒᆞ난지라. 연고593)를 무른ᄃᆡ 그 사람드리 가로ᄃᆡ 순천부 사난 사람이 여와594) 죽어다 하더라.

세상사를 엇지 다 층양ᄒᆞ리오. 수연 전의 홀님이 이 고ᄃᆡ 와 자다가 도젹을 만나 힝장을 일어더니 그 도젹이 힝장을 도젹ᄒᆞ야 가다가 왕용산 밋ᄐᆡ 이르러 독사광난595) 나서 호흡을 통치 못ᄒᆞ고 죽어거날 그 사람드리 산밋ᄐᆡ 조빈596)ᄒᆞ고 힝장을 휘타597)ᄒᆞ여 유서와 호픠를 질가의 거러더니 잇ᄯᅢ 시호 이 곳ᄃᆡ 당ᄒᆞ여 본즉 젹실598) 부친의 유서오. 홀임이 일홈이라.

보기를 다ᄒᆞᄆᆡ 졍신니 아득ᄒᆞ야 긔졀ᄒᆞ얏다가 게우 인사를 차려 초민599) 붓들고 형을 부르지져 ᄃᆡ셩통곡ᄒᆞ니 산쳔초목기 다 늣기난 ᄃᆞᆺ ᄒᆞ더라.

이날 츅문 지여 이통ᄒᆞ니 그 츅문의 ᄒᆞ엿스되 모연 모월 모일 사난 감소고 우 현고 홀님혹사 형님젼600)ᄒᆞ나이 부모 나으시고 형은 사랑ᄒᆞ스 신운601)니 불길ᄒᆞ여 조실 부모602)ᄒᆞ고 부모님 혈육기 형과 너분이라. 가

---

591) 빈소(殯所) : 상여가 나갈 때까지 관을 머물러 두는 곳.
592) 호패(號牌) : 열여섯 살 이상 되는 사나이가 차던 긴 네모꼴의 패. 성·이름·나이·태어난 해의 간지를 새기고 관아의 낙인을 찍었다.
593) 연고(緣故) : ①까닭. ②혈통, 정분, 또는 법률상으로 맺어진 관계.
594) 여와 : ? 아마 '여기에 와서'의 뜻인 듯.
595) 독사광난 : ? 아마 '토사곽란'의 오기인 듯. 토사곽란(吐瀉癨亂) : 갑자기 토하고 설사가 나며 심한 고통이 따르는 위장병.
596) 조빈(造殯) : 빈소를 만듦.
597) 휘타 : ? 아마 '뒤져보고' 등의 뜻인 듯.
598) 적실(的實) : 틀림없이 확실함.
599) 초민 : ? 아마 '그 지역의 농민 혹은 형의 시체를 담은 관' 등의 뜻인 듯.
600) 감소고 우 한림학사 형님 : 형제간의 제사 등을 지낼 때 사용하는 '지방'의 한 형식.
601) 신운(身運) : 운수.
602) 조실부모(早失父母) : 어려서 부모를 여읨.

를 마지아니하거늘 이상하게 여겨 그 곳을 엿보니 어떠한 빈소에 호패와 유서를 걸어놓고 보면서 한탄하고 있더라. 그 까닭을 물어보니 그 사람들이 말하기를,

"순천부에 사는 사람이 여기에 와서 죽었다."

하더라.

세상의 일을 어찌 다 알 수 있겠는가? 몇 년 전에 한림이 이곳에 와서 잠을 자다가 도적을 만나 행장을 잃었더니 그 도적이 행장을 도적질하여 가다가 왕용산 밑에 이르러 토사곽란이 나서 숨을 쉬지 못하고 죽었더라. 마을 사람들이 산밑에 빈소를 만들고 행장을 뒤져보고 유서와 호패를 길가에 걸었더라.

이때 시호가 이곳에 당도하여 보니 그 유서는 부친의 유서가 분명하고 호패는 한림의 이름이더라. 보기를 다하니 정신이 아득하여 기절하였다가 겨우 정신을 차려 그곳 주민을 붙들고 형을 부르짖으며 큰소리로 슬프게 우니 산천과 초목이 다 흐느껴 우는 듯 하더라.

이날 축문을 지어 슬피 우니 그 축문에 하였으되,

"모년 모월 모일 한림학사 형님 영전에 올립니다. 부모님은 우리를 낳으시고 형님은 동생을 사랑하시나 몸의 운수가 불길하여 어려서 부모를 잃고 부모님 혈육은 형과 나뿐이있습니다.

산이 디퓌ᄒᆞ여 삼슌구식603)도 못ᄒᆞ고 마도604) 죽을 지경이 당ᄒᆞ와 형지 기결605)차로 문밧긔 나서니 쳔지 아득ᄒᆞ고 아모 흥이 업슬 디의 은근이 사랑ᄒᆞ던 우리 형 가련ᄒᆞᆫ 우리 형님 셜음이 만ᄒᆞ다가 부모님 셔어606)로 윤시랑으게 취쳐ᄒᆞ여 동방급졔ᄒᆞ야 홀님혹사 졔슈ᄒᆞ사 진충보국607) ᄒᆞ압더니 조물이 시기ᄒᆞ야 수말니 원찬ᄒᆞ니 기를 ᄯᅥ나오더 황명이 셩화608)구러 형지 셩면609)도 못ᄒᆞ고 구쥬로 오다가 ᄭᅮᆷ이려든가 싱시련가 무삼 일노 우리 형은 젹막ᄒᆞᆫ 이 상곡이 홀노 누어 계시잇가.

평싱 그리던 동ᄉᆡᆼ 시호이 왓사니 희포610) 그리든 졍의 말삼 어이 아니ᄒᆞ시며 어이 아니 반기며 이러나지 아니ᄒᆞ요. 형을 아모리 부른들 엇지 디답이 잇슬소야. 슬피 울며 형을 엇졔나 다시보며 나도 형 보고 시퍼 어이 살니. 죽어 지ᄒᆞ의 가 상봉ᄒᆞ리라.

익그라 다ᄒᆞ미611) 망극 이통ᄒᆞ여 왈 무죄ᄒᆞᆫ 우리 형 즁노의 죽어시니 니 사라 무엇ᄒᆞ리요. 차라리 물의나 ᄲᅡ져 이지리라 ᄒᆞ고 회구셩612)을 차자가니 악양누613)대로다. 옛날이 굴원614)의 나 초왕을 삼하가615) 소인이

---

603) 삼슌구식(三旬九食) : (서른 날에 아홉 끼니밖에 못 먹는다는 뜻으로) '몹시 가난함'을 이르는 말.
604) 마도 : ? 아마 '모두'의 오기인 듯.
605) 기결 : ? 아마 '개걸'의 오기인 듯.
606) 셔어 : ? 아마 '은혜' 등의 뜻인 듯.
607) 진충보국(盡忠報國) : 충성을 다하여 나라의 은혜를 갚음.
608) 셩화(成火) : ①뜻대로 되지 않아 답답해지고 속이 탐. 또는 그러한 상태. ②몹시 귀찮게 구는 일.
609) 셩면 : ? 아마 '상면'의 오기인 듯. 상면(相面) : 서로 얼굴을 봄.
610) 해포 : 한 해 남짓한 동안.
611) 익그라 다ᄒᆞ미 : ? 아마 '이끌어 얼굴을 서로 대이다' 등의 뜻인 듯.
612) 회구셩 : ? 아마 '호수나 물이 깊은 곳' 등의 뜻인 듯.
613) 악양루 : 중국 동정호 호숫가에 있다는 정자 이름.

거기다가 집안의 살림살이마저 대패하여 입에 풀칠도 못하고 모두 죽을 지경을 당하여 어쩔 수 없이 형제가 구걸하러 문밖에 나서니 천지가 아득하고 아무 흥이 없을 때에 은근하게 사랑하던 우리 형님. 가련한 우리 형님. 서러움만 당하다가 부모님 은혜로 함께 과거에 급제하고 윤시랑 댁에 장가가서 한림학사를 제수 받고 충성을 다하여 나라에 보답하고자 하였더니 조물주가 시기하여 수만 리 먼 곳으로 유배를 가게 되었습니다. 길을 떠날 때 황제의 명령이 너무 급하여 형제간에 서로 만나보지도 못하고 구주로 가다가 꿈인가 생시인가 무슨 일이 있었기에 우리 형은 적막한 이 산골짜기에 홀로 누워 계시는가?

평생 그리워하던 동생 시호가 왔으니 한 해 남짓 그리던 정의 말씀을 어이 하지 아니하고 어이 아니 반기시며 일어나지 아니합니까? 형을 아무리 불러본들 어찌 대답이 있겠는가?

슬피 울며 형을 언제나 다시 볼까? 나도 형이 보고 싶어 어찌 살고? 죽어 지하에 가서나 만나보리라."

읽기를 다하고 슬픔을 이기지 못하여 말하기를,

"죄 없는 우리 형이 길 가다가 죽었으니 내가 살아서 무엇하겠는가. 차라리 물에나 빠져 잊으리라."

하고 회구성을 찾아가니 악양루 누각이 있더라. 옛날 굴원이 초나라 왕을 섬기다가 소인의

---

614) 굴원(屈原) : 중국 초나라 때의 충신·시인. 원은 자이고, 이름은 평이다.
615) 삼하가 : ? 아마 '섬기다가' 등의 오기인 듯.

참소616) 만나 바져 죽은 곳시라. 쏘한 구의봉 구름지고 소상강617) 밤비 오고 동정호 달 비치고 황능묘618)의 두견이 우니 슬푸지 아니혼 사람이라도 절노 수심ᄒ여 낙누ᄒ난 곳시로 진소위619) 쳔고 단쟝620)ᄒ 고디라.

시호 할비지통621)이 더욱 심ᄒ고 죽을 마암만 간졀ᄒ야 악양누 지동어622) 글을 스되 모월 모일 슌쳔부 사난 홀님혹사 동싱 목시호난 이 물어 바져 죽노라. ᄒ고 홀임게 비러 왈 ᄒ감ᄒ옵소셔.

엇지 우리 형지 화복623)을 이갓치 마련ᄒ와 무주고혼624) 되나잇가. 봉막625) 부모님은 혼빅을 나의 혼빅을 다려다가 못ᄒ의626) 보시고 형으게 상봉ᄒ여 주소셔. ᄒ고 쳔금 갓탄 몸을 취즁627) 갓치 수즁의 쑤여드니 이삼차를 속구더니 아조 죽어 써나가니 엇지 아니 불상ᄒ리.

ᄒ날이 감동ᄒ사 봉니산628) 박도사난 평싱 이활629)을 조와ᄒ고 조화630)무궁ᄒ여 세상 홍망성쇠631)를 아라잇고 심곡632) 산즁의 초당633) 삼

---

616) 참소(讒訴) : 거짓말로 헐뜯다.
617) 소상강 : 소수와 상수의 준말. 중국에 있는 강 이름.
618) 황능묘 : 중국 순임금의 처이자 전설적인 열녀인 아황과 여영의 화상을 모셔놓은 사당.
619) 진소위(眞所謂) : 그야말로. 참말로.
620) 단장(斷腸) : 몹시 슬퍼서 창자가 끊어지는 듯함.
621) 할비지통(割臂之痛) : 팔뚝을 잘라내는 아픔. 즉 형제간 영별의 아픔.
622) 지동어 : ? 아마 '기둥에'의 오기인 듯.
623) 화복(禍福) : 재앙과 복록.
624) 무주고혼(無主孤魂) : 거두어 주는 연고자가 없이 떠돌아다니는 외로운 혼령.
625) 복막 : ? 아마 '복망'의 오기인 듯. 복망(伏望) : 웃어른의 처분을 공손히 바람.
626) 못ᄒ의 : ? 아마 '슬하의' 등의 오기인 듯.
627) 취중(醉中) : 술 취한 동안.
628) 봉래산(蓬萊山) : ①중국 전설에서, 삼신산의 하나. ②여름의 '금강산'을 일컫는 말.
629) 이활(以活) : 살리다.
630) 조화(造化) : ①어떻게 이루어진 것인지 알 수 없을 정도로 신통하게 된 사물. 또는

참소를 당하여 빠져 죽은 곳이더라. 또한 구의봉에 구름이 지고 소상강에 밤비가 오고 동정호에 달이 밝고 황릉묘에 두견새가 슬피 우니 슬프지 아니한 사람이라도 저절로 근심 걱정이 생겨서 눈물을 흘리던 곳으로 이른바 진실로 이 세상에서 사람의 창자를 끊는 곳이더라.

시호는 형제 사이 이별의 아픔이 더욱 심하고 죽을 마음만 간절하여 악양루 기둥에 글을 쓰되,

"모월 모일에 순천부에 사는 한림학사의 동생 목시호는 이 물에 빠져 죽노라."

하고 한림께 빌어서 말하기를,

"내려와 흠향하소서. 어찌 우리 형제의 재앙과 복을 이렇게 마련해서 주인 없는 빈 산에 외로운 혼백이 되게 하십니까? 엎드려 바라건대 부모님은 저의 혼백을 데려다가 슬하에 두시고 형과 서로 만나게 하여주소서."

하고 천금 같이 귀한 몸을 술 취한 사람같이 물 속에 뛰어드니 두세 번 솟구치더니 아주 죽어서 떠내려가니 어찌 불쌍하지 않겠는가? 하늘이 감동하더라.

봉래산 박도사는 평생 사람 살리기를 좋아하고 일을 꾸미는 재주가 끝이 없어 세상의 흥하고 망하고 성하고 쇠함을 미리 알아서 깊은 산 속에 초가 삼

그런 사물을 나타내는 재간. ②남이 모르게 꾸며 놓은 일. 또는 그런 일을 꾸미는 재간.

631) 흥망성쇠(興亡盛衰) : 흥하고 망하고 성하고 쇠함.
632) 심곡(深谷) : 깊은 산골짜기.
633) 초당(草堂) : ①집의 원채에서 따로 떨어져 있는, 억새나 짚 같은 것으로 지붕을 인 조그마한 집. ②초암.

간 지어 두고 제자로 벗슬 삼아 천지간 무훈634) 사람이라.

일일은 박도사 벗슬 차자 가다가 천지를 살펴보니 악양누의 엇더훈 사람이 고혼635)이 되난지라. 제자를 급피 불너 분부호되 무죄훈 사람이 소상강이 빠져 죽을 거시니 너의 등이 급피 구호여 다려오라 호거날 제자 등이 즉시 일엽션636)을 타고 소상강의 다다르니 과연 엇더훈 신체가 떠오거날 급피 건져 봉창637)에 뉘어니 입과 코로 물이 소사나거날 선약638)으로 구호니 이윽호야639) 숨이 통호고 회싱640)호며 왈 엇더훈 사람이 죽기랄 원호난 사람을 구하난지.

제자 등이 디 왈 우리 선싱 분부로 왓나이다. 호고 봉니산을 간니라.

도스641) 제자를 보니고 그 사의 죽엇난가 염녀호든니 이윽호야 제자 등이 션명훈642) 선비랄 다리고 왓거날 도사 미소 왈 일희일비643)난 인간 상사644)라. 그디 엇지 죽으려 호나뇨. 쏘 일후645) 상봉홀 사람이 잇서 부귀족홀 거시니 부디 신명646)을 보존호소서.

---

634) 무한 : 아마 '걸림이 없고 근심 걱정이 없는' 등의 뜻인 듯.
635) 고혼(孤魂) : 붙일 곳 없이 떠도는 외로운 넋.
636) 일엽선(一葉船) : 일엽편주(一葉片舟) : 한 척의 작은 배.
637) 봉창(篷窓) 배의 창문.
638) 선약(仙藥) : ①선단(仙丹). ②효력이 썩 좋은 약.
639) 이윽하다 : 한참 지나다.
640) 회생(回生) : 다시 살아남.
641) 도사(道士) : ①도를 닦는 사람. ②도가자류. ③불도를 닦아 깨달은 사람 또는 중. ④어떤 일을 훤히 알아서 능숙하게 해내는 사람.
642) 선명하다(鮮明―) : 산뜻하고 또렷하다.
643) 일희일비(一喜一悲) : 한편으로는 기쁘고 한편으로는 슬픔.
644) 상사(常事) : '예상사(例常事)'의 준말. 일상적인 일.
645) 일후(日後) : 뒷날.
646) 신명(身命) : 몸과 목숨.

간을 지어두고 제자로 벗을 삼아 하늘과 땅 사이에 걸림이 없고 근심이 없는 사람이더라.

하루는 박도사가 친구를 찾아가다가 하늘의 변화를 살펴보니 악양루에서 어떠한 사람이 외로운 혼백이 되는지라. 제자를 급히 불러 분부하기를,

"죄 없는 사람이 소상강에 빠져 죽을 것이니 너희들이 급히 가서 구하여 데려 오너라."

하거늘 제자들이 즉시 한 척의 작은 배를 타고 소상강에 다다르니 과연 어떠한 시체가 떠오더라. 즉시 건져서 배의 창문에 누이니 입과 코에서 물이 솟아나더라. 신선의 약으로 구하니 한참 있다가 숨이 통하고 다시 살아나며 말하기를,

"어떠한 사람이 죽기를 원하는 사람을 구하는가?"

제자들이 대답하기를,

"우리 선생님의 분부로 왔습니다."

하고 봉래산으로 가더라.

도사가 제자를 보내고 그 사이에 죽었는가 염려하더니 한참 지나서 제자들이 잘생긴 선비를 데리고 들어왔거늘 도사가 미소를 지으며 말하기를,

"한편으로는 즐겁고 한편으로는 슬픈 것이 인간 삶의 일상적인 일이다. 그런데 그대는 어찌 죽으려 하는가? 또 이후에 서로 만날 사람이 있어서 부귀가 충분할 것이니 부디 몸과 목숨을 보전해라."

시호 재비647) 왈 소싱은 형은 여히고 사라 슬더 업삽기로 수중고혼648)이 되고져 ᄒᆞ엿삽더니 선싱이 너부신 덕으로 사라사오니 지싱지은649)은 난망650)이압거니와 뭇자나니 부귀난 사ᄒᆞ고651) 일후 상봉홀 사람은 뉘기싯가.

도사 왈 일후 알 도리가 잇살 거시니 가지 말고 너게 잇셔 용검지술652)을 비와 삼연 후의 나어가 공명653)을 일치 말나. ᄒᆞ디 시호 디왈 선싱 분부 여차654)ᄒᆞ오니 맛당이 분부디로 ᄒᆞ리다. ᄒᆞ고 이날붓터 용검지술과 둔갑655) 장신지법656)을 가라친다.

각셜 윤부인이 홀임 형지 사싱을 몰나 더욱 망극 쳔자게 상소ᄒᆞ디 쳡 윤여난 돈슈빅비657)ᄒᆞ압고 혈셔658)로 주상전 홀님게 알외오니 통쵹659)ᄒᆞ압소셔. 쳡의 지아비 홀님혹사 목시룡은 지중홀 법률의 범ᄒᆞ엿사오니 그 죄 맛당이 만사무셕ᄒᆞ올지라.

그 처 홀나660) 사군사쳐661)의 다르럿가. 효자 문의 충신나고 충신 문의

---

647) 재배(再拜) : ①두 번 하는 절. ②(웃어른께 편지를 낼 때, 두 번 절한다는 뜻으로) 편지를 다 쓰고 자기 이름 아래에 쓰던 말.
648) 수중고혼(水中孤魂) : 물에 빠져 죽은 사람의 외로운 넋.
649) 재생지은(再生之恩) : 죽게 된 목숨을 다시 살려준 은혜.
650) 난망(難忘) : 잊기 어렵거나 잊을 수 없음.
651) 사하고 : ? 아마 '고사하고'의 오기인 듯. 고사(固辭) : 굳이 사양함.
652) 용검지술(用劍之術) : 칼을 사용하는 방법.
653) 공명(功名) : ①공을 세워 드러난 이름. ②공을 세워 이름이 드러남.
654) 여차(如此) : 이와 같음.
655) 둔갑(遁甲) : 술법을 써서 마음대로 제 몸을 감추거나 다른 것으로 바꿈.
656) 장신지법(藏身之法) : 몸을 숨기는 방법.
657) 돈수백배(頓首百拜) : 공경하여 머리를 땅에 닿도록 꾸벅이며 백 번 절함.
658) 혈서(血書) : 제 몸의 피로 쓴 글발.
659) 통촉(洞燭) : 깊이 헤아려 살핌.
660) 홀나 : ? 아마 '홀로'의 오기인 듯.

시호가 절하고 말하기를,

"소생은 형을 여의고 살아서 쓸데없기에 물속의 외로운 귀신이 되고자 하였더니 선생의 넓으신 덕택으로 살아났으니 다시 살려주신 은혜는 잊기 어렵거니와 묻잡나니 부귀는 그만두더라도 이후에 서로 만날 사람은 누구입니까?"

도사가 말하기를,

"이후에 일 도리가 있을 것이니 가지 말고 내 곁에 있으면서 칼 쓰는 방법을 배워 삼 년 후에 나아가 공명을 잃지 않도록 하라."

하니 시호가 대답하기를,

"선생의 분부가 이러하니 마땅히 분부대로 하겠습니다."

하고 이날부터 칼 사용하는 방법과 몸을 변하는 기술과 몸을 숨기는 방법을 배우더라.

각설. 윤부인이 한림 형제의 살고 죽음을 몰라 더욱 아득하여 황제께 상소하기를,

"첩 윤씨는 삼가 절하고 혈서로서 주상 전하께 알외오니 통족하옵소서. 저의 지아비 한림학사 목시룡은 지극히 엄한 법률을 위반하였으니 그 죄가 죽어 마땅하다 하겠습니다. 그러니 그 처도 어찌 남편과 다르겠습니까? 효자 가문에 충신이 태어나고 충신의 가문에 효자가 태어난다고 했으니

---

661) 사군사처 : ? 아마 '임금을 섬기는 일' 등의 뜻인 듯.

효자나 충신불효 업사오면 효자 불충ᄒ릿가. 이 갓탄 인싱들은 조야662) 용부663)되여 나라 충신 못ᄒ오나 부모 효힝ᄒ여거든 사람마닥 부모 잇고 사람마닥 자식 두어 길러 보면 부모는 장기664) 아라보리.

환제665) 풍상666) 흉연667) 만나 형지 쳐자 무상ᄒᆯ 지 니 몸정668) 둘차669) ᄒ고 자식 걱정 몬져ᄒ여 치우 더우670) 몬져 가려 쥬야로 사랑ᄒ여 천신만고671) 길너닐 죄 그 공을 말노 어이 형용ᄒ리. 마암을 도로혀 부모 은정672) 아라셔라.

쳔지의 부모 은졍 틱산이 가부압다. 빅연이나 효힝흔들 엇지 다 갑풀소야. 가반도은ᄒ여거든673) ᄒ말며 사람이야 엇지 효셩 못홀소야. 니 집이 가난커든 제미ᄒ난674) 마음 ᄒ날 갓튼 부모 쯧슬 어기지 마라서라.

쑤중 니면 시려마소. 어느 부모 미워홀가 자상675) ᄒ신 부모 훈기676) 인자ᄒ신 부모 은정 혼션677)들 잊사오며 흔 씐들 거슬678)손가. 일연 열두

---

662) 조야(朝野) : 조정과 민간.
663) 용부(庸夫) : 못난 사내.
664) 장기(長技) : 가장 능한 재주.
665) 환제 : ? 아마 '한재'의 오기인 듯. 한재(旱災) : 가뭄으로 인하여 곡식에 미치는 재앙.
666) 풍상(風霜) : ①바람과 서리. ②모진 고생.
667) 흉년(凶年) : 곡식 따위 산물이 잘 되지 아니하여 주리게 된 해.
668) 몸정 : ? 아마 '몸은'의 오기인 듯.
669) 둘차 : ? 아마 '둘째로' 등의 뜻인 듯.
670) 치우 더우 : ? 아마 '추위 더위'의 뜻인 듯.
671) 천신만고(千辛萬苦) : 마음과 힘을 한없이 수고롭게 하여 애를 씀.
672) 은정(恩情) : 은혜로운 정.
673) 가반도은ᄒ여거든 : ? 아마 '가마귀도 은혜를 갚거든' 등의 뜻인 듯.
674) 제미하는 : ? 아마 '집을 경영하는' 등의 뜻인 듯.
675) 자상(慈爽) : 자애롭고 상쾌함.
676) 훈기 : ? 아마 '훈계'의 오기인 듯.
677) 혼션 : ? 아마 '한시인들'의 오기인 듯.

충신과 불효자가 없으면 어찌 효자와 불충자가 있겠습니까? 이 같은 사람들은 조정과 민간에 못난 사람이 되어 나라에 충신이 되지는 못하오나 부모에게는 효성을 다합니다. 그러므로 사람마다 부모가 있고 사람마다 자식을 두어 길러본다면 부모는 그 자식을 알아볼 것입니다.

부모는 가뭄과 바람과 이른 서리로 흉년을 만나 형제와 처자가 어려움에 처하면 내 몸은 둘째로 하고 자식 걱정을 먼저 하며 추위와 더위를 먼저 가려서 밤낮으로 사랑합니다. 그러므로 온갖 고생을 다 겪으며 길러내는 그 공은 말로 어이 다 표현하겠습니까? 마음을 돌이켜 부모의 은혜로운 정을 알아야 할 것입니다.

이 세상에 부모의 은혜는 태산이 가볍습니다. 한평생 효도를 한들 어찌 다 갚겠습니까? 까마귀도 은혜를 갚을 줄 아는데 하물며 사람이 어찌 효성을 모르겠습니까?

내 집이 가난하거든 집을 경영할 때 하늘 같은 부모의 뜻을 어기지 말아라. 꾸중하면 싫어하지 마소. 어느 부모가 미워할까? 자애롭고 상쾌한 부모의 훈계 인자하신 부모의 은혜로운 정 잠시인들 잊겠으며 한 때라도 거스릴 것인가? 일년 열두

---

678) 거슬 : ? 아마 '거스릴'의 오기인 듯. 거스르다 : ①흐름이나 형세를 따르지 않고 반대되는 길을 취하다. ②(남의 의견·태도·행동 따위에) 어긋나는 방향으로 나가다.

달 흐리 열두 쎠를 날마당 공경호면 쎠마당 걱정호여 정성이 지극호면 천신679)니 감동호여 어름 속의 잉어 나고 눈 속이 죽순 느니 천신니 감동치 아니호면 인력으로 어이호리. 효힝치 못호다가 불힝호면 일가 친척 셸더일제680) 이는 람어 681)무궁호리. 사라 싱젼 효힝호면 부모의 윗겨오기682) 더옥 층양업고 집이 화목호면 사리 아니호리요683).

 이렁저렁 지니다가 무졍 세월이 여류호야684) 싱젼 효힝 못훈 죄난 쳔지간 니 뿐이라. 쥬야로 부로지져 아모리 이통훈들 사자685)난 불가부싱686)이라. 죽은 부모 사라오며 온갖 제물 차라논들 오신지 가신지 망연커든687) 싱젼 효힝 못훈 사람 세월이 갈사록 시로워라. 맛진 고기 곤 나면 부모 싱각 더옥 난다. 그 중 형지 엇더호리 훈 부모 혈육으로 화목688)도 조컨이와 우이도 더욱 조타.

 금세 형제 불목689) 자심호다690). 물욕691)이 눈 어둡어 동기692)를 멸시하니 형 업고 동싱 업시면 니몸에 팔게 업니 격막호고 쳔한 제물 니깃신들

---

679) 천신(天神) : ①하늘에 있는 신령. ②'하늘의 풍운 뇌우와 산천 성황'을 가리키는 말.
680) 셸더일제 : ? 아마 '서로 만나 의논할 때' 등의 뜻인 듯.
681) 이는 람어 : ? 아마 '나무라고 꾸짖는 말' 등의 뜻인 듯.
682) 윗겨오기 : ? 아마 '기뻐하는 마음' 등의 뜻인 듯.
683) 사리아니 흐리요 : ? 아마 '모든 일이 저절로 이루어지다' 등의 뜻인 듯.
684) 여류하다(如流—) : (물의 흐름과 같다는 뜻으로) 세월이 빠름을 비유하는 말.
685) 사자(死者) : 죽은 사람.
686) 불가부생(不可復生) : 다시 살아나지 못함.
687) 망연하다(茫然—) : ①아득하다. ②아무 생각 없이 멍하다.
688) 화목(和睦) : 서로 뜻이 맞고 정다움.
689) 불목(不睦) : 서로 뜻이 맞지 않음.
690) 자심하다(滋甚—) : 더욱 심하다.
691) 물욕(物慾) : 물건을 탐내는 마음.
692) 동기(同氣) : 언니·아우·오라비·누이를 통틀어 일컫는 말.

달 하루 열두 때를 날마다 공경하며 때마다 걱정하여 정성이 지극하면 하늘이 감동하여 얼음 속에서 잉어가 나오고 눈 속에서 죽순이 나오나니 하늘이 감동하지 아니하면 인간의 힘으로 어이하리요.

효도하지 못하다가 불행해지면 일가와 친척들도 서로 만나 이야기할 때 나무라고 꾸짖는 말이 끝이 없을 것이다. 부모가 살았을 때 효도하면 부모의 기뻐하는 마음 더욱 끝이 없고 집이 화목하면 모든 일이 저절로 이루어지지 않겠는가?

이렁저렁 지내다가 무정한 세월이 덧없이 흘러 생전에 효도를 못한 죄는 하늘과 땅 사이에 나밖에 없도다. 밤낮으로 부르짖어 아무리 슬퍼한들 죽은 사람은 다시 살아날 수 없는 법이라. 어찌 죽은 부모가 살아오겠으며 온갖 제물을 차려놓은들 오셨는지 가셨는지 알 수가 없으니 살아 생전에 효도를 못한 사람은 세월이 갈수록 더욱 서럽더라.

맛있는 고기라도 생기면 부모 생각 더욱 간절하다. 그 중에 형제는 어떠하겠는가? 한 부모의 피와 살로 태어나서 화목함도 좋거니와 우애는 더욱 좋다.

살아서 형제간에 화목하지 못함이 극심하고 물질적 욕심에 눈이 어두워 형제를 멸시하면 형도 없고 동생도 없어지네. 형제가 없어지면 내 몸에 팔 것이 없네. 적막하고 천한 재물 아무리 많다한들 형지을 어들소야. 동싱이 만일 가난ᄒ면 형이 마암 엇더ᄒ며 형이 부귀ᄒ면 동싱 부귀 어디 갈가. 가난을 설어 말고 형지 이만 조아서라. 너것 니것 서로 말고 동기지졍 조아서라.

　오륜과 인의⁶⁹³⁾랄 알게 ᄒ면 효자의 도리로다. 부부의 중ᄒ 거슨 오륜이 근본이니 부부 업시 부자나며 부부 업시 형지 효자 충신얼 놓나. 예의염치⁶⁹⁴⁾ 일노일노 잇니. 혼인 예절 마련홀 시 열녀 불가⁶⁹⁵⁾라 ᄒ엿도다.

　이셩⁶⁹⁶⁾ 비홉⁶⁹⁷⁾ 셔로 만나 빅연히로⁶⁹⁸⁾ ᄒ자홀 지 연분⁶⁹⁹⁾은 삼강⁷⁰⁰⁾이요. 오륜은 금셕⁷⁰¹⁾이라. 부모 명을 좃차 비필⁷⁰²⁾을 선인⁷⁰³⁾ 예로 미자 부부 중ᄒ 졍이 잇고 귀홀 손 자손니 나믜 사랑ᄒ기 금옥 갓치 ᄒ고 종고⁷⁰⁴⁾ 갓치 길너셔라.

　청강녹슈⁷⁰⁵⁾ 워낭시도 웅비종자⁷⁰⁶⁾ 상낙⁷⁰⁷⁾거든 쳔지간 사람으로 부창

---

693) 인의(人義) : 사람으로서 마땅히 지켜야 할 의리.
694) 염치(廉恥) : 체면을 차리고 부끄러움을 아는 마음.
695) 불가 : ? 아마 '불경이부(不更二夫)'의 뜻인 듯. 불경이부 : 두 지아비를 섬기지 아니함.
696) 이셩(異性) : ①서로 다르게 타고난 성질. ②남녀 또는 암수의 서로 다른 성. 또는 다른 성의 상대자. ③분자식은 같으나 성질이 다른 현상.
697) 배합(配合) : ①알맞게 한데 섞음. ②부부의 짝을 지음.
698) 백년해로(百年偕老) : 부부가 되어 서로 사이가 좋고 즐겁게 함께 늙음.
699) 연분(緣分) : 하늘에서 마련한 인연.
700) 삼강(三綱) : 군신·부자·부부 사이에 지켜야 할 떳떳한 도리.
701) 금석(金石) : ①쇠붙이와 돌. ②금돌. ③'금석문자'의 준말. ④종이나 경쇠. ⑤'매우 단단한 것'을 비유하는 말.
702) 배필(配匹) : 부부가 될 짝.
703) 선인 : ? 아마 '선택' 등의 뜻인 듯.
704) 종고(鐘鼓) : 종과 북.
705) 청강녹수(淸江綠水) : 맑은 강 푸른 물.
706) 웅비종자(雄飛從雌) : 수컷이 날고 암컷이 따름.
707) 상락(相樂) : 서로 즐김.

형제를 얻겠는가. 동생이 만일 가난하면 형의 마음 어떠하겠으며 형이 부귀하면 동생의 부귀가 어디 가겠는가? 가난함을 서러워 말고 형제간에 화목해라. 네 것 내 것 서로 다투지 말고 형제간의 우애를 좋게 해라.

오륜과 사람의 도리를 알게 되면 효자의 도리도 알게 될 것이다. 부부의 소중한 것은 오륜이 근본이니 부부 없이 부자가 생겼겠으며 부부 없이 형제와 효자와 충신을 낳았겠는가? 예의와 염치가 이로 인하여 있나니 혼인 예절 마련할 때 열녀는 두 지아비를 섬기지 않는다 하였다.

서로 다른 남녀가 부부를 이루어 백년까지 함께 살자고 하였을 때 연분은 삼강이요 오륜은 금석이라. 부모의 명을 따라 부부가 될 짝을 선택하여 예로서 맺었으니 부부의 중한 정이 있고 거기다가 귀하디 귀한 자손이 태어나니 사랑하는 마음이 금과 옥보다 더하고 종소리와 북소리의 조화처럼 화목하게 길러냈다.

푸른 물과 푸른 숲에 노니는 원앙새도 암수가 서로 즐기는데 하늘과 땅 사이에 사람으로 태어나서 부부부수708) 모를소냐. 부부유별709) 극진ᄒᆞ면 가업제치710) 젼녹711)되니 가난 부귀 셔워 말고 인도712)를 아리셔라.

븡우도 즁이라 ᄒᆞ소. 오륜의 드려시니 오륜알 셧시713) 고금714)이 몃몃 신고. 관즁이와 포슉이난 졍친ᄒᆞ고715) 근밀716)ᄒᆞ고 범슉이와 장원빅은 사싱동기717)ᄒᆞ니 상긴718)ᄒᆞ고 공경ᄒᆞ시니 군자719)신가. ᄒᆞᆫ 셰상을 다 차자도 일언 벗슨 다시 업ᄂᆞ니 금셕 상스람720) 그더지 벗시라 ᄒᆞ고 ᄒᆞᆫ말 두 식721) 난나722) 먹지 못ᄒᆞ면 틱산니 가부압고 ᄒᆞᆫ잔 술상 분ᄒᆞ면723) ᄒᆞ희724) 가 집져시니725) 부귀가 물밀 듯ᄒᆞ고 제셔726)가 물밀 듯ᄒᆞ야 낫낫치 밀어

---

708) 부창부수(夫唱婦隨) : 남편이 주장하고 아내가 이에 잘 따름.

709) 부부유별(夫婦有別) : 오륜의 하나. 남편과 아내 사이에 엄격히 지켜야 할 인륜의 구별이 있음.

710) 가업제치 : ? 아마 '집안 일을 잘 다스림' 등의 뜻인 듯.

711) 젼녹 : ? 아마 '완전하게 됨' 등의 뜻인 듯.

712) 인도(人道) : 인간의 도리.

713) 셧시 : ? 아마 '지킨 이' 등의 뜻인 듯.

714) 고금(古今) : 옛날과 지금.

715) 졍친하다(情親―) : 정답고 친절하다.

716) 근밀(謹密) : 삼가고 조용함.

717) 사생동기(死生同期) : 살고 죽음을 같이 함.

718) 상긴(相緊) : 서로 긴밀하게 친함.

719) 군자(君子) : ①덕행이나 학식이 높은 사람. ②벼슬이 높은 사람. ③마음이 착하고 무던한 사람. ④아내가 자기 남편을 일컫던 말.

720) 상(常)사람 : 일상적인 사람.

721) 한말 두식 : ? 아마 '작음 음식' 등의 뜻인 듯.

722) 난나 : ? 아마 '나누어'의 오기인 듯.

723) 분하면 : ? 아마 '나누어 먹으면' 등의 뜻인 듯.

724) 하해(河海) : 강과 바다.

725) 집져시니 : ? 아마 '깊었으니' 등의 오기인 듯.

726) 제셔 : ? 아마 '재물' 등의 뜻인 듯.

간의 정을 모르겠는가? 부부유별이 극진하면 집안일을 잘 다스려 완전하게 될 것이니 가난과 부귀를 서러워 말고 인간의 도리를 알도록 해라.
　친구도 소중하게 알아라. 오륜에 들었으나 오륜을 지킨 사람 역사상 몇몇인가? 관중과 포숙이는 정답고 친절하고 삼가고 조용했으며 범숙이와 장원백은 생사를 같이하니 서로 긴밀하게 친하고 공경하니 군자가 아니신가. 한 세상을 다 찾아도 이런 벗은 다시 없네. 예로부터 보통 사람들이 절친한 친구라고 하면서도 작은 음식을 나누어 먹지 못하면 태산이 가볍고 한잔 술이라도 나누어 먹으면 강과 바다보다 그 정이 깊었으니 부귀가 물밀 듯이 들어오고 재물이 물밀 듯이 들어

오말727) 마리 형지로다.

이로미728) 항금이 진ᄒ면729) 도진니730) 간디 업고 형지 업셔지면 형지 갓탄 셩예731) 다 허스로드. 노샹732) 힝인 갓고 밍낭ᄒ733) 소원734) 갓도다. 미사의 시비735)ᄒ난 바 슬슬이736) 말고 충찬 빗슨 조와 마소. 어진 빗슨 시비ᄒ고 셕은 비슨 충찬ᄒ미 부귀 션찬737) 다 바리고 마음 빗슬 아라이 와738). 빅셩을 말이 불만ᄒ나 오륜 힝셜 말 이르시 명심ᄒ여 보소셔 ᄒ엿더라.

사람은 본디 쳔망739)이 불양740)ᄒ지요. 가리치지 못ᄒ면 외도741)로 되나니 잘난 사람을 좃차 비오미 올도다.

각셜 구주 빅셩들이 홀임 덕틱으로 우물도 잡기고 쏘ᄒ 누연742) 잇셔 오륜 힝실노 비우니 쳘셕 갓탓 마암이 감동ᄒ여 부모게 효힝ᄒ고 형지간

727) 밀어오말 : ? 아마 '밀려오다. 들려오다' 등의 뜻인 듯.
728) 이로미 : ? 아마 '이로되, 말하되' 등의 뜻인 듯.
729) 항금이 진ᄒ면 : ? 아마 '평소에 변하지 않는 마음이 없으면' 등의 뜻인 듯.
730) 도진니 : ? 아마 '인간의 도리가' 등의 뜻인 듯.
731) 셩예(盛譽) : 큰 명성.
732) 노샹(路上) : 길위.
733) 맹랑하다(孟浪—) : ①생각하던 바와는 달리 아주 허망하다. ②처리하기가 매우 어렵고 딱하다. ③만만히 볼 수 없을 만큼 똘똘하고 깜찍하다.
734) 소원(疎遠) : 성글고 아득히 멈.
735) 시비(是非) : ①옳음과 그름. ②옳으니 그르니 하는 말다툼.
736) 슬슬이 : ? 아마 '싫어하다' 등의 뜻인 듯.
737) 션찬 : ? 아마 '좋은 칭찬' 등의 뜻인 듯.
738) 아라이와 : ? 아마 '알아야 한다' 등의 뜻인 듯.
739) 쳔망 : ? 아마 '타고난 본 바탕 즉 천성(天性)' 등의 뜻인 듯.
740) 불량(不良) : ①행실이나 성질 따위가 나쁨. ②품질이나 성적이 좋지 못함.
741) 외도(外道) : 바르지 않은 길이나 노릇.
742) 누년(屢年/累年) : 여러 해.

올 것이다. 이것이야말로 형제의 모습이다.

말하기를 평소에 변하지 않는 마음이 없으면 인간의 도리가 간 곳 없고 형제가 없어지면 형제 같은 큰 명성도 다 허사가 될 것이며 그들은 길을 지나가는 행인과 같고 허망하여 성글고 아득하게 될 것이다. 모든 일에 옳고 그름을 따지는 벗을 싫어하지 말고 칭찬하는 벗을 좋아하지 마소.

어진 벗은 시비하고 썩은 벗은 칭찬하니 부귀와 좋은 칭찬 다 버리고 마음의 빛을 알아야 한다. 백성들의 말에 불만이 많으나 오륜과 행실로 교화해야 하니 명심하여 보소서." *.(오륜교화의 내용은 신하가 임금에게 올리는 상소로서는 맞지 않은 내용이라 하겠다.)

하였더라.

사람은 본래 타고난 본바탕이 악하기 때문에 가르치지 아니하면 그릇된 길로 나아가게 되나니 잘난 사람을 따라 배우는 것이 필요하다.

각설이라. 구주 백성들이 한림의 덕택으로 우물물도 마시게 되고 또한 몇 년 동안이나 있어서 오륜 행실도 배우게 되니 단단히 닫혀 있던 마음이 감동하여 부모에게 효도하고 형제간에 화목ᄒᆞ야 동숙743)이 요슌 시절 갓타니 홀님을 뉘 아니 층찬ᄒᆞ리.

저 소위 인중젼힝독경이면 수만믹지방이라도 가니 힝ᄒᆞ나이라744).

이러구러 적연745)이 되다록 동ᄉᆡᆼ을 보지 못ᄒᆞᄆᆡ 홀님이 셜워ᄒᆞ더니 쳔만의외746) 쳔자 근틀747) 나리거날 홀님이 디히ᄒᆞ여 왈 우리 형지 다시 만나 그리든 졍을 풀가ᄒᆞ고 즉일 발힝ᄒᆞ니 그 곳 사람이 다 낙누상별748)ᄒᆞ더라.

여러 날 만의 동졍호의 다다르니 풍강749)이 조흔 고지라. ᄒᆞᆫ번 귀경코져 ᄒᆞ여 악양누의 올나가보니 낙산 십이 봉은 구람 밧기 피여 잇고 동졍 칠빅 호난 달 아리 가리왓다. 풍셩750)을 두로 살피다가 악양누 기동을 바라보니 모연 모월 모일 슌쳔부의 사난 홀님흑ᄉᆞ 동ᄉᆡᆼ 목시ᄒᆞ난 이 물에 바져 죽노라.

흔 기동이 각ᄒᆞ여751)거날 홀님이 보고 디경 통곡ᄒᆞ여 왈 무슨 죄악이 중ᄒᆞ관디 격소의 가다가 부친 유셔를 일코 쏘흔 무죄흔 동ᄉᆡᆼ이 날노 ᄒᆞ야곰 물귀신이 되야시니 이런 팔자 어더 ᄯᅩ 잇시리요. 엇지 용왕은 불상흔 동ᄉᆡᆼ을 구치 아니ᄒᆞ신잇가.

니 구차의752) 사라 도라오난 동ᄉᆡᆼ을 보랴 ᄒᆞ얏드니 아조 이별ᄒᆞ예스니

---

743) 동숙 : ? 아마 '당시의 시절' 등의 뜻인 듯.
744) 소위 인중젼힝독경이면 수만믹지방이라도 가니 힝ᄒᆞ나이라 :? 아마 '이른바 사람 가운데 오로지 혼자라도 올바로 행동한다면 비록 오랑캐 지방이라도 가히 도를 행할 수 있나니라.' 등의 뜻인 듯.
745) 적년(積年) : 여러 해.
746) 천만의외(千萬意外) : 천만뜻밖.
747) 근틀 :? 아마 '사면(赦免) : 죄를 용서하여 형벌을 면제함.' 등의 뜻인 듯.
748) 낙루상별(落淚相別) : 눈물을 흘리며 서로 이별함.
749) 풍광(風光) : ①경치(景致). ②사람의 용모와 품격.
750) 풍셩 :? 아마 '풍광'의 오기인 듯.
751) 각(刻)하다 : 새기다.

화목하여 당시의 시절이 요임금과 순임금의 시절 같게 되니 한림을 칭찬하지 않는 사람이 없더라.

저것은 이른바 사람 가운데 오로지 혼자라도 행실을 올바르게 하면 비록 만맥의 오랑캐 지방이라도 가히 도를 행할 수 있다는 것을 보여주는 것이더라.

이러구러 몇 년이 되도록 동생을 보지 못하여 한림이 서러워하더니 천만뜻밖에 천자께서 사면을 내리시거늘 한림이 크게 기뻐하며 말하기를,

"우리 형제가 다시 만나 그리워하던 정을 풀리라."

하고 그 날 출발하니 그 곳 사람들이 모두 이별의 눈물을 흘리더라.

여러 날 만에 동정호에 다다르니 그 곳은 경치가 좋은 곳이라. 한 번 구경하고자 하여 악양루에 올라가니 낙산 십이 봉은 구름 밖에 피어 있고 동정호 칠백 리는 달 아래 가렸더라. 풍경을 두루 살피다가 악양루 기둥을 보니 '모년 모월 모일 순천부에 사는 한림학사 동생 목시호는 이 물에 빠져 죽노라.'는 글이 새겨져 있거늘 한림이 보고 크게 놀라서 통곡하며 말하기를,

"무슨 죄가 그렇게 크기에 유배지에 가다가 선친의 유서를 잃고 또한 아무 죄도 없는 동생이 나 때문에 물귀신이 되었으니 이런 팔자가 어디 또 있겠는가? 어찌 용왕은 불쌍한 동생을 구해주지 않는가?

내가 구차하게 살아서 돌아와 동생을 보려고 했거늘 이제는 영영 이별을 하게 되었으니

---

752) 구차하다(苟且—) : ①군색하고 구구하다. ②매우 가난하다.

기림제753)를 어디 가 보리 ᄒ고 몬니 슬어ᄒ니 그 이원754)ᄒ 우름 소리 청쳔755)이 사못차756) 눈물 흘여 압을 적시니 빅일757)이 무광758)ᄒ난 닷 ᄒ더라.

홀님이 기절ᄒ엿더니 비몽간의 쳥이759) 사자 양인760)이 와 홀님게 주 왈 우리 디왕게압셔 쳥ᄒ시니 가사이다. ᄒ고 직쵹ᄒ거날 홀님이 마지 못ᄒ야 사자 따라 ᄒ 고디 다다르니 고르거각761)이 웅장ᄒ 즁이 나졸762) 이 옹위763)ᄒ야 원염어숙764)ᄒ여 별유쳔지 비인간765)이라.

쳥이 사자 홀님을 더부러 게ᄒ의 복지ᄒ디 왕이 홀님을 보고 꾸지져 왈 이난 요망766)ᄒ 사람으로 슈즁 용왕을 원망ᄒ니 무슴 일인고.

홀님이 황겁 즁의 디 왈 소신니 다만 형지로 세이767) 지즁ᄒ압다가 소신니 참소의 비국면768) 원찬ᄒ엿삽더니 국은이 망극ᄒ와 도라오난 길

---

753) 기림제 : ? 아마 '그림자'의 오기인 듯.

754) 애원(哀怨) : 슬프게 원망함.

755) 청천(靑天) : 푸른 하늘.

756) 사무치다 : 깊이 스며들거나 멀리 뻗쳐 닿다.

757) 백일(白日) : ①구름이 끼지 않은 맑은 날의 밝은 해. ②대낮.

758) 무광(無光) : 빛을 잃음.

759) 청의(靑衣) : ①푸른 옷. ②(옛날에 천한 사람이 푸른 옷을 입었던 데서) '천한 사람'을 일컫는 말.

760) 양인(兩人) : 두 사람.

761) 고루거각(高樓巨閣) : 규모가 큰 집과 높은 누각.

762) 나졸(羅卒) : 조선 때 군아의 군뢰·사령을 통틀어 일컫던 말. 주로 죄인을 문초할 때 곤장으로 때리는 일을 맡았다.

763) 옹위(擁衛) : 좌우로 부축하여 지킴.

764) 원염어숙 : ? 아마 '대단히 엄숙함' 등의 뜻인 듯.

765) 별유천지비인간(別有天地非人間) : 인간 세상과는 특별히 다른 곳.

766) 요망(妖妄) : 요사하고 망령됨.

767) 세애(世愛) : ? 아마 '인간 세상에서의 우애' 등의 뜻인 듯.

768) 참소의 비국면 : ? 아마 '참소를 당하여' 등의 뜻인 듯.

그 그림자조차 어디 가서 보겠는가?"

하고 못내 슬퍼하니 그 슬픈 울음소리가 푸른 하늘에 사무쳐 눈물이 흘러 앞을 가리고 태양이 빛을 잃어버린 듯 하더라. 한림이 기절하였더니 비몽사몽간에 푸른 옷을 입은 사자 두 사람이 와서 한림에게 아뢰기를,

"우리 대왕께서 청하시니 갑시다."

하고 재촉하거늘 한림이 마지못하여 사자를 따라 한 곳에 다다르니 높고 큰집이 웅장한 가운데 군졸들이 호위하니 대단히 엄숙하여 인간세상과 다른 특별한 곳임을 알게 하더라.

사자가 한림과 함께 섬돌 아래 엎드리니 왕이 한림을 보고 꾸짖어 말하기를,

"너는 요망한 인간으로서 용왕을 원망하니 무슨 일이 있는가?"

한림이 당황하여 대답하기를,

"소신은 다만 형제간에 우애가 매우 깊었는데 소신이 모함을 당하여 먼 곳으로 유배를 가게 되었는데 나라의 은혜가 끝이 없어서 다시 돌아오게 되었습니다.

의 악약누 기동을 살펴보니 동싱이 물의 바져 죽어삽기로 작안769) 원통770)을 못이기어 망영되니771) 용왕을 부르지져 통곡ᄒᆞ난 말솜을 왕으게 밋쳐사오니 죄사무궁772)이로소이다.

디왕이 측은니 넉여 가로디 이의 원정773) 말을 드르니 사정이 그려ᄒᆞᆯ 듯ᄒᆞ고 쏘흔 형지간 우이 ᄒᆞ난 말이 기특ᄒᆞ기로 각별 사죄ᄒᆞ여 도로 인간의 보니니 일후 반가온 사람을 만나 ᄒᆞᆫ가지로 믹셔774) 부귀ᄒᆞ다 오라. ᄒᆞ신디 홀님이 흔적775)ᄒᆞ고 문밧기 나와 사자776)다려 문 왈 이 곳슨 엇더ᄒᆞᆫ 곳신잇가.

사자 디 왈 염니디왕777) 겨신 곳시로소이다.

홀님이 쳥ᄒᆞ여 왈 소싱이 세상의셔 염니국 말삼은 드러스나 보던 못ᄒᆞ엿스니 자상이778) 구경시기미 엇더ᄒᆞ나요.

ᄉᆞ즈 답 왈 미련지사779)라 ᄒᆞ고 홀님과 ᄒᆞᆫ 곳슬 가니 결박ᄒᆞᆫ 사람이 힝차780) 칼을 쓰고 은안빅마781)탄 소연을 되시고 가거날 홀님 왈 저 사람

---

769) 작안 : ? 아마 '그로 인하여' 등의 뜻인 듯.
770) 원통(冤痛) : 몹시 억울함.
771) 망령되다(妄靈―) : 늙거나 정신이 흐려 말과 행동이 주책없다.
772) 죄사무궁(罪死無窮) : 죽을 만한 죄가 끝이 없음.
773) 원정(原情) : ①사정을 하소연함. ②심문 받은 죄인이 범죄의 자초지종을 공술한 내용.
774) 맥서 : ? 아마 '백세'의 오기인 듯.
775) 흔적 : ? 아마 '하직'의 오기인 듯.
776) 사자(使者) : 심부름꾼.
777) 염라대왕(閻羅大王) : 저승에서, 지옥에 떨어지는 인간의 생전의 선악을 심판하여 벌을 준다고 하는 왕.
778) 자상이 : ? 아마 '자세히'의 오기인 듯.
779) 미련지사 : 미련한 사람.
780) 황차(況且) : 하물며.
781) 은안백마(銀鞍白馬) : 은으로 꾸민 안장과 흰 말.

그런데 오면서 악양루 올라가서 기둥을 살펴보니 동생이 물에 빠져 죽었기에 그로 인한 원통함을 이기지 못하여 주책없이 용왕을 부르짖어 통곡하는 말씀을 대왕이 듣게 되었으니 그 죄 죽어 마땅할까 합니다."

대왕이 측은하게 여겨 말하되,

"너의 하소연하는 사정을 들으니 사정이 그럴 듯하고 또한 형제간에 우애하는 말이 기특하기에 특별히 죄를 용서하여 도로 인간 세상에 보내나니 이후에는 반가운 사람을 만나 함께 한평생 부귀영화를 누리다가 오너라."

하시니 한림이 하직하고 문밖에 나와 사자에게 묻기를,

"이곳은 어떤 곳입니까?"

사자가 대답하기를,

"염라대왕이 계신 곳입니다."

한림이 청하여 말하기를,

"소생이 세상에서 염라국의 말씀은 많이 들었으나 보지는 못하였으니 자세히 구경이나 시켜주면 좋겠습니다."

사자가 대답하기를,

"미련한 사람이다."

하고 한림과 한 곳에 가니 결박당한 사람이 칼을 쓰고 멋진 백마를 탄 소년을 모시고 가거늘 한림이 말하기를,

"저 사람

은 엇더흔 사람을 져리ᄒ나잇가.

사자 디 왈 져 소연은 삼디 독자로 비명[782]이 잡피여 왓기로 디왕이 불상이 역여 도로 인간의 니여보니려 ᄒ시고 져 졀박흔 사람은 뇌물 바다 먹고 낙리흔[783] 사룸 자바온 죄로 져러흔 죄를 보게 ᄒ미로소이다.

쏘 흔 곳슬 본 즉 빅발 남녀 두리 흔 아희를 잡고 울거날 쏘 무른 즉 사자 디왈 져 노인은 부부지간이며 져 아희난 젼싱[784]에 져 노인게 원수로 그 원수 갑풀 길이 업셔 이싱이 와 자식이 되엿더니 인ᄒ야 죽은 즉 져 노인 부부난 원수랄 모라고 자식이라 잡고 우난이다.

쏘 흔 곳슬 가본 즉 엇더한 개집을 미로 치며 칼로 각그며 가미[785]의 물을 쓰려 며기며 아히 울거날 흘님이 물른 즉 ᄉᄌ 디 왈 져 게집은 인간의 잇슬 디의 부모으게 불효ᄒ고 친쳑으게 불목ᄒ고 형제간 불합ᄒ고 젼싱의 죄 중ᄒ와 무식ᄒ게 되엿더니 남의 자식을 어더 키우다가 그 아히 죽이여 남 모르의 뭇고 헛말노 남이 자식이라 도망ᄒ엿다 흔 죄로 져 악형 당흔 후의 가미틀 살물[786] 거시오. 져 아희난 이다리[787] 죽엇난고로 우난이다.

쏘 흔 곳슬 가니 졀문 게집을 말씨 안치고 무슈의 치다가 목을 미여 공중의 쪄져 축직사[788]의 죽난지라 흘님 왈 져난 무슨 죄요.

ᄉ자 디 왈 져 게집는 인간의 잇슬 디의 죽상[789]흔 수졀[790] 못ᄒ여 어린

---

782) 비명(非命) : 제 명대로 살지 못하는 목숨.
783) 낙리흔 : ? 아마 '무죄한 혹은 억울한' 등의 뜻인 듯.
784) 젼싱(前生) : 이 세상에 나오기 전에 태어났다는 삶.
785) 가미 : ? 아마 '가마솥' 등의 뜻인 듯.
786) 가미틀 살물 : ? 아마 '가마솥에 삶을' 등의 뜻인 듯.
787) 이다리 : ? 아마 '애닯게'의 뜻인 듯.
788) 축직사 : ? 아마 '즉시. 즉각' 등의 뜻인 듯.
789) 죽상 : ? 아마 '과부가 되어' 등의 뜻인 듯.

은 어떠한 사람이기에 저러합니까?"

사자가 대답하기를,

"저 소년은 삼대독자로서 제 명대로 살지 못하고 잡혀왔기에 대왕이 불쌍하게 여겨 도로 인간세상으로 내어보내라 하시고 저 결박당한 사람은 뇌물을 받아먹고 무죄한 사람을 잡아온 죄 때문에 저러한 고통을 당하게 된 것입니다."

또 한 곳을 보니 백발의 남녀 두 사람이 한 아이를 잡고 울거늘 또 물으니 사자가 대답하기를,

"저 노인은 부부지간이며 저 아이는 전생에 저 노인의 원수로서 원수 갚을 길이 없어 이승에 와서 자식이 되었다가 죽으니 저 노인 부부는 원수를 모르고 자식이라고 잡고 우는 것입니다."

또 한 곳을 가보니 어떠한 계집을 매로 치며 칼로 깎으며 가마솥에 물을 끓여 먹이는데 아이가 울거늘 한림이 물으니 사자가 대답하기를,

"저 계집은 인간 세상에 있을 때 부모에게 불효하고 친척들과 화목하지 못하고 형제간에 화합하지 못하였기에 전생의 죄가 무거워 무식하게 되었더니 남의 자식을 얻어 키우다가 그 아이를 죽여 남이 모르게 묻고 헛말로 남의 자식이라서 도망하였다고 거짓말 한 죄로 저러한 악한 형벌을 당한 후에 다시 가마솥에 넣어 삶을 것이오. 저 아이는 애달프게 죽었기에 우는 것입니다."

또 한 곳을 가니 젊은 계집을 끝자리에 앉히고 무수하게 치다가 목을 매어 공중에 던져 즉석에서 죽게 하는지라. 한림이 말하기를,

"저 여자는 무슨 죄를 지었습니까?"

사자가 대답하기를,

"저 계집은 인간 세상에 있을 때 과부가 절개를 지키지 못하여 어린

---

790) 수절(守節) : 절개를 지킴.

자식을 바리고 셔방ᄒᆞ여791) 간 죄로 앙화792)를 밧나니다.

ᄯᅩ 흔 곳슬 가니 관원이 옥당793)이 좌기794)ᄒᆞ고 노기홍상795) 슈삼 인니 라우어796) 옹위ᄒᆞ여 만만진슈797)와 이윤중유798)로 관원 압퓌 나오니 관원 양인이 히소799)로 권권800)ᄒᆞ며 히히낙낙801)ᄒᆞ난 중의 향디 쥬좌효 두 사람이 쓸 아리 업져 디죄802)ᄒᆞ거날 홀님 왈 무슴 죄로 저러ᄒᆞ나요.

사자 디 왈 져 관원은 인간의서 부모게 효도 잇고 형지간 우이 잇기로 디왕이 극기 사랑ᄒᆞ여 옥당 졔슈ᄒᆞ시고 궁여로 ᄒᆞ야곰 날마다 팔진미803)로 봉양ᄒᆞ고 쓸 아리 두 스람은 부모 전 불효ᄒᆞ고 형제간 불목ᄒᆞ며 간통마암을 힝ᄒᆞ여 충신을 참소흔 죄로 우선 져런 형벌804)ᄒᆞ여 관원의 착흔 힝실 보게 ᄒᆞ거니와 일후난 살얼 싹거 죽일 사람이라.

홀님이 쳥파805)에 왈 그디 덕틱으로 귀경을 ᄒᆞ여거니와 우리 부모를

---

791) 셔방하여 : 여기서는 아마 '셔방질 즉 다른 남편을 얻어' 등의 뜻인 듯.
792) 앙화(殃禍) : ①죄악의 과보로 받는 재앙. ②어떤 일로 말미암아 생기는 근심이나 재난.
793) 옥당(玉堂) : ①홍문관. ②홍문관의 부제학·교리·부교리·수찬·부수찬을 통틀어 일컫는 말. ③화려한 집 또는 궁전을 아름답게 일컫는 말.
794) 좌기(坐起) : 관아의 으뜸 벼슬에 있는 이가 출근하여 일을 처결함.
795) 녹의홍상(綠衣紅裳) : 젊은 여자의 곱게 치장한 복색.
796) 라우어 : ? 아마 '다투어'의 오기인 듯.
797) 만만진수 : ? 아마 '진수성찬'의 다른 말인 듯.
798) 애윤중유 : ? 아마 '사랑하고 매우 소중하게 여김' 등의 뜻인 듯.
799) 희소(喜笑) : 기뻐서 웃는 웃음.
800) 권권(拳拳) : 정성스럽게 보살피는 모양.
801) 희희낙락(喜喜樂樂) : 매우 기뻐하고 즐거워함.
802) 대죄(待罪) : 죄인이 저지른 죄에 대한 처벌을 기다림.
803) 팔진미(八珍味) : 여덟 가지 음식의 썩 좋은 맛. 또는 그런 맛이 나는 음식물.
804) 형벌(刑罰) : 나라에서 죄지은 사람에게 주는 벌.
805) 쳥파(聽破) : 듣기를 다함.

자식을 버리고 다른 남편을 얻어 도망 간 죄로 재앙을 받고 있습니다."

또 한 곳을 가니 관원이 옥당에 앉아 있는데 녹의홍상으로 곱게 단장한 여러 명의 젊은 여인이 다투어 둘러싸고 온갖 맛있는 음식으로 대접하고 사랑하는 태도로 관원 앞에서 애교를 부리니 관원 두 사람이 기쁜 웃음으로 사랑하며 즐거워하는 가운데 향대와 주자효 두 사람이 뜰에 엎드려 지은 죄에 대한 벌을 청하거늘 한림이 말하기를,

"무슨 죄로 저러합니까?"

사자가 대답하기를,

"저 관원은 인간 세상에서 부모에게 효도하고 형제간에 우애가 있었기에 대왕이 매우 사랑하여 옥당을 제수하시고 궁녀들로 하여금 날마다 진수성찬으로 봉양하게 하고 뜰 아래의 두 사람은 부모 앞에서 불효하고 형제간에 화목하지 못하며 다른 사람과 간통하려는 마음을 먹고 충신을 모함한 죄로 우선 저런 형벌을 내려서 관원의 착한 행실을 보게 하지만 이후에는 살을 깎아 죽일 것입니다."

한림이 듣기를 다하고 말하기를,

"그대 덕택으로 구경을 하였거니와 우리 부모를

보고져 ᄒ나니 어더 게신잇가.

ᄉ자 디 왈 유명806)이 다르거든 엇지 보시리오. 갈 길이 장원807)ᄒ니 망연808)된 말삼 마르시고 급히 나가라. ᄒ며 홀님이 등을 밀치거날 홀님이 놀나 씨다르니 남가일몽이라.

몽사를 싱각ᄒ니 더욱 동싱 싱각ᄒ여 눈물이 비오 듯 ᄒ여 앙쳔809) 탄식 왈 동싱 업난 ᄉ람은 뉘를 밋고 사난고. 차라리 삭발위승810)ᄒ여 불상ᄒ 동싱 고혼811)을 위로ᄒ여 후싱812) 길이나 닥가주리라. ᄒ고 황용사를 차ᄌ가니 엇던 ᄒ 여승이 동구 밧기 디후813)ᄒ엿다가 합장 지비ᄒ여 왈 홀님은 일향만강814)ᄒ민잇가.

홀님이 디 왈 션ᄉ난 어나 디 보아관디 이갓치 관디815)ᄒ신잇가.

여승이 디 왈 관음보ᄉ님이 션몽ᄒ신디 오날 귀ᄒ신 홀님 오시니라. ᄒ시기로 디후ᄒ엿나이다. ᄒ고 홀님을 승당816)으로 좌졍817)ᄒ 후 셕반818)을 드리거날 미다보니819) 음식이 졍결ᄒ여820) 먹음직ᄒ지라. 밤을

---

806) 유명(幽明) : ①어둠과 밝음. ②저승과 이승.
807) 장원(長遠) : 길고 멂.
808) 망령(妄靈) : 늙거나 정신이 흐려 말이나 행동이 정상에서 벗어난 상태.
809) 앙천(仰天) : 하늘을 우러러봄.
810) 삭발위승(削髮爲僧) : 머리를 깎고 중이 됨.
811) 고혼(孤魂) : 붙일 곳 없이 떠도는 외로운 넋.
812) 후생(後生) : 내생(來生).
813) 대후(待候) : 웃어른의 명령을 기다림.
814) 일향만강(一向萬康) : 한결같이 아주 편안함.
815) 관대(款待) : 친절하게 대하거나 정성껏 대접함.
816) 승당(僧堂) : 중이 거처하는 방.
817) 좌정(坐定) : 자리를 잡아 앉음.
818) 석반(夕飯) : 저녁 밥.
819) 미다보니 : ? 아마 '바라보니' 등의 뜻인 듯.
820) 정결하다(淨潔―) : 깨끗하고 말끔하다.

보고자 하오니 어디 계십니까?"

사자가 대답하기를,

"이승과 저승이 다른데 어찌 볼 수가 있겠는가? 갈 길이 머니 헛된 말씀은 그만두고 빨리 나가라."

하며 한림의 등을 밀치거늘 한림이 놀라서 깨달으니 한바탕의 허망한 꿈이더라. 꿈의 일을 생각하니 더욱 동생 생각이 간절하여 눈물이 비 오듯 하여 하늘을 우러러 탄식하며 말하기를,

"동생이 없는 사람은 누구를 믿고 살겠는가? 차라리 머리를 깎고 승려가 되어 불쌍한 동생의 외로운 혼이나 위로하여 다음 세상의 길이나 닦아주리라."

하고 황용사를 찾아가니 어떤 한 여승이 동구밖에 나와 기다렸다가 합장하고 인사하며 말하기를,

"한림은 한결같이 편안하십니까?"

한림이 대답하기를,

"선사는 어느 때 보았기에 이같이 너그럽게 대해주십니까?"

여승이 대답하기를,

"관세음보살이 꿈에 나타나 오늘 귀하신 한림이 오실 것이다. 하시기에 기나리고 있있습니다."

하고 한림을 승려들이 머무는 곳으로 인도하여 좌정한 후 저녁밥을 드리거늘 바라보니 음식이 깔끔하고 먹음직하더라.

밤을

지니고 몽사지게821)ᄒ고 불젼822)의 나가니 분향지비823)ᄒ 후 관음화
상824)을 보니 홀님 반기난 닷 ᄒ고 ᄶᅩᄒᆫ 보니 모연 모월 모일 순천부 사난
목엽은 근셔825)ᄒ노ᄅᆞ ᄒ엿더라.

홀님이 일희일비826)ᄒ야 슬피 통곡ᄒ이 여승이 고이 역여 문 왈 손임은
엇지 관음 화상을 보고 져더지 슬허ᄒ시난잇가.

홀님이 디 왈 부친의 소호827)와 순천부라 ᄒ니 결노 비감828)ᄒ여이다.
ᄒᆞᆫ디 여승이 디경829) 왈 손님이 목상셔 딕 자제 아니신잇가. 관음화상을
승상이 친히 그리시고 소승을 만니 상사830)ᄒ미 은히 갑자 ᄒ엿더니 그
후 소승이 다싱831)ᄒ와 딕 안부를 아지 못ᄒ엿삽더니 그 뒤의 승상 긔
톄832) 안영ᄒ시며 상공은 무ᄉᆞᆫ 일노 원힝833)을 ᄒ신잇가.

홀님이 처량ᄒᆞᆫ 마음을 ᄯᅳᆫ치고 부모 상사834) 말삼과 적소의 갓던 말과
동싱 죽은 말과 전후 말을 설화ᄒ니 여승이 듯고 채읍835) 탄식 왈 진소위

---

821) 몽사지게 : ? 아마 '목욕재계'의 오기인 듯. 목욕재계(沐浴齋戒) : 종교적 의식에서,
 목욕을 하고 음식을 삼가며 몸가짐을 깨끗이 하는 일.
822) 불전(佛前) : 부처님 앞.
823) 분향재배(焚香再拜) : 향을 피우고 두 번 절을 함.
824) 관음화상(觀音畵像) : 관세음보살의 얼굴상.
825) 근서(謹書) : 삼가 글을 씀.
826) 일희일비(一喜一悲) : 한편으로는 기쁘고 한편으로는 슬픔.
827) 소호 : ? 아마 '이름' 등의 뜻인 듯.
828) 비감(悲感) : 슬픈 느낌.
829) 대경(大驚) : 크게 놀람.
830) 상사(賞賜) : 상으로 내려 줌.
831) 다사(多事) : 일이 많음.
832) 기체(氣體) : (기력과 체후(건강 상태)라는 뜻으로) 편지에 웃어른께 문안할 때 쓰는
 말.
833) 원행(遠行) : 먼 곳으로 감. 또는 먼 길을 감.
834) 상사(喪事) : 사람이 죽은 사고.

지내고 목욕하여 몸을 깨끗이 하고 부처님 앞에 나아가 분향하고 두 번 절한 후에 관세음보살 화상을 보니 한림을 반가워하는 듯 하고 또한 쓰인 글을 보니 모년 모월 모일 순천부에 사는 목엽은 삼가 글을 쓰노라는 글이 있더라.

한림이 한편으로는 기뻐하고 한편으로는 슬퍼하며 슬프게 큰소리로 우니 여승이 이상하게 여겨 묻기를,

"손님은 어찌하여 관세음보살 화상을 보고 저렇게 슬퍼하십니까?"

한림이 대답하기를,

"부친의 성함과 순천부라는 글을 보니 저절로 슬퍼서 그러합니다."

하니 여승이 크게 놀라서 말하기를,

"손님이 목상서 댁 아들입니까? 관세음보살 화상을 승상이 친히 그리시고 저에게 재물을 많이 상으로 주시기에 은혜를 갚고자 하였더니 그 후 제가 일이 많아 댁의 안부를 알지 못하였습니다. 그 뒤에 승상은 건강하시고 편안하십니까? 그리고 상공은 무슨 일로 이렇게 먼 곳까지 오셨습니까?"

한림이 처량한 마음을 그치고 부모님의 돌아가신 사연과 유배지에 갔던 말과 동생이 죽은 말 등등을 자세히 이야기하니 여승이 듣고 흐느껴 울면서 단식하며 말하기를,

"이것은 진실로 이른바

---

835) 체읍(涕泣) : 소리를 내지 않고 눈물을 흘리면서 슬피 욺.

상전벽히836)로소이다. 세상 성쇠837)난 고진감래838)요 홍진비리839)라. 상공은 과도이 셜워 말고 평안니 게시압소서. 흔디 홀님 왈 션ᄉ나 져의를 싱각ᄒ거니와 ᄯ호 적소의 죽은 인싱이 관세음 션몽ᄒ신 덕틱으로 살아시니 맛당이 삭발위승ᄒ고 조석으로 불젼의 공양840)ᄒ여 티산 갓탄 덕을 만분지일이나 갑사오릿가 바라나이다.

션사난 니의 머리을 각가주압소서. 흔디 여승이 빅번 말유 왈 상공은 명가집 자제로 산승841)이 되오릿가. 소승이 비록 누추ᄒ나842) 상공이 일신은 평안홀 거시니 망연되난 말삼을 마압소서.

할님이 디 왈 무죄ᄒ난 동싱이 날노 ᄒ여곰 죽어난디 엇지 중 되기가 셜워ᄒ리요. 션사는 말유 마압소서. 소원디로 못ᄒ면 자살코져 ᄒ나니다.

여승 디 왈 머리 각가 즁이 되면 뉘 홀님인 줄 알이요. 그 불상흔 형용은 비홀 디 업더라.

홀님이 불젼이 나아가 디셩통곡ᄒ고 미일 발원843)ᄒ여 왈 지ᄒ의 도라간 동싱을 다시 만나보게 ᄒ옵소서 ᄒ며 세월을 보니더라.

각셜 잇ᄯᅢ 소인니 만조844)ᄒ여 집권ᄒ니 충신니 엄난지라. 국가 엇지

---

836) 상전벽해(桑田碧海) : (뽕나무밭이 변하여 푸른 바다가 된다는 뜻으로) 세상의 심한 변천을 비유하는 말.
837) 성쇠(盛衰) : 성함과 쇠함.
838) 고진감래(苦盡甘來) : (쓴 것이 다하면 달콤한 것이 온다라는 뜻으로) 고생한 끝에 즐거움이 온다는 말.
839) 홍진비래(興盡悲來) : (즐거운 일이 지나가면 슬픈 일이 닥쳐 온다는 뜻으로) 세상의 일이 순환됨을 가리키는 말.
840) 공양(供養) : ①웃어른을 모셔 음식 이바지를 하는 일. ②부처 앞에 음식물을 이바지하는 일. ③중이 하루 세 끼 음식을 먹는 일.
841) 산승(山僧) : ①산속의 절에 사는 중. ②중이 자신을 겸손하게 일컫는 말.
842) 누추하다(陋醜—) : 지저분하고 더럽다.
843) 발원(發願) : 바라고 원하는 생각을 냄.

푸른 바다가 변하여 뽕밭이 된다는 말과 같습니다. 세상의 성하고 망하는 것은 고진감래하고 홍진비래 하는 법입니다. 상공은 너무 지나치게 슬퍼하지 말고 편안히 계십시오."

하니 한림이 말하기를,

"스님이 우리를 생각해 주고 또한 유배지에서 죽을 목숨이 관세음보살의 현몽 덕택으로 살아났으니 마땅히 머리를 깎고 중이 되어 아침저녁으로 부처님께 공양을 올려 태산 같은 큰 은덕을 만분지일이라도 갚기를 원합니다.

스님은 저의 머리를 깎아주소서."

하니 여승이 수없이 말리며 말하기를,

"상공은 명문가의 자식으로서 어찌 승려가 되려합니까? 여기가 비록 누추하나 상공의 몸 하나는 편안할 것이니 쓸데없는 말씀을 하지 마십시오."

한림이 대답하기를,

"아무런 죄가 없는 동생이 나로 인하여 죽었는데 어찌 중 되기를 서러워하리요. 스님은 말리지 마소서. 소원대로 못하면 자살하고 말겠습니다."

여승이 대답하기를,

"머리를 깎아 중이 되면 누가 한림인 줄 알겠는가?"

그 불쌍한 모습은 비교할 데 없더라. 한림이 부처님 앞에 나아가 큰소리로 통곡하며 매일 소원을 빌어서 말하기를,

"저승에 간 동생을 다시 만나게 하소서."

하며 세월을 보내더라.

각설. 이때 소인이 조정에 가득하여 권력을 잡으니 충신은 다 물러갔더라. 국가가 어찌

---

844) 만조(滿朝) : ①온 조정. ②만조백관.

틱평ᄒ리요. 흉연이 자로 드려 빅셩이 소요845)ᄒ여 인심이 각박ᄒ846) 즁의 가달847)이 엄습으로 닉응848) 삼고 황셩을 침범코져 디병을 일워 지경849)의 졍ᄒ엿거날 세 병사850) 장계851)ᄒ되 디병이 지경이 되여시니 가장 큰지라 ᄒ야거날 상이 보시고 디경ᄒ야 조신852)을 뫼와 의논 왈 북방 오랑키 강셩853)ᄒ여 디국을 침범ᄒ니 이을 엇지 홀고 ᄒ신디 계ᄒ의 ᄒᆫ 장슈 출반854) 쥬왈 소장이 비록 지조 업사오나 ᄒᆫ 칼노 북방 호젹855)을 시러바리고 날자856)의 머리를 비겨857) 밧치리다. ᄒᆫ디 이난 좌장군 유통이라.

상이 보시고 디히ᄒ여 즉시 셩즁 군ᄉ 팔십만으로 조발858)ᄒ여 유통으로 디원슈 디사마859)을 삼고 황안으로 선봉장을 삼고 엄슝으로 후군 초동장을 삼고 군사를 총독860)ᄒ라 ᄒ시고 즉일 발군861)홀 시 쳔자 친히 원문

---

845) 소요(騷擾) : 사람들이 떠들썩하게 들고 일어남.
846) 각박하다(刻薄—) : 모나고 인정이 없다.
847) 가달 : 중국 북쪽에 있는 흉노족의 다른 말.
848) 내응(內應) : 남 몰래 적과 통하는 것.
849) 지경(地境) : ①땅의 경계. ②(관형어 아래에 쓰여) '경우'나 '형편'의 뜻을 나타냄. ③터 또는 땅의 얼안.
850) 병사(兵使) : 병마절도사(兵馬節度使)의 준말. : 조선 때, 각 도에 둔 병마를 통솔 지휘하던 종2품 무관 벼슬.
851) 장계(狀啓) : 감사 또는 임금의 명을 받들고 지방에 나간 벼슬아치가 임금에게 글로써 하는 보고.
852) 조신(朝臣) : 조정에서 벼슬을 살고 있는 신하.
853) 강셩(强盛) : 힘이 세고 왕성함.
854) 출반(出班) : 여러 사람이 모인 자리에서 앞으로 썩 나섬.
855) 호젹(胡狄) : 북쪽의 흉노적.
856) 날자 : ? 아마 '가달'의 오기인 듯.
857) 비져 : ? 아마 '베어'의 오기인 듯.
858) 조발 : ? 아마 '군사를 뽑음.' 등의 뜻인 듯.
859) 대사마(大司馬) : '병조판서'를 예스럽게 일컫던 말.

태평하겠는가? 흉년이 자주 드니 백성이 들고일어나 세상이 시끄럽고 인심이 각박한 가운데 가달국이 엄숭과 내통하여 황성을 침범하고자 많은 군사를 이끌고 땅의 경계에 이르렀거늘 변방의 병마절도사가 임금에게 보고서를 올리되,

"적의 많은 군사가 땅의 경계에 이르러 그 세력이 매우 큽니다."

하였거늘 황제가 보시고 크게 놀라서 조정의 신하를 모아 의논해서 말하기를,

"북방의 오랑캐가 강성하여 우리나라를 침범하니 이를 어찌할꼬?"

하시니 섬돌 아래에 한 장수가 앞에 나와 아뢰기를,

"소장이 비록 재주가 없으나 한 칼로 북방의 오랑캐를 쓸어버리고 적장의 머리를 베어 바치겠습니다."

하니 이는 장군 유통이더라.

황제가 보시고 매우 기뻐하며 즉시 성안에 있던 군사 팔십만을 뽑아 유통을 대원수 대사마로 삼고 황안을 선봉장에 엄숭을 후군 초동장으로 삼아 군사를 총독하게 하시고 즉시 군사를 출발하게 할 때 황제가 친히 궁궐

---

860) 총독(總督) : 어떤 관할 구역 안의 모든 행정을 통합하는 벼슬.
861) 발군(發軍) : 발병(發兵) : 군사를 일으킴.

밧기 나와 졔수홀 시 기치창검862)은 일월을 가리고 금고863) 홈셩864)을 쳔지 진동ᄒᆞ더라.

십오 일 만의 셔주의 득달ᄒᆞ니 가달이 발셔 와 디진865)ᄒᆞ여거날 유통이 군즁의 호령866)ᄒᆞ여 왈 가달이 젼셰를 보니 그 가온디 무산 조화867) 인난가 시부니 니 영868) 업시 주압지869) 말나ᄒᆞ고 진을 치니라.

달이 디국 디병이 와 진치말 보고 디장을 불어 왈 쳡자870)를 써 보니고 장슈 몃시나 되가 아라보라 ᄒᆞ니 졔장871)의 쳥ᄒᆞ고872) 즉시 격셔873) 보니고 알외되 염탐ᄒᆞᆫ 즉 디장군 유통이요. 션봉장 황아니요. 총독장 엄슝이로소이다.

가달이 비소 왈 가소롭다874). ᄒᆞ고 차흠을 도엄ᄒᆞ니875) 명진 즁의셔 흔 장수 달여오며 위여 왈 무도흔876) 오랑키877)야 어일 쳔위878)을 모라고

---

862) 기치창검(旗幟槍劍) : (지난날) 군중에서 쓰던 기・창・칼 따위.
863) 금고(金鼓) : (지난날) 군대에서 지휘 신호로 쓰던 징과 북.
864) 함성(喊聲) : 여럿이 함께 높이 지르는 소리.
865) 대진(對陣) : ①싸우는 양쪽의 군사가 서로 마주 대하여 진을 침. ②시합이나 경기에서 두 편이 싸우려고 서로 마주 대하여 섬.
866) 호령(號令) : ①지휘하여 명령함. ②큰소리로 꾸짖음. ③구령(口令).
867) 조화(造化) : ①어떻게 이루어진 것인지 알 수 없을 정도로 신통하게 된 사물. 또는 그런 사물을 나타내는 재간. ②남이 모르게 꾸며 놓은 일. 또는 그런 일을 꾸미는 재간.
868) 영(令) : 명령.
869) 주압지 : ? 아마 '맞서 싸우지' 등의 뜻인 듯.
870) 첩자(諜者) : 염알이꾼 : 남의 사정이나 비밀 따위를 몰래 알아내는 사람.
871) 제장(諸將) : 여러 장수.
872) 쳥ᄒᆞ고 : ? 아마 '청령하고'의 오기인 듯. 청령(聽令) : ①명령을 들음. ②심부름.
873) 격서(檄書) : 격문(檄文) : ①어떤 일을 급히 여러 사람에게 알리어 부추기는 글. ②군병을 모집하거나 적군을 달래거나 꾸짖기 위한 글.
874) 가소롭다(可笑─) : 같잖아서 우습다.
875) 차흠을 도엄ᄒᆞ니 : ? 아마 '싸움을 돋우니' 등의 뜻인 듯.

밖에 나와 제사를 지내더라. 이때 깃발과 창과 칼은 해와 달을 가리우고 금고와 함성은 하늘과 땅을 진동하더라.

십오 일 만에 서주에 도달하니 가달이 벌써 와서 진을 치고 있거늘 유통이 군중에 호령하여 말하기를,

"가달이 친 진의 형세를 보니 그 가운데 무슨 조화를 부리는 사람이 있는가 싶으니 내 명령 없이는 맞서 싸우지 말라."

하고 진을 치더라.

가달이 대국의 군사들이 와서 진을 치는 것을 보고 대장을 불러서 말하기를,

"첩자를 보내어 장수가 몇 명이나 되는가 알아보아라."

하니 부하 장수가 명령을 듣고 즉시 격서를 보내고 말하기를,

"염탐해 보니 적의 대장은 유통이요, 선봉장은 황안이요. 총독장은 엄숭이로소이다."

가달이 비웃으며 말하기를,

"가소롭다."

하고 싸움을 돋우니 명나라 진 가운데서 한 장수가 달려나오며 외쳐서 말하기를,

"도리를 모르는 오랑캐야 어찌 황제의 위엄을 모르고

---

876) 무도하다(無道一) : 도리를 어겨 막되다.
877) 오랑캐 : ①옛날 두만강 근방에 살던 겨레들. ②중국에서, 주변에 살던 미개한 종족을 멸시하는 말.
878) 천위(天威) : 제왕의 위엄.

황상을 침범ᄒ니 ᄒ날이 미워 니기사879) 날노ᄒ여곰 무리ᄒ믈 하수880) ᄒ시기로 왓나니 밧비 나와 나의 날닌 갈을 바드ᄅ. 흔디 호진 즁의셔 ᄒ 쟝슈 디호881) 왈 명진 쟝슈 얼마나 ᄒ요 홈끠 나와 니 칼을 바드라. ᄒ고 두 쟝수 셔로 마자 싸호거니 슈 합882)니 못ᄒ여 호쟝의 칼이 번듯ᄒ며 명쟝이 머리 마ᄒ의 나려지거날 창 끗티 ᄭ여 들고 춤추며 바로 명진으로 힝ᄒ여 주살883)ᄒ니 군사 죽엄이 뫼 갓고 피 흘러 강슈 되드라.

유통이 오초말을 타고 팔십 근 창을 들고 황용 그린 갑옷슬 입고 진문 밧기 나셔며 위여 왈 무리흔 오랑키 쳔위를 모라고 외람884)이 황셩을 침노ᄒ니 니 흔 칼노 무리을 홈몰885)ᄒ리라 흔디 호쟝이 디로886)ᄒ여 말을 급피 모라 달여들거날 양쟝887)이 합젼888)ᄒ여 쳥용 황용이 여의쥬889)을 다토난 닷 두 쟝슈의 말굽이 분분ᄒ여890) 지차891)를 분별 못ᄒᄂ라.

사십여 합의 승부를 결치 못ᄒ고 쏘 팔빅여 합이 승부를 결치 못ᄒ니 흔 쟝슈의 긔운은 점점 쇠진ᄒ고 유통이 기운은 점점 승승흔지라. 유통이

---

879) 니기사 : ? 아마 '여겨서'의 오기인 듯.
880) 무리ᄒ믈 하수 : ? 아마 '무례함을 징벌하라' 등의 뜻인 듯.
881) 대호(大呼) : 큰 소리로 부름.
882) 합(合) : ①싸움에서, 칼질이나 창질을 세는 단위. ②(벌이는) 판을 세는 단위.
883) 주살(誅殺) : 죄인을 죽임.
884) 외람(猥濫) : 분수에 지나쳐 죄송함.
885) 함몰(咸沒) : 다 죽음.
886) 대로(大怒) : 크게 화가남.
887) 양장(兩將) : 두 장수.
888) 합전 : 함께 싸움.
889) 여의주(如意珠) : 용의 턱 아래에 있다고 하는 영묘한 구슬. 사람이 이것을 얻으면 변화를 마음대로 부릴 수 있다고 한다.
890) 분분하다(紛紛—) : ①떠들썩하고 뒤숭숭하다. ②흩날리는 모양이 뒤섞여 어수선하다. ③의견들이 갈피를 잡을 수 없이 많고 어수선하다.
891) 지차 : ? 아마 '적과 아군'의 뜻인 듯.

황성을 침범하느냐. 하늘이 밉게 여겨서 나로 하여금 너희들을 징계하도록 하시기에 왔으니 빨리 나와서 나의 날샌 칼을 받아라."

하니 오랑캐의 진 가운데서 한 장수가 큰소리로 외치며 말하기를,

"명나라 장수가 몇 명이나 되는가 모두 함께 나와서 나의 칼을 받아라."

하고 두 장수가 서로 맞서 싸우더니 몇 합이 되지 않아서 오랑캐 장수의 칼이 번듯하며 명나라 장수의 머리가 말 아래로 떨어지거늘 창끝에 꿰어 들고 춤추며 바로 명나라 진속으로 뛰어들어 사람을 죽이니 명나라 군사의 시체가 산 같고 피가 흘러서 강이 되더라.

유통이 오초말을 타고 팔십 근 창을 들고 황용을 그린 갑옷을 입고 진의 문 밖에 나서며 외쳐서 말하기를,

"인간의 도리를 모르는 오랑캐야 황제의 위엄을 모르고 분수에 넘게 황성을 침략하니 내가 한 칼로 너희 무리를 다 죽여버리겠다."

하니 오랑캐 장수가 크게 노하여 말을 급히 몰아 달려들거늘 두 장수가 함께 싸우니 청용과 황용이 서로 여의주를 다투는 듯하고 두 장수의 말발굽이 어지러워 적과 아군을 구별하지 못할 정도더라.

사십여 합에 이르도록 승부를 내지 못하고 또 팔백여 합에 승부를 내지 못하더니 이때 오랑캐 장수의 기운은 점점 약해지고 유통의 기운은 점점 강해지더라. 유통이

디소 왈 너 지조를 보니 가소롭다. 너의 엇지 디국을 침범ᄒ리오. 또 빅여홉이 불견승부[892]려이 유통 창을 들어 호말을 치니 말리 썩꾸러지거날 호장 몸을 날여 유통 텬마쳐[893]의 올나서며 칼을 날여 치니 머리 마ᄒ의 나려지거날 들고 좌츙우돌[894]ᄒ니 명진니 디피ᄒ야 죽엄 무슈ᄒ디 엄승은 조곰도 걱졍 으니ᄒ고 군즁의 풍악만 갓초오고 술만 먹고 국사를 젼퓌ᄒ여 엄살[895]ᄒ니 군사와 쟝슈 다 도망ᄒ난지라.[896]

천자 디군을 젼쟝의 보니시고 주야 기달이시더니 일일은 체탐[897]이 보ᄒ디 디원수 피젼ᄒ여 죽삽고 호병이 물미닷 오나이다. ᄒ여더라.

상이 보시고 디경ᄒ여 제신을 뫼와 이논홀 차의 엄승이 복지 쳥죄 왈 디쟝군 유통은 고집이 과ᄒ야 소신의 말삼을 듯지 아니ᄒ압다가 디군을 피ᄒ여사오니 어진의은[898] 쟝슈오며 다른 쟝슈를 보니여 호병을 급피 막으소셔.

상이 가라사디 경은 엇지 ᄒ여 무사의 왓나요.

엄승이 복지 주왈 유통이 픠군 후 소신니 나아가 졉젼ᄒ압다가 젹이 정치 못ᄒ압기로 도망ᄒ여 왓나이다. ᄒ디 상이 가라사디 짐이 친졍[899]ᄒ리라. ᄒ시고 군사랄 조발ᄒ디 군사 팔십만 명이요 쟝슈 쳔여 원이라. 상이

---

892) 불견승부(不見勝負): 승부를 보지 못함.
893) 텬마쳐: ? 아마 '천리마' 등의 뜻인 듯.
894) 좌츙우돌(左衝右突): ①이리저리 닥치는 대로 마구 찌르고 치고 받고 함. ②아무 사람에게나 분별없이 함부로 맞닥뜨림.
895) 엄살(掩殺): 뜻하지 않은 때에 엄습하여서 죽임.
896) 이 부분의 내용이 이상함. 즉, 유통이 적장의 머리를 벤 것으로 내용이 구성되어 있는데 패배하는 것은 명나라 진영이고 또 뒤에는 유통 즉 명나라 대원수가 죽은 것으로 되어 있다.
897) 채탐(採探): 탐지하여 찾음.
898) 어진의은: ? 아마 '어리석음.' 등의 뜻인 듯.
899) 친정(親征): (임금이) 몸소 정벌함.

크게 웃으며 말하기를,

"너의 재주를 보니 가히 우습다. 이러한 너희들이 어찌 황제의 나라를 침범하는가? 또 백여 합에 승부를 보지 못하더니 유통이 창을 들어 오랑캐 장수의 말을 치니 말이 거꾸러지거늘 오랑캐의 장수가 몸을 날려 뛰어올라 유통의 천리마에 올라서며 칼을 날려서 치니 유통의 머리가 말 아래 떨어지더라. 유통의 머리를 들고 좌우로 충돌하니 명나라 진영이 크게 패하여 죽음이 무수하되 엄숭은 조금도 걱정하지 않고 군중에서 풍악만 갖추고 술만 먹고 나라의 일은 완전히 모르는 체하니 적의 추격을 받은 군사와 장수가 모두 도망하더라.

황제가 수많은 군사를 전장에 보내고 밤낮으로 승전보를 기다리더니 하루는 염탐꾼이 보고하되 대원수가 패하여 죽고 오랑캐의 군사들이 물밀 듯이 밀려 온다고 하더라.

황제가 듣고 매우 놀라서 모든 신하를 모아 의논할 때 엄숭이 엎드려 죄를 청하며 말하기를,

"대장군 유통은 고집이 지나쳐서 소신의 말을 듣지 않다가 적에게 패하였으니 그는 어리석은 장수입니다. 다른 장수를 보내어 급히 막으소서."

황제가 말하기를,

"경은 어찌하여 무사하게 돌아왔는가?"

엄숭이 땅에 엎드려 아뢰기를,

"유통이 패한 후에 소신이 몸소 나가 싸우다가 당하지 못하여 도망하여 왔습니다."

하니 황제가 말하기를,

"짐이 친히 정벌에 나서리라."

하시고 군사를 뽑으니 군사가 팔십만 명이요. 장수가 천여 명이더라. 황제가

친정홀 시 조정 빅관이 말른 아니ᄒᆞ되 엄슝이 소위900)을 짐작ᄒᆞ고 군ᄉᆞ 그릇된 줄을 알더라.

천자 친정홀 시 호병이 황상 근처의 와 진을 치거날 디스 한가절언901) 디호 왈 황지난 불상흔 잔명902)을 상치 말고 밧비 나와 항복ᄒᆞ라. ᄒᆞ난 소리 천지 진동ᄒᆞ난지라.

상이 지상 불어 호병을 접전ᄒᆞ라 ᄒᆞ난지라. 장군 디철이 비신상마903)ᄒᆞ여 위여 왈 무도 가달이 천위를 모라고 황숭을 침범ᄒᆞ니 천자 친정홀 시 날노 ᄒᆞ여곰 너의을 치라 ᄒᆞ기로 왓나이다. 밧비 니 칼을 바드라. 흔디 가달이 굼동으로 ᄒᆞ야곰 순식간의 디철이 머리을 버혀들고 좌츙우돌ᄒᆞ니 명진들이셔 곡셩이 낭ᄌᆞᄒᆞ고 군ᄉᆞ 도망ᄒᆞ난지라.

천자 수십 장수와 군사 천여 명을 거나리고 도망ᄒᆞ든 차의 후군 중 들어난지라. 홀길 업시 서로 잡핀 비 되얏 결박ᄒᆞ여 디ᄒᆞ904)의 업즐이고 항서905)를 지촉ᄒᆞ여 왈 빅연 사즉906)을 너게와 너갓탄 놈으게 항복ᄒᆞ리요. ᄒᆞ고 죽어 모로고져 ᄒᆞ노라 ᄒᆞ고 자결ᄒᆞ랴ᄒᆞ니 엇지 쳥천 무심ᄒᆞ리오.

각셜 봉닉산 박도스 일일은 천기907)를 보고 디경 왈 쳠치흔908) 영웅니 공명909)을 어들 ᄶᆡ로ᄃᆞ.

---

900) 소위(所爲) : 하거나 한 일.
901) 디스 한가절언 : ? 아마 '적국의 가달왕이' 등의 뜻인 듯.
902) 잔명(殘命) : ①죽음이 가까운 쇠잔한 목숨. ②죽을 때까지의 남은 목숨.
903) 비신상마(飛身上馬) : 몸을 날려 말을 탐.
904) 대하(臺下) : 대의 아래.
905) 항서(降書) : 항복한다는 뜻을 써서 보내는 글.
906) 사직(社稷) : ①땅을 맡은 신과 곡식을 맡은 신. 나라를 세우면 반드시 조상신과 함께 모셔 제사 지냈다. ②나라 또는 조정.
907) 천기(天氣) : 천문에 나타나는 조짐.
908) 쳠치흔 : ? 아마 '때를 만나지 못한' 등의 뜻인 듯.
909) 공명(功名) : 공을 세워 드러난 이름.

친히 정벌에 나설 때 조정의 모든 신하들이 말은 하지 않지만 엄숭의 행위를 짐작하고 군사가 잘못된 까닭을 알더라.

황제가 친정할 때 오랑캐가 황산 근처에 와서 진을 치더라. 이때 적국의 가달왕이 큰소리로 불러서 말하기를,

"황제는 불쌍한 목숨을 잃지 말고 빨리 나와서 항복해라."

하는 소리에 천지가 진동하더라. 황제가 재상을 불러서 오랑캐를 맞아 싸우라고 하니 장군 대칠이 몸을 날려 말을 타고 외치기를,

"도리를 모르는 가달이 황제의 위엄을 모르고 황제를 침범하니 황제가 친히 정벌하시며 나에게 너희를 치라고 하기에 내가 왔다. 빨리 나와서 나의 칼을 받아라."

하니 가달이 굼동을 내어보내 순식간에 대철의 머리를 베어 들고 좌우로 충돌하니 명나라 진영에서 울음소리가 어지럽고 군사들은 도망하더라.

황제가 수십 명의 장수와 천여 명의 군사를 거느리고 도망하던 차에 후군의 군사들 속에 섞여 있다가 어쩔 수 없이 사로잡히게 되었더라.

결박하여 대의 아래에 엎드리게 하고 항복의 문서를 쓰도록 재촉하자 황제가 말하기를,

"백년의 사직을 너와 같은 놈에게 항복하겠는가? 어서 죽어서 모르고자 하노라."

하고 자결하려고 하니 어찌 하늘이 무심하겠는가?

각설 봉래산 박도사가 하루는 천기를 보다가 크게 놀라서 말하기를,

"때를 만나지 못한 영웅이 공을 세워서 이름을 드날릴 때로다."

시호 뭇자오디 션싱은 무삼 연고910) 인난잇가.

도사 디 왈 가달이 황셩을 범ᄒ여 옥톄 만분 위티ᄒ여시니 너난 밧비 나아가 국사를 도으라. ᄒ시고 쳥용검과 갑주911)와 일봉 셔출을 주며 왈 만일 급흔 일이 잇거든 봉셔912)를 보라.

시호 디 왈 말이 업사오니 엇지 ᄒ오릿가.

도사 왈 영웅 나미 엇지 말이 업사리오. 산 밧기 가면 자연 엇슬 거시니 조흔 ᄯ를 일치 말고 밧비 나아가라. ᄒ신디 시호 ᄒ직ᄒ고 슈십이를 나오니 주인 업난 마리 소리를 지르며 시호을 보고 반기거날 시호 그 말을 타니 제비 갓치 날지라. 일쳐913)의 당ᄒ니 압히 강슈 잇겨날 그 말이 두귀을 쫑곳ᄒ며 소리을 벽역갓치 ᄒ야 강을 건니난지라. 진소위 비룡마914)라.

시호 갑주을 입고 쳥용검을 들고 황셩을 바라오니 살긔 충쳔915) ᄒ야난지라. 시호 군중의 드러가 문왈 디왕은 어디 겨시며 디중915)은 어디 인난야.

군졸들 외디 시강위군916) ᄒ야 죽삽고 황제난 지금 짐슘917)의 드러나이다. ᄒ거날 시호 슈혼법을 베푸러 온장부리고918) 억만 군중의 필마단

---

910) 연고(緣故) : ①까닭. ②혈통, 정분, 또는 법률상으로 맺어진 관계.
911) 갑주(甲冑) : 갑옷과 투구.
912) 봉서(封書) : ①봉투에 넣어 봉한 편지. ②임금이 종친이나 근신에게 내리던 사사로운 편지. ③왕비가 친정에 내리던 사사로운 편지.
913) 일처(一處) : 한 곳.
914) 비룡마(飛龍馬) : 날아다니는 용 같은 말.
915) 충천(衝天) : ①공중에 높이 솟아서 하늘을 찌를 듯함. ②의로운 느낌이나 분한 느낌이 북받쳐 오름.
916) 시강위군 : ? 아마 '대장은 적장과 싸우다가' 등의 뜻인 듯.
917) 짐슘 : ? 아마 '적의 진 가운데' 등의 뜻인 듯.
918) 슈혼법을 베푸러 온장부리고 : ? 아마 '수혼법이란 도술을 부려서 상대의 눈에 보이지 않게 하고' 등의 뜻인 듯.

시호가 묻기를,

"선생님은 무슨 까닭이 있습니까?"

도사가 대답하기를,

"가달이 황성을 침범하여 황제가 매우 위험한 지경에 빠졌으니 너는 급히 나아가 나라 일을 도와라."

하시고 청룡검과 갑주와 하나의 편지를 주며 말하기를,

"만일 급한 일이 있으면 이 편지를 보거라."

시호가 대답하기를,

"타고 갈 말이 없으니 어찌하리까?"

도사가 말하기를,

"영웅이 태어났는데 어찌 말이 없겠느냐? 산 밖에 가면 저절로 얻을 것이니 좋은 때를 잃지 말고 어서 가거라."

하시니 시호가 하직하고 수십 리를 나오니 주인 없는 말이 소리를 지르며 시호를 보고 반가워하거늘 시호가 그 말을 타니 말이 제비같이 날래더라. 한 곳에 도달하니 앞에 강물이 있거늘 그 말이 두 귀를 쫑긋하고 소리를 벽력 같이 하며 강을 건너더라. 이른바 비룡마라 하겠더라.

시호가 갑주를 입고 청용검을 들고 황성에 도달하니 살기가 하늘을 찌르더라.

시호가 군사들 속에 들어가 묻기를,

"대왕은 어디 계시며 대장은 어디 있는가?"

군졸들이 외치기를,

"대장은 적과 싸우다가 죽고 황제는 지금 적진 속에 있습니다."

하거늘 시호가 수혼법이란 도술을 베풀어 몸을 숨기고 적진 속에 혼자 들어가

기[919]로 크게 소리ᄒᆞ여 왈 우리 황지을 히치 말고 니 칼을 바드라. ᄒᆞ난 소리 천지 혼돈[920]ᄒᆞ거날 왼 군중의 실혼[921]함 갓더라.

바로 드러와 굴통을 마자 사호더니 굴통의 시별 갓탄 두 눈을 부릅 쓰고 크게 꾸지져 왈 너난 엇더한 사람이관디 외남이 드러왓나야.

시호 디 왈 무지한 오랑키 무슴 말을 ᄒᆞ난다. 너 억만 디병이라도 오날 날 니 칼의 고혼이 되리라. ᄒᆞ고 마자 사호더니 시호의 날닌 검광이 한 번 번듯ᄒᆞ난 고디의 검광이 굴통을 좃차 마ᄒᆞ의 ᄯᅥ러지니 칼 ᄭᅳᆺ티 기여들고 좌충우돌ᄒᆞ니 당홀 지 뉘 잇스리요. 당세의 손빈 오기[922]라도 당홀 지 업더라.

잇ᄯᅢ 가달이 바라보니 엇더한 장수 굴통이 머리을 버혀 들고 만군중의 힁힝[923]ᄒᆞ거날 분기[924]을 견디지 못ᄒᆞ여 말을 달여 오며 위여[925] 왈 악가 골통 버힌 장슈 가지 말고 니 칼을 바드라. ᄒᆞ더 시호 우리 갓탄 호통 소리로 꾸지져 왈 기 갓탄 가달인들 천명을 도라보지 아니ᄒᆞ고 황성을 침범ᄒᆞ니 네 머리을 마자 버혀 우리 황상의 설분[926]을 덜이라. ᄒᆞ더 가달이 그 말을 듯고 노긔 등등ᄒᆞ여드니 수십여 합이 불결[927] 승부려니 이윽고 가달이 거즛 픠ᄒᆞ야 닷거날 시호 승승축부[928]ᄒᆞ야 가더니 난디 업난 풍운

919) 필마단기(匹馬單騎) : ①혼자 한 필 말을 탐. ②한 필의 말을 탄 사람.
920) 혼돈(混沌/渾沌) : ①하늘과 땅이 아직 나뉘지 않은 개벽 전의 상태. ②사물이 뒤섞여 갈피를 잡을 수 없는 상태.
921) 실혼(失魂) : 몹시 두려워서 정신을 잃음.
922) 손빈 오기 : 중국의 병법가인 손자와 오자를 뜻하는 듯.
923) 횡행(橫行) : ①거리낌없이 마음대로 돌아다님. ②모로 감.
924) 분기(憤氣·忿氣) : 분한 생각이나 기운.
925) 위여 : ? 아마 '외치며'의 뜻인 듯.
926) 설분(雪憤) : 분풀이.
927) 불결(不結) : 결정을 짓지 못함.
928) 승승축부 : ? 아마 '승승장구(乘勝長驅) : 싸움에 이긴 형세를 타서 냅다 몰아침.'의

크게 소리 질러 말하기를,

"우리 황제를 해치지 말고 내 칼을 받아라."

하는 소리가 하늘과 땅을 흔들거늘 온 군중이 정신을 잃어버리는 것 같더라.

바로 들어가 굴통을 맞아 싸우더니 굴통이 샛별 같은 두 눈을 부릅뜨고 크게 꾸짖어 말하기를,

"너는 어떠한 사람이기에 분수를 모르고 들어왔느냐?"

시호가 대답하기를,

"무식한 오랑캐야 무슨 말을 하느냐? 너희들이 아무리 많은 군사가 있다 하여도 오늘은 나의 칼에 외로운 혼백이 될 것이다."

하고 맞아 싸우더니 시호의 날랜 검광이 한 번 번쩍 하는 곳에 굴통의 머리가 맞아 말 아래에 떨어지니 칼 끝에 꿰어들고 좌우로 충돌하니 대적할 사람이 누가 있겠는가? 전국시절의 손빈과 오기라도 당하지 못하겠더라.

이때 가달이 바라보니 어떠한 장수가 굴통의 머리를 베어 들고 수많은 군사들 사이를 횡행하거늘 분한 기운을 참지 못하여 말을 달려오며 외치기를,

"아까 굴통을 벤 장수는 가지 말고 나의 칼을 받아라."

하니 시호가 우레 같은 호통 소리로 꾸짖어 말하기를,

"개 같은 가달인들 천명을 생각지 않고 황성을 침범하니 너의 머리도 함께 베어 우리 황제의 분함을 풀리라."

하니 가달이 그 말을 듣고 노기가 등등하여 서로 싸우되 수십여 합에 승부가 나지 않자 가달이 거짓으로 패하는 체하고 달아나거늘 시호가 승승장구하여 쫓아 가더니 갑자기 바람과

뜻인 듯.

니 디작929)ㅎ며 천지 아득ㅎ며 지쳑불견930)ㅎ 중의 무수ㅎ 군사 첩첩이931) 사면을 에워쓰니 시호 거히 잡펴 죽을 지경이 당ㅎ엿난지라.

즉시 션싱어 봉셔을 째여보니 부지불각932)의 뇌셩벽역이 이러나며 공중의셔 일쳔 신장이 홀기러온933) 물934)을 스려바리고 중파935)도 간디 업고 천지 명낭ㅎ며 가달이 머리 공중이셔 쩌려지거날 시호 청용도로 가달이 머리을 써여들고 만군중이 힝힝ㅎ니 간곳마닥 추풍낙엽936) 갓더라.

시호 일검으로 가달을 일소937)ㅎ고 천자긔 복지ㅎ디 천자 겨유 정신을 진졍ㅎ여 물으신디 그디 엇더ㅎ 사람이관디 사경938)의 당ㅎ 짐을 구ㅎ난지라.

시호 디왈 소장은 목상셔의 아달이요. 홀님혹사 시룡의 아오로소이다. 흔디 천자 무식939)ㅎ믈 머금고 낙누ㅎ며 왈 충신지자940)난 충신요. 소인941)지자난 소인이란 말이 올토다. 짐이 박지 못ㅎ여 소인의 말을 듯고 무죄ㅎ 충신을 원찬ㅎ여더니 부리942)에 호란을 당ㅎ여 사점외 조모업더

---

929) 대작(大作) : 구름・바람・아우성 소리 등이 크게 일어남.
930) 지쳑불견(咫尺不見) : 아주 가까운 거리도 볼 수 없음.
931) 쳡쳡이 : ? 아마 '겹겹이'의 오기인 듯.
932) 부지불각(不知不覺) : 알지 못하는 결.
933) 홀기로운 : ? 아마 '갑자기 나타나' 등의 뜻인 듯.
934) 물 : ? 아마 '안개' 등의 뜻인 듯.
935) 중파 : ? 아마 '풍운' 등의 뜻인 듯.
936) 추풍낙엽(秋風落葉) : ①가을 바람에 흩어져 떨어지는 나뭇잎. ②'어떤 형세나 판국이 갑자기 기울어지거나 헤어져 흩어지는 모양'을 비유하는 말.
937) 일소(一掃) : 싹쓸이.
938) 사경(死境) : 죽을 지경.
939) 무색(無色) : ①아무 빛깔이 없음. ②무안.
940) 충신지자(忠臣之者) : 충신의 아들.
941) 소인(小人) : ①몸집이 작은 사람. ②간사하고 도량이 좁은 사람. ③낮고 천한 사람이 높고 귀한 사람에게 대하여 '자기'를 낮추어 일컫는 말.

구름이 크게 일어나며 하늘과 땅이 아득해지고 가까운 곳도 분별할 수 없는 가운데 무수한 군사들이 겹겹이 에워싸니 시호가 거의 잡혀서 죽을 지경이 되었더라.

즉시 선생이 준 편지를 떼어보니 알지 못하는 사이에 뇌성과 벽력이 일어나며 공중에서 수천 명의 신장이 갑자기 나타나 안개 등을 쓸어버리자 풍운도 간 곳이 없고 천지가 명랑하며 가달의 머리가 공중에서 떨어지더라.

시호가 청용도에 가달의 머리를 꿰어들고 수많은 군사들 속에 횡행하니 가는 곳마다 군사들의 머리가 가을 바람에 떨어지는 낙엽 같더라.

시호가 한 칼로 가달을 쓸어버리고 황제 앞에 엎드려 인사를 드리니 황제가 겨우 정신을 진정하여 묻기를,

"그대는 어떠한 사람이기에 죽을 지경을 당한 짐을 구하는가?"

시호가 대답하기를,

"소장은 목상서의 아들이요. 한림학사 시룡의 아우로소이다."

하니 황제가 무안함을 머금고 눈물을 흘리며 말하기를,

"충신의 자식은 충신이요. 소인의 자식은 소인이라는 말이 옳도다. 짐이 밝지 못하여 소인의 말을 듣고 죄도 없는 충신을 먼 곳으로 유배를 보냈더니 졸지에 오랑캐의 난을 만나 나라의 멸망이 조석에 달렸더

---

942) 부리 : ? 아마 '불의(不意) : 뜻하지 아니함.'의 오기인 듯.

니943) 그디 충셩을 아어944) 국가를 보젼ᄒ니 죵모945) 션영이 그대을 짐으게 주심이라. ᄒ고 가라사디 홀님은 어디 인나요.

시호 쳐음 왈 소신이 형이 젹소의 가압다가 와총산 ᄒ의 쥭어 산ᄒ의 초빈946)ᄒ고 잇씨것 반장947)지 못ᄒ엿나이다.

쳔자 디경ᄒ여 무릅치고 왈 짐이 무죄ᄒᆫ 츙신을 쥭여스니 엇지 화을 당치 아니ᄒ리오. 우션 엄슝을 나림948)ᄒ여 국가 불츙ᄒᆫ 죄로 쳐치ᄒ여이와 그디 원슈을 갑푸라. ᄒ신디 시호 즉시 엄슝을 나림ᄒ여 결곤949) 삼십 도훈950)의 구수951)의 올이니 다직 다가올여952) 졈졈이 각거 만민니 알게 ᄒ리라. ᄒ더라.

각셜 시호 어려953) 황지게 주달ᄒ니 샹이 층찬ᄒ시고 시호로 디광보국954) 슝오리부955)겸 되도록956) 니 원슈을 잇디갓 살여두엇 사오니 엇지

---

943) 사졈외 조모업더니 : ? 아마 '사직의 멸망이 조석에 있더니' 등의 뜻인 듯.
944) 아어 : ? 아마 '힘입어' 등의 뜻인 듯.
945) 죵모(宗廟) : 역대 여러 임금의 위패를 모시는 왕실의 사당.
946) 초빈(草殯) : 무슨 사정에 따라 완전히 장사를 지내지 못하고 송장을 방 안에 둘 수 없는 경우에 한데나 또는 의지간에 관을 놓고 이엉 같은 것으로 그 위를 이어서 눈·비를 가리게 하는 일.
947) 반장(返葬) : 객지에서 죽은 이의 시체를 그가 살던 곳이나 고향으로 옮겨 장사를 지냄.
948) 나림 : ? 아마 '나입'의 오기인 듯. 나입(拿入) : 죄인을 잡아들임.
949) 결곤 : 아마 '매를 치는 곤장' 등의 뜻인 듯.
950) 삼십도훈 : ? 아마 '삼십 번을 넘게 치고' 등의 뜻인 듯.
951) 구수(拘囚) : 수금(囚禁) : 죄인을 가두어 둠.
952) 다직 다가올여 : ? 아마 '다시 형벌을 가하여' 등의 뜻인 듯.
953) 어려 : ? 아마 '다시' 등의 뜻인 듯.
954) 대광보국숭록대부(大匡輔國崇祿大夫) : 조선 때 정1품 하의 문무관 품계. 삼상·국구·종친·의빈 밖의 문무관 품계가 된다. <참고> 대광보국숭록대부. 상보국숭록대부.
955) 슝오리부 : ? 아마 '숭록대부' 등의 뜻인 듯.
956) 되도록 : ? 아마 '대도독 즉, 대원수를 제수하시다' 등의 말이 들어갈 곳임.

니 그대의 충성을 힘입어 나라를 보존하게 되니 나라의 조상들이 그대를 짐에게 보낸 것이로다."

하고 말씀하시되,

"한림은 어디 있는가?"

시호가 처음 말하기를,

"소신의 형이 유배지에 갔다가 와총산 아래에서 죽었기에 안장을 못하고 산 아래에 가매장을 해두었으나 아직까지 신체를 고향으로 옮겨 장사를 지내지 못했습니다."

황제가 크게 놀라서 무릎을 치며 말하기를,

"짐이 죄도 없는 충신을 죽였으니 어찌 재앙을 당하지 않겠는가? 우선 엄숭을 잡아내어 나라에 충성하지 아니한 죄로 처치하려니와 그대의 원수를 갚아라."

하시니 시호가 즉시 엄숭을 잡아내어 곤장 삼십 대를 넘게 치고 감옥에 가둔 후 나중에 다시 형벌을 가하여 살을 점점이 깎아 모든 백성들에게 알게 할 것이라 하더라.

각설. 시호가 다시 황제께 아뢰니 황제가 칭찬하시고 시호에게 대광보국 숭록대부 겸 대원수를 제수하시더라.

시호가 황제에게 아뢰되,

"내가 원수를 아직까지 살려두었으니 어찌하면

조으럿가.

　상이 가로디 임의로 쳐치ᄒᆞ라. 즉시 나와 엄승을 결박 나림ᄒᆞ여 궁중의 꿀여안치고 디질 왈 역적 엄승아 나라 식녹지신957)이 되어서 진충보국958)이 아니라 신자의 도리여날 망극ᄒᆞ압게도 국은을 비반ᄒᆞ고 무엇시 부족ᄒᆞ여 무지ᄒᆞᆫ 가달이 니응이 되어 국가을 망케ᄒᆞ니 광디959)한 쳔지간의 용납 업난 네 죄목은 어디 ᄯᅩ 잇스며 ᄯᅩᄒᆞᆫ 어진 승상을 로고집젼홀960) 마음으로 우리 션친961)과 불흡ᄒᆞ긔로 질경962) 무죄ᄒᆞᆫ 사빅963)을 참소964)ᄒᆞ여 원찬965) 길에 상사나게 ᄒᆞ엿시니 이난 나라의 역적이요. 니의 극ᄒᆞᆫ 원슈 되여스니 자당966) 쳐치ᄒᆞ니라. ᄒᆞ고 쳥용검으로 졈졈이 각거 죽이리라.

　상이 홀님을 불상이 여겨 가자967)를 올여 충열공이라 나리시고 반구968)ᄒᆞ랴 ᄒᆞ오더니 빅셩이 병이 드려 무수이 죽거날 쳔자 원슈을 입시969)ᄒᆞ여 ᄒᆞ시되 지금 드르니 병난 후의 빅셩이 무슈이 죽난다 ᄒᆞ니 이 약으로난 당치 못홀 닷ᄒᆞ니 경은 짐이 몸바다970) 황용사의 치죄971)ᄒᆞ라. ᄒᆞ신디

---

957) 식녹지신(食祿之臣) : 녹봉을 받아서 먹는 신하.
958) 진충보국(盡忠報國) : 충성을 다하여 나라의 은혜를 갚음.
959) 광대(廣大) : 너르고 큼.
960) 로고집젼홀 : ? 아마 '축출하고 권력을 독점하다' 등의 뜻인 듯.
961) 션친(先親) : 남에게 대하여 '자기의 돌아간 아버지'를 일컫는 말.
962) 질경 : ? 아마 '전혀' 등의 뜻인 듯.
963) 사백(舍伯) : 남에게 대하여 '자기의 맏형'을 겸손하게 일컫는 말.
964) 참소(讒訴) : 거짓말을 고함.
965) 원찬(遠竄) : 먼 곳에 귀양보냄.
966) 자당 : ? 아마 '자단'의 오기인 듯. 자단(自斷) : ①스스로 끊거나 자름. ②스스로 결단을 내림.
967) 가자(加資) : 정3품 통정대부 이상의 품계를 올리던 일. 또는 그 올린 품계.
968) 반구(返柩) : 객지에서 죽은 사람의 시체를 고향이나 제집으로 돌려옴.
969) 입시(入侍) : 대궐 안에 들어가 임금을 뵘.
970) 몸받다 : 아랫사람이 윗사람을 대신하여 일을 하다.

좋겠습니까?"

황제가 말하기를,

"그대의 마음대로 처리하라."

하니 즉시 나와 엄숭을 묶어서 잡아내어 궁중에 꿇어앉히고 크게 꾸짖어 말하기를,

"역적 엄숭아. 나라의 녹봉을 받는 신하가 되어서 충성을 다하여 나라에 보답하는 것이 신하의 도리이거늘 망극하게도 나라의 은혜를 배반하고 무엇이 부족하여 무식한 가달과 내통하여 나라를 망하게 하느냐? 너의 행위는 너르고 큰, 하늘과 땅 사이에서도 용납할 수 없는 죄로써 이 세상 어디에 또 있겠느냐? 또한 어진 승상을 축출하고 권력을 독점할 생각으로 나의 선친과 화목하지 못하였으며 전혀 무죄한 내 형을 모함하여 먼 곳에 유배를 가게하고 또 가다가 죽게 하였으니 이는 나라의 역적이자 나의 끝없는 원수다. 내 스스로 너를 처치하리라."

하고 청용검으로 점점이 깎아 죽이더라.

황제가 한림을 불쌍하게 여겨 품계를 올려 충열공이라 하시고 시체를 고향을 모셔오라고 하더라. 그 때 전국에서 백성들이 병이 들어 무수하게 죽거늘 황제가 원수를 불러서 말씀하시기를,

"지금 들으니 전쟁 후에 백성들이 무수하게 병이 들어 죽는다 하니 이것은 약으로는 감당하지 못할 듯하다. 경은 짐을 대신하여 황용사에 가서 제를 올려라."

하시니

---

971) 치죄 : ? 아마 '치제'의 오기인 듯. 치제(致祭) : (신하가 죽은 때) 임금이 제물과 제문을 보내어 죽은 사람에게 제사지내는 일.

원슈 봉명972)으로 황용스의 노문973)ᄒ니라.

국사의 다사ᄒ기로 그 사의 가지 못ᄒ기로 일봉셔을 지여 윤수인974)게 붓치고 즉일 발정975)ᄒ여 황용사의 가니 그 위엄이 상셜976)갓더라.

이날 황용사의 좌정 후의 션영 빅모977)ᄒ여 젼조단발978)ᄒ고 지셩으로 쳔지 일월셩신979)긔 지홀 ᄡ이 지셕980) 홀님이 올나거날 슬푸도다. 원슈난 감동ᄒ야 잇건마난 심정의 젼의981)ᄒ고 승속982)이 달아스니 엇지 죽은 동상이며 형인 줄을 알이요.

원수 그 션사의 셩음983)을 듯고 니염984)의 탄식ᄒ여 왈 쳔ᄒ 이갓탄 음셩도 잇도다.

형이 음셩이 졍낭ᄒ나985) 훈 번 죽어스니 엇지사 이갓치 속이리요 ᄒ고 피차 밤이라 얼골은 살피지 못ᄒ고 피차 의심ᄒ더라.

원슈 피지986) 후의 스쳐987)의 도라와 형을 싱각ᄒ니 눈물이 졀노 나고

---

972) 봉명(奉命) : 임금이나 윗사람의 명령을 받듦.
973) 노문(路文) : 벼슬아치가 이를 곳에 날짜를 미리 알리는 공문.
974) 윤수인 : ? 아마 '윤씨 형수께' 등의 뜻인 듯.
975) 발정(發程) : 길을 떠남.
976) 상설(霜雪) : 서리와 눈처럼 차갑고 엄숙함.
977) 션영 백모 : ? 아마 '주변을 깨끗이 정돈하다' 등의 뜻인 듯.
978) 전조단발 : ? 아마 '머리를 단정하게 빗고' 등의 뜻인 듯.
979) 일월성신(日月星辰) : 해와 달과 별.
980) 제석(祭席) : 제사 지내는 자리.
981) 전의(專意) : 오로지 한 곳으로만 뜻을 기울임.
982) 승속(僧俗) : 중과 속인.
983) 성음(聲音) : 음성.
984) 내염(內念) : 속으로 생각하는 것.
985) 졍낭하나 : ? 아마 '정확하게 똑같으나' 등의 뜻인 듯.
986) 피제 : ? 아마 '파제(罷祭): 제를 마침' 등의 오기인 듯.
987) 사처(下處) : 손이 객지에서 묵음. 또는 묵고 있는 그 집.

원수가 명을 받들어 황용사에 찾아갈 날짜를 미리 알리더라.

나라의 일이 많아서 그 사이 집에 들리지 못하였기에 한 장의 편지를 써서 윤씨 형수에게 보내고 그날 출발하여 황용사로 가니 그 위엄이 서리같이 엄숙하더라.

이날 황용사에 도착하여 주위를 깨끗이 정돈하고 머리를 단정하게 빗은 후에 지극한 정성으로 하늘과 땅과 해와 달과 별에게 제사를 올릴 때에 제를 올리는 자리에 한림이 함께 참석을 하였더라.

그러나 슬프다. 원수는 감동하여 있지마는 마음이 한 곳으로만 솔려 있고 또한 승려와 속세의 사람이 서로 다르니 어찌 서로 죽은 동생이며 죽은 형인 줄 알겠는가?

원수가 그 승려의 목소리를 듣고 속으로 탄식하여 말하기를,

"천하에 이같이 나의 형과 꼭 같은 목소리도 다 있구나. 형의 목소리와 정녕 꼭 같으나 한 번 죽었으니 어찌 이곳에 있을 수 있겠는가?"

하고 밤이기에 서로 얼굴을 살피지 못하고 서로 의심만 하더라.

원수가 제를 마친 후에 묵는 곳에 돌아와 형을 생각하니 눈물이 저절로 나고

홀님도 동싱 싱각ᄒ야 눈물이 소스나니 마암도 지중ᄒ신 윤기988)로다. 윤기 아니면 이려ᄒ소야.

원슈 이날 밤의 꿈이 불당으로셔 노승이 노러을 지여 부르되 반갑도듯 반갑도다. 춘풍소식 반갑도듯. 죽어던 초목도 다 꼿시 피여 춘광989)을 상디ᄒ니 무사ᄒ 들매화 츙즁이990) 더러졋도듯 ᄒ거날 원슈 그 말을 씨다라니 동방이 발간지라.

ᄯ호 홀님 몽즁이 여차ᄒ니 의심ᄒ고 잇더니 디원슈 법당의 나아가 분향 지비 후 관음화상을 무삼 일노 관음화상을 보시고 슬어ᄒ시난잇가.

원슈 디 왈 나난 션친을 싱각ᄒ여 슬퍼 ᄒ거이와 션스난 무삼 일노 안면니 슬푼 비츨 품고 나의 낙누ᄒ 말을 문나요.

홀님이 디 왈 소승은 순쳔부의 사압더니 동싱을 일코 미일 혼탄ᄒ나이다. 마암이 셔로 감동ᄒ여 눈물을 흘이며 홀님이 원슈을 디여 왈

소승이 황송991)ᄒ오되 뭇잡나이다. 뉘 딕이라 ᄒ신잇가.

원슈 디왈 붓친게아셔 승상 벼슬 지니신고로 목승상 딕이라 ᄒ나이다. 디스난 셩명이 뉘라 ᄒ시난잇가.

홀님이 츄연992) 변식ᄒ여 왈 소승도 본디 명가집 자손으로 국은니 망극ᄒ과 홀님흑사로 잇습드니 엄승상의 참소 만나 원찬ᄒ엿다가 동싱을 일코 산승이 되얏드니 본 소승은 목시룡이로소이다. ᄒ더 원슈이 말을 듯고 디경실식993)ᄒ여 왈 나난 시호로소이다.

---

988) 윤기(倫紀) : 윤리와 기강.
989) 춘광(春光) : ①봄빛. ②젊은 사람의 나이.
990) 츙즁이 : ? 아마 '층층이'의 오기인 듯.
991) 황송(惶悚) : 지위나 위엄에 눌려 두렵다.
992) 츄연(惆然) : 슬퍼함.
993) 대경실색(大驚失色) : 몹시 놀라서 얼굴빛이 하얗게 됨.

한림도 동생을 생각하여 눈물이 솟아나더라. 이것은 마음도 지극히 중한 윤리와 기강의 영향을 받는 것 같더라. 윤리와 기강이 아니면 어찌 이럴 수가 있겠는가?

　원수가 이날 밤에 꿈을 꾸니 법당에서 노승이 노래를 지어 부르되,
　"반갑도다. 반갑도다. 춘풍 소식 반갑도다. 죽었던 초목도 다 꽃이 피어 봄빛을 상대하니 무수한 들매화 층층이 떨어졌다."

　하거늘 원수가 그 말을 듣고 깨달으니 동방이 밝았더라. 또한 한림이 꿈속의 일이 이러하므로 의심하고 있더니 대원수가 법당에 나아가 분향하고 두 번 절한 후에 관세음보살의 화상을 보고 눈물을 흘리거늘 한림이 이상하게 여겨 원수에게 물어서 말하기를,
　"원수는 무슨 일로 관세음보살 화상을 보시고 슬퍼하십니까?"
　원수가 대답하기를,
　"나는 선친을 생각하여 슬퍼하거니와 스님은 무슨 까닭으로 얼굴에 슬픈 빛을 품고 나의 눈물 흘리는 까닭을 묻습니까?"
　한림이 대답하기를,
　"소승은 순천부에 살더니 동생을 잃고 매일 한탄하고 있습니다."
　하니 마음이 서로 감동하여 눈물을 흘리며 한림이 원수를 대하여 말하기를,
　"소승이 황송하지만 물어보겠습니다. 뉘 댁이라 하십니까?"
　원수가 대답하기를,
　"부친께서 승상 벼슬을 지내신 까닭으로 목승상 댁이라 합니다. 대사는 성명이 무엇입니까?"
　한림이 슬픈 얼굴빛으로 변하며 말하기를,
　"소승도 본래 이름 있는 집안의 자손으로 국가의 은혜가 끝이 없어 한림학사 벼슬을 했는데 엄승상의 참소를 입어 먼 곳으로 유배를 당하였다가 동생을 잃고 승려가 되었습니다. 소승의 본래 이름은 목시룡이로소이다."
　하니 원수가 이 말을 듣고 크게 놀라 얼굴빛이 변하며 말하기를,
　"나는 시호로소이다."

그져 이러툿 손을 잡고 억업스람994) 갓치 보다가 디성통곡ᄒ여 왈 쑴인가 생시인가 동싱아 쑴이 왓나야 마암도 아니로다. 악양누 물의 ᄲ진 동싱 아니야. ᄒ고 셔로 궁굴며 통곡ᄒ니 처량ᄒᆫ 우름소리 청천니 사못차고 산쳔초목과 금수995)도 다 슬허ᄒ난 닷 ᄒ더라.

원슈 홀님을 위로ᄒ여 왈 듯사온디 악양누 물의 죽은 동싱이 한 말슴은 무슴 연고잇가.

홀님 디 왈 년 전의 동정호 올 쩌의 풍경을 귀경코져 ᄒ여 악양누의 올나가니 기동이 ᄒ여시되 모연 모월 모일의 순쳔부 사난 홀님흑ᄉ 동싱 목시ᄒ난 이 물의 ᄲ져 죽노라 ᄒ엿기로 니 일정 죽은 줄 알고 그러ᄒ여거이와 와룡산 ᄒ의 죽은 형이란 말은 무슴 연고요.

원슈 디 왈 형이 적소이 가신 후로 소식을 몰나 동싱이 적소로 차자가압다가 와룡산 밋티 이르니 초민이 산ᄒ의 잇삽고 형의 호피와 부친 유서을 노승이 걸여기로 분명이 장사996)난 줄만 아라ᄂᆞ이다.

형제 셔로 일셩997) 통곡998)ᄒ고 홀님이 적소이 가난디 노상에서 부친 유서와 호피을 봉적999)ᄒᆫ 말과 구쥬의셔 신병1000)이 나셔 사싱이더니 관세음이 션몽ᄒ여 구완ᄒ고 우물 파던 말과 삭발위승ᄒ던 말과 전후 고승ᄒ던 말을 세세로1001) 셜화ᄒ고 형 원수로 악양누 기동이 글시던 말과 물의 ᄲ져 죽으려 ᄒ더니 박도사 구제ᄒ여 병법 비우던 말과 세숭이 나와

---

994) 억업사람 : ? 아마 '모르는 사람' 등의 뜻인 듯.
995) 금수(禽獸) : ①날짐승과 길짐승. ②'행실이 아주 더럽고 나쁜 사람'의 비유.
996) 장사(葬事) : 초상.
997) 일성(一聲) : 하나의 소리.
998) 통곡(痛哭/慟哭) : 큰 소리로 욺.
999) 봉적(逢賊) : 도적을 만남.
1000) 신병(身病) : 육신의 병.
1001) 세세(細細)로 : 자세하게

그저 이렇게 손을 잡고 모르는 사람처럼 보다가 큰소리로 울면서 말하기를,

"꿈인가. 생시인가. 동생아. 꿈에 왔느냐? 마음도 아니로다. 악양루 물에 빠진 동생이 아니냐?"

하고 서로 구르며 통곡하니 처량한 울음소리가 푸른 하늘에 사무치고 초목과 금수라도 다 슬퍼하는 듯하더라.

원수가 한림을 위로하며 말하기를,

"들으니 악양루 물에 죽은 동생의 이야기는 무슨 말입니까?"

한림이 대답하기를,

"년 전에 동정호로 올 때 풍경을 구경하고자 악양루에 올라갔더니 그 기둥에 쓰기를 모년 모월 모일 순천부에 사는 한림학사 동생 목시호는 이 물에 빠져 죽노라 하였기에 네가 반드시 죽은 것으로 알고 그러하였거니와 와룽산 아래에서 죽은 형이란 무슨 말인가?"

원수가 대답하기를,

"형님이 유배지로 가신 이후로 소식을 몰라 동생이 유배지로 찾아가다가 와룽산 아래에 이르니 그곳 백성들이 산 아래에서 형의 호패와 부친의 유서를 길 위에 걸어두었기에 분명히 형이 죽은 줄만 알았습니다."

형제가 서로 한바탕 통곡하고 한림이 유배지로 갈 때 부친 유서와 호패를 도둑맞은 사연과 구주에서 병이 나서 생사를 알기 어려울 때 관세음보살이 꿈에 나타나 구원하고 우물을 파게 하던 말과 머리를 깎고 중이 되었던 말과 이제까지 고생했던 말을 자세히 이야기하더라. 원수도 악양루 기둥에 글을 쓰던 말과 물에 빠져 죽으려 하였더니 박도사가 구제하여 병법을 가르쳐주던 말과 세상에 나와

호란을 평정ᄒᆞ고 엄슝을 죽이던 말을 다 셜화ᄒᆞ고 통곡ᄒᆞ거날 마지못ᄒᆞ야 보난 사람이 낙누 아니ᄒᆞ리 업더라.

원수 홀님 만난 사연을 쳔ᄌᆞ기 상달1002)ᄒᆞ더 쳔ᄌᆞ 보시고 디경ᄒᆞᄉᆞ 신기ᄒᆞ고 히안ᄒᆞ도ᄃᆞ1003) ᄒᆞ고 이업난1004) 일이라 ᄒᆞ시고 각도 나름아힝관ᄒᆞ여1005) 왈 홀님을 마자. 원수 이날 여슝을 불너 빅 번 치ᄒᆞ 왈 우리 형제 살기난 션ᄉᆞ의 덕틱이어니 틱산 갓탄 은덕은 빅골난망1006)이로소이다. ᄒᆞ고 치단1007)을 갓초와 악수1008) 장별1009) 왈 이후 다시 상봉1010)ᄒᆞ사이다. 홀 씨 할님과 여승이 하연니1011) 상별1012)ᄒᆞ난 정은 층양치 못ᄒᆞᆯ너라.

홀님 형지 서로 죽은 줄만 아라더니 꿈 밧긔 봉힝1013)ᄒᆞ니 히히낙낙ᄒᆞ난 양은 엇지 경사 아니리요.

수 일 만의 황셩이 득달1014)ᄒᆞ여 천자긔 뵈온더 천자 홀님이 손을 잡고 일히일비ᄒᆞ여 왈 경은 가위 지승천인1015)이라. 짐이 박지 못ᄒᆞ여 무죄ᄒᆞ

1002) 상달(上達) : ①웃어른에게 말이나 글로 여쭈어 알려 드림. ②학문이나 기예가 진보함.
1003) 희한하다(稀罕—) : 썩 드물거나 신기하다.
1004) 이업난 : ? 아마 '둘이 없는 즉, 다시 없는' 등의 뜻인 듯.
1005) 나름아힝관ᄒᆞ여 : ? 아마 '널리 알려서' 등의 뜻인 듯.
1006) 백골난망(白骨難忘) : (죽어서 백골이 되어도 잊을 수 없다는 뜻으로) 남에게 큰 은덕을 입었을 때 고마움을 나타내는 말.
1007) 채단(采緞) : 혼인 때 신랑 집에서 신부 집으로 미리 보내는 푸른빛과 붉은빛의 두 가지 비단.
1008) 악수(握手) : 두 사람이 손을 마주 내어 잡음.
1009) 장별(長別) : 긴 이별.
1010) 상봉(相逢) : 만남.
1011) 하연니 : ? 아마 '슬프게. 쓸쓸하게' 등의 뜻인 듯.
1012) 상별(相別) : 서로 이별함.
1013) 봉행(逢幸) : 다행히 만남.
1014) 득달(得達) : 목적한 곳에 다다름. 또는 목적을 이룸.
1015) 지상천인 : ? 아마 '지상선인'의 오기인 듯. 지상선인(地上仙人) : 인간 세상에 있는

오랑캐의 난리를 평정하고 엄숭을 죽이던 말을 다 이야기하고 통곡하니 보는 사람 중 눈물을 흘리지 않는 사람이 없더라.

원수가 한림을 만난 사연을 황제께 아뢰니 황제가 보시고 크게 놀라고 신기하여 정말 신기한 일이라 하시고 이 세상에 다시없는 일이라 하시며 각 지방에 널리 알려서 알게 하라 하더라.

원수가 이날 여승을 불러 수없이 감사를 드리며 말하기를,

"우리 형제가 살아난 것은 모두 스님의 덕택이거니와 태산 같은 은혜는 죽어도 잊지 못할 것입니다."

하고 비단을 갖추어 드리고 손을 잡고 슬픈 이별을 하면서 말하기를,

"이후에 다시 봅시다."

할 때 한림과 여승의 쓸쓸한 이별의 정은 말로 다 표현하지 못할 정도더라.

한림 형제가 서로 죽은 줄만 알았다가 천만뜻밖에 서로 만나게 되니 서로 기뻐하는 모양은 어찌 경사스러운 일이 아니겠는가?

며칠 만에 황성에 도달하여 황제께 뵈오니 황제가 한림의 손을 잡고 한편으로는 기뻐하고 한편으로는 슬퍼하며 말하기를,

"경은 가히 지상에 있는 신선이다. 짐이 밝지 못하여 무죄한

신선.

경을 사지의 보니여 수연 고슝ᄒ던 경상을 엇지 다 형언1016)ᄒ리요. 국가 불힝ᄒ여 사직이 위티ᄒ엿더니 디원수 충성을 입어 보존ᄒ여더니 그디 형지난 짐이 고굉지신1017)이라.

홀님을 디광목식숭녹티우1018)을 제수ᄒ시고 윤부인 형제로 졍열부인 가자를 나리시고 그 형제 고향의 도라가 졍회1019)랄 풀나 ᄒ신디 홀님 형제 쳔자긔 ᄒ직ᄒ고 발힝ᄒ야 순천부로 향홀 시 원수난 준마을 갓초와 할님을 뫼시고 기치창검은 일월을 가리우고 군문주1020)은 쳥쳔의 쩌나소니 낙양1021) 돌풍을 지니 문무을 겸젼ᄒ엿스니 그 위의 당당ᄒ여 팔도 힝인니 층찬 아니ᄒ리 업더라.

각셜 윤부인니 홀님 형지 존망1022)을 몰나 미일 흔탄ᄒ더니 일일은 디원수 편지 왓거날 즉시 쯰여보니 ᄒ여스되 수연 고상ᄒ던 말슴은 일필난기1023)오며 형수 테후 안영ᄒ와 평안ᄒ압싯가.

시운1024)니 불힝ᄒ와 중노의 형의 상을 당ᄒ와 반구치 못ᄒ고 동셔 뉴리1025)ᄒ엿더니 쳔힝1026)으로 박도사을 만나 지조을 비와 가달국을 평정ᄒ고 이 몸이 귀히 되여 국명을 밧자와 황용사의 치지 가압기로 가 뵈압지

1016) 형언(形言) : 말로 시늉하여 나타냄.
1017) 고굉지신(股肱之臣) : 임금이 가장 믿는 중신.
1018) 대광목식숭녹태우 : ? 아마 '대광보국 숭록대부'의 오기인 듯.
1019) 정회(情懷) : 정서와 회포.
1020) 군문주 : ? 아마 '군악소리' 등의 뜻인 듯.
1021) 낙양 : ? 아마 '낙향'의 오기인 듯. 낙향(落鄕) : 서울에 사는 사람이 시골로 이사함.
1022) 존망(存亡) : 존속과 멸망. 또는 삶과 죽음.
1023) 일필난기(一筆難記) : 내용이 길거나 복잡하여 간단히 기록할 수 없음.
1024) 시운(時運) : 때의 운수.
1025) 유리(流離) : 떠돌아다님.
1026) 천행(天幸) : 하늘이 준 다행.

경을 죽을 곳으로 보내어 몇 년이나 고생시킨 사정을 어찌 다 말하겠는가? 나라가 불행하여 사직이 위태롭게 되었더니 대원수의 충성심을 힘입어 겨우 보존하게 되었다. 그대 형제는 짐이 가장 믿을 수 있는 신하다."

하시고 한림에게 대광보국숭록대부를 제수하시고 윤부인 형제에게 정열부인의 품계를 내리시고 그 형제가 고향에 돌아가 품은 정을 나눌 수 있게 하시더라.

한림 형제가 황제께 하직하고 출발하여 순천부로 향할 때 원수는 준마를 타고 한림을 모시니 깃발과 창과 칼은 해와 달을 가리고 군악 소리는 맑은 하늘에 울려 퍼지더라.

낙향의 모진 바람을 이겨내고 문무를 겸전하니 그 위엄 있는 모습이 당당하여 전국의 모든 사람들이 칭찬하지 않는 사람이 없더라.

각설이라. 윤부인이 한림 형제의 생사를 몰라 매일 한탄하더니 하루는 대원수의 편지가 왔거늘 즉시 떼어보니 말하기를,

"몇 년 고생하던 말씀은 한꺼번에 다 기록할 수 없습니다. 형수님께서는 안녕하시고 편안하십니까? 때의 운수가 불행하여 길가는 도중에 형의 초상을 당하여 시체를 고향으로 운반하지 못하고 이리저리 떠돌다가 천만다행으로 박도사를 만나 재주를 배워 가달국을 평정하고 이 몸이 귀하게 되어 나라의 명령을 받들어 황용사에 제를 지내러 가게 되었으나 찾아뵙지

못ᄒᆞ옵기로 우선 서찰만 통기[1027]ᄒᆞ오니 형의 목체[1028]난 반구ᄒᆞ온 후의 치르게 ᄒᆞ압소서. 그간 다른 설화난 일후 알외리다. ᄒᆞ엿더라.

윤부인니 할님 상ᄉᆞ 말삼을 듯고 망극 이통ᄒᆞ여 왈 명천[1029]은 감동ᄒᆞ압소서. 엇지 무죄한 사람을 주기고 도라오지 못게 ᄒᆞ옵싯잇가. 여월종부[1030]라 ᄒᆞ엿사오니 뉘을 밋고 살니요. 차라리 할님 함기 죽어 지하의 상봉ᄒᆞ리라. ᄒᆞ고 자살ᄒᆞ기로 사오 일이 되다록 식음을 전폐[1031]ᄒᆞ더니 천만외의 경열부인 가자을 드리고 할님 형지 국은이 망극ᄒᆞ여 금의[1032]로 소분[1033]ᄒᆞ고 오신다 ᄒᆞ거날 부인니 고지듯지 아니ᄒᆞ더니 과연 위이[1034]을 갓초와 오거날 부인니 엇전 일인지 몰나 시비[1035]을 불너 왈 니 지금 굼이야 싱시야 바로ᄒᆞ라. ᄒᆞᄃᆡ 시비 웃고 왈 엇지 꿈이릿가. ᄒᆞᆫ 부인니 홀님 형지을 뫼시고 오니 윤부인 형지 여러 사람 중 염치[1036]을 바리고 원수 형지 손을 잡고 서로 ᄃᆡ셩통곡ᄒᆞᆫ 후 드러와 할님 형지 전후 고승ᄒᆞ던 말슴을 낫낫치 다ᄒᆞ니 윤부인 형지 그 말을 듯고 일히일비ᄒᆞ여 눈물 금치 못ᄒᆞ더라.

할님 형지 고향의 도라와 노소 인민을
다 미일 ᄃᆡ연[1037]을 비셜[1038]ᄒᆞ니 이 말이 천의[1039] 진동ᄒᆞ여이와 강

1027) 통기 : ? 아마 '소식을 전함' 등의 뜻인 듯.
1028) 목체 : ? 아마 '장례' 등의 뜻인 듯.
1029) 명천(明天) : ①내일. ②모든 것을 다 아는 하느님.
1030) 여월종부 : ? 아마 '여필종부'의 오기인 듯. 여필종부(女必從夫) : 아내는 반드시 남편의 뜻을 좇아야 한다는 말.
1031) 전폐(全廢) : 아주 다 폐함.
1032) 금의(錦衣) : 비단옷.
1033) 소분(掃墳) : 경사로운 일이 있을 때에 조상의 산소에 가서 제사 지내는 일.
1034) 위의(威儀) : ①엄숙한 차림새. ②예법에 맞는 몸가짐.
1035) 시비(侍婢) : 가까이 있으며 모시는 계집종.
1036) 염치(廉恥) : 체면을 차리고 부끄러움을 아는 마음.

못하게 되었기에 우선 편지로 소식만 전합니다. 형의 장례는 형의 시체를 반구한 후에 치르게 하소서. 그 사이 다른 말씀은 이후에 말씀드리겠습니다."

하였더라.

윤부인이 한림의 초상이 났다는 말을 듣고 망극하고 슬퍼서 말하기를,

"밝은 하늘은 감동하소서. 어찌 죄도 없는 사람을 죽이고 돌아오지 못하게 합니까? 여자는 반드시 남편을 따른다고 했는데 누구를 믿고 살겠습니까? 차라리 한림과 함께 죽어서 저승에서나 만나보겠습니다."

하고 자살하려고 사 오 일이 되도록 음식 먹기를 끊더니 천만뜻밖에 정열부인의 품계를 드리고 한림 형제 나라의 은혜가 끝이 없어 출세하여 고향에 돌아와 조상의 산소에 인사드리려 오신다 하거늘 부인이 곧이듣지 아니하더니 과연 위엄 있는 모습을 갖추고 오거늘 부인이 어찌 된 일인지 몰라 시녀를 불러서 말하기를,

"내가 지금 꿈을 꾸느냐? 아니면 생시이냐? 바로 말해라."

하니 시녀가 웃고 말하기를,

"어찌 꿈이겠습니까? 한 부인이 한림의 형제를 모시고 들어오니 윤부인 형제가 여러 사람이 있는 곳에서 부끄러움도 잊어버리고 원수 형제의 손을 잡고 서로 큰소리로 울음을 운 후에 들어오더라.

한림 형제가 고생하던 전후 사연을 낱낱이 다 말하니 윤부인 형제가 그 말을 듣고 한편으로는 기뻐하고 한편으로는 슬퍼하더라.

한림 형제가 고향에 돌아와 늙은이 젊은이 할 것 없이 모든 사람을 다 모아 매일 큰 잔치를 베푸니 이 말이 천리에 진동하여 모르는

1037) 대연(大宴) : 큰 잔치.
1038) 배설(排設) : 의식이나 연회에서, 필요한 것들을 벌여 베풂.
1039) 천의 : ? 아마 '천리에'의 오기인 듯.

지1040)라도 충찬 아니ᄒ리 업더라.

할님 형지 부인을 다리고 황셩이 올ᄂ가 윤시랑긔 뵈온디 윤시랑이 못니 사랑ᄒ야 눈물을 지으시고 할님 형지으긔 ᄒ난 전곡1041)을 탄복부리1042)ᄒ더라.

쳔자 할님 형지난 갈츙보국지신1043)이라 ᄒ시더라. 이로붓터 시절이 티평ᄒ여 빅셩이 격양 (여기부터 낙장 됨. 아마 "가를 부르더라" 등의 내용이 없어진 듯 함.)

1040) 강지 : ? 아마 '모르는 사람' 등의 뜻인 듯.
1041) 전곡 : ? 아마 '겪은 내력' 등의 뜻인 듯.
1042) 탄복불이 : 탄복함을 마지아니함.
1043) 갈충보국지신(竭忠報國之臣) : 충성을 다하여 나라에 보답하는 신하.

사람이라도 칭찬하지 않는 사람이 없더라.

　한림 형제 부인을 데리고 황성에 올라가 윤시랑께 뵈오니 윤시랑이 못내 사랑하여 눈물을 흘리시고 한림 형제가 겪은 내력을 듣고는 탄복해 마지않더라.

　황제가 한림 형제는 충성을 다하여 나라를 보전하게 한 신하라 하시더라. 이로부터 시절이 태평하여 백성들이 격양가를 부르더라.

부용전

－부용전 해제

1. 書誌

이 작품은 박순호 소장본『한글 필사본 고소설자료총서』18권에 실려 있는 유일본이다. 그리고 이 작품은 오자와 탈자가 많고 철자가 틀린 곳이 너무 많다. 특히 '도'자와 '통'자 같은 경우는 'ㄷ'과 'ㅌ'의 방향을 거꾸로 쓴 경우도 많고 받침 중에서는 'ㄴ' 받침을 빠뜨린 경우가 다반사이며 'ㄱ'이나 'ㅣ'를 써야 할 곳에 'ㅈ'이나 'ㅡ'를 쓰는 등 사투리도 많이 쓰였다.

2. 작가와 년대

다른 고소설과 마찬가지로 구체적인 작가와 연대는 미상이다.

다만 필사자는 나쁜 필체와 틀린 철자법 등으로 미루어 볼 때 한글을 겨우 깨쳤으나 철자법 등에는 아직 미숙한 사람이 필사를 했을 것으로 추측된다.

그리고 작품의 후기에 필사자의 이름이 '재은'인 점으로 미루어 볼 때 성별은 여성이 아닌가 한다.

필사 연대는 구체적으로 언제인지 알 수 없으나 작품의 표지에 '정인연 정월 초열르늘 등셔라'와 후기에 '정미연 정월 예시눌 지은 셔흔노라' 등으로 미루어 볼 때 정확한 연대는 모르지만 1900년대 초 간지가 정미년이 되는 해가 아닐까 추정된다.

3. 시·공간적 배경

대부분의 다른 고소설과 마찬가지로 시간적으로는 중국 명나라를 배경으로 하고 있고 공간적으로는 명나라의 성주 땅을 배경으로 하고 있다.

4. 화소의 특징

이 작품에는 부모의 장례를 위한 인신매매 화소와 명당화소, 노주간 갈등 화소, 그리고 인신공희 화소 등 여러 가지 화소가 등장한다. 이들 중 초상을 치르기 위해 자식들이 자기 몸을 파는 화소는 앞의 목시룡전 등 여러 작품에 등장하고 인신공희 화소도 등장하는 작품이 많기 때문에 큰 특징이라 할 수는 없다. 그리고 명당화소도 앞의 목시룡전과 마찬가지로 주인공의 지극한 효심에 감동한 도인의 지시로 명당을 얻게 되나 그것이 이 작품의 사건 전개와 지속적인 연관관계를 맺고 있지 않다는 점에서 큰 의미는 없다고 하겠다.

다만 노주간의 갈등 화소는 그 갈등이 작품 내용의 반전을 가져오는 계기가 되는 화소로서 고소설에서 흔하지 않은 화소라는 점에서 큰 의미를 지닌 화소라 하겠다.

5. 문제 해결 방법

이 작품은 주동인물이 처한 모든 어려운 상황을 주인공의 노력이나 능력에 의해 인과적으로 해결하는 것이 아니라 현몽이나 용왕의 도움 등 환상적 방법에 의해 해결하고 만다. 이런 문제 해결방법은 작품의 사실성을 떨어뜨리는 대표적인 요소라고 하겠다.

6. 유 형

이 작품은 여러 가지 화소가 등장하기 때문에 어떤 화소에 초점을 맞추는가에 따라 그 유형을 다르게 판단할 수 있다.

먼저 부모의 사망에 임하여 남매가 함께 몸을 팔아 부모의 장례를 치르려는 행위가 계기가 되어 그 다음의 상황들이 벌어지고 또 그 행위의 보상 차원에서 모든 문제들이 환상적인 방법에 의해 해결되고 있다. 이런 점에 초점을 맞추어 보면 이 작품은 효자(효녀)형 소설이라 할 수 있을 것이다.

그리고 노비가 된 남매가 항상 서로 의지하고 위로하며 나중에 출세한 뒤에도 그 정이 변함이 없고 또 동생은 누나의 덕택에 자신의 능력보다 더 큰 부귀를 누리게 된다는 점에 초점을 맞춘다면 이 작품은 남매간의 우애를 다룬 남매우애형이라는 특수한 유형의 소설이라 할 수도 있을 것이다.

또 작품 내용의 반전을 가져오는 주인공 난총과 몸종 부용의 갈등에 초점을 맞춘다면 이 작품은 고소설에서 보기 드문 '노주갈등형 소설'이라고도 할 수 있을 것이다.

7. 사상적 배경

몸을 팔아 부모의 장례를 치른다는 점에서 유교 사상이 바탕을 이룬다고 할 수 있으며 또 부용이 인신공희를 위해 강물에 몸을 던졌을 때 용왕이 구원해 주는 것은 용궁사상 즉 도교사상이 반영되었다고 하겠다. 이런 점에서 이 작품은 유교사상과 도교사상을 배경사상으로 한 작품이라 하겠다.

8. 주 제

이 작품은 지극한 효성을 지닌 자는 천지신명에 의해 반드시 보상받고 오히려 행복한 삶을 살게 된다는 내용이다.

이런 측면에서 보면 이 작품의 주제는 '효의 선양과 권선징악'을 주제로 했다고 하겠다.

－줄거리

1. 명나라 태조 때 성주 땅에 곽춘정이란 사람이 살고 있었다.
2. 춘정은 마음이 착하고 부귀 공명에 뜻이 없어 농촌에 묻혀 살았다.
3. 춘정은 집안이 부유하나 슬하에 자식이 없어 슬퍼하다.
4. 춘정은 산천에 자식을 발원하자 하고 부인은 반대를 하다.
5. 우연히 그 달부터 부인이 임신하여 열네 달 만에 딸을 낳고 이름을 부용이라 하다.
6. 몇 년 뒤에 다시 부인이 임신하여 천둥소리가 진동하는 가운데 아들을 낳다.
7. 아들의 이름을 뇌성이라 하다.
8. 부용이 십삼 세가 되고 뇌성이 십 세가 되었을 때 몇 달 사이에 어머니와 아버지가 차례로 죽다.
9. 남매가 부모의 초상을 치를 방법이 없어 슬퍼하다.
10. 그날 밤 꿈에 노인이 나타나 안장할 곳을 알려주다.
11. 남매는 부모의 장례를 위해서 함께 몸을 팔기로 하다.
12. 부용 남매가 강한림 댁에 몸을 팔아 부모의 장례를 치르고 남은 돈 열 냥을 동네 사람들에게 주며 부모의 무덤을 부탁하다.
13. 다음날 강한림댁에 가서 인사 드리자 뇌성은 한림을 모시고 부용은 부인을 모시게 하다.
14. 남매가 서로 의지하며 지낼 때 한림이 뇌성을 사랑하여 뇌성에게

학문을 권하고 부인은 부용을 딸처럼 사랑하다.
15. 한림의 딸 난총은 부용을 시기하여 죽이려 하고 동생 난화는 부용을 매우 사랑하여 보호하다.
16. 난총이 서울로 시집을 갈 때 부용을 해치려고 부용을 종으로 줄 것을 부모에게 청하다.
17. 난화가 그 사정을 알고 막으려 하나 방법이 없다.
18. 난화와 부용이 눈물로 이별하고 또 부용이 뇌성과 눈물로 이별한 뒤 서울로 향하다.
19. 부용이 서울로 가는 길에 부모의 무덤을 찾아가다.
20. 부모의 무덤은 영험이 있어 마을 사람들이 무덤 앞에 '만고복덕비'란 비석을 세우다.
21. 황제가 강한림의 사위인 손병진에게 여주 자사를 제수하다.
22. 여주로 가는 길에는 백파강이 있고 그 강에는 물귀신이 있어서 여자를 물에 넣는 수륙제를 지내야만 건널 수 있었다.
23. 난총이 그 기회에 부용을 죽이려고 부용을 제물로 바치게 하다.
24. 수륙제를 지낼 때 부용이 어쩔 수 없이 강물에 뛰어들다.
25. 그 때 갑자기 풍랑이 거세게 일어나며 난총이 탄 배를 물속에 침몰시키고 작은 배가 나타나 부용을 구하다.
26. 선동이 부용을 구하여 황성에 내려놓고 유리병 하나를 주며 황후가 되고 동생을 만나 부귀영화를 누릴 것을 예언하다.
27. 손병진이 놀라서 황성에 돌아와 수륙제의 사연을 보고하다.
28. 황제가 놀라서 부용을 불러보다.
29. 황제가 부용의 손에 든 '화일주'란 약을 사용하여 죽게 된 대군을 살려내다.

30. 황제가 그 때까지의 부용의 내력을 듣고 매우 슬퍼하고 또 그의 효성과 충성심을 칭찬하다.
31. 황제가 부용의 효성과 대군을 살린 공을 인정하여 부용과 대군을 결혼시키다.
32. 황제가 부용을 충열왕비에 봉하다.
33. 뇌성이 열심히 학업에 힘쓰니 문장이 대성하다.
34. 뇌성이 과거의 소식을 듣고 서울에 올라가서 누나를 찾다.
35. 뇌성은 누나가 대군의 부인이 되었음을 알았으나 서로 만날 수 없음을 슬퍼하다.
36. 충열왕비 부용이 뇌성이 출세한 꿈을 꾸고 뇌성을 그리워하다.
37. 뇌성이 알성시에 장원급제하다.
38. 황제가 뇌성을 불러보고 남매간의 회포를 풀게 하다.
39. 부용과 뇌성이 만나 그간의 사정을 이야기하며 회포를 풀다.
40. 황제가 중매하여 뇌성이 득춘의 딸과 혼인하다.
41. 황제가 뇌성에게 병마 대원수를 제수하다.
42. 황후가 갑자기 병들어 죽다.
43. 황제가 후궁을 고르다.
44. 부용이 강한림의 딸 난화를 후궁으로 추천하다.
45. 황제가 강한림을 명초하고 청혼하다.
46. 충열왕비 부용이 강한림을 만나보고 그 전의 은혜에 감사를 드리다.
47. 강한림이 자신의 딸을 황후로 간택해 주신대 대하여 감사드리다.
48. 황제가 즉시 난화를 황성으로 모셔와서 황후로 맞이하다.
49. 난화와 부용이 만나서 저간의 일들을 설화하며 한편으로는 슬퍼하고 한편으로는 한없이 즐거워하다.

50. 황제가 황후를 추천한 충열왕비의 공을 생각하여 뇌성에게 초왕을 봉하다.
51. 뇌성이 초국에 부임하여 선정을 베푸니 태평성대가 이루어지다.
52. 후세 사람들에게 부모에게 효도하고 친척간에 화목하며 선을 행할 것을 권하다.

-부용전이라

디명1) 홍무2) 즐연3)의 셩주 짜의 사는 곽츈졍이라 ᄒᆞ는 사롬이 닛씨되 쳔셩4)이 슌양5)하야 평싱의 몹쓸 물을 오니하고 글른 일을 힝치 오이ᄒᆞ고 부귀공명6)의 듯시 업쎠 늘리 시면 농업을 슴써7)ᄒᆞ고 밤이면 글 익기을 조와 하이 가산8)이 용부9)ᄒᆞ고 나이 삼습이 되도록 눔의 시비 등의 드지 안이ᄒᆞ여 그 쳔슴하미10) 실노 보반들이11) 업덜라.

남녀간의 싱손을 ᄒᆞ지 못ᄒᆞ야 셰송 사롬니 츈셩의 심덕12)이 악갑다 하더라. ᄒᆞ로는 부인 안씨 츈셩을 디ᄒᆞ야 탄식 왈 우리 셰송의 쳔하야13) 작죄14)ᄒᆞ릴니 업씨되 느이 삼습이 되도록 혈육이 업씨이 부모 션영 봉사

---

1) 명(明) : 중국 한민족의 주원장이 원나라를 물리치고 세운 나라. 17대 277년 만에 이자성에게 망함.
2) 홍무(洪武) : 명나라 태조의 년호.
3) 즐연 : ? 아마 '년간' 등의 오기인 듯.
4) 천성(天性) : 타고난 성품.
5) 순양(順良) : 어질고 순함.
6) 부귀공명(富貴功名) : 재물이 많고 지위가 높으며 공을 세워 이름을 떨침.
7) 슴써 : ? 아마 '힘써'의 오기인 듯.
8) 가산(家産) : 집안의 재산.
9) 용부 : ? 아마 '요부'의 오기인 듯. 요부(饒富) : 넉넉함.
10) 천슴하미 : ? 아마 '깔끔함이' 등의 뜻인 듯.
11) 보반들이 : ? 아마 '흠잡을 곳이' 등의 뜻인 듯.
12) 심덕(心德) : 덕이 있는 마음.
13) 천하야 : ? 아마 '태어나서' 등의 뜻인 듯.
14) 작죄(作罪) : 죄를 지음.

－부용전 현대역

명나라 태조 때에 성주 땅에는 곽춘정이라는 사람이 살고 있었는데 타고난 본성이 어질고 순하며 평생에 몹쓸 말을 하지 아니하더라. 잘못된 일은 행하지 아니하며 부귀와 공명에는 뜻이 없어 날이 새면 농업을 힘쓰고 밤이면 글 읽기를 좋아하더라.

집안의 살림살이가 부유하여 나이가 삼십에 이르도록 남의 시비 가운데 들지 아니하니 그 깔끔함이 진실로 흠잡을 곳이 없더라.

다만 아들이든 딸이든 자식을 낳지 못하니 세상 사람들이 춘성의 심덕이 아깝다고 하더라.

하루는 부인 안씨가 춘성을 대하여 탄식하며 말하기를,

"우리가 세상에 태어나서 죄지은 바가 없는데도 나이가 삼십이 되도록 혈육이 없으니 부모님 선영 봉사을 전홀 고지 업고 울리 브브 주근 후의 무들 스름이 업씨이 속절업씨 오작15)의 밥이 될 거신이 엇지 원통치 안이홀리요.

남무즘16) 사름덜은 혹 자식이 업씨면 일가 자식을 아자17) 슴아 슬하18)의 두고 니 자슥리라 ᄒ고 졀노 쳘윤19)이 되는이 싱견의 영낙20)과 사후의 무후21)을 믹기고 죽그면 엇지 자슥 업다홀이요모안 울리 죽근 후의 션산 부뫼22)가 쑥더 바시 되거신이 엇지 자슥이라 홀리요. 즐거지익23)의 자슥을 낫치 못ᄒ면 지취24)ᄒ단 말리 잇씨이 낭군은 첩을 싱각지 말고 양가25) 슉여을 구ᄒ야 자슥을 보게 ᄒ옵소셔.

춘성이 왈 울리 므자슥ᄒ면 니즙 가운26) 화복27)이라. 부인은 허믈 아이 여늘 울리 집 션영을 위하야 릴여타시28) 말슴ᄒ신는잇가. 브인이 장니 귀자29)을 ᄂᄒ홀 쩐이 근심치 말르소서. 엿젹30)의 슉양홀31)리도 자슥이 업

---

15) 오작(烏鵲) : 까막까치.
16) 남무즘 : ? 아마 '남의 집' 등의 뜻인 듯.
17) 아자 : ? 아마 '양자' 등의 뜻인 듯.
18) 슬하(膝下) : ①('무릎 아래'라는 뜻으로) 어버이나 조부모 등의 보호 아래. ②자손을 두어 대를 이어야 할 처지.
19) 천륜(天倫) : 부모와 자식 사이 또는 형제 간에 마땅히 지켜야 할 도리.
20) 영락(榮樂) : 영화로움과 즐거움.
21) 무후(無後) : 대를 이어갈 후손이 없음.
22) 부뫼 : ? 아마 '부모의 무덤' 등의 뜻인 듯.
23) 칠거지악(七去之惡) : (지난날) 아내를 내쫓을 수 있는 이유가 되는 일곱 가지의 허물. 곧 시부모에게 불순함, 자식이 없음, 음행함, 투기함, 악질이 있음, 말이 많음, 도둑질 함 등이다.
24) 재취(再娶) : ①아내를 여의었거나 이혼한 사람이 두 번째 장가듦. ②두 번째 장가들어 얻은 아내.
25) 양가(良家) : 양민의 집.
26) 가운(家運) : 집안의 운수.
27) 화복(禍福) : 재화와 복록.
28) 릴여타시 : ? 아마 '이렇듯이'의 오기인 듯.

를 전할 곳이 없고 우리 부부가 죽은 후에는 묻어 줄 사람도 없어 어쩔 수 없이 까마귀밥이 될 것이니 어찌 원통하지 않겠습니까?

다른 사람들은 혹 자식이 없으면 일가의 자식을 양자로 삼아 곁에 두고 자기의 자식이라고 하여 저절로 부모와 자식 사이의 도리가 생겨나게 합니다. 또 살아서는 영화와 즐거움을 누리고 죽어서는 후사를 맡기고 죽으니 어찌 자식이 없다고 하겠습니까? 그러나 우리는 죽은 후에 조상들의 무덤이 있는 선산에 잡초가 우거진 쑥대밭이 될 것이니 어찌 자식이라 하겠습니까? 칠거지악 중에서 자식을 낳지 못하면 다시 장가를 간다는 말이 있으니 낭군께서는 저를 생각지 마시고 양민의 가정에서 숙녀를 구하여 후손을 얻게 하소서."

춘성이 말하기를,

"우리가 자식이 없으면 이것도 우리 집의 운수이자 재앙과 복입니다. 부인의 허물이 아닌데 우리 집 조상을 위해 이렇듯 말씀하시는가. 부인은 장차 귀한 자식을 낳을 것이니 근심하지 마소서. 옛날 공자의 부모도 자식이 없

---

29) 귀자(貴子) : 귀한 자식.
30) 옛적 : ? 아마 '옛적'의 오기인 듯.
31) 숙량흘 : 공자의 부친 이름.

써 이구산32)의 빌어 공자33)을 나어씬이 울리도 공이나 딜여 보사이다.

부인이 웃고 왈 장부 마음이 엇짓 글리 막막ᄒ시잇가34). 옛젹의 공자임은 요슌우탕35) 죽근 후의 세련으36) 도통홀37) 사람이 업써던 연고로 천지 정기을 타넌 거시이 엇지 공자을 공딜여 낫다 홀리요. 공을 딜여서 아을 나홀진던 사람마당 셩인을 나홀 잣니38) 엇지 글리 므슴하슨잇가.

낭군이 지취의 뜻시 업씨면 울리 브브 여연39)이 아40) 조금 나마시니 후사을 보사이다.

부인이 과연 그 달보틈 보터41) ᄒ야 십 삭 슥아42) 점점 각가오이 춘셩으 브브 남자을 ᄂ흘가 바이더이 십 삭이 차되 히복43)ᄒ는 릴이 업고 십사 삭만의 부인이 혼미 중의 여아을 탄성ᄒ이 춘셩이 익히을 만지면 남자 안이멀 탄슥ᄒ이 브인이 오44) 슌산45)ᄒ멸 위로ᄒ니 부인이 쏘 아희46)을

---

32) 이구산 : 중국에 있는 산 이름.
33) 공자(孔子) : 중국 춘추 시대의 큰 성인. 이름은 구(丘), 자는 중니(仲尼). 노나라 사람. 육경을 찬술하고 인(仁)과 예(禮) 등의 윤리 도덕을 널리 가르쳤음. 제자들이 그의 언행을 기록하여 놓은 <논어> 일곱 권이 있다.
34) 막막하다(寞寞―) : ①고요하고 쓸쓸하다. ②의지할 데 없이 답답하고 외롭다.
35) 요순우탕 : 중국의 성군. 요임금, 순임금, 우임금, 탕임금.
36) 세련으 : ? 아마 '세상의' 등의 뜻인 듯.
37) 도통홀 : ? 아마 '구제할' 등의 뜻인 듯.
38) 잣니 : ? 아마 '것이니' 등의 뜻인 듯.
39) 여년(餘年) : 여생. 즉 남은 인생.
40) 아 : ? 아마 '아직'의 오기인 듯.
41) 보태 : ? 아마 '포태'의 오기인 듯. 포태(胞胎) : ①임신(妊娠). ②태내의 아이를 싸는 얇은 막.
42) 슥아 : ? 아마 '별 뜻없이 주격주사 ~이' 등의 뜻인 듯.
43) 해복(解腹) : 해산(解産) : 아이를 낳음.
44) 오 : ? 아마 '오직'의 오기인 듯.
45) 순산(順産) : 아무 탈없이 순하게 아이를 낳음.
46) 아희 : ? 문맥으로 보면 아마 '남편'의 오기인 듯.

위로어 이구산에 빌어서 공자를 낳았으니 우리도 공이나 들여봅시다."

부인이 웃고 말하기를,

"대장부의 마음이 어찌 그렇게 답답하십니까? 옛날 공자님은 요임금. 순임금. 우임금. 탕임금이 죽은 후에 세상을 구제할 사람이 없었기 때문에 이 세상을 위해 하늘과 땅의 정기를 타고 난 것이지 어찌 공을 들여서 태어났다고 하겠습니까? 공을 들여서 아들을 낳을 것 같으면 사람마다 성인을 낳을 것이니 어찌 그렇게 말씀하십니까? 당신께서 재취에 뜻이 없으면 우리 부부의 인생이 아직도 조금 남았으니 좀더 후사를 기다려 봅시다."

부인이 과연 그 달부터 임신하여 열 달이 점점 가까워오니 춘성의 부부가 아들을 낳을까 바라더라. 그러나 열 달이 차되 해산하는 일이 없다가 십사 개월 만에야 부인이 정신이 혼미한 가운데 딸을 낳았더라.

춘성이 아이를 만지면서 아들이 아님을 탄식하나 다만 부인의 순산함을 위로하니 부인이 또 남편을 위로해서 왈 쑬릴아도⁴⁷⁾ 울리 즙겡 사라⁴⁸⁾ 이기을 상믈⁴⁹⁾의 식계 뉘이고 보즉 빌록 여자나 황홀흔 긔상이 범인과 달은니 긔특이 여계 릴릴홈⁵⁰⁾을 브용이라 하다.

수 슴연 니지 후의 부인 쳔망의외⁵¹⁾예 보티ᄒᆞ야 홀오는 뇌셩⁵²⁾니 즌동ᄒᆞ며 놈자을 탄싱ᄒᆞ이 김춘셩 브브 못니 즐ᄒᆞ고⁵³⁾ ᄯᅩ 릴홈을 뇌셩이라 하다.

각셜이라. 셰월리 열유ᄒᆞ야 부뇽으 나이 슴 셰⁵⁴⁾요. 뇌셩으 나이 츨 셰라. 브인이 우연니 득병하야 벵셕의 뉘워 이지 못한지라. 춘셩 모 손을 즙고 왈 울면셔 브브 ᄌᆞ즉이 업셔 평싱 슬어ᄒᆞ더이 명쳔이 감동ᄒᆞ와 부용 남미을 두워셰이 이제 쫏ᄒᆞ이⁵⁵⁾ 죽어도 므슨 흔이 닛실리요모은 낭군은 부용으 남미을 날보다 시즐넌니여⁵⁶⁾ 황쳔의 가는 쳡으 원을 풀어주옵고 믄호⁵⁷⁾의 영화⁵⁸⁾을 비니소셔 ᄒᆞ고 ᄯᅩ 부용으 손을 줍고 암오 물 못ᄒᆞ고 눈물리 비오덧 ᄒᆞ면 ᄯᅩ 뇌셩으 낫쳘 흔티 디이고 뇌셩아 뇌셩아 악갑다. 악갑다. ᄒᆞ고 인하야 운명ᄒᆞ면 부용으 남미 어미을 브뜰고 주야 통곡ᄒᆞ이

---

47) 쑬릴아도 : ? 아마 '딸아이도' 등의 뜻인 듯.
48) 즙겡 사라 : ? 아마 '팔자소관이라' 등의 뜻인 듯.
49) 상믈 : 향물.
50) 릴릴홈 : ? 아마 '이름'의 뜻인 듯.
51) 천만의외(千萬意外) : 천만뜻밖.
52) 뇌셩(雷聲) : 천둥소리.
53) 즐ᄒᆞ고 : ? 아마 '즐거워하고'의 오기인 듯.
54) 슴세 : ? 아마 '십 세'의 오기인 듯.
55) 쫏ᄒᆞ이 : ? 아마 '또한' 등의 뜻인 듯.
56) 시즐넌니여 : ? 아마 '더욱 사랑하고 잘 돌보아' 등의 뜻인 듯.
57) 문호(門戶) : ①집으로 드나드는 문. ②'어떤 지방을 드나드는 초입이 되는 곳'을 비유하는 말. ③문벌.
58) 영화(榮華) : 세상에 드러나는 영광.

말하기를,

"딸이라도 우리의 팔자소관입니다."

하면서 아기를 향물에 씻겨 누이고 보니 비록 여자이나 황홀한 기상이 보통 아이와 다르더라. 기특하게 여겨 이름을 부용이라 하더라.

수 삼 년이 지난 후에 부인이 천만뜻밖에 또 임신하여 하루는 천둥소리가 진동하는 가운데 사내아이를 탄생하니 김춘성 부부 못내 즐거워하고 또 이름을 뇌성이라 하더라.

각설이라. 세월이 물 흐르듯이 빨리 흘러서 부용의 나이가 십 세요. 뇌성의 나이는 칠 세라. 부인이 우연히 병이 들어 병석에 누어 일어나지 못하게 되었더라. 부인이 춘성의 손을 잡고 울면서 말하기를,

"우리 부부 자식이 없어 평생 슬퍼하더니 밝은 하늘이 감동하여 부용 남매를 두게 되었으니 이제 죽어도 무슨 한이 있으리요. 낭군은 부용의 남매를 나보다 더욱 사랑하고 잘 돌보아 저승으로 가는 저의 원통함을 풀어주시고 문호에 영화를 빛내게 하소서."

하고 부용의 손을 잡고 아무 말도 못하고 눈물을 비 오듯이 흘리면서 또 뇌성의 낯을 자기의 볼에 대이고 뇌성아. 뇌성아. 아깝다. 아깝다. 하면서 인하여 숨을 거두니 부용의 남매 어미를 붙들고 밤낮으로 통곡하니

그 졍셩을 ᄎᆞ마 보지 못ᄒᆞ네라.

수월59) 즈니 후의 춘셩이 우연 득병ᄒᆞ야 회ᄉᆡᆼ60)ᄒᆞᆯ 길이 업셔 브용을 븟들고 울면 울니는 젼셩의 죄악이 진즁61)ᄒᆞ야 어린 자식을 바리고 릴연 니의 브ᄇᆞ 홈몰ᄒᆞᆫ이 너그는 부모을 싱각 ᄆᆞᆯ고 쳔금 귀비62)을 삼가 됴심ᄒᆞ 야 후릴예 영화을 지달리라. 하고 인ᄒᆞ야 운명ᄒᆞ이 셰ᄉᆡᆼ의 일이 망극63)ᄒᆞᆫ 릴이 어듸 잇씨리요.

리러쿨여 부용의 나히 습삼 셰요. 뇌셩으 나히 습 셰라. 브모 양위64) 안장65)ᄒᆞᆯ 질리 업셔 빈소66)을 븟들고 우누 믈리 황산 고춍67)과 노방68)감 스69)도 다 므덤 잇것던 울리 부모 온즁ᄒᆞᆯ 스롬 업신니 울리 남미 사라 므엇ᄒᆞ리요. ᄒᆞ면 슬피 통곡ᄒᆞ다가 기운이 즌파70)ᄒᆞ면 줌미 드러쩐이 빅 수71) 노인이 듕즁72)을 가즈고 짜을 갈으치면 왈 너으 부모 양위을 니 쥴리예 장ᄉᆞ73)ᄒᆞ면 조홀라 ᄒᆞ거늘 놀너여 씨달나 살펴보이 노인은 간 듸 업고 쌋헐74) 완연이 그러놋코 밤이 이무 집펴 야ᄉᆡᆨ이 젹젹하고75) 월식

---

59) 수월(數月) : 두서너 달.
60) 회생(回生) : 소생(蘇生) : 다시 살아남.
61) 진중 : ? 아마 '지중'의 오기인 듯. 지중(至重) : 지극히 무거움.
62) 귀비 : ? 아마 '귀체'의 오기인 듯. 귀체(貴體) : 귀한 몸.
63) 망극 : 망극지통(罔極之痛) : 어버이나 임금의 상사를 당한 때처럼 그지없는 슬픔.
64) 양위(兩位) : ①양위분. ②죽은 부부.
65) 안장(安葬) : 편안하게 장사 지냄.
66) 빈소(殯所) : 상여가 나갈 때까지 관을 머물러 두는 곳.
67) 고총(古塚) : 옛 무덤.
68) 노방(路傍) : 길가.
69) 감스 : ? 아마 '강시'의 오기인 듯. 강시(糠豉) : 얼어죽은 송장.
70) 즌파 : ? 아마 '완전히 다 빠짐' 등의 뜻인 듯.
71) 백수(白鬚) : 백두(白頭) : 허옇게 센 머리.
72) 중장(重杖) : 무거운 지팡이.
73) 장사(葬事) : 죽은 사람을 땅에 묻거나 태우는 일.

그 모양은 차마 보지 못할 정도더라.

몇 달이 지낸 후에 춘성이 또 우연히 병이 들어 다시 회복할 방법이 없으니 부용의 손을 잡고 울면서,

"우리는 전생에 무슨 죄악이 크고 무거워서 어린 자식을 버리고 일년 내에 부부가 함께 죽게 되었으니 너희는 부모를 생각하지 말고 천금같이 귀한 몸을 삼가고 조심하여 뒷날의 영화를 기다려라."

하고 인하여 죽으니 세상에 이런 망극한 일이 어디 있겠는가?

이러구러 부용의 나이가 십삼 세요. 뇌성의 나이가 십 세라. 부모 두 분을 장사 지낼 방법이 없어 빈소를 붙들고 우는 말이 황산의 옛 무덤과 길가의 강시도 다 무덤이 있건마는 우리 부모는 안장할 사람이 없으니 우리 남매 살아서 무엇하리요 하면서 슬프게 통곡하더라. 울다가 기운이 다 빠져서 잠이 들었더니 머리가 하얀 노인이 무거운 지팡이를 가지고 땅을 가르치면서 말하기를,

"너의 부모 두 분을 이 자리에 안장하면 좋을 것이다."

하거늘 놀라서 잠을 깨어 살펴보니 노인은 간 곳이 없으나 땅을 완연히 그려 놓았고 밤은 이미 깊어서 밤의 색깔이 적적하고 달빛

---

74) 쌋헐 : ? 아마 '땅을'의 오기인 듯.
75) 적적하다(寂寂—) : ①괴괴하고 조용하다. ②외롭고 쓸쓸하다.

은 히미흔지라.

부용으 뇌셩을 잡고 뇌셩은 부용을 좁고 즘이 돌라와 탄식 왈 산신76)이 울리을 블상이 역거 산지77)을 가라츤이 즐겁컨이와 장사 범절78)을 준비 홀 모칙79)이 업는지라. 금능 쌍 강홀임 썩의셔 노복80)을 만이 블인다 흔이 니 몸을 그 딕의 다 팔라 지믈을 어더가 장사을 평안이 할리라. 하고 나셔 이 뇌셩이 울면 왈 형제 일슨이라 하온인 엇지 미씨81) 혼ᄌ 팔리리요. 울리 남미 가시82)ᄒ고 브용은 압퍼 가고 뇌셩은 뒤의 쌀라가이 닐월리 므광ᄒ고 초목이 실허ᄒ는 닷 ᄒ더라.

뇌셩이 브용을 붓들고 통곡 왈 나는 게관83)이 업건이와 미씨는 그딕 노속84) 중의 다이는 그 거동을 엇지 차마 보리. 이는 부용이 실품을 참고 뇌셩을 위로 왈 여자의 몸은 츌가 ᄒ며 외인이라. 게관이 업건이와 너난 울리 집 조상의 종손85)이라. 우리 선영의 욕기 되고 쳔츄만딕86)의 자손으 게 욕이 되니 엇지 원통치 안이ᄒ리뇨.

서로 울면 위로ᄒ면 통곡ᄒ이 그 정상87)을 ᄎᆞ마 보지 못홀네라. 실품을 참고 강홀임 썩의 일르이 주는화광88)이 심예89) 영농ᄒ고90) 문밖기 노복

---

76) 산신(山神) : 산신령.
77) 산지(山地) : ①산(山)달. ②묫자리로 쓰기에 알맞은 땅.
78) 범절(凡節) : 일이나 물건이 지닌 모든 질서와 절차.
79) 모책(謀策) : 어떠한 일을 처리하거나 모면할 꾀를 세움. 또는 그런 꾀.
80) 노복(奴僕) : 사내종.
81) 매씨(妹氏) : ①'남의 누이'의 높임말. ②제 손위의 누이.
82) 가시 : ? 아마 '가자'의 오기인 듯.
83) 게관 : ? 아마 '관계'의 오기인 듯.
84) 노속(奴屬) : 종의 무리. 또는 종의 족속.
85) 종손(宗孫) : 종가의 대를 이을 맏손자.
86) 천추만대(千秋萬代) : 몇 천 년의 긴 세월. 또는 후손 만대에 이르기까지의 긴 기간.
87) 정상(情狀) : 사정과 형편.

은 벌써 희미하더라.

부용은 뇌성을 붙들고 뇌성은 부용을 붙들고 집에 돌아와 탄식하며 말하기를,

"산신령이 우리를 불쌍하게 여겨 묘터를 가르쳐주니 즐겁거니와 장례 절차를 준비할 방법이 없구나. 금능땅 강한림 댁에서 종들을 많이 부린다 하니 내가 몸을 그 댁에 팔아 재물을 얻어서 장사를 편안하게 하리라."

하고 나서니 뇌성이 울면서 말하기를,

"형제는 한 몸이라 하오니 어찌 누나 혼자 팔리게 하겠는가? 우리 남매가 함께 가자"

하고 부용은 앞에 서고 뇌성은 뒤에 따라가니 해와 달이 빛을 잃고 풀과 나무가 슬퍼하는 듯 하더라.

뇌성이 부용을 붙들고 통곡하며 말하기를,

"나는 상관이 없지마는 누나가 그 댁의 종들에게 시달리는 모습을 내가 어찌 차마 보겠는가?"

이에 부용이 슬픔을 참고 뇌성을 위로하며 말하기를,

"여자의 몸은 출가하면 남의 집 사람이기에 관계가 없지마는 너는 우리 집 조상의 종손이다. 우리 조상에 욕이 되고 자손 만대에 욕이 될 것이니 어찌 원통하지 않겠는가?"

서로 울면서 위로하며 통곡하니 그 광경은 차마 보지 못하겠더라. 슬픔을 참고 강한림 댁에 이르니 아주 멋진 전각이 매우 눈부시고 문밖에는 종들

---

88) 주논화광 : ? 아마 '주란화각'의 오기인 듯. 주란화각(朱欄畵閣) : 단청을 잘한 누각.
89) 심예 : ? 아마 '심히'의 오기인 듯.
90) 영롱하다(玲瓏―) : ①광채가 눈부시게 찬란하다. ②구슬 따위의 울리는 소리가 맑고 산뜻하다.

이 수직91)흔이 이무로 드러갈 질리 업난지라.

부용이 노속을 불너 왈 니 이제 온 사연을 할임으게 고ᄒ라 하이 노즈들러가 사연을 고흔디 들어오라 ᄒ거날 브용 남미 게ᄒ92)의 복지93)ᄒ며 엿즈오디 소연는 기쥬 짜의 잇쌉더이 부모 양친 상을 만는 쳑푼94)이 업써 장사할 길리 업셔 쳔문가지로 싱각ᄒ되 부모 신톄가 쳥소의 별린95) 빅골리 될 덧ᄒ여 홀님님 이휼96) 비쳔ᄒ나97) 덕퇵을 발이고 오옵썬는 소연으 남미 몸을 덕의 밧치고 지믈을 어더다가 부모 양위을 안장ᄒ고 쳔지간의 막디지죄98)을 마부지릴99)이나 면훌가 발이옵고 왓싸오이 소여의 사정을 집피 싱각ᄒ옵소셔. ᄒ고 두 아히 눈물리 비웃더 ᄒ이 홀임이 자연 비감ᄒ야100) 당상101)의 안치고 음식을 권흔 후의 지믈리 얼미는 ᄒ며 훌고 ᄒ슨이 브용이 엿즈디 장비102)으 다과103)을 엇지 졍ᄒ리요. 처분디로 주옵소셔.

홀임이 돈 빅양을 종을 불너 주며 왈 부용의 간다 주고 오라 하시고

---

91) 수직(守直) : ①건물이나 물건 따위를 맡아서 지킴. 또는 그 사람. ②조선 때, 세자궁에 딸린 내명부로서 종6품 벼슬.
92) 계하(階下) : 섬돌의 아래.
93) 복지(伏地) : 땅에 엎드림.
94) 쳑푼 : 쳑푼쳑리의 준말. 쳑푼쳑리(隻分隻厘) : 아주 적은 액수의 돈.
95) 별린 : ? 아마 '버린'의 오기인 듯.
96) 애휼(愛恤) : 불쌍히 여겨 은혜를 베풂.
97) 비쳔ᄒ나 : ? 아마 '비록 바라지 못하나' 등의 뜻인 듯.
98) 막대지죄(莫大之罪) : 끝없이 큰 죄.
99) 마부지릴 : ? 아마 '만분지일'의 오기인 듯.
100) 비감하다(悲感—) : 마음이 언짢고 슬프다.
101) 당상(堂上) : 대청의 위.
102) 장비 : ? 아마 '재물'의 오기인 듯.
103) 다과(多寡) : 많고 적음.

이 문을 지키고 있어서 마음대로 들어갈 수가 없더라.

부용이 종들을 불러서 말하기를,

"내가 여기에 온 사연을 한림에게 전하라."

하니 종들이 들어가 사연을 아뢰니 들어오라 하거늘 부용의 남매가 계단 아래 엎드려 말씀드리기를,

"소녀는 기주 땅에 살더니 부모 두 분의 초상을 당하였으나 돈이 한 푼도 없어서 장사를 지낼 방법이 없고 온갖 방법을 생각하여도 부모의 신체를 청산에 그냥 버려 두고 백골이 되게 할 지경이 되었습니다. 그래서 한림께서 불쌍하게 여겨 은혜와 덕택을 베풀어 주시기를 바라고 왔습니다. 소녀의 남매가 몸을 댁에 팔아서 재물을 얻어다가 부모 두 분을 안장하고 하늘과 땅 사이에 둘도 없는 큰 죄를 만분지일이나 면할까 바라고 왔습니다. 소녀의 사정을 깊이 생각하여 주소서."

하고 두 아이가 눈물을 비 오듯이 흘리니 한림이 저절로 슬퍼져서 대청 위에 올라오라고 해서 앉히고 음식을 권한 후에,

"재물이 얼마나 있으면 되겠는가?"

하니 부용이 말하기를,

"액수의 많고 적음을 어찌 정하겠습니까? 처분대로 주십시오."

한림이 돈 백 냥을 종을 불러서 주며 말하기를,

"부용에게 가져다주고 오너라."

하시고

브용을 블너 왈 장사을 평안이 지니고 슈이 돌라완 사환ᄒ라.

브용 남미 빅비 살례 왈 할임으 덕으로 부모의 빅골을 온장ᄒ이 살을 싺갓 밧치온덜 므신 흔이 닛씰가.

집의 돌라와 장일104)이 당ᄒ이 그 촌 빅셩덜리 불상이 여게 역사105) ᄒ 난 사름이 빅여 명릴네라.

부모 양위을 흡편으로 장븐106) ᄒ고 랠리107) 셩믈108)을 찰란컷ᄒ고 체졍109)이 광활110) ᄒ니 지상은 브뫼111)갓더라. 보는 사름이 뉘 안이 층찬ᄒ리요.

나문 돈 열양을 동닉 사름을 주면 왈 울리 손소을 착실리 슈회112) ᄒ면 타일의 은혜갑소리다.

잇트눌 홀임 썩의 선신하인113) 홀임과 부인이 더욱 기특기 여기덜라.

뇌셩은 홀님을 모시고 부용은 부인을 모신다가 혹 마음이 슬푸면 뇌셩을 안으로 불너 즐과114)도 주면 머리예 이도 ᄌ바주며 부용이 울면 뇌셩이도 운이 그 졍싱115) 가긍할례라116).

---

104) 장일(葬日) : 장사 지내는 날.
105) 역사(役事) : 토목·건축 따위의 공사.
106) 장븐 : ? 아마 '장사'의 오기인 듯.
107) 랠리 : ? 아마 '이어서' 등의 뜻인 듯.
108) 셩믈 : ? 아마 '석물'의 오기인 듯. 석물(石物) : 무덤 앞에 돌로 만들어 놓은 물건. 돌짐승·돌기둥·석인·상석 따위.
109) 체경 : ? 아마 '무덤 주변' 등의 뜻인 듯.
110) 광활(廣闊) : 매우 넓음.
111) 브뫼 : ? 아마 '부모의 묘' 등의 오기인 듯.
112) 수호(守護) : 지켜 보호함.
113) 션신하인 : ? 아마 '찾아 뵙고 인사하니' 등의 뜻인 듯.
114) 즐과 : ? 아마 '과자'의 다른 말이거나 오기인 듯.
115) 졍싱 : ? 아마 '정상'의 오기인 듯.

부용을 불러 말하기를,

"장례를 편안하게 지내고 속히 돌아와 사환하도록 하라."

부용의 남매가 무수하게 감사를 드리며 말하기를,

"한림의 덕택으로 부모의 장례를 치르게 되니 살을 깎아 바친들 무슨 한이 있겠습니까?"

집에 돌아와 초상을 치르게 되니 그 마을 사람들이 불쌍하게 여겨 일을 도와주는 사람들이 백여 명이더라.

부모 두 분을 합장하여 안장하고 이어서 석물을 찬란하게 하고 무덤 주변을 넓게 하니 재상 벼슬을 한 사람의 묘지 같더라. 보는 사람들 중 누가 칭찬하지 않겠는가?

남은 돈 열 냥을 동네 사람들에게 주며 말하기를,

"우리 부모님 산소를 잘 지켜주시면 뒷날 은혜를 갚겠습니다."

이튿날 한림 댁에 찾아뵙고 인사하니 한림과 부인이 더욱 기특하게 여기더라.

뇌성은 한림을 모시고 부용은 부인을 모시다가 혹 마음이 슬플 때가 있으면 뇌성을 안으로 불러서 과자도 주고 머리의 이도 잡아주더라. 그러다가 부용이 울면 뇌성도 우니 그 모습이 불쌍하고 가엾더라.

---

116) 가긍하다(可矜—) : 불쌍하고 가엾다.

할임이 뇌셩을 사랑ᄒ야 학업을 권ᄒ이 부인이 브용을 그키 사랑ᄒ야 한 방의 거처ᄒ고 즁문 박ᄭᆌ 난지 못ᄒ게 한이 그 졍이 모여 갓더라.

이려구려 부용으 나이 십육 셰요. 뇌셩으 나이 십삼 셰라.

각설117)이라. 할임으 ᄯᅡᆯ 형제 잇씨되 큰 ᄯᅡᆯ 릴홈은 난총이요. 자근 ᄯᅡᆯ 릴홈은 난화라. 난총이 일셩118) 부용으 지조을 시기하야 음히119)코져 하되 홀임과 부인이 ᄉ랑ᄒ고로 히치지 못ᄒ더라.

그 동ᄉ 는화ᄂᆞ 나이 부용과 동갑이요. 일셩 부용을 동기120) 갓치 사랑 ᄒ야 입은 옷ᄯᅩᆺ 벼셔 주면 조흔 음식도 잇씨면 저는 안이 먹고 브용을 불너주면 부용이 울면 바단121) 위로ᄒ며 항상 ᄒ나 몸리너ᄂ122) 모고123) 의 착흔 ᄉ라. 타릴의 니가 너으 남믜을 속양124)ᄒ야 귀ᄒ ᄉ람이 되게 할이라 ᄒ고 셜어말나 하더라.

잇ᄯᅥ의 난총으 나이 당혼125)ᄒ이 황셩의셔 별송126)ᄒ난 손능찬으 아달 병진으로 사회을 졍하야 졍혼흔 일연이 지닌 후의 황셩으로 신힝127)홀 시 난총이 부모게 엿ᄌᆞ오디 울리 노속 즁의 부용이 가장 영미128)하고 쏘흔

---

117) 각설(却說) : 화제를 돌려 다른 말을 꺼낼 때 첫머리에 쓰는 말.
118) 일셩 : ? 아마 '한편으로 혹은 오로지' 등의 뜻인 듯.
119) 음해(陰害) : 넌지시 남을 해함.
120) 동기(同氣) : 언니·아우·오라비·누이를 통틀어 일컫는 말.
121) 바단 : ? 아마 '바로, 혹은 즉시' 등의 뜻인 듯.
122) ᄒ나몸리너ᄂ : ? 아마 '한 마음이더라' 등의 뜻인 듯.
123) 만고(萬古) : ①오랜 옛적. ②오랜 세월 동안. ③세상에 비길 데가 없음.
124) 속량(贖良) : ①종을 그냥 놓아 주어서 양민이 되게 함. ②속죄(贖罪). ③남의 환난을 대신하여 받음.
125) 당혼(當婚) : 혼인할 나이가 됨.
126) 별송 : ? 아마 '벼슬이름'인 듯.
127) 신행(新行) : 혼인하여 여자가 시가집에 가는 것.
128) 영민(英敏/穎敏) : 영특하고 민첩함.

한림이 뇌성을 사랑하여 학업을 권하니 부인은 부용을 지극히 사랑하여 한 방에 거처하며 중간 문 밖에 나가지 못하게 하니 그 정이 모녀간 같더라.

이러구러 부용의 나이가 십육 세요. 뇌성의 나이가 십삼 세가 되었더라.

각설이라. 한림에게는 딸 형제가 있는데 큰딸의 이름은 난총이요. 작은딸의 이름은 난화더라. 난총은 오로지 부용의 재주를 시기하여 몰래 해치고자 하되 한림과 부인이 사랑하므로 해치지 못하더라.

그 동생 난화는 나이가 부용과 동갑이요. 오로지 부용을 형제처럼 사랑하여 입은 옷도 벗어주고 좋은 음식도 있으면 저는 안 먹고 부용을 불러서 주며 부용이 울면 즉시 위로하며 항상 한마음이더라. 만고에 착한 마음이더라. 뒷날 내가 너의 남매를 위하여 속량시켜 귀한 사람이 되게 할 것이라 하면서 서러워 말라고 하더라.

이때 난총의 나이가 혼인할 때가 되자 황성에서 별송 벼슬하는 손능찬의 아들 병진을 사위로 삼기로 정혼하니 일 년이 지난 후에 황성으로 신행하게 되었더라. 이때 난총이 부모님께 여쭈되,

"우리 종들 중에서 부용이 가장 영특하고 민첩하며 또한

늘과 심복129)ᄒ오이 주옵소서 ᄒ니 브브 허락ᄒ거늘 ᄂ화 난총으로 훙훈 ᄯᅳ셜 알고 브모임이 허락ᄒ시미 물리지 못ᄒ지리 민망130)ᄒ덜 엇지ᄒ리요.

신힝할 눌리 점점 각각오이 눈화ᄂ 난총을 디ᄒ여 왈 여필종부131)나 골래지장 날라 말릴 졸리 업거와132) 이제 형을 철이 황성의 이별ᄒ이 셜셜ᄒ거이와 브더 관ᄒᄒ133) 마음을 먹어 브용을 불상이 ᄒ오릴134) 후 소식이 말일 부용을 므졍이 한다ᄒ오며 형제 다시 더면치 못ᄒ리이다. ᄒ면 모든135) 개유136)ᄒ이 난총이 듭왈 나도 부용을 블상이 알거날 엇지 부용을 의심ᄒ난뇨.

글리 장차 발힝할 시 난화 부용으 손을 잡고 ᄯ 목을 안고 왈 난총랑즈으 슴졍이 블칙137)홈을 말ᄒ면 부디 부디 조심ᄒ라. 렬여 히 줍푼 정으로 말니 이별ᄒ이 어닉 씨 다시 볼고 ᄒ면 일광단 초미을 버셔주며 왈 눌을 보고져십푸거던 이 오셜 보라 ᄒ며 옥안의 눈물리 비 옷덧 ᄒ더라.

부용이 울면 왈 소연으 혈혈ᄒ138) 목슘이 지금가지 보존함도 이기씨으 덕틱이라. 슬ᄒ139)의 죽기을 발이옵더이 오날날 늠북의 갈이오이 엇지

---

129) 심복(心腹) : 심열성복의 준말. 심열성복(心悅誠服) : 충심으로 기뻐하며 성심을 다하여 순종함.
130) 민망(憫惘) : 딱하고 안타까움.
131) 여필종부(女必從夫) : 아내는 반드시 남편의 뜻을 좇아야 한다는 말.
132) 골래지장 날라 말릴 졸리 업거와 : ? 아마 '원래 나와는 서로 달라서 말릴 수는 없지마는' 등의 뜻인 듯.
133) 관ᄒᄒ : ? 아마 '너그러운' 등의 뜻인 듯.
134) ᄒ오릴 : ? 아마 '여기십시오' 등의 뜻인 듯.
135) 만단(萬端) : ①수없이 많은 갈래나 실마리. ②온갖 또는 여러 가지.
136) 개유(開諭) : 사리를 알아듣도록 잘 타이름.
137) 불측(不測) : 무거불측(無據不測) : ①말할 수 없이 흉측함. ②근거가 없어 헤아리기 어려움.
138) 혈혈하다(孑孑—) : 의지할 데 없이 외롭다.
139) 슬하(膝下) : 어버이나 조부모 등의 보호 아래.

나의 마음을 가장 잘 헤아리니 저에게 주소서."

하니 부부가 허락하거늘 난화가 난총의 흉악한 뜻을 알고 있지만 부모님께서 허락하신 일을 말리지 못하여 딱하고 안타깝게 여길 뿐 어찌할 도리가 없더라.

신행할 날이 점점 가까이 오니 난화는 난총을 대하여 말하기를,

"여자는 남자를 따라야 하고 또 원래 언니는 나와 서로 다르기에 말릴 수는 없다. 그리고 이제 형을 천리 황성으로 이별하게 되니 슬프거니와 부디 넓게 마음을 먹어서 부용을 불쌍하게 여기소서. 만약 뒷날 들려오는 소문에 부용을 무정하게 대한다 하면 형제라도 다시는 서로 대면하지 않을 것이다."

하며 온갖 방법으로 타이르니 난총이 대답하기를,

"나도 부용을 불쌍하게 여기거늘 어찌 나를 의심하는가?"

그곳으로 장차 출발할 때 난화가 부용의 손을 잡고 또 목을 안고 말하기를,

"난총 언니의 마음이 흉칙하니 부디부디 조심해라. 여러 해 깊은 정으로 만리 이별하니 어느 때나 다시 볼까?"

하며 일광단 치마를 벗어서 주며 말하기를,

"나를 보고싶거든 이 옷을 보아라."

하며 옥같은 얼굴에 눈물이 비 오듯 하더라.

부용이 울면서 말하기를,

"소녀의 의지할 곳 없는 목숨이 지금까지 보존하게 된 것도 아가씨의 덕택입니다. 곁에서 모시다가 죽기를 바랐더니 오늘날 남과 북으로 헤어지게 되었으니 어찌

슬푸지 안이할리요.

 손의 쩌던 옥관140)을 쎄여 주며 왈 소여을 싱각지 마으소셔 ᄒ며 난화으 소미을 븟쓸고 슬피 통곡ᄒ다가 뇌셩을 블너 왈 나난 이기씨을 모시고 황셩으로 가난이 너나 홀임을 펴안이 모시고 잇시라.

 뇌셩이 울며 왈 나난 뉘을 의지ᄒ리요 ᄒ며 셔로 붓들고 통곡ᄒ이 보난 사람이 오이 울리 업더라. 할임이 즐을 지쵹한이 뇌셩을 도라보며 옥빈141)의 홀으난 눈물이 졈졈이 피가 된다.

 슬푸다. 역노142)의 기주을 지녀난지라. 부용이 역노의 소소143)의 올나 간이 쳥산은 젹젹ᄒ고 빅운은 유유ᄒ다144). 녹임145)간의 우나 시난 솔리 솔리 근심이요. 졀벽의 폭포슈나 구부구부 목맛친다146). 뫼젼의 업더져 부뫼을 안고 우다가 졍신을 진졍ᄒ여 본이 여엽더147) 비셕을 셰원난디 비문의 ᄒ여씨되 모고으 복덕비라 ᄒ여써눌 고이ᄒ던148) 츠의 졀벽 우의셔 흔 동ᄌ 약을 캐다가 놀리 등쳔149)이 불너 왈 불샹하다 져 여동아 어디로 가랴나야 빅옥갓턴 네 얼골의 남으 사환 된단말가. 슬푸고 블샹하다. 위텁도다150). 황셩 즐리 위텁도다. 조심ᄒ소. 조심ᄒ소. 빅파강을 조심ᄒ

---

140) 옥관 : ? 아마 '옥으로 만든 반지' 등의 뜻인 듯.
141) 옥빈 : ? 아마 '아름다운 얼굴' 등의 뜻인 듯.
142) 역로(歷路) : 지나는 길.
143) 소소 : ? 아마 '산소'의 오기인 듯.
144) 유유하다(悠悠―) : ①한가하고 여유가 있다. ②아득하게 멀거나 오래되다.
145) 녹림(綠林) : ①푸른 숲. ②도둑의 소굴.
146) 목맛친다 : ? 아마 '목이 메인다' 등의 뜻인 듯.
147) 여엽더 : ? 아마 '이제까지 없던' 등의 뜻인 듯.
148) 고이하다 : '괴이하다'의 오기인 듯. 괴이(怪異)하다 : 이상야릇하다.
149) 등쳔 : ? 아마 '큰소리' 등의 뜻인 듯.
150) 위텁도다 : ? 아마 '위험하도다' 등의 뜻인 듯.

슬프지 않겠습니까?"

손에 끼던 옥반지를 빼어주며 말하기를,

"소녀를 생각지 마소서."

하며 난화의 소매를 붙들고 슬피 통곡하다가 뇌성을 불러서 말하기를,

"나는 아기씨를 모시고 황성으로 가나니 너는 한림을 편안하게 잘 모시고 있어라."

뇌성이 울며 말하기를,

"나는 누구를 의지하리요?"

하며 서로 붙들고 통곡하니 보는 사람 중에서 울지 않는 사람이 없더라. 한림이 길을 재촉하니 부용은 뇌성을 돌아보며 아름다운 얼굴에 흐르는 눈물이 점점 피가 되더라.

슬프다. 지나는 길에 기주를 지나더라. 부용이 지나는 길에 부모님 산소에 올라가니 청산은 적적하고 흰 구름은 한가하다. 푸른 숲 사이에 우는 새는 소리소리 근심이요. 절벽에서 떨어지는 폭포는 구비구비 목이 메인다. 묘지 앞에 엎어져 부모의 묘를 안고 울다가 정신을 진정하여 바라보니 이제까지 없던 비석을 세웠는데 비문에 하였으되,

"만고의 복덕비다"

하였거늘 이상하게 여기던 차에 절벽 위에서 한 동자가 악을 캐다가 놀라서 큰소리로 불러서 말하기를,

"불쌍하다. 저 처녀야. 어디로 가느냐? 백옥같이 아름다운 네 얼굴로 어찌 남의 사환이 되단 말인가? 슬프고 불쌍하고 위험하다. 황성 길이 위험하다. 조심하소. 조심하소. 백파강을 조심하

소. 기특ᄒ다. 기특ᄒ다. 너의 정셩을 쳔디 귀신인덜 몰을손야.

십 세 젼의 부모 일코 즈셩151)홈도 장셩하다. 부용인 즌네 일홈이 어이 글리 귀ᄒ년야. 부용이 그 놀리을 들으이 마음이 더옥 비창ᄒ여152) 억만 슴사지153) 졍치 못홀이라.

마르154)의 날여와 동니 사름달려 물어 왈 울리 산소의 복덕비을 뉘라셔 세워눈요. 모다 리오디 그 산소의 별초155)ᄒ며 혹 자식도 보고 혹 부ᄌ도 되고 혹 영귀도 ᄒ난고로 그 초156) 스롬덜리 그 영검157)함을 위ᄒ여 복덕비을 세워난이다. ᄒ고 모다 브용을 치사158)하더라.

브용이 난총을 짤라 황셩을 득달하랴 고힝을 발래보이 우산159)은 쳡쳡ᄒ야 사방을 가두와고 강산은 완완ᄒ야160) 말리을 둘너난지라. 고힝 소식이 망연ᄒ다.161) 시시로 뇌셩을 싱각하야 츔식이 블안하더라.

각셜이라. 황졔 손병진으로 여주 자사162)을 졔수163)ᄒ신이 원니 연주 지경의 큰 강이 잇씨되 닐홈을 빅파강이라 그 물귀신이 영악164)ᄒ야 왕니

---

151) 즈셩 : ? 아마 '쟝셩'의 오기인 듯. 장성(長成) : 자라서 어른이 됨.
152) 비창하다(悲愴—) : 마음이 아프고 서운하다.
153) 억만 슴사지 : ? 아마 '억만 가지 생각' 등의 뜻인 듯.
154) 마르 : ? 아마 '마을'의 오기인 듯.
155) 벌초(伐草) : 무덤의 풀을 깎음.
156) 초 : ? 아마 '마을' 등의 뜻인 듯.
157) 영검(靈驗) : 신불이 베풀어 준다는 신기한 징험.
158) 치사(致謝) : 고맙다고 사례하는 뜻을 나타냄.
159) 우산(于山) : 산.
160) 완완하다(緩緩—) : ①동작이 느리고 더디다. ②기울기나 비탈 따위가 비스듬하고 민틋하다.
161) 망연하다(茫然—) : ①아득하다. ②아무 생각 없이 멍하다.
162) 자사(刺史) : 중국의 관직명.
163) 제수(除授) : 천거의 절차를 밟지 않고, 임금이 직접 벼슬을 시킴.
164) 영악(獰惡) : 모질고 사나움.

소. 기특하다. 기특하다. 너의 정성을 귀신인들 모르겠느냐? 십 세 전에 부모 잃고 장성함도 장성하다. 부용이 너의 이름이 어이 그리 귀하더냐?"

부용이 그 노래를 들으니 마음이 더욱 슬퍼 수많은 생각으로 마음을 안정하지 못하더라. 마을에 내려와 동네 사람들에게 물어서 말하기를,

"우리 부모님 산소에 복덕비를 누가 세웠습니까?"

모두 다 말하기를,

"그 산소에 벌초를 하면 혹 자식도 보게 되고 혹, 영귀도 하게 되는 까닭으로 그 마을 사람들이 그 무덤의 영검을 위하여 복덕비를 세웠다."

하고 모두 칭찬하더라.

부용이 난총을 따라 황성에 도달하여 고향을 바라보니 산은 첩첩하여 사방을 둘렀고 강은 느릿느릿하여 만리를 둘렀으니 고향 소식이 더욱 아득하게 되었더라. 가끔 가끔 뇌성을 생가하여 먹고 자는 것이 불안하더라.

각설이라. 황제가 손병진에게 여주 자사를 제수하시니 원래 여주의 경계에는 큰 강이 있는데 이름이 백파강이라 하더라. 그 강에는 물귀신이 흉악하여 왕래

ᄒᆞ는 사공덜도 과릴165) 슈륙제166)을 잘못ᄒᆞ면 파션을 면치 못ᄒᆞ고로 여주자사 도임167)시의 어엽쁜 제집을 물의 넉코 정곡168)을 므슈이 풀면 무사이 월셥169)ᄒᆞ고 그엿치 안이하면 파션을 당하ᄂᆞᆫ지라.

난충이 부용을 취기고져 ᄒᆞ고 모칙170)을 엇지 못ᄒᆞ야던이 위연이 조혼 뫼칙을 어든이 심즁의 측썻171)ᄒᆞ야 여주로 발새172) 부용으 손을 잡고 왈 연주자사 빅프강의 수육제의 전곡을 만이 너코 제집을 물의 넉코 간다 ᄒᆞ이 네 아몰리 불상하나 면치 못할지라. 원망치 말라.

브용이 이 말을 들으미 간담이 셔늘하여 정신업셔 울며 엿ᄌᆞ오디 ᄒᆞ임의 덕택을 싱가ᄒᆞ오면 죽사와도 섭지 아니ᄒᆞ오되 다만 뇌셩을 다시 보지 못ᄒᆞ이 죽거도 흔이로소이다. ᄒᆞ고 이튼날 즐을173) 썻나 빅파강의 단단른이 빅파강 널운 물가의 원셩174)이 울고 빅구는 편편이 니왕한듸 슈세175) 광활ᄒᆞ야176) 구부 출넝출넝치난 물결 스롬으 간장 단 녹인다.

틱손갓치 크닥큰 비의 양 돗셜 놉피 달고 만경창파177)의 정체업시 간다

---

165) 과릴 : ? 아마 '만일'의 오기인 듯.
166) 수륙제 : ? 아마 '용왕이나 용신에게 안전과 무사를 기원하는 뜻으로 지내는 제사' 등의 뜻인 듯.
167) 도임(到任) : 지방관이 그 임지에 이름.
168) 정곡 : ? 아마 '전곡'의 오기인 듯. 전곡(錢穀) : 돈과 곡식.
169) 월섭(越涉) : 건너는 것.
170) 모책(謀策) : 어떠한 일을 처리하거나 모면할 꾀를 세움. 또는 그런 꾀.
171) 측썻 : ? 아마 '즐겨'의 오기인 듯.
172) 발새 : ? 아마 '갈 때' 등의 오기인 듯.
173) 즐을 : ? 아마 '길을'의 오기인 듯.
174) 원셩 : ? 아마 '원숭이' 등의 뜻인 듯.
175) 수세(水勢) : 흘러 내리는 물의 힘. 또는 그 형세.
176) 광활하다(廣闊─) : (확 트이어) 매우 넓다.
177) 만경창파(萬頃蒼波) : 한없이 너른 바다.

하는 사공들도 만일 수륙제를 잘못 지내면 파선을 면하지 못하는 까닭으로 여주자사가 도임할 때에도 예쁜 여자를 물에 넣고 돈과 곡식을 많이 풀면 무사히 강을 건널 수 있고 그렇지 아니하면 파선을 당한다고 하더라.

난총이 부용을 죽이려고 하지만 좋은 꾀를 얻지 못하다가 우연히 좋은 꾀를 얻으니 마음속으로 기뻐하며 여주로 갈 때 부용의 손을 잡고 말하기를,

"여주자사가 백파강에 수륙제를 지낼 때 돈과 곡식을 많이 넣고 여자를 물에 넣어야한다고 하니 네 아무리 불쌍하나 면하지 못할 것 같다. 나를 원망하지 말아라."

부용이 이 말을 듣고 간담이 서늘하여 정신없이 울며 말하되,

"한림의 덕택을 생각하면 죽어도 서럽지 아니하되 다만 뇌성을 다시 보지 못하고 죽게 되니 한이로소이다."

하고. 이튿날 길을 떠나 백파강에 다다르니 넓은 물가에 원숭이가 울고 백구는 편편이 왕래하는데 물의 형세가 넓고 커서 구불구불 출렁출렁하는 물결은 사람의 마음을 다 녹이더라.

태산 같은 크나큰 배에 두 개의 돛을 높이 달고 한없이 너른 물결 위에 정처없이 나아가며

므슈이 왕니ᄒᆞ이 젹강178) 쌋홍179)인가 남풍도 요란ᄒᆞ다. 임슐연 추 츨월 임간180) 수파181)은 졉쳔이라182). 즁유183)의 비을 머믈르고 우양184)을 잡아 놋코 쌀과 돈을 틱산갓치 쌋이놋코 비사공놈 거동보소. ᄉᆞ비185) 츅슈186)ᄒᆞ난 말리 강즁의 슈ᄉᆞ님187)니 쳘리 장강 즙픔믐188)을 풍낭 업씨이고 이거네189) 쥬옵소셔.

잇ᄯᅢ의 밤이 님무 즙펴난지라. 달은 즐우지고 오작190)은 슬피운다. 부용이 졍신업시 안졋다가 비젼191)을 부어잡고 슬피 통곡 운난 말리 쳥쳔192)의 울고 가는 져글력아. 금능짯이 당ᄒᆞ거던 울리 동싱 뇌셩 차자 황셩의 간 부용은 빅파강 슈륙졔의 믈의 ᄲᅡ져 죽들아 ᄒᆞ고 이 믈 죡곰 릴너주소. 나난 이 믈의 죽어 사후 혼빅193)이 셰상 귀경 못ᄒᆞ것네.

빅속의 못든 사ᄅᆞ믈아. 놀을 죡금 슬려쥬소. 슈륙졔을 파ᄒᆞᆫ 후의 난충이

---

178) 젹강 : ? 아마 '중국에 있는 적벽강'의 뜻인 듯.
179) 쌋홍 : ? 아마 '싸움'의 오기인 듯.
180) 임간 : ? 아마 '망간'의 오기인 듯. 망간(望間) : 음력 보름께.
181) 수파(水波) : 물결.
182) 졉쳔이라 : ? 아마 '하늘에 맞닿아 있더라' 등의 뜻인 듯.
183) 즁류(中流) : ①길게 흐르는 물의 중간 부분. ②흐르는 물의 한복판. ③그리 높지도 그리 낮지도 않고 중길쯤 되는 수준.
184) 우양(牛羊) : 소와 양.
185) 사배(四拜) : 네 번 절함.
186) 축수(祝手) : 두 손바닥을 마주 대고 빎.
187) 슈ᄉᆞ님 : ? 아마 '수신님 혹은 용왕님' 등의 뜻인 듯.
188) 즙픔믐 : ? 아마 '깊은 물' 등의 뜻인 듯.
189) 이거네 : ? 아마 '이익을 내게 하여' 등의 뜻인 듯.
190) 오작(烏鵲) : 까막까치.
191) 배젼 : 배의 앞부분.
192) 쳥쳔(靑天) : 푸른 하늘.
193) 혼백(魂魄) : 넋.

무수하게 왕래하니 적벽강 싸움인가 동남풍도 요란하다. 임술년 가을 칠월 보름인가 물의 파도는 하늘에 맞닿아 있더라. 강의 중간에 배를 머무르고 소와 양을 잡아 놓고 쌀과 돈을 태산같이 쌓아놓고 뱃사공들의 거동보소. 네 번 절한 뒤에 비는 말이,

"강 속의 수신님은 천리 장강 깊은 물에 풍랑을 없애주시고 이익을 많이 내게 하여주옵소서."

이때 밤은 이미 깊어서 달은 기우러지고 까막까치는 슬피 운다. 부용이 정신없이 앉았다가 배의 앞부분을 부여잡고 슬피 통곡하며 우는 말이,

"푸른 하늘에 울고 가는 저 기러기야 금능 땅에 가거든 우리 동생 뇌성을 찾아서 황성에 간 부용은 백파강 수륙제 때 물에 빠져 죽었다는 이 말을 좀 전해다오. 나는 이 물에 빠져 죽으니 혼백이라도 세상 구경을 못하게 되었네. 배 안에 있는 모든 사람들아. 나를 좀 살려주소."

수륙제를 지낸 후에 난총이

부용을 불너 어셔 물의 샏지라. 지측ᄒᆞ이 옥갓턴 두귀 밋테 슈졍갓탄 눈믈리 졈졈이 피가 된다. 부모 동싱을 불으면셔 통곡ᄒᆞ다가 셤셤옥슈194)로 난삼195)을 물룸씨고 만경창파 즙푼 믈의 속졀업씨 풍덩 뛰여든니 엇지 안이 불상힐리요.

션인196)덜도 쯧ᄒᆞᆫ 슬피 엑이더라. 이욱고 풍낭이 디작197)ᄒᆞ면 믈결리 틱산갓치 릴어나며 난즁으 탄 비 슈즁의 쩟나가다 물속의로 혼젹 업시 업쩟져 잠물랴즌이198) 뉘 안이 겁츌리요199). 난디 업난 일엽편쥬200) 강상의 즁유ᄒᆞ이 쩟오던이 부용을 건져 실고 옥갓탄 션동201)이 비 젼각202)의 우션관203)을 달고 만고 소연 부용지션이라 황금 디ᄌᆞ로 두려시 식겨쩟늘 뉘라셔 그 신기흠을 알리요.

션동이 비을 져지 안이하여도 샬이 갑이 살갓탄지라. 션동이 손병즌으로 ᄭᅮ디져 왈 네 국녹지신204)로 간사흔 게집의 말을 드고 만고 회여205)을 쥬기랴고 하이 상제206) 임의 알으시고 사히 용왕207)으게 부부ᄒᆞ사 눈총은

---

194) 셤셤옥슈(纖纖玉手) : 여자의 가냘프고 고운 손.
195) 나삼(羅衫) : ①얇고 가벼운 비단으로 지은 적삼. ②연두색 길에 자줏빛 깃을 달고 소매는 색동으로 만든 옷.
196) 션인(船人) : ①뱃사공. ②뱃사람.
197) 대작(大作) : ①내용이나 규모가 큰 예술 작품. ②걸작.
198) 잠물랴즌이 : ? 아마 '잠기다. 물에 빠지다' 등의 뜻인 듯.
199) 겁츌리요 : ? 아마 '겁을 내지 아니하리요' 등의 뜻인 듯.
200) 일엽편쥬(一葉片舟) : 한 척의 작은 배.
201) 션동(仙童) : 선경에 산다는 아이 신선.
202) 젼각 : ? 아마 '앞부분' 등의 뜻인 듯.
203) 우션관 : ? 아마 '이름 등을 써서 붙인 현수막' 등의 뜻인 듯.
204) 국녹지신(國祿之臣) : 국가의 녹봉을 받는 신하.
205) 회녀 : ? 아마 '효녀'의 오기인 듯.
206) 상제(上帝) : 하느님.
207) 용왕(龍王) : ①용을 지배하고 다스린다는 우두머리. 흔히 수신·해신이라 하여 농민

부용을 불러,

"어서 물에 빠져라."

재촉하니 옥 같은 두 귀밑에 수정 같은 눈물이 점점이 피가 된다. 부모와 동생을 부르짖으면서 통곡하다가 섬섬옥수로 저고리를 뒤집어쓰고 만경창파 깊은 물에 풍덩하고 뛰어드니 어찌 아니 불쌍하겠는가?

뱃사공들도 또한 슬프게 여기더라. 이윽고 풍랑이 크게 일어나며 물결이 태산같이 일어나더니 난총이 탄 배를 물 속에 띄웠다가 물 속으로 흔적도 없이 엎어져 잠기게 하니 누가 아니 겁을 내겠는가?

이때 난데없는 하나의 작은 배가 강 위에 천천히 떠오며 부용을 건져서 싣고 옥 같이 잘생긴 선동이 배의 앞에 현수막을 달았는데 그곳에 '만고에 없는 부용의 배'라고 황금으로 만든 큰 글자를 뚜렷하게 새겼거늘 누가 감히 그 신기함을 알겠는가?

선동이 배를 젓지 아니하여도 빠르기가 화살 같더라. 선동이 손병진을 꾸짖어 말하기를,

"네가 국가의 녹봉을 받는 신하로서 간사한 계집의 말을 듣고 만고에 다시없는 효녀를 죽이려고 하니 옥황상제가 미리 아시고 사해용왕에게 분부하셨다. 난총은

의 유력한 신으로 숭배된다. ②용 가운데의 임금. 용궁에 살며 비와 물을 맡고 또한 불법을 수호한다고 한다.

심덕이 업셔 흉게가 블측ᄒ야 음히208) 잇신이 복션209)ᄒ야 죽이고 부용 낭ᄌ은 인간으로 급피 환송ᄒ라 ᄒ신이 급피 가노라. ᄒ고 쥬유210)의 밋쳐 황셩으로 힝ᄒ더라.

이윽고 비 어덕의 디이고 류리병 흔난을 주면 왈 세상의 요즌흔211) 기물리라. 씨디 잇실 썻신이 헛도이 발리지 말라. 낭ᄌᄂ 만승212) 황후되야 동싱을 만난 부귀 쳔ᄒ의 진동ᄒ이라. ᄒ즉ᄒ고 거거늘 브용 낭ᄌ 빅장213)의 안져신이 긔이흔 굴움이 사방으로 두루고 힝니 지동ᄒ더라.

연주 자사 손병진은 황망이214) 도라와 쳐자215)게 엿자오디 소신이 여주로 발힝할 시 빅파강 슈륙제의 사환 부용을 너흐이 니욱고 소신216)의 가속217) 탄 비을 업즐으고 션동이 부용을 비의 슨고 비 션판218)을 붓체씨되 만고 호연219) 부용지션니라 와연이 붓치고 션동의 말리 상제임이 남히 용왕으게 분부하여다 ᄒ고 릴이 완다 ᄒ옵키로 헹진220)을 부달221)ᄒ나이다.

쳔자 들으시고 디경ᄒ사 급피 부용을 궐니로 들어가 복지 사비ᄒ오디

---

208) 음해(陰害) : 넌지시 남을 해함.
209) 복션(覆船) : ①엎어진 배. ②배가 엎어짐.
210) 쥬유 : ? 아마 '중류'의 오기인 듯.
211) 요즌흔 : ? 아마 '요긴한' 등의 뜻인 듯.
212) 만승(萬乘) : ①일만 대의 병거. ②천자의 자리. 또는 천자.
213) 빅장 : ? 아마 '백사장'의 오기인 듯.
214) 황망하다(遑忙―/慌忙―) : 마음이 몹시 급하고 당황하여 허둥지둥하다.
215) 쳐자 : ? 아마 '천자'의 오기인 듯.
216) 소신(小臣) : 신하가 임금에게 '자기'를 겸손하게 일컫는 말.
217) 가속(家屬) : 가권(家眷) : ①호주나 가구주가 거느리는 식구. ②남에게 '자기의 아내'를 겸손하게 일컫는 말.
218) 션판 : ? 아마 '배에 붙인 판자' 등의 뜻인 듯.
219) 호연 : ? 아마 '효녀'의 오기인 듯.
220) 헹진 : ? 아마 '사연, 내력' 등의 뜻인 듯.
221) 부달 : ? 아마 '주달'의 오기인 듯. 주달(奏達) : 임금에게 말하여 알림.

마음 씀씀이가 나쁘고 흉계가 측량할 수 없어 남을 몰래 해치고자 하는 마음이 있으니 배를 침몰시켜 죽이고 부용 낭자는 인간 세상으로 급히 돌려보내라 하시기에 급히 가노라."

하고 강 중간에 이르러 황성으로 가더라.

이윽고 배를 언덕에 대고 유리병 하나를 주면서 말하기를,

"세상에 요긴한 물건이다. 쓸 곳이 있을 것이니 헛되이 버리지 말아라. 낭자는 앞으로 만승의 황후가 되어 동생을 만나고 부귀영화가 세상에 진동할 것이다."

하직하고 가거늘 부용 낭자가 백사장에 앉았으니 이상한 구름이 사방을 둘러싸고 향내가 진동하더라.

연주 자사 손병진이 당황하여 허둥지둥 돌아와 황제에게 아뢰되,

"소신이 여주로 가다가 백파강에서 수륙제를 지낼 때 사환 부용을 제물로 물에 넣었더니 한참 후에 소신의 안사람이 탄 배가 엎어지고 선동이 부용을 배에 싣고 나타나 배에 현수막을 붙였으되 '만고에 다시없는 효녀 부용의 배'라고 분명하게 붙이고 선동의 말이 옥황상제께서 남해 용왕에게 분부하였다 하고 또 이곳으로 왔다고 하기에 그 사연을 아뢰옵니다."

황제가 들으시고 크게 놀라서 급히 부용을 부르니 부용이 궁궐에 들어가 땅에 엎드려 네 번 절하더라.

황제 천아222)을 들어 보신이 기상223)이 추월갓고 양협224)은 춘화225) 갓탄 이 세상 사람이 알이 업더라.

손의 류리병을 등과226) 갓치 놉피 들어씨되 쳔상 화릴쥬227)라 둘러거늘 잇써의 쳔자의 경화 동군으 난히 십오 세라. 병화이 위중ᄒ여 사경228)의 당하이 황제 쥬야로 근심ᄒ옵썬이 화릴쥬을 올이라 하여 경화 동군을 멕기이 병환이 즉차229)하신이라.

쳔자 크게 즉거ᄒ야 만조빅관230) 모으고 부용을 불너 ᄒ괴231) 왈 너 븐더 어디셔 ᄉ라씨면 셩명은 무어시며 나헌 몃치나 되야.

부용이 복지 쥬왈 신쳡232)이 본더 기쥬 짱의 사는 곽츈셩으 여식이보던 이 십 셰 젼의 부모 양위 상을 만나 가셰 쳘빈하와233) 엄토234)홀 길리 젼이 업셔 소쳡 남미 몸을 금능짱 강할임 되의 파라 지물을 어더 부모임 엄토을 ᄒ고 신쳡은 손병진으 집의 신부 사환235)왓삽다가 빅파강 슈륙제 의 속졀업시 주근 목슴이 쳔상 상제임으 덕틱으로 술라삽고 동싱 뇌셩은

222) 쳔아 : ? 아마 '쳔안'의 오기인 듯. 천안(天眼) : '임금의 눈'의 높임말.
223) 기상(氣像) : 드러나는 정신과 몸가짐.
224) 양협(兩頰) : 얼굴의 양 옆.
225) 츈화(春花) : 봄꽃.
226) 등과 : ? 아마 '등잔불' 등의 뜻인 듯.
227) 화일주 : ? 아마 '술이름'인 듯.
228) 사경(死境) : 죽을 지경.
229) 즉차(卽差) : 즉각적인 차도.
230) 만조백관(滿朝百官) : 조정의 모든 벼슬아치.
231) 하교(下敎) : ①윗사람이 아랫사람에게 가르치어 보임. ②전교(傳敎).
232) 신쳡(臣妾) : 여자가 임금에게 대하여 말할 때 '자기'를 일컫는 말.
233) 철빈하다(鐵貧―) : 극빈하다.
234) 엄토(掩土) : 겨우 흙이나 덮어서 간신히 지내는 장사.
235) 사환(使喚) : 사삿집이나 회사 또는 관청 등에서 심부름을 맡아 하는 사람. ② 사정(使丁). 사환꾼. 소사(小使).

브모 황제가 눈을 들어보시니 기상이 가을 달 같고 두 볼은 봄꽃과 같으니 세상 사람들 중에서는 알 사람이 없더라. 손에는 유리병을 등잔불과 같이 높이 들었으되 하늘나라의 화일주라 써 있더라.

이때 황제의 경화 대군이 나이 십오 세라. 병환이 위중하여 죽을 지경에 당하였으므로 황제가 밤낮으로 근심하다가 화일주를 올려라 하여 대군에게 먹이니 그 병이 즉시 차도가 있더라.

황제가 크게 기뻐하여 조정의 모든 벼슬아치를 모으고 부용을 불러 명령하여 말하기를,

"너는 본디 어디서 살았으며 성명은 무엇이라 하고 나이는 몇이나 되었는가?"

부용이 엎드려 아뢰기를,

"소녀는 본디 기주 땅에 사는 곽춘성의 딸이었는데 십 세 전에 부모 두 분의 상을 당하였습니다. 그런데 집안이 너무 가난하여 초상을 치를 길이 전혀 없어 소녀의 남매가 몸을 금능땅에 있는 강한림 댁에 팔아서 재물을 얻어 부모님을 장사지내게 되었습니다. 그리고 소녀는 손병진의 집에 신부의 사환으로 왔다가 백파강 수륙제에 어쩔 수 없이 죽게 된 목숨이었는데 천상의 옥황상제 덕택으로 살아났습니다. 동생 뇌성은 아직 부모

업씨 근근이 진니젼 그럭져럭 지니다가 열어 히 소식을 몰나오이 철쳔236)
지 원이로소이다. 흔디 황제 들으시고 비감237)하여 옥누238)을 지우시고
됴졍 빅관이 다 비챵ᄒ며239) 부용은 ᄆ고 효열240)이라 브모을 위ᄒ여 몸을
파라신이 효여요. 쳔샹 션약241)을 어더와 경셩 디군을 살여싯이 츙여라.

일개 여ᄌ로 츙여242)을 겸젼243)하여시이 ᄆ고의 엄는 ᄉ롬이라. 쫏흔
경셩 디군이 부용으 약으로 샤라시인 반시244) 쳔졍245) 인연이라. ᄉ호흔
경셩디군으 난히 임으 당혼ᄒ지라. 부용으로 혼사을 졍하난이 경셩 동군
으 소견246)이 엇썻ᄒ며 경 등은 엇썻ᄒ요.

일시의 흡쥬247) 왈 만일 부용 낭ᄌ을 만난지 못하며 경셩디군으 병환이
회츈치 못홀진이 쳔졍이 젹슬ᄒ옵고248) 부용 낭ᄌ으 기샹249)이 ᄉ호 황후
기샹이라. 엇지 다 원디로250) 볼래이잇가 ᄒ고 디후251)ᄒ옵소셔.

---

236) 철천(徹天) : '하늘에 사무침'이라는 뜻으로'두고두고 잊을 수 없도록 뼈에 사무침'을
    이르는 말.
237) 비감(悲感) : 슬픈 느낌.
238) 옥누(玉淚) : 왕의 눈물.
239) 비창하다(悲愴―) : 마음이 아프고 서운하다.
240) 효열(孝烈) : ①효행과 열행. ②효자와 열녀.
241) 선약(仙藥) : ①선단(仙丹). ②효력이 썩 좋은 약.
242) 충여 : ? 아마 '충효'의 오기인 듯.
243) 겸전(兼全) : 여럿이 다 같이 온전함.
244) 반시 : ? 아마 '반드시' 등의 오기인 듯.
245) 천장(天定) : 하늘이 정함.
246) 소견(所見) : 일이나 물건을 살펴보고 느끼는 의견이나 생각.
247) 합주(合奏) : 함께 아룀.
248) 적실하다(的實―) : 틀림없이 확실하다.
249) 기상(氣像) : 드러나는 정신과 몸가짐.
250) 원대로 : ? 아마 '원래 있던 곳' 등의 뜻인 듯.
251) 대후(待候) : 웃어른의 명령을 기다림.

없이 근근이 지내고 있는데 서로 헤어진 지 벌써 여러 해가 되어 지금은 소식을 모르니 하늘에 사무치는 원한이 되었습니다."

하니 황제가 들으시고 슬퍼하며 눈물을 흘리시고 조정의 모든 관리들도 다 슬퍼하며,

"부용은 만고의 효녀이자 열녀다 하고, 또 부모를 위하여 몸을 팔았으니 효녀요. 천상의 선약을 얻어와서 경성 대군을 살려내었으니 충녀라고 하더라."

또 황제가 말씀하시되,

"하나의 여자로서 충과 효를 겸하였으니 만고에 없는 사람이며 또한 경성 대군이 부용의 약으로 다시 살아났으니 반드시 이는 하늘이 정한 연분이다. 또한 경성 대군의 나이가 이미 혼인할 나이가 되었으므로 부용과 혼사를 정하였으니 경성 대군의 생각은 어떠하며 경들의 생각은 또 어떠한가?"

하시니 신하들이 일시에 함께 아뢰되,

"만일 부용 낭자를 만나지 못하였으면 경성 대군의 병환은 회춘하지 못하였을 것이니 하늘이 정한 연분이 분명합니다. 또 부용 낭자의 기상이 황후의 기상이니 어찌 원래 있던 곳으로 돌려보내겠습니까? 기다렸다가 혼인하게 하소서."

천자 즉시 틱사관을 불너 틱일하야 예을 일울 시 삼천 시여252)와 릴싱253) 미인이 좌우의 시위하고 월픠254)궁여는 좌우의 시위ᄒᆞ이 광치 찰란ᄒᆞ더라.

예필 후의 부용이 좌정흔 후의 디왕비을 봉하야255) 봉황궁의 모시고 귀흔이라256).

부용 왕비 부모와 동싱을 싱각ᄒᆞ야 금등옥촉257)의 눈믈노 밤을 진뇔 시 경셩 디군이 쏘흔 그 부모 업씨을 실피ᄒᆞ더라.

천자 ᄒᆡ괴하사 브용으로 충열왕비을 봉ᄒᆞ시며 봉황궁을 지은이 웅장하멸 위ᄒᆞ여 만고충열 왕비 곽씨 부용진문이라 황금 디ᄌᆞ로 둘여시 붓쳐두고 경셩 디군으 취쳐258)한 뜻슬로 경과259)을 쥬신다.

각셜이라. 뇌셩이 할임을 모시고 혹업을 슴씨이 문필260)리 디단하거늘 할님이 긔특기 넉거 홀로난 결은 긔남자261)을 엇지 사환을 숨으리요. 지시무권262)을 소화ᄒᆞ고 오늘 보톰 노쥬지여263)을 힝치 말고 너으 양육질은264)을 잇지 말나 ᄒᆞ고 들이265) 황제 경과을 뵈시다 하이 너도 황셩의

---

252) 시녀(侍女) : ①궁녀. ②몸 가까이에서 시중드는 여자.
253) 릴싱 : ? 아마 '일쌍'의 오기인 듯.
254) 월패(月牌) : 달을 그리거나 달 모양으로 된 패.
255) 봉하다(封一) : ①천자가 제후에게 땅을 떼어 주어서 나라를 세우게 하다. ②임금이 작위나 작품을 내려 주다.
256) 귀한이라 : ? 아마 '귀환하니라' 등의 오기인 듯.
257) 금등옥촉(金燈玉燭) : 멋진 등불과 멋진 촛불.
258) 취처(娶妻) : 장가를 들어 아내를 얻음.
259) 경과(京科) : (회시·전시 등과 같이) 서울에서 보이던 과거.
260) 문필(文筆) : ①글과 글씨. ②글을 짓거나 글씨를 쓰는 일.
261) 긔남자(奇男子) : 재주와 슬기가 남달리 뛰어난 사내.
262) 지시무권 : ? 아마 '사서삼경 등 과거 공부에 필요한 책' 등의 뜻인 듯.
263) 노쥬지여 : ? 아마 '노주지예(奴主之禮) : 노비와 주인 사이에 갖추어야 할 예의.

황제가 즉시 태사관을 불러 날짜를 정하게 하고 예를 이룰 때 삼천 명의 시녀와 한 쌍의 미인이 좌우에 시위하고 달 모양의 패를 찬 궁녀들이 좌우에 시위하니 광채가 찬란하더라.

예를 마친 후에 부용이 좌정하자 황제가 부용에게 대군 왕비를 봉하여 봉황궁에 머물게 하고 돌아가더라.

부용 왕비가 부모와 동생을 생각하며 멋진 등불과 멋진 촛불을 대하여 눈물로 밤을 지낼 때 경성 대군이 또한 그 부모 없음을 슬퍼하더라.

황제가 명령하셔서 부용을 충열왕비로 봉하시고 봉황궁을 지으시니 그 모습의 웅장함이 짝이 없더라. 그리고 문에는 '만고 충열 왕비 곽씨 부용진문'이라고 황금으로 큰 글자를 써서 뚜렷하게 붙였더라.

경성대군이 아내를 얻었음을 축하하는 뜻으로 황제가 과거를 실시하더라.

각설이라. 뇌성이 한림을 모시고 학업을 힘쓰니 문필이 대단하거늘 한림이 기특하게 여겨 하루는 저런 멋진 아이를 어찌 사환으로 삼겠는가? 하며

"사서삼경을 소화하고 오늘부터 노비와 주인 사이에 갖추어야 할 예의는 행하지 말고 나의 양육한 은혜나 잊지 말라."

하고 또

"요즘 소문을 들으니 황제께서 과거를 보이신다 하니 너도 황성에

---

264) 양육(養育)질을 : ? 아마 '길러준 은혜' 등의 뜻인 듯.
265) 들익 : ? 아마 '소문을 들으니' 등의 뜻인 듯.

가 손슬량266) 집을 차자 가 부용도 보고 과거도 착실리 보라.

뇌셩이 ᄒ직ᄒ고 황셩으로 발ᄉᆡᆼᄒᆞᆯ 시 난화가 편지을 듀면 부용게 젼하라 ᄒᆞ이 뇌셩이 편지을 힝장의 넛코 려여 놀 만의 황셩의 득달하야 슈졍문의 지니야 월셩교을 단단른이 한 궁궐이 잇써늘 치야다 보이 만고 충열 왕비 부용집 문이라. 황금 디자267)로 둘러시 셔거쩌늘 뇌셩이 고이 역게 왈 셰상의 갓탄 셩명도 만탄ᄒ고 스롬 달여 문 왈 이 궁궐은 엇썻ᄒᆞᆫ 궁궐이야 그 사롬이 뇌셩으 귀의 디이고 왈 슈연 젼의 기쥬 강할임 사환이 소병즌으 즙이 왓싸가 충회 기특ᄒᆞ기268)로 경셩 디군으 왕비 되고 충열 왕비을 봉ᄒ고 리케 빈나시이 만고 착함을 보와난이다.

ᄒ거늘 뇌셩이 ᄆᆞ암이 셥셥하여 충열문을 힝ᄒ여 참마 솔리 니지 못ᄒ고 눈믈리 비온다시 흘리며 부용을 보고 슬푼 ᄆᆞᆷ음이 간졀ᄒ나 티손 갓탄 궁궐은 겹겹이 둘너잇고 벒뎃269)가탄 군사덜은 창검으로 좌우을 시위270)ᄒ이 지쳑271)이 열쳔리라.

나는 졔비라도 들어갈 길리 젼이 업다. 올고도 보지 못하이 닐연 답답ᄒ 일이 어듸 잇씨리요.

황쳔272)은 감ᄒ고273) 황지274)은 상디275)ᄒ여씨되 몰리익276) 통ᄒᆞᆫ덜 구

---

266) 손슬량 : ? 아마 '자신의 사돈 시랑 손병진 댁' 등의 뜻인 듯.
267) 대자(大字) : 큰 글자.
268) 기특하다(奇特―) : ①신통하고 귀엽다. ②신기하거나 신통하다.
269) 벒뎃 : ? 아마 '벌떼'의 오기인 듯.
270) 시위(侍衛) : ①임금을 모시어 호위함. ②임금을 모시어 호위하는 사람.
271) 지척(咫尺) : 서로 떨어져 있는 사이가 썩 가까운 거리.
272) 황천(皇天) : ①큰 하늘. ②하느님.
273) 감ᄒ다 : 감감하다 : ①아주 멀어서 아득하다. ②전혀 모르거나 기억이 없다. ③(소식 따위가) 전혀 없다. ④할 일이 많아 아득하다.
274) 황지(黃地) : 황천의 상대어로서 한없이 넓은 땅.
275) 상대(相對) : ①서로 마주 대함. 또는 그 대상. ②서로 겨루거나 맞섬. 또는 그 대상.

가서 손병진 댁을 찾아가 부용도 보고 과거도 잘 보고 오너라."

하니 뇌성이 하직하고 황성으로 떠날 때 난화가 편지를 주면서,

"부용에게 전하라."

하니 뇌성이 편지를 행장에 넣고 여러 날 만에 황성에 도달하여 수정문을 지나 월성교에 다다르니 한 궁궐이 있거늘 쳐다보니 '만고 충열 왕비 부용의 집 문이라' 하고 황금으로 크게 써서 붙여 놓았거늘 뇌성이 이상하게 여겨 말하기를,

"세상에 꼭 같은 이름도 많다."

하고 사람들에게,

"이 궁궐은 어떠한 궁궐입니까?"

하고 물으니, 그 사람이 뇌성의 귀에 대고 말하기를,

"몇 년 전에 기주 강한림 댁에서 사환하던 부용이 손병진 집에 왔다가 충효가 특별하기로 경성 대군의 왕비가 되고 충열 왕비가 되어 이렇게 빛나시니 만고에 처음 보는 일입니다."

하거늘 뇌성이 마음에 섭섭하여 충열문을 향하여 차마 소리는 내지 못하고 눈물을 비 오듯이 흘리더라. 부용을 보고싶은 마음은 간절하나 태산 같은 궁궐 담장이 겹겹이 둘러 있고 벌떼 같은 군사들이 창검으로 좌우를 지키고 있으니 지척이 천리와 같다 하겠더라.

날아다니는 제비라도 들어갈 도리가 전혀 없다. 와서도 보지 못하니 이런 답답한 일이 어디 있겠는가?

하늘이 감동하고 땅은 통하게 하려한들 구

---

276) 몰리이 : ? 아마 '몰래' 등의 뜻인 듯.

중궁궐의 잇는 부용이 엇지 할리요. ᄒᆞ며 사관의 돌라왕 비차이 자연이라277).

각셜 이젹의 충열 왕비 이늘 봄의 일몽을 어든이 뇌셩이 금관디예278) 조복279)을 입고 궐문 박게 한 션비 헌 옷을 입고 우리 누나는 어찌 그리 무정하신잇가 하며 울거늘 놀니여 깨달은니 한 꿈이라.

급피 한 군사을 명하야 권문 박쎳 혹 사람이 닛써던 달여오라. 한 군사 ᄉᆞᆷ 업심을 고ᄒᆞ거늘 심등의 릴오디 뇌셩이 분명 날을 차지 못ᄒᆞ고 혼차 우난쏘다. 하며 누물노 밤을 지니고 잇튼날 경셩 디군을 힝ᄒᆞ야 몽사280)을 셜화ᄒᆞ고 과거 후의 천하의 힝관281)ᄒᆞ여 죽도록 차질리랴 ᄒᆞ더라.

잇튼날 천자 모조 제신을 거늘리고 충열 뫼의 좌졍ᄒᆞ시고 경셩 디군으로 상시관282)을 ᄒᆞ시고 글졔283)을 걸어씨되 뫼산장 장부모 뫼라. 하여쎠 늘 듯션 몸을 팔라 부모을 장사한다 ᄒᆞ여씨되 부용 왕비ᄋᆡ 회셩을 표한 글리라. 뉘가 뜻셜 알르리요.

뇌셩이 장중의 드려가 이 글제을 걸어씨되 젼의 남미 ᄒᆞ던 일이라. 심사 잔연 비창하여 져으 남미 십 세 젼의 부모을 이별ᄒᆞ고 고상ᄒᆞ던 말과 왕비 황셩의 올 졔 이별ᄒᆞ던 말과 부용을 만나지 못ᄒᆞ여 답답ᄒᆞ던 말리며 젼후 사연을 자상이 지여 올린이 황제와 경셩군이 달은 글도 모이 보와씨되 자상치 못ᄒᆞ던 이글 연차의284) 홀연이 글 한 장이 공중으로 날아와 용

---

277) 사관의 돌라 왕비 차이 자연이라 : ? 아마 '사처에 돌아와 슬프게 잠을 자더라' 등의 뜻인 듯.
278) 대례(大禮) : ①조정의 중대한 의식. ②큰일.
279) 조복(朝服) : ①조하 때 입던 붉은 비단으로 된 예복. ②조하 때 예복을 입음.
280) 몽사(夢事) : 꿈에 나타난 일.
281) 행관 : ? 아마 '순시. 혹은 명령을 내림' 등의 뜻인 듯.
282) 상시관(上試官) : 조선 때 과거의 우두머리 시험관.
283) 글제 : 글의 제목.

중궁궐에 있는 부용을 어찌 하겠는가? 하며 사처에 돌아와 슬프게 잠을 자더라.

각설이라. 이때에 충열 왕비가 이날 밤에 한 꿈을 꾸니 뇌성이 금관을 쓰고 의식의 예복을 입고 대궐문 밖에 서 있다가 또 한편으로는 헌 옷을 입고 우리 누나는 어찌 그리 무정하신가?"

하며 울거늘 놀라서 깨달으니 한바탕의 꿈이더라.

급히 군사에게 명령하여 대궐문 밖에 혹 사람이 있거든 데려오라 하니 군사들이 사람이 없다고 아뢰거늘 마음속으로 생각하되,

"뇌성이 분명히 나를 찾아 왔다가 찾지 못하고 혼자 울고 있도다."

하며 눈물로 밤을 지내고 이튿날 경성 대군을 향하여 꿈 이야기를 하면서 과거 시험 후에 천하를 두루 다니며 죽을 때까지라도 찾을 것이라고 하더라.

이튿날 황제가 모든 신하를 거느리고 충렬묘에 좌정하시고 경성 대군을 상시관으로 삼아 글제목을 걸었는데,

"뫼산장 장부모 묘지라."

하였거늘 뜻은 몸을 팔아 부모의 장사를 치른다는 뜻으로 부용 왕비의 효성을 예찬한 글이더라. 누가 감히 그 뜻을 알겠는가?

뇌성이 시험장에 들어가 보니 그 글 제목은 전에 지기 남매가 하던 일이더라. 마음이 자연 슬퍼져서 저의 남매가 십 세 전에 부모를 이별하고 고생하던 말과 왕비가 황성에 올 때 이별하던 말과 부용을 만나지 못하여 답답하던 말이며 그 사이 있었던 사연을 자세히 지어서 올리더라.

황제와 경성 대군이 다른 글도 많이 보았으나 자세하지 못하였는데 이런 때에 갑자기 글 한 장이 공중에서 날아와 황제

---

284) 이글 연차의 : ? 아마 '이런 때에' 등의 뜻인 듯.

쌍285) 압푸로 일거날 고이 넉게 보신이 그 글 쯧시 간절하여 사람으 심졍의 비최난지라.

즉시 봉닉286)을 개틱287) ᄒ신이 긔쥬 곽츈셩으 아달 뇌셩이라. 하엿쩟 경셩 디군이 왕비으 물을 익키 듯고 뇌셩을 보지 못하엿쩟이 이 글을 보신이 졍슨이 황홀하야 즉시 휘장288)을 걸어씨되 긔쥬 짱 곽뇌셩이라 하여 즉시 슬니289)을 지쵹ᄒ거날 뇌셩이 옥게290) ᄒ의 복지하거늘 보슨즉 그 상모291) 웅장ᄒ고 졍기292) 은은하여 진짓 상장지지293)라.

쳔자 뇌셩으 손을 줍고 가긍하여294) 슬허ᄒ시며 어주 삼 잔을 권ᄒ 후의 경셩디군을 명ᄒ야 왈 남미 이별이 올일지라. 골륙지졍295)은 오직 간절296) 홀이요. 급피 뇌셩을 달르고 봉황궁의 들어가 남미 상봉297)케 ᄒ라. 경셩디군이 뇌셩을 달고 궐니의 들어갈 시 경셩디군은 압피 가고 뇌셩은 홍푀298) 옥디299)의 어화300)을 씀고 금갑젹병301)과 금으화동302)은

---

285) 용상(龍床) : 용평상(龍平床)와 준말. : 임금이 앉는 평상.
286) 봉내 : ? 아마 '편지나 글 등을 봉투에 넣고 봉한 것' 등의 뜻인 듯.
287) 개탁(開坼) : (봉한 편지나 서류를 뜯어 보라는 뜻으로) 아랫사람에게 보내는 편지 겉봉에 쓰는 말.
288) 휘장(揮帳) : 피륙을 여러 폭으로 이어 빙 둘러치게 만든 포장.
289) 신래(新來) : 과거에 새로 급제한 사람.
290) 옥계(玉階) : 옥으로 만든 섬돌.
291) 상모(相貌/狀貌) : 얼굴의 모양.
292) 정기(精氣) : ①정신과 기력. ②정수와 기분. ③만물의 생성하는 원기. 곧 생명의 원천인 원기. ④사물의 순수한 기운.
293) 상장지재(上長之材) : 장수나 재상의 재목.
294) 가긍하다(可矜─) : 불쌍하고 가엾다.
295) 골육지정(骨肉之情) : 가까운 혈족 사이의 정분.
296) 간절(懇切) : 지성스럽고 절실함.
297) 상봉(相逢) : 서로 만남.
298) 홍포(紅袍) : 붉은 색 도포.

앞에 도착하거늘 이상하게 여겨 살펴보니 그 글의 뜻이 너무 간절하여 사람의 마음을 비추는 듯 하더라. 즉시 봉한 것을 열어보니 기주 땅 곽춘성의 아들 뇌성이라 하였더라.

경성 대군이 왕비의 말을 귀에 익도록 들었으므로 뇌성을 보지 못하였으나 이 글을 보니 정신이 황홀하여 즉시 합격자의 방을 걸었으되 기주 땅 곽춘성의 아들을 장원이라 하여 즉시 새로 합격한 사람을 재촉하여 부르더라.

뇌성이 황제 앞에 들어가 땅에 엎드리거늘 보시니 그 모습이 웅장하고 정기가 은은하여 짐짓 장수나 재상의 기상이더라.

황제가 뇌성의 손을 잡고 불쌍하고 가엾게 여겨 슬퍼하시며 어주 석 잔을 권한 후에 경성 대군에게 명령하여 말하기를,

"남매가 이별한지가 오래일 것이다. 형제간의 정이 얼마나 간절하겠는가? 속히 뇌성을 데리고 가라."

하시니 대군이 뇌성을 데리고 대궐에 들어갈 때 경성 대군은 앞에 가고 뇌성은 홍포를 입고 옥대를 띄고 뒤를 따르더라. 이때 뇌성은 어사화를 꽂고, 멋진 옷을 입은 군사들과 좋은 옷을 입고 꽃을 든 아이들이

---

299) 옥대(玉帶) : 벼슬아치가 공복(公服)에 띠던 옥으로 만든 띠.
300) 어화 : ? 아마 '어사화'의 오기인 듯. 어사화(御賜花) : ①과거 시험의 문무과에 급제한 사람에게 임금이 주어 머리에 꽂게 한 종이꽃. ②진찬 때 신하들이 사모에 꽂던 꽃.
301) 금갑적병 : ? 아마 '멋진 옷을 입은 군사들' 등의 뜻인 듯.
302) 금의화동(錦衣花童) : 비단옷을 입고 꽃을 든 사내아이.

곳싸치 되고 뇌고303) 함성304)과 풍유305) 솔리난 천지 즌동하더라.

뇌셩이 궐닉의 들러가 복지 주왈 미씨306)난 동싱 뇌셩을 몰나보시는잇가.

왕비 옥염307)을 것고 보다가 천방지방308) 니달나 뇌셩을 붓들고 통곡 왈 네가 참 뇌셩인야. 네 얼골 단시 보자. 엇지 글리 돌졀309)흔야. 남미 붓들고 흔 슬허흔이 경셩디군도 비감흠멀 먹금고 올은310) 후의 지정311)흐며 왈 나난 빅파강의 죽근 목심이 다시 살라 일럿탄시 귀이 되어써나 너는 글리 무심흐되 나난 잠시덜 이즐손야.

뇌셩이 듀왈 나난 강할임으 후은312)을 입어 글도 잘흐고 일슨이 편안흐나 미씨을 열어 히 보지 못흐온이 원이 가슴의 미쳐 불원철리313) 흐고 왓습더이 충열문의 당한이 미씨으 릴홈을 붓체신덜 엇지 릴이 된 줄 올리요.

호즈 이윽흐다가314) 사람달려 물은 즉 미씨 경셩디군으 왕비 되셧다 흐시미 슴사315) 낙막흐와316) 아모리 보고져 흔덜 위염이 엄슉흐고 궁궐리

---

303) 뇌고(雷鼓) : 한쪽 면만 가죽을 댄, 검은 칠을 한 북 여섯 개를 한 묶음으로 틀에 매달아 치는 국악기의 한 가지. 뇌도와 함께 천신을 제향할 때 썼다고 한다.
304) 함성(喊聲) : 여럿이 함께 높이 지르는 소리.
305) 풍류(風流) : ①풍치가 있고 멋스럽게 노는 일. ②멋스럽고 풍치가 있는 일. ③음악의 예스러운 말.
306) 매씨(妹氏) : ①'남의 누이'의 높임말. ②제 손위의 누이.
307) 옥렴(玉簾) : 옥으로 만든 아름다운 발.
308) 천방지방(天方地方) : 천방지축(천(天方地軸) : ①못난 사람이 종착 없이 덤벙이는 모양. ②몹시 급하여 방향을 모르고 함부로 날뛰는 모양.
309) 돈절(頓絶) : 소식이 아주 끊어짐.
310) 올은 : ? 아마 '오랜'의 오기인 듯.
311) 지정 : ? 아마 '진정'의 오기인 듯.
312) 후은(厚恩) : 두터운 은혜.
313) 불원천리(不遠千里) : 먼길을 멀게 여기지 않음.
314) 이윽하다 : 한참지나다.
315) 심사(心事) : 마음에 생각하는 일.

꽃밭을 이루고 악기 소리와 함성과 풍류는 천지가 진동하는 것 같더라.
뇌성이 대궐에 들어가 왕비 앞에 엎드려 아뢰기를,

"누나는 동생 뇌성을 몰라보십니까?"

왕비가 옥구슬 발을 걷고 보다가 천방지방 내달아 뇌성을 붙들고 통곡하며 말하기를,

"네가 정말 뇌성이냐? 네 얼굴을 다시 보자. 어찌 그렇게 소식이 뚝 끊어졌느냐?"

하며 남매가 서로 붙들고 너무 슬퍼하니 경성 대군도 슬퍼함을 머금고 한참 지난 후에 부용이 진정하여 말하기를,

"나는 백파강에 죽은 목숨이 다시 살아나서 이렇듯이 귀하게 되었는데 너는 어찌 그렇게 무심하냐? 나는 잠시도 너를 잊지 못했는데."

뇌성이 아뢰기를,

"나는 강한림의 두터운 은혜를 입어 글도 배우고 일신이 편안하게 지냈으나 누나를 여러 해 보지 못한 것이 한이 되어 가슴에 맺혀 있기에 천리가 멀다 않고 이렇게 찾아와서 충열문에 다다라 보니 누나의 이름이 붙었음은 보았으나 일이 이렇게 된 줄을 어떻게 알았겠습니까?"

혼자 한참 동안 돌아다니다가 사람들에게 물으니,

"누나가 경성 대군의 왕비가 되셨다고 하기에 마음에 낙담하여 아무리 보고자 한들 위엄이 엄숙하고 궁궐이

---

316) 낙막하다(落寞—) : 호젓하고 쓸쓸하다.

집고 군사 호령317)한이 지척이 열쳔318)이라. 만이통319) ᄒᆞᆸ쩐이 쳔은이 망극하와 장원급졔320) ᄒᆞ야 미시 얼골을 만나 보오이 이제 죽다 므슴 하이 잇사올리닛가 ᄒᆞ며 난화으 펴지을 들이거늘 왕비 즉시 쩨여 보이 그 셩의321) ᄒᆞ여씨되 너을 황셩의 보닌 후의 속식이 격조322) ᄒᆞ여 답답ᄒᆞᆫ 말은 엇지 다 층양ᄒᆞ리요. 급피 므난이 즙픈 졍회323)을 아즉뇌코324) 난츙 부인 으 심슐리 슌환지325) 못ᄒᆞ오이 부디 조심하면 어니 날 셔로 만난 즙푼 졍회을 셜화ᄒᆞ고.

너난 부디 조심하여 쳔금 갓텃 몸을 안보ᄒᆞ여쌋가 후일의 화복326)을 기달리라. 홀 물리 므궁327)ᄒᆞ나 그만 근치노라. ᄒᆞ여썻라.

츙열 왕비 편지을 다 본 후의 장탄328) 오열329) 왈 난화는 니으게 은인이 로디 은혜을 엇지 다 갑풀리요 남미 셔로 눌리 맛도록 글인 졍을 셜화ᄒᆞ고 뇌셩이 쥬 왈 울리 눔미 졍회는 일시덜 썻ᄂᆞ고져 ᄒᆞ리요만는 ᄂᆞ난 국쳬330) 가장 지즁오이 한톄 올리 웃치331) 못홀짓라. ᄉᆞ관332)으로 나간이다.

317) 호령(號令) : ①지휘하여 명령함. ②큰소리로 꾸짖음. ③구령(口令).
318) 열쳔 : ? 아마 '쳔리(千里)에 십(十)을 곱한 수 즉, 만리(萬里)' 등의 뜻인 듯.
319) 애통(哀痛) : 슬프고 가슴 아파함.
320) 장원급제(壯元及第) : 갑과에 첫째로 한 급제.
321) 셩의 : ? 아마 '편지 내용에' 등의 뜻인 듯.
322) 격조(隔阻) : ①멀리 떨어져 있어서 서로 통하지 못함. ②오랫동안 서로 소식이 막힘.
323) 졍회(情懷) : 정서와 회포.
324) 아즉뇌코 : ? 아마 '어찌할 수 없고' 등의 뜻인 듯.
325) 순탄하다(順坦—) : ①까다롭지 않다. ②길이 험하지 않고 평탄하다.
326) 화복(禍福) : 재화와 복록.
327) 무궁(無窮) : 끝이 없음.
328) 장탄(長歎) : 길게 탄식함.
329) 오열(嗚咽) : 목이 메어 욺. 또는 그런 울음.
330) 국쳬(國體) : ①나라를 다스리는 주권을 누가 가지고 있느냐에 따라 구별한 나라 형태. 민주 국체·군주 국체 따위. ②국가의 체면.

깊고 군사들이 호령하니 지척이 천리 같았습니다. 수없이 애통해 했는데 폐하의 은혜가 끝이 없어 장원급제하여 누나의 얼굴을 만나보게 되었으니 이제는 죽어도 무슨 한이 있겠습니까."

하며 난화의 편지를 올리거늘 왕비가 즉시 떼어보니 그 편지에서 말하기를,

"너를 황성에 보낸 후에 소식이 너무 뜸하여 답답한 마음은 어찌 다 말로 표현하겠는가? 급히 묻나니 깊은 정회는 그만두고라도 난총 부인의 심술이 순탄하지 못할 것이니 부디 조심해라. 그리고 어느 날에나 다시 만나서 깊은 정회를 이야기할까? 너는 부디 조심하여 천금 같은 몸을 잘 보호하였다가 후일의 화복을 기다려라. 할 말은 끝이 없으나 그만 그치노라."

하였더라.

충열 왕비가 편지를 다 본 후에 길게 탄식하고 서럽게 울면서 말하기를,

"난화는 나에게 은인이다. 그 은혜를 어찌 다 갚겠는가?"

남매가 해가 저물도록 서로 그리던 정을 이야기하고 또 뇌성이 아뢰기를,

"우리 남매의 정회는 잠시라도 떠나고자 하겠는가마는 나라에는 나라의 체면이 가장 중요하오니 함께 오래 머물지 못할 것입니다. 저의 사처로 돌아가겠습니다."

---

331) 웃치 : ? 아마 '유하다 즉, 머물다' 등의 뜻인 듯.
332) 사관(私館) : 사저(私邸) : ①개인의 사사로운 집. ②고관의 사사로운 집.

잇튼늘 천자 뇌셩을 불너 왈 남미 상봉하이 그 졍이 오즉 간졀홀고 뇌셩은 효셩이 왕비 일쳬라. 엇지 효셩이 업씨리요. 모고 효자 곽뇌셩이라. 션판333)의 둘어시 식여 그 츙열문의 부용 왕비 일쳬로 붓쳬 두고 만조 빅관을 뫼와 하교334) 왈 뇌셩으 나이 이므 궁혼335)흔지라. 즘이 쥬혼336)할 썻신이 조신337) 즁의 뉘 여식이 현슉흔요338). 한신디 사공 벼슬흔 난양 득츈이라 하난 지상이 쥬왈 소신이 아달은 업삽고 다만 일여을 두워씨되 아즉 셩혼339) 젼이라. 뇌셩으로 사회을 졍흐고 소신으 신후340) 볌사을 붓치고져 흐나이다.

천자 허락시고 즉시 눌을 갈리여 예을 일울 시 경셩디군으로 후비341)을 흐여 예필342) 후의 신랑 신부 옴마옴343)이 비할 쩨 업고 츙열 왕비는 부모 업씸을 한탄하더라.

천자 뇌셩으로 병마 디원슈을 제수흐시고 그 부 츈셩을 츄존344)흐여 국왕을 봉흐시고 그 부인 안씨난 평슉왕비을 봉하시다.

각셜이라. 잇쩌 황후 조졍 사을 졀단흐고 졸연 득병하여 수월을 신음하시다가 갑슐345)연 이월 초 열을날 사시346)의 붕347)하신이 조졍 비관과

---

333) 현판(懸板) : 글자나 그림을 새기어서 문 위에 다는 널조각.
334) 하교(下敎) : ①윗사람이 아랫사람에게 가르치어 보임. ②전교(傳敎).
335) 궁혼 : ? 아마 '혼인할 나이가 되었다' 등의 뜻인 듯.
336) 주혼(主婚) : ①혼사에 관한 일을 주관함. ②'주혼자'의 준말.
337) 조신(朝臣) : 조정에서 벼슬을 살고 있는 신하.
338) 현숙하다(賢淑─) : 여자의 마음이 어질고 깨끗하다.
339) 성혼(成婚) : 혼인이 이루어짐.
340) 신후(身後) : 사후(死後).
341) 후배(後陪) : ①위요(圍繞). ②벼슬아치가 다닐 때에 뒤따르는 하인.
342) 예필(禮畢) : 예를 마침.
343) 옴마음 : ? 아마 '기쁜 마음' 등의 뜻인 듯.
344) 추존(推尊) : 추앙하여 존경함.

이튿날 천자가 뇌성을 불러 말하기를,

"남매가 서로 만나보니 그 정이 오죽 간절하겠는가? 뇌성은 효성이 왕비와 한가지라. 어찌 효성이 없겠는가? 만고 효자 곽뇌성이라고 현판에 뚜렷하게 새겨 그 충열문에 부용 왕비와 함께 걸어두고 조정의 모든 신하를 모아 명령하여 말하기를,

"뇌성의 나이가 이미 혼인할 때가 되었다. 짐이 혼사를 주도할 것이니 조정의 신하 중에 누구의 딸이 현숙한가?"

하시니 사공 벼슬하는 난양의 득춘이라고 하는 재상이 아뢰기를,

"소신은 아들이 없고 다만 딸 하나만을 두었는데 아직 혼인 전입니다. 뇌성으로 사위를 삼고 소신이 죽은 뒤의 일들을 맡기고자 합니다."

황제가 허락하시고 즉시 날을 택하여 예를 이룰 때 경성 대군이 후배를 하여 예를 마치니 신랑과 신부의 기쁜 마음은 비교할 곳이 없고 충열 왕비는 부모가 없음을 한탄하더라.

황제가 뇌성에게 병마 대원수를 제수하시고 그 부친 춘성을 추증하여 국왕에 봉하시고 그 부인 안씨는 평숙왕비에 봉하시더라.

각설이라. 이때 황후가 조정의 일을 중단하고 갑자기 병을 얻어 몇 개월을 신음하다가 갑술년 이월 초열흘날 사시에 돌아가시니 조정의 모든 관리와

---

345) 갑술(甲戌) : 육십갑자의 열한째.
346) 사시(巳時) : ①십이 시의 여섯째 시. 오전 아홉 시부터 열한 시까지의 동안. ②이십사 시의 열한째 시. 오전 아홉 시 반부터 열 시 반까지의 동안.
347) 붕 : ? 아마 '붕어'의 준말인 듯. 붕어(崩御) : 임금의 죽음.

초야 인민이 다 망극ᄒᆞ더라.

천자 후궁을 틱취348)ᄒᆞ실 시 부용 왕비 천자게 지극 황공ᄒᆞ오나 황후난 국가의 흥망이온이 극키 틱취ᄒᆞ올진이 쳡이 싱각컨딘 금능 홀임 강모으 집의 숙여 부인이 잇ᄉᆞ오이 신쳡349)과 열어 ᄒᆡ을 동거350)하여숩고 일홈은 난화요. 나흔 이십 세옵고 인물이 비범ᄒᆞ와 덕힝이 거룩하오지라351). 반다시 여중 요슌이 될 거신이 일언 사람이 천하의 둘이나 잇씨올이잇가. 복원 펴ᄒᆞ나 틱취ᄒᆞ옵소셔.

천자 들시고 길거 왈 충열 왕비난 즌슬노 우리 국가의 은인인라. 즘이 죽겟 된 동ᄉᆞ352)을 살리고 연즉 황후을 천거하이 쳔츄 묜딘353)의 우리 국가의 어진 일홈을 유젼354)홀진이 엇지 깁븟지 안이홀이요. ᄒᆞ고 즉시 금능으로 사신을 보닉여 강할님을 픽쵸355)ᄒᆞ이이 할임이 딘경 황공ᄒᆞ여356) 죄을 안지 못ᄒᆞ고 쥬야로 도셩357)의 올나가 천자께 복지ᄒᆞᆫ디 천자 하괴 왈 즘으 혼사을 두로 구ᄒᆞ되 맛당치 못ᄒᆞ던이 충열 왕비으 말을 들이 경의 여식이 비범타 ᄒᆞ길로 황후을 쳥ᄒᆞ노라.

할임이 복지 쥬왈 소신은 ᄒᆞ방358) 쳔신359)으로 벼슬리 홀님의 거하오이

---

348) 택취(擇娶) : 가려서 장가를 감.
349) 신첩(臣妾) : 여자가 임금에게 대하여 말할 때 '자기'를 일컫는 말.
350) 동거(同居) : 같이 삶.
351) 거룩하다 : 성스럽고 위대하다.
352) 동ᄉᆞ : ? 아마 '대군이나 왕세자' 등의 뜻인 듯.
353) 천추만대(千秋萬代) : 몇 천 년의 긴 세월. 또는 후손 만대에 이르기까지의 긴 기간.
354) 유전(流傳) : 널리 퍼지거나 퍼뜨림.
355) 패초(牌招) : 조선 때, 임금의 명을 받아 승지가 신하를 부름. '명(命)'자를 쓴 나무패에 부르는 신하의 이름을 써서 원례를 시켜 보냈다.
356) 황공하다(惶恐―) : 지위나 위엄에 눌려 두렵다.
357) 도성(都城) : 서울.
358) 하방(遐方) : 서울에서 멀리 떨어진 지방.

일반 백성들이 모두 안타까워하더라.

황제가 후궁을 고르실 때에 부용 왕비가 황제께,

"지극히 황공하오나 황후는 국가의 흥망이 달려 있으니 지극히 신중하게 선택해야 할 것입니다. 지금 금능 땅에 사는 한림 강모의 집에 한 명의 숙녀가 있는데 그 여자는 신첩과 여러 해를 동거하였고 이름은 난화라 하는데 나이는 이십 세이고 인물이 비범하며 덕행도 거룩합니다. 반드시 여자 중에서 요순과 같은 인물이 될 것으로 확신합니다. 그리고 이런 여자는 천하에 둘이 없을 것입니다. 제가 생각하기에는 이런 여자를 폐하께서 선택하시는 것이 마땅하다고 생각합니다. 엎드려 바라옵나니 폐하는 선택해 주십시오."

황제가 들으시고 즐거워하며 말하기를,

"충열 왕비는 진실로 우리 국가의 은인이다. 짐의 죽게 된 대군을 살리고 이후에는 황후를 천거하니 자손만대에 우리 국가에 어진 이름을 남길 것이다. 어찌 기쁘지 아니하리요."

하고 즉시 금능으로 사신을 보내어 강한림을 부르시니 한림이 크게 놀라고 당황하여 죄를 알지 못하고 밤낮으로 황성에 올라가 황제께 문안하니 황제가 명령을 내려서 말하기를,

"짐의 혼처를 두루 구하되 마땅한 곳이 없더니 충열 왕비의 말을 들으니 경의 딸이 비범하다고 하기에 황후로 삼고자 청하노라."

한림이 엎드려 아뢰기를,

"소신은 지방의 미천한 신하로서 벼슬이 한림에 이르게 되었으니

---

359) 천신(賤臣) : 임금께 대하여 신하가 제 몸을 낮추어 일컫는 말.

천은360)이 망극호오지라. 쫏 신으 여식361)으로 황후을 봉호신이 더옥 그
은이 망극한지라. 황공 감격호옵난이다. 충열 왕비 뉘시관더 신은 여식을
글리 즈상이 아옵난지 몰나 슬노 괴상호여이다.

천자 웃고 왈 경은 그 일을 듯지 못호엿쏘다. 하시고 젼후 사연을 자상
이 일아신이 할임이 그 말을 듯고 정신을 진정치 못호더라.

각셜이라. 충열 왕비 홀님 왓단 말을 듯고 반가온 ᄆ음을 이기지 못혼지
라. 급피 봉황궁으로 쳥하시이 홀임니 궐니의 들어가 복지 쥬왈 소신 젼일
의 지은 죄은 만시므셕362)이요소니다.

츔열왕비 슬품을 먹고 호괴 왈 젼일지사363)나 너으 부모을 위호여 글여
릴라. 더옥 감격호고 니 몸이 할임 실호의 자라나신이 그 은혜 기로364)
부못 가타지라. 엇지 안이 망극홀리요. 오늘늘 당하365)의 군신지분366)의
잇썬이와 릴엇탓 굴복367)호신잇가. 호고 한 자리을 니려 중계의 안치고
차담상368)을 권하여 왈 과인이 경의 녀식으로 더불려 길슐인이 묘이369)
엇지 깃붓지 안이 할리요.

홀임이 즉 왕비으 관더370)호심을 입사와 신으 여식으로 황후을 봉하신

---

360) 천은(天恩) : ①하늘의 은혜. ②임금의 은덕.
361) 여식(女息) : 딸 자식.
362) 만사무셕(萬死無惜) : 만 번 죽어도 아깝지 않을 만큼 죄가 무거움.
363) 젼일지사(前日之事) : 지난 날의 일.
364) 기로 : ? 아마 '진실로' 등의 뜻인 듯.
365) 당하(當下) : 목하(目下) : 눈앞의 형편 아래. 바로 지금.
366) 군신지분(君臣之分) : 임금과 신하의 나눔.
367) 굴복(屈伏) : 머리를 숙이고 꿇어 엎드림.
368) 차담상 : 다담상(茶啖床) : ①차를 마시려고 다식과 찻잔을 놓아 낸 상. ②손님 대접으로 음식을 차린 상.
369) 길슐인이 묘이 : ? 아마 '황후를 간택하게 되니' 등의 뜻인 듯.
370) 관대(款待) : 친절하게 대하거나 정성껏 대접함.

폐하의 은혜가 끝이 없습니다. 또 신의 여식으로 황후를 봉하신다 하니 더욱 그 은혜가 끝이 없습니다. 두렵고 감사할 따름입니다. 다만 충열 왕비가 누구시기에 신의 딸을 그렇게 자세히 알고 있는지 몰라 진실로 괴상한 생각이 듭니다."

황제가 웃고 말하기를,

"경은 그 일을 듣지 못하였도다."

하시고 전후 사연을 자세히 말씀하시니 한림이 그 말을 듣고 정신을 진정하지 못하더라.

각설이라. 충열 왕비가 한림이 왔다는 말을 듣고 반가운 마음을 이기지 못하여 급히 봉황궁으로 청하시니 한림이 궐내에 들어가 엎드려 아뢰기를,

"소신이 전일에 지은 죄가 만 번 죽어도 아깝지 않습니다."

충열 왕비가 슬픔을 머금고 말씀하시되,

"지난날의 일은 나의 부모님을 위하여 그렇게 한 일이니 더욱 감격스럽고 내 몸이 한림의 슬하에서 자라났으니 그 은혜는 진실로 부모와 같습니다. 어찌 망극하지 않겠습니까? 오늘날 군신의 서로 다른 처지가 있지마는 어찌 이렇듯 겸손하십니까?"

하고 한 자리를 내려 중계에 앉히고 차담상을 권하여 말하기를,

"과인이 경의 여식으로 더불어 황후를 간택하게 되니 어찌 기쁘지 않겠습니까?"

한림이 아뢰되,

"왕비의 너그러우심을 힘입어 신의 딸로 황후를 봉하시

이 은혀 무궁ᄒ여이다. 졀ᄒ고 물너나와 즉시 날을 기틱³⁷¹⁾하야 쳔자 사신을 금능으로 보니고 난화 황셩으로 모실 시 자사 슈령³⁷²⁾이 길리 이여 나열하더라.

황셩 지경³⁷³⁾의 단단르이 육궁 시여 화복을 갓초와 금등³⁷⁴⁾을 시위³⁷⁵⁾하여 올나오이 빗난 위염이 뉘 다 층양할리요.

황셩 문의 다다은이 부용 왕비 마조 나와 모시고 들어가 용인궁의 좌정 ᄒ 후의 부용 왕비 사모³⁷⁶⁾ 화관³⁷⁷⁾을 씨고 옥픽³⁷⁸⁾ 분장³⁷⁹⁾을 갓초와 황후을 뵈올 시 복지ᄒ이 황후 부용 왕비으 손을 잡고 옥누³⁸⁰⁾을 흘여 왈 젼싱의 미진 인연이 금싱의 면치 못ᄒ지라. ᄒ 번 이별ᄒ 후의 다시 보지 못하여 답답하던이 오늘놀 형제 될 줄 뉘 알이요.

빅파강의 고상ᄒ 일은 그디 말 젼의 북글려은 말은 엇지 다 층양할리요. 연이나 그디 덕은로 니 몸이 귀히 된이 감사무지³⁸¹⁾ᄒ노라.

부용 왕비 엿자오디 빅파강의 고상ᄒ 일은 니으 팔자라. 엇지 언할리요. 퍼ᄒ으 이휠³⁸²⁾ 하시던 졍을 싱각하면 산히 갓사온지라. 싱젼의 엇지 다

---

371) 개택 : ? 아마 '택일' 등의 뜻인 듯.
372) 수령(守令) : 조선 때 각 고을을 맡아 다스리던 지방관.
373) 지경(地境) : ①땅의 경계. ②(관형어 아래에 쓰여) '경우'나 '형편'의 뜻을 나타냄. ③터 또는 땅의 얼안.
374) 덩 : 공주나 옹주가 타는 가마.
375) 시위(侍衛) : ①임금을 모시어 호위함. ②임금을 모시어 호위하는 사람.
376) 사모(紗帽) : 검은 사(紗)붙이로 만든 벼슬아치의 예모. 전통 혼례식 때 신랑이 쓰기도 한다.
377) 화관(花冠) : ①칠보로 꾸민 부녀자의 예장용 관의 하나. ②꽃부리.
378) 옥패(玉佩) : 옥으로 만든 패물.
379) 분장(扮裝) : ①모양을 꾸밈. ②배우가 작품의 어떤 인물 모습으로 꾸며 차림. ③배우가 작품의 어떤 인물 모습으로 꾸민 차림새.
380) 옥루(玉淚) : 왕의 눈물.
381) 감사무지(感謝無地) : 고맙기 그지없음.

니 은혜가 끝이 없습니다."

절하고 물러나오니 황제가 즉시 날을 가려 사신을 금능으로 보내고 난화를 황성으로 모실 때 지방의 자사와 수령들이 길을 이어 나열하더라.

황성 근처에 다다르니 육궁의 시녀들이 화려한 옷을 갖추어 입고 금으로 장식한 가마를 시위하여 올라오니 빛난 위엄을 어찌 다 측량하리요. 황성 문에 다다르니 부용 왕비가 마주 나와 모시고 들어가 용인궁에 좌정한 후에 부용 왕비가 사모 화관을 쓰고 옥패와 분단장을 갖추어 황후를 뵈올 때 그 앞에 엎드려 인사하니 황후가 부용 왕비의 손을 잡고 눈물을 흘리며 말하기를,

"전생에 맺은 인연을 현생에 면하지 못하는지라. 한 번 이별한 후에 다시 보지 못하여 답답하더니 오늘날 형제 될 줄 누가 알았으리요. 백파강에서 고생하던 일은 그대가 말하기 전에 부끄러움을 어찌 말로 다 하리요. 그러나 그대의 덕택으로 내 몸이 귀하게 되니 감사하기 짝이 없다."

부용 왕비가 말씀드리되,

"백파강의 고생한 일은 팔자소관이니 어찌 말하겠습니까? 폐하가 불쌍하게 여겨 은혜를 베푸시던 정을 생각하면 산과 바다 같습니다. 살아생전에 어찌 나

---

382) 애휼(愛恤) : 불쌍히 여겨 은혜를 베풂.

갑풀리요.

　옥수을 셜로 잡고 옥안의 눈믈리 이음차이383) 졍싱이 비챵ᄒᆞ더라384). 이윽고 부용 왕비나 황후을 모시고 셜로 길간385) 나양386)은 비홀 ᄯᅢ 업써라. 단슌옥치387)을 반개388)ᄒᆞ고 히식이 만안389)하여 나ᄉᆞᆷ390)을 부여잡고 황금디 빅옥병이 상디ᄒᆞ여 일히일비훈이 좌우 궁여덜도 비감ᄒᆞ면 황졔와 경셩디군이 ᄯᅩᄒᆞᆫ 비챵ᄒᆞ시더라.

　각셜이라. 황졔 츙열 왕비을 지감391)이 과인392)ᄒᆞ다 ᄒᆞ시며 층찬을 마지 안이ᄒᆞ시고 뇌셩으로 초왕을 봉하시이 경셩디군과 쳔자게 뇌셩이 ᄒᆞ직ᄒᆞ고 본국으로 길을 뜰 시 황후와 부용 왕비게 슬피 ᄒᆞ즉ᄒᆞ고 삼질 디젼393) 후의 션산의 ᄒᆞ즉ᄒᆞ고 원근 촌민을 후이 상급394)ᄒᆞ고 즐을 ᄯᅥ나 초국의 득달ᄒᆞ이 국민과 지상이 연접395)옹위396)ᄒᆞ여 등극397)ᄒᆞᆫ 후의 빅

---

383) 이음차다 : 계속 이어지다.
384) 비챵하다(悲愴―) : 마음이 아프고 서운하다.
385) 길간 : ? 아마 '즐기는' 등의 뜻인 듯.
386) 나양 : ? 아마 '모양'의 오기인 듯.
387) 단슌옥치 : ? 아마 '단슌호치'의 오기인 듯. 단슌호치(丹脣皓齒) : (붉은 입술과 흰 이의 뜻으로) '여자의 썩 아름다운 얼굴'을 일컫는 말.
388) 반개(半開) : ①반쯤 열리거나 벌어짐. 또는 열거나 벌림. ②꽃이 반쯤 벌어져 핌. ③반미개.
389) 만안(滿顏) : 얼굴에 가득함.
390) 나삼(羅衫) : ①얇고 가벼운 비단으로 지은 적삼. ②연두색 길에 자줏빛 깃을 달고 소매는 색동으로 만든 옷. 혼례 때 활옷을 벗은 다음 입던 신부의 예복.
391) 지감(知鑑) : 지인지감(知人之鑑)의 준말 : 사람을 잘 알아보는 슬기.
392) 과인하다(過人―) : (재주·힘·덕망 등이) 보통 사람보다 뛰어나다.
393) 삼질 대젼 : ? 아마 '삼일 대연(大宴) : 삼일 동안 큰 잔치' 등의 뜻인 듯.
394) 상급(賞給) : 상으로 줌. 또는 그 돈이나 물건.
395) 연접(延接) : 영접(迎接) : 손님을 맞아서 대접함.
396) 옹위(擁衛) : 좌우로 부축하여 지킴.
397) 등극(登極) : 즉위(卽位) : 임금의 자리에 오름.

갚겠습니까?"

아름다운 손을 서로 잡고 아름다운 얼굴에 눈물이 끊임없으니 그 모습이 마음 아프고 슬프더라.

이윽고 부용 왕비가 황후를 모시고 서로 즐기는 모습은 비교할 곳이 없더라. 아름다운 입을 반쯤 열고 기쁜 빛이 얼굴에 가득하여 서로 저고리를 부여잡고 황금대와 백옥병을 상대하여 한편으로는 기뻐하고 한편으로는 슬퍼하니 좌우의 궁녀들도 슬퍼하며 황제와 경성 대군도 또한 슬퍼하시더라.

각설이라. 황제가 충열 왕비를 사람을 알아보는 눈이 보통 사람과 다르다 하시며 칭찬을 마지아니하시고 뇌성을 초왕에 봉하시더라. 뇌성이 황제와 경성 대군에게 하직하고 본국으로 길을 떠날 때 황후와 부용 왕비에게 슬피 하직하고 삼일 동안 큰 잔치를 베푼 후에 선산에 하직하고 멀고 가까운 마을의 사람들을 불러 후하게 상을 주더라.

길을 떠나 초나라에 도달하니 국민과 재상이 영접하고 좌우로 호위하여 왕위에 오른 후에 관으 예을 밧고 각도 각읍의 힝관398)하여 탐관399)은 톄츔400)ᄒ고 명관401) 은 상사402)ᄒ이 불과 칠연지간403)의 일국이 틱평ᄒ여 산무도젹404)ᄒ고 도블습유405)ᄒ여 요지일월이요. 순지건곤406)이라. 입아 세상 스람덜아. 부귀 빈쳐407)ᄒᆞᆫ 써 잇씬이 부디 부모게 효도ᄒ고 친척의게 화목ᄒ고 친구 간의 구제ᄒ라. 젹션지가의 필유경이요. 젹악지가의 필유여악이라.408) ᄒ 이라.

정미연 정월 예시409) 눌 지은 셔흔노라.
이 책은 조흔 책니라. 보면 조치만 마음니 실푼책니라.

---

398) 행관 : ? 아마 '전국을 순시함' 등의 뜻인 듯.
399) 탐관(貪官) : 백성의 재물을 탐내어 억지로 빼앗는 관리.
400) 톄춤 : ? 아마 '처벌' 등의 뜻인 듯.
401) 명관(明官) : 선정을 베푸는 수령.
402) 상사(賞賜) : 상을 내려 줌.
403) 칠년지간(七年之間) : 칠년 사이.
404) 산무도젹(山無盜賊) : 산에는 도적이 없음.
405) 도불습유(道不拾遺) : 길에는 떨어진 남의 물건을 줏지 않음.
406) 요지일월(堯之日月) 순지건곤(舜之乾坤) : 요순 시대 같은 태평성대.
407) 빈천(貧賤) : 가난하고 천함.
408) 젹션지가의 필유경이요. 젹악지가의 필유여악이라. : 선을 쌓은 집에는 반드시 경사 가 있고 악을 쌓은 집에는 반드시 재앙을 받는다.
409) 예시 : ? 아마 '엿세'의 오기인 듯.

모든 관리들의 예를 받고 각 도와 각 읍에 순시하며 탐관오리들은 처벌하고 선정을 베푸는 수령들은 상을 주니 불과 칠 년 만에 나라 전체가 태평하게 되어 산에는 도적이 없고 물건이 길에 떨어져 있어도 주어 가는 사람이 없어 요임금과 순임금이 다스리던 태평성대가 이루어졌더라.

이 보아라. 세상 사람들아. 부귀와 빈천은 한 때가 있으니 부디 부모님께 효도하고 친척에게 화목하고 친구 사이에 서로 구제하여라. 선을 쌓는 집에는 경사가 있기 마련이고 악한 일을 쌓는 집에는 반드시 악한 일이 있기 마련이다. 하더라.

정미 년 정월 엿새 날 재은이가 쓰노라.
이 책은 좋은 책이니라. 보면 좋지만 마음이 슬픈 책이니라.

주봉전

−주봉전 해제

1. 書誌

이 작품은 필사본으로서 '주여득전' '주해선전' 등 여러 가지 이름으로 여러 이본이 존재하지만 아직 활자본이나 판각본 등이 발견된 적은 없다.

필자가 대상으로 한 작품은 박순호교수 소장본인 『한글 필사본고소설 자료총서』 44권에 등재된 '주봉전'이다.

2. 작가와 연대

대부분의 고소설과 마찬가지로 구체적인 작가와 연대를 알 수는 없다. 다만 작품의 후기나 필체 등으로 미루어 볼 때 필사자는 여성이고 그 중에서도 필체가 매우 나쁜 여성이라고 할 수 있을 것이다.

3. 시·공간적 배경

이 작품도 대부분의 다른 고소설과 마찬가지로 시간적 배경을 중국의 성화년간으로 하고 있으며 공간적 배경도 중국의 한 지역으로 설정되어 있다. 다만 그 지역이 다른 작품과는 달리 섬나라와 같은 곳으로서 육로로는 갈 수 없는 특수한 곳을 배경으로 했다는 점이 특징이라 하겠다.

4. 내용상 특징

이 작품은 조정 동료 벼슬아치들의 시기와 해적의 발호로 인하여 3대에 걸친 한 가정의 수난과 3대에 해당하는 인물에 의해 통쾌하게 복수하고 다시 가정을 회복함은 물론 한 단계 상승시킨다는 내용의 작품이다.

이처럼 조정의 심각한 권력 투쟁과 황권의 약화를 보여주는 내용은 조선 후기의 시대상과 함축적 동질성을 보여준다는 점에서 의의가 있다고 하겠다.

그리고 해적에 의한 황권의 위축 등의 내용은 다른 작품에서 보기 어려운 특수한 소재에 해당한다는 점에서도 주목할 가치가 있는 내용이라 하겠다.

5. 문제 해결 방식

이 작품은 대부분의 고소설과 달리 우연이나 환상적인 방법에 의존하지 않고 주인공이 당면한 문제를 인과적이고 현실적인 방법으로 해결한다는 점이 특징이라 하겠다.

그리고 사건의 발생 원인을 인과적이고 구체적으로 제시하지 못했다는 점은 결점으로 지적할 수 있으나 사건의 전개 과정은 상당히 인과적이다. 이런 점은 작품의 사실성과 개연성을 높여 준다는 점에서 상당히 의미 있는 특징이라 하겠다.

6. 類型

주인공의 父가 조정의 간신배에 의하여 귀양가고 집안이 풍비박산이 되었을 때 그 아들은 초능력을 지닌 자에게 구원되어 10년간 수학하다가 천하가 어지러워졌을 때 하산하여 외적은 물론 조정의 간신을 소탕하고 단숨에 국가를 반석 위에 올려놓고 조정을 재편한다는 것이 현체제 개조형 영웅소설410) 유형의 모습이다.

그런데 이 작품은 주인공의 탄생에 기이함이 동반되지 못했고 구원자가 초능력을 지닌 자가 아니고 오히려 그 구원자는 바로 주인공의 원수이며 또 외적 침입 등으로 인한 천하 위기 상태가 구체적으로 나타나지 않는다.

그러나 전체적인 패턴이 앞의 영웅소설과 유사하다. 그리고 내용상으로 다른 유형을 설정할 특별한 요소도 없다는 점에서 이 작품은 '현체제 개조형 영웅소설'이 후대로 내려오면서 나름대로 시대적 변화에 맞추고자 변개되어 새롭게 나타난 그런 유형의 소설로 보는 것이 타당할 듯하다.

7. 사상적 배경

이 작품도 황제에 대한 신하의 끝없는 충성심을 선양하고 주인공의 부친을 도사가 나타나 위기에서 구출해 주며 또 주인공의 모친이 절에 머물면서 주인공을 출산한다는 등의 내용으로 미루어 볼 때 다른 고소설과 마찬가지로 유교와 불교와 도교의 3교가 함께 습합된 사상을 배경으로 하고 있다고 하겠다.

8. 작품 제목의 특징

고소설의 제목은 주인공의 이름으로 정해진 경우가 많다. 그리고 고소설의 주인공이란 사건의 발단이나 고난의 중심 인물이 아니라 가족이 겪고 있는 고난을 해결하는 인물이 주인공이 되고 또 그 인물의 이름이

---

410) 졸고 : 앞의 논문

작품의 제목이 되는 경우가 대부분이다.

그런데 이 작품은 고난의 중심 인물은 주봉이지만 이들 가족이 겪고 있는 어려움과 모든 문제를 해결하는 인물은 주해선(장해선)이다. 그러므로 이 작품의 제목은 주해선전이라 붙이는 것이 일반적인 고소설 제목 부여에 더 합당한 것으로 보인다.

그러나 이 작품은 그렇지 않다는 점이 오히려 특징이라면 특징이라 하겠다.

9. 주 제

이 작품의 내용은 주봉의 무조건적인 충성이 초기에는 가족의 이산과 유리개걸이란 엄청난 고통을 초래했지만 결국에 가서는 그러한 충성심이 모든 어려움을 극복하고 가족의 재합은 물론 끝없는 부귀영화를 누리게 하는 계기가 되고 있다.

이런 점에서 이 작품의 주제는 '유교적인 충의 선양'이라고 할 수 있을 것이다.

- 줄거리

1. 중국 성화년간에 주여득이란 재상이 있었다.
2. 황제가 여득을 특별히 사랑하자 조정의 모든 관리가 시기하여 해치고자 하다.
3. 최상서가 조정의 관리를 선동하여 문제가 많은 해평선중이란 곳으로 여득을 보내자고 추천하다.
4. 황제가 반대를 하나 모든 신하들의 계속된 요구에 어쩔 수 없어 여득을 해평도사로 삼아 해평으로 보내게 되다.
5. 황제의 명을 받은 주여득이 결국 독약을 먹고 자살하다.
6. 황제가 크게 슬퍼하며 여득을 왕의 예로 장사지내게 하다.
7. 부인이 네 살된 아들 주봉을 어렵게 키우다.
8. 주봉은 어려서부터 일람첩기하더니 십사 세가 되었을 때 인물은 물론 글이 천하제일이 되다.
9. 황제가 과거를 실시하나 주봉이 과거 시험장의 용품을 구할 길이 없어 슬퍼하다.
10. 이도원이란 상인이 주봉을 도와주고 주봉은 과거시험에서 장원급제하다.
11. 황제가 주봉의 아비 여득을 추억하며 주봉을 특별히 사랑하다.
12. 황제가 주선하여 주봉이 이승지의 딸과 혼인하다.
13. 주봉이 자신을 도와준 이도원에게 은혜를 갚다.

14. 황제가 잔치를 베풀 때 천상에서 옥저와 탄금이 내려오고 그것을 주봉만이 연주할 수 있게 되자 황제가 주봉의 벼슬을 돋우고 더욱 사랑하다.
15. 모든 신하들이 시기하여 주봉을 해치고자 모의하다.
16. 좌승상 유경안이 해평골의 문제점을 들어 주봉을 해평도사로 보낼 것을 주청하다.
17. 황제가 거절하다가 모든 신하들의 거듭된 주청에 어쩔 수 없어 주봉을 해평도사로 보내다.
18. 주봉이 홀어미니와 이별하고 임신 8개월이 된 부인을 데리고 해평으로 떠나다.
19. 주봉이 해평으로 가는 길에 해적 장주경의 공격을 받아 죽게 되다.
20. 노비 옥염이 주경에게 간청하여 주봉은 바다에 던져지고 부인은 옥염과 함께 주경에게 잡혀가다.
21. 일광도사가 주봉을 구원하여 해평고을에 내려놓고 십칠 년간의 고난을 예고하다.
22. 부인과 옥염이 장주경에 잡혀가자 그 전에 잡혀온 최한림의 부인을 만나다.
23. 장주경이 부인을 겁탈하고자 하나 옥염의 기지로 면하다.
24. 옥염의 기지로 부인이 장주경의 마수를 벗어나 도망하고 옥염은 바다에 빠져 죽다.
25. 바다에 빠진 옥염은 용왕의 구원을 입어 용궁에 가다.
26. 장주경의 마수를 벗어난 이부인은 영보산 칠보암 팔왕대사의 구원을 입어 칠보암에 의탁하다.
27. 이부인이 머리를 깎고 팔왕대사의 상좌가 되다.

28. 이부인이 칠보암에서 아들을 낳다.
29. 아이의 울음소리 때문에 결국 이부인은 아이의 배냇저고리에 아기의 새끼발가락을 끊어서 옷깃 속에 넣고 이름을 해선이라 새겨서 아랫마을에 버리게 되다.
30. 이때 마을을 도적질하여 돌아가던 주경이 아이를 데리고 가서 아들로 삼고 이름을 장해선이라 하며 최한림의 부인에게 키우게 하다.
31. 부인이 배냇저고리를 보고 그 내력을 짐작하고 아이를 키우다.
32. 해선이 주경의 만류에도 불구하고 용맹은 물론 글을 익히다.
33. 해선이 십사 세가 되었을 때 황성에 가서 재물과 여인을 빼앗아 오겠다고 말한 뒤 황성에 가다.
34. 해선이 자신도 모르게 자기 할머니의 집에 투숙하다.
35. 해선이 자기와 꼭 닮았다는 주봉의 내력을 듣고 자신의 내력을 의심하다.
36. 해선이 할머니에게 옥저 탄금을 얻어서 해평으로 돌아오다.
37. 해선이 해평골에서 탄금과 옥저를 인연하여 주봉을 만나고 주봉이 자기 아버지임을 짐작하다.
38. 또 해선의 옥저 탄금이 인연이 되어 주봉과 칠보암에 있던 부인이 서로 만나게 되고 또 새끼발가락 등으로 인하여 해선이 자신의 내력을 짐작하게 되다.
39. 해선이 집에 돌아와 주경에게 거짓말을 하고 다시 모친에게 자신의 내력을 물어서 확인하다.
40. 해선이 자기 내력을 숨길 것을 모친에게 당부하고 다시 서울로 향하다.
41. 해선이 서울에 가서 다시 할머니를 만나 위로하고 부모를 찾은 내력을 말하다.

42. 해선이 과거에 급제하자 스스로 해평골의 도사가 될 것을 자원하다.
43. 황제가 만류하다가 해선의 뜻대로 해평도사로 임명하다.
44. 해선이 해평골에 도착하자 주경이 매우 기뻐하다.
45. 해선이 자기 부모를 장주경 몰래 안돈하고 자기 부임의 축하 잔치를 베풀다.
46. 이때 해선이 장주경을 체포하여 자기 부모와 키워준 어머니의 원수를 갚게 하다.
47. 해선이 옥염을 위한 제를 지내고 그 사연을 황제께 보고하다.
48. 황제가 기특하게 여겨 주봉에게 옛날 벼슬을 그대로 내리시고 해선에게는 수의어사를 내리시고 장주경에게 잡혀 있던 열두 부인은 각각 직책을 돋우시다.
49. 옥황상제가 충비 옥염을 인간 세상에 환생하게 하다.
50. 주봉 부부와 해선 및 황제가 옥염의 충절을 가상하게 여겨 여러 번 수륙제를 지내자 옥염이 인간세상에 환생하다.
51. 황제가 주봉을 섭황제에 봉하고 옥염을 충열부인에 봉하다.
52. 주봉이 서울에 돌아와 어머니를 뵙고 그간 사연을 말씀드리고 회포를 풀다.
53. 주봉 부자가 황제를 알현하고 그간 사연을 아뢰다.
54. 황제가 주봉 부자에게 천하를 맡기고자 하나 사양하다.
55. 주봉 부자가 황제의 명을 받아 조정의 모든 권한을 장악하고 선정을 베풀다.
56. 황제가 옥염을 정경부인에 봉하고 홍문을 세워 자손 만대에 전하게 하다.

-주봉전니라

 각셜[1] 성화[2] 연간의 시화연풍[3] ㅎ고 국티민안[4] ㅎ야 충신은 만조정ㅎ고 회ᄌ 열여은 가가재[5]로다.
 잇디의 한 지상니 잇시디 셩은 쥬요 명은 득니라. 명망[6]니 조정의 진동ㅎ더라.
 황제 득을 명초[7]하야 손을 ᄌ부시며 왈 경은 짐의 슈족니라. ㅎ시고 어쥬슴 ᄇᆡ을 친니 권하시고 벼술을 도도와 좌우싱지 우상서의 겸 할님학ᄉᆞ을 제슈ㅎ시니 쥬여득이 일시의 병부[8] 닷섯ᄎ[9]니 명망[10]이 조정의 제닐이라.
 이러ㅎ무로 조정 ᄇᆡ관[11]이 다 은논ㅎ되 조정 권세을 쥬여득이 혼ᄌ ᄎ지ㅎ니 우리는 한 벼슬리 업시니 익달코 절통ㅎ도다[12] ㅎ고 날마닥

---

1) 각셜(却說) : 화제를 돌려 다른 말을 꺼낼 때 첫머리에 쓰는 말.
2) 성화 : ? 아마 '중국 황제의 연호'인 듯.
3) 시화연풍(時和年豊) : 나라가 태평하고 풍년이 들어 더욱 평화로움.
4) 국태민안(國泰民安) : 나라가 태평하고 백성이 편안함.
5) 가가재(家家在) : 집집마다 있음.
6) 명망(名望) : 명성과 인망.
7) 명초(命招) : 임금의 명령으로 신하를 부름.
8) 병부(兵符) : 발병부의 준말. 발병부(發兵符) : 조선 때 군대를 동원하는 표지로 쓰던 동글납작한 나무패. 한 면에 '發兵'이라 쓰고, 다른 한 면에 길이로 관찰사 · 절도사 등의 이름을 기록한 다음 가운데를 쪼개어 오른쪽은 그 책임자에게 주고, 왼쪽은 임금이 가지고 있다가 군대를 동원할 필요가 있을 때 임금이 교서와 함께 그 한 쪽을 내리면, 지방관은 두 쪽을 맞추어 보고 인정되면 군대를 동원했다.
9) 닷섯ᄎ : ? 아마 '다섯을 함께 갖게 되니' 등의 뜻인 듯.
10) 명망(名望) : 명성과 인망.
11) 백관(百官) : 높고 낮은 모든 벼슬아치.

－주봉전 현대역

　중국 성화 연간에 나라가 태평하고 매년 풍년이 들어서 나라와 백성이 더욱 편안한 때에 충신은 조정에 가득하고 효자와 열녀도 집집마다 있을 정도더라.

　이때에 한 사람의 재상이 있었는데 성은 주요. 이름은 득이라. 명성과 인망이 조정에 진동하더라.

　황제가 득을 불러서 손을 잡고 말씀하시기를,

　"경은 짐의 수족과 같은 사람이다."

　하시고 어주 석 잔을 손수 권하시고 벼슬을 돋우어 좌우승지 우상서 겸 한림학사를 제수하시니 주여득이 일시에 병부 다섯 개를 차지하게 되이 명성과 인망이 조정에 으뜸이더라.

　이러하므로 조정의 모든 관리들이 다 의논하기를,

　"조정의 권세를 주여득이 혼자 차지하여 우리는 하나의 벼슬도 없게 되니 이 어찌 애달프고 원통한 일이 아니겠는가?"

　하고 날마다

---

12) 절통하다(切痛―) : 지극히 원통하다.

으논ᄒᆞ여 득을 모희13)코ᄌᆞ ᄒᆞ더니 하부상셔 ᄒᆞ던 최승서 이전으 ᄒᆞ던 벼슬을 여득의게 ᄋᆡ신고로14) ᄒᆞᆫᄒᆞ고로 ᄒᆞᆫ 모칙15)을 싱각ᄒᆞ야 빅관은 ᄃᆞ리고 탑젼16)으 드러가 엿ᄌᆞ오디 신 듣니 듯ᄉᆞ오니 희평션즁이 육노로 ᄉᆞ만 ᄉᆞ쳘 니오. 수로로 오만 오쳘 니오니 펴ᄒᆞ의 덕틱니 밋지 못ᄒᆞ야 ᄉᆞᆷ밍17) 오류18)과 인니에지19)가 쇠진20)ᄒᆞ야 희평도ᄉᆞ21) 팔구 닌을 보니더 ᄒᆞᆫ 변 가면 소식이 돈졀22)ᄒᆞ오니 국가으 큰 손실니라. 조졍 빅관 즁으 장약23)잇난 ᄉᆞ람을 간틱24)ᄒᆞ야 희평션즁으 보니여 빅셩을 진무25)ᄒᆞ고 오류을 갈르치며 젼으 보닌 도ᄉᆞ 소식도 알고ᄌᆞ ᄒᆞ나니다.

황졔 왈 그러ᄒᆞ면 디신 듕의 뉘가 맛당ᄒᆞ요. ᄒᆞ신디 최상셔 엿ᄌᆞ오디 지금 할님학ᄉᆞ 좌부승서 ᄒᆞ난 쥬여득이 쳔ᄒᆞ 영웅니라. 여득을 명초ᄒᆞ야 보니소셔.

황졔 디로 왈 쥬여득은 짐으 슈족이라 박그로 보니고 국가 ᄃᆞᄉᆞ26)을

---

13) 모해(謀害) : 꾀를 써서 남을 해침.
14) ᄋᆡ신고로 : 빼앗긴 까닭으로.
15) 모책(謀策) : 어떠한 일을 처리하거나 모면할 꾀를 세움. 또는 그런 꾀.
16) 탑젼(榻前) : 임금의 자리 앞.
17) ᄉᆞᆷ밍 : ? 아마 '삼강'의 오기인 듯. 삼강(三綱) : 군신・부자・부부 사이에 지켜야 할 떳떳한 도리.
18) 오류(五倫) : ①사람이 지켜야 할 다섯 가지의 떳떳한 도리. 곧 부자 사이의 친애, 군신 사이의 의리, 부부 사이의 분별, 장유 사이의 차서, 붕우 사이의 신의.
19) 인의예지(仁義禮智) : 사단을 이루는 '인'・'의'・'예'・'지'.
20) 쇠진(衰盡) : 쇠하여 다됨.
21) 도사 : ? 아마 '벼슬이름'인 듯.
22) 돈졀(頓絶) : 소식이 아주 끊어짐.
23) 장략(將略) : 장수로서의 계략.
24) 간택(簡擇) : 여럿 가운데서 고름(택함).
25) 진무(鎭撫) : 백성의 마음을 진정시켜 어루만져 달램.
26) 다사 : ? 아마 '대사(大事)'의 오기인 듯

의논하여 여득을 모함하여 해치고자 하더라.

이때 좌부상서 벼슬을 하던 최상서가 이전에 자신이 맡았던 벼슬을 여득에게 빼앗긴 까닭으로 한스럽게 생각하던 중 한가지 교묘한 꾀를 생각해내고 조정의 관리들을 선동하여 임금 앞에 들어가 말씀드리기를,

"신 등이 듣자오니 해평선중이 육로로는 사만 사천 리요. 수로로는 오만 오천 리라. 폐하의 덕택이 미치지 못하여 삼강오륜과 인의예지가 쇠진하여졌으므로 해평 도사를 팔구 인이나 보내되 한 번 가면 소식이 영영 끊어지게 되니 이것은 국가의 큰 손실이라 생각됩니다. 조정의 벼슬아치 중에서 장수로서의 책략이 있는 사람을 가려서 해평선중으로 보내어 백성들을 어루만져 달래고 오륜을 가르치며 아울러 이전에 보낸 도사의 소식도 알았으면 합니다."

황제가 말하기를,

"그러하면 대신들 중에서 누가 마땅하겠는가?"

하시니 최상서가 여쭈기를,

"지금 한림학사 겸 좌부상서를 하는 주여득이 천하의 영웅이오니 여득을 불러서 보내소서."

황제가 크게 화를 내며,

"주여득은 짐의 수족이라 밖으로 보내고 국가의 큰 일을

뉘로 더부러 으논ᄒ리요. 다른 신ᄒ을 보니라. ᄒ신디 미일 빅관니 한ᄉ 쥬왈 다른 신하 미번 보니되 닐거무소기²⁷⁾ᄒ니 펴ᄒ겨옵서 ᄒ고만환²⁸⁾ ᄉ졍을 싱각하ᄉ 국가 디ᄉ을 싱각지 안니ᄒ신잇가.

황제 드르시고 진노²⁹⁾ᄒᄉ 다시 왈외나³⁰⁾ 신ᄒ 잇시면 국법으로 원 쳔³¹⁾ᄒ니라. ᄒ신디 빅관니 쥬왈 신 등이 빅 번 죽ᄉ온들 국가 디ᄉ를 엇지 돌보지 아니ᄒ릿가 쥬여득 곳 아니면 희펑션즁 빅셩을 엇지 진무ᄒ 릿가..

황제 할닐업서 쥬여득을 명초³²⁾ᄒ신디 쥬상셔 탑젼으 드러가 복지ᄒ거 날 쳔ᄌ 홍누³³⁾을 머금고 젼교ᄒ시디 희펑골리 숙말니라³⁴⁾. 인심니 불 측³⁵⁾ᄒ야 오륜을 모른다 ᄒ니 경니 가서 슴강 오륜을 가르쳐 빅셩을 진무 ᄒ고 속니 도라오라 ᄒ신디

여득니 졍신니 아득ᄒ여 아모 말도 못ᄒ고 양구³⁶⁾의 복지 쥬왈 소신니 펴화 젼교을 슈화³⁷⁾ 즁넌들 피ᄒ올잇가마넌 가기난 가오런이와 펴하게옵 서 소신을 슈족갓티 ᄉ랑ᄒ옵시기로 신도 ᄯ 엇지 일신들 펴ᄒ을 써나오

---

27) 닐거무소기 : ? 아마 '일거무소식'의 오기인 듯. 일거무소식(一去無消息) : 한번 가면 소식이 없음.
28) ᄒ고만환 : ? 아마 '하고많은'의 오기인 듯.
29) 진노(震怒) : 존엄한 사람이 몹시 노함.
30) 왈외다 : ? 아마 '아뢰다'의 오기인 듯.
31) 원찬(遠竄) : 원배(遠配) : 먼 곳에 귀양보냄.
32) 명초(命招) : 임금의 명령으로 신하를 부름.
33) 홍루(紅淚) : ①아름다운 여자의 눈물. ②피눈물.
34) 숙말니라 : ? 아마 '인류이 땅에 떨어진 곳이라' 등의 뜻인 듯.
35) 불측 : 무거불측의 준말인 듯. 무거불측(無據不測) : ①말할 수 없이 흉측함. ②근거가 없어 헤아리기 어려움.
36) 양구에(良久—) : 한참 만에.
37) 수화(水火) : ①물과 불. ②'매우 곤란한 환경'을 비유하는 말.

누구와 함께 의논하겠는가? 다른 신하를 보내라."

하신데 매일 신하들이 한사코 아뢰기를,

"다른 신하는 매번 보내되 한 번 가서는 소식이 전혀 없으니 폐하께옵서는 이러한 사정을 생각하셔야지 어찌 국가의 큰일을 생각지 아니하십니까?"

황제 들으시고 매우 화를 내시며 다시 말하기를,

"이 말을 다시 아뢰는 신하가 있으면 국가의 법에 따라 먼 곳으로 귀양을 보낼 것이다."

하신데 그래도 신하들이 아뢰기를,

"저희들이 백 번 죽은들 국가의 큰 일을 어찌 돌보지 않겠습니까? 주여득이 아니면 해평선중을 어찌 진무하겠습니까?"

황제가 어쩔 수 없어 주여득을 부르니 주상서가 임금 앞에 들어가 엎드리거늘 황제가 피눈물을 머금고 명령하시되,

"해평 고을은 변방이다. 인심이 흉칙하여 오륜을 모른다하니 경이 가서 삼강과 오륜을 가르쳐 백성을 진무하고 속히 돌아오도록 하라."

하시니 여득이 정신이 아득하여 아무 말도 못하고 한참 오랜 후에 땅에 엎드려 아뢰기를,

"소신이 폐하의 명령을 물과 불 속인들 피하겠습니까? 그래서 가기는 가겠습니다만 폐하께서 소신을 수족같이 사랑하신다 하는데 소신이 어찌 잠신들 폐하 곁을 떠나오

릿가. ᄒᆞ며 눈물리 비 오듯 ᄒᆞ난지라.

황제 보시고 쥬여득의 손을 줍고 용누38)을 홀이시며 탄식 왈 과니 실허 말고 슈히 도라오면 천ᄒᆞ룰 반분할 거시니 슈니 단여 도라오라 ᄒᆞ신디

쥬승상니 할닐읍서 탑전의 ᄒᆞ직ᄒᆞ고 집의로 도라와 부닌으 손을 줍고 디셩통곡39) 왈 천ᄌᆞ 전교ᄒᆞ스 날노 히평도스을 제슈40)ᄒᆞ시미 히평 직노41)을 싱각ᄒᆞ니 육노 수로 누말이42)라. ᄒᆞ 번 가면 다시 보지 못ᄒᆞ다 ᄒᆞ니 조정 빅관이 시기ᄒᆞ야 나을 죽기려ᄒᆞ는지라.

죽을지언정 황명을 엇지 기약43)ᄒᆞ리리요. 부닌과 ᄌᆞ식 쥬봉의 거동을 보고 ᄎᆞ라리 죽고 ᄋᆞ니 감만 갓지 못ᄒᆞ다 ᄒᆞ고 쥬봉을 안고 낫셜 흔티 디이고 통곡ᄒᆞ니 아니 울이 업더라.

부인니 신상44)의 말삼을 듯고 신상의 손을 줍고 울며 왈 어린 ᄌᆞ식을 뉘로 으탁45)ᄒᆞ며 첩은 뉘을 밋고 스르잇가. 서로 붓들고 우난 소리으 산천 초목이 다 실허ᄒᆞ난 듯ᄒᆞ드라.

쥬신상이 할 일 업셔 약을 먹고 죽난지라.

각셜 황제 쥬신상 죽어단 말을 드르시고 왈 쥬여득은 짐의 슈족이라. 죽어다 ᄒᆞ니 뉘로 더부러 국가 디사을 으논ᄒᆞ리요. ᄒᆞ시고 왕예46)로 써 중사47)ᄒᆞ다.

---

38) 용루(龍淚) : 임금의 눈물.
39) 대성통곡(大聲痛哭) : 큰 소리로 슬프게 욺.
40) 제수(除授) : 천거의 절차를 밟지 않고, 임금이 직접 벼슬을 시킴.
41) 직로(直路) : ①곧은 길. ②서울에서 부산, 또는 의주에 이르는 큰길을 일컫던 말.
42) 누말이 : ? 아마 '수만리'의 오기인 듯.
43) 기약 : ? 아마 '거역'의 오기인 듯.
44) 신상 : ? 아마 '남편 혹은 남편의 이름이나 벼슬이름'을 가리키는 말인 듯.
45) 의탁(依託) : 남에게 의뢰함.
46) 왕예(王禮) : 임금에게 베푸는 예의.

리까?"

하며 눈물이 비 오듯 하더라.

황제가 보시고 주여득의 손을 잡고 눈물을 흘리시며 탄식하고 말하기를,

"지나치게 슬퍼하지 말고 빨리 돌아오면 천하를 반으로 나누어 줄 것이니 속히 다녀오너라."

하시니 주승상이 어쩔 수 없어 임금께 하직하고 집에 돌아와서 부인의 손을 잡고 큰소리로 울면서 말하기를,

"임금이 명령하시기를 나로 하여금 해평도사를 제수했습니다. 해평으로 가는 길을 생각하니 해평은 육로와 수로가 수만 리라. 한 번 가면 다시 오지 못한다 하니 아마 이것은 조정의 모든 신하들이 나를 시기하여 죽이려 하는 것입니다. 그러나 죽을지언정 황제의 명령을 어찌 거역하겠는가? 부인과 자식 주봉의 얼굴이나 보고 차라리 죽는 것만 같지 못합니다."

하고 주봉을 안고 얼굴을 서로 대이고 통곡하니 아니 울 사람이 없더라. 부인이 남편의 말씀을 듣고 남편의 손을 잡고 울면서 말하기를,

"어린 자식을 누구에게 맡기며 저는 누구를 믿고 살아야합니까?"

서로 붙들고 우는 소리는 산천초목이 다 서러워하는 듯 하더라.

주승상이 어쩔 수 없어 약을 먹고 죽더라.

각설이라. 황제가 주승상이 죽었다는 말을 듣고 말하기를,

"주여득은 짐의 수족이라. 죽었다 하니 누구와 더불어 국가의 큰일을 의논하겠는가?"

하시고 왕의 예로서 장사를 지내게 하시다.

---

47) 장사(葬事) : 죽은 사람을 땅에 묻거나 태우는 일.

각설리라. 부인이 주봉 다리고 쥬야⁴⁸⁾고 이통⁴⁹⁾호더니 세월리 여유호 여⁵⁰⁾ 삼 연을 지니이 주봉으 나히 칠 세의 당호엿난지라. 이제 글을 입학호 미 일남첩서⁵¹⁾호여 숭니 기기호리라⁵²⁾.

십 세으 당호미 나지면 솔쌩울 주어다가 밤니면 불을 써고 공부호니 그 초복⁵³⁾호 정숭⁵⁴⁾은 츠마 보지 못할네라.

세월리 여류호야 주봉의 나히 십스 세라. 글은 천호 문중요. 인물리 남중 닐식⁵⁵⁾이라. 가세⁵⁶⁾ 탕픠⁵⁷⁾호야 왕부닌이 밥을 비러다가 쥬봉을 먹니니라.

잇써 황제 천호 못호⁵⁸⁾ 닌지을 어더 국스을 의논코즈 호야 과거⁵⁹⁾을 뵈닐 시 쥬봉니 그 소식을 듯고 부닌 전으 엿즈오더 과거을 순다⁶⁰⁾호니 소즈도 귀경코즈 호나이다.

부닌니 니 말을 듯고 왈 네 으무리 과거을 보고즈 호들 디필⁶¹⁾리 읍시니 엇지 호리요. 호시고 붓들고 이통호니 천만의외⁶²⁾의 남천문 밧기 송닌

---

48) 주야(晝夜) : 밤낮.
49) 애통(哀痛) : 슬프고 가슴 아파함.
50) 여류하다(如流—) : ('물의 흐름과 같다'는 뜻으로) '세월이 빠름'을 비유하는 말.
51) 일남첩서 : ? 아마 '일람첩기'의 오기인 듯. 일람첩기(一覽輒記) : 한 번 보고 잊지 않음.
52) 기기호리라 : ? 아마 '기이하게 여기더라. 혹은 기대하더라' 등의 뜻인 듯.
53) 초복 : ? '어렵고 힘든' 등의 뜻인 듯.
54) 정상(情狀) : 사정과 형편.
55) 남중일색(男中一色) : 남자 가운데 썩 뛰어나게 잘생긴 사람.
56) 가세(家勢) : 집안 살림의 형세.
57) 탕패(蕩敗) : 탕진(蕩盡) : (재물 따위를) 다 써서 없앰.
58) 못호 : ? 아마 '뛰어난' 등의 뜻인 듯.
59) 과거(科擧) : 옛날에 벼슬아치를 뽑던 시험. 문과·무과·잡과 등이 있었다.
60) 슌다 : ? 아마 '시험이 있다' 등의 뜻인 듯.
61) 지필(紙筆) : 종이와 붓.
62) 천만의외(千萬意外) : 천만뜻밖 : 전혀 생각하지 않은 뜻밖.

각설이라. 부인이 주봉을 데리고 밤낮으로 슬피 울더니 세월이 흐르는 물과 같아서 삼 년을 지내니 주봉의 나이가 칠 세가 되었더라.

이제 글을 배우기 시작하는데 한 번 보면 잊지 않으니 사람들이 기이하게 여기더라. 십 세가 되니 낮에는 솔방울을 주어다가 밤이 되면 불을 때면서 공부하니 그 어렵고 힘든 사정은 차마 보지 못하겠더라.

세월이 흐르는 물과 같아서 주봉의 나이가 십사 세가 되니 글은 천하에 제일이 되는 문장이요. 인물은 남자 중에 일색이더라. 집안 형편이 매우 궁핍하여 왕부인이 밥을 빌어다가 주봉을 먹이더라.

이때 황제가 천하의 뛰어난 인재를 얻어 국사를 의논하고자 하여 과거를 실시함에 주봉도 그 소식을 듣고 부인 앞에 나아가 말하기를,

"과거를 실시한다 하니 소자도 한 번 참여하고자 합니다."

부인이 이 말을 듣고 말하기를,

"네 아무리 과거를 보고자 한들 종이와 붓도 없으니 어찌 하겠는가?"

하시고 붙들고 애통하더니 천만뜻밖에 남천문 밖에 사는

이도원니 그 그동을 보고 쥬도련님을 불너 왈 도련님은 무신 연고로 저디
지 이통ᄒ시난닛가.

쥬봉니 답왈 다름니 오이라 과거을 보ᄌᄒ흔들 지필리 읍서 글노 모지(63)
우노라. ᄒ거날 이도원이 엿ᄌ오디 이번 과거을 보라ᄒ시면 누만금(64)니
라도 소닌이 당할 거시니 조곰도 염여 마옵서 ᄒ고 소닌으 집으로 도라가
스니다. ᄒ고 ᄒ가디로 도라와 조흔 쥬춘(65)을 니여 디졉ᄒ고 약식(66)과
과양(67)을 니여 쥬며 빅미 빅 석과 금 닐천 양을 주며 우선 양식니나 ᄒ라
ᄒ고 ᄒ난을 불너 쥬도련님 딕으로 슈운(68)ᄒ라 ᄒ더라.

잇디 부닌 과양(69)을 염여 ᄒ더니 천만의외여 엇던 ᄒ닌이 전곡(70)을
무슈이 슈운ᄒ거늘 부닌 디경(71) 왈 이 지물리 종천낭ᄒ며 종종지튤ᄒ여
난다(72).

쥬봉으 손을 줍고 뉴가 주던야. 쥬봉니 디 왈 문안으 스난 이도원니가
ᄒ더라 ᄒ거늘 부닌이 합장 스례 왈 이 전곡 쥬시난 은혜난 이 세상의서
갑풀 지리 업고 죽어 지ᄒ의 도라가 갑풀이라 ᄒ시더라.

---

63) 모자(母子) : 어머니와 아들.
64) 누만금(累萬金) : 굉장히 많은 돈.
65) 주찬(酒饌) : 술과 안주.
66) 약식(藥食) : 약밥. 찹쌀을 물에 불려 시루에 찐 뒤에 꿀 또는 흑설탕ㆍ참기름ㆍ대추를 쪄서 거른 것들을 섞어 가지고 진간장ㆍ밤ㆍ대추ㆍ황밤을 넣어서 다시 시루에 찐 밥.
67) 과양 : ? 아마 '과자' 등의 뜻인 듯.
68) 수운(輸運) : 운수(運輸) : 큰 규모로 짐이나 사람을 나르는 일.
69) 과양 : ? 아마 '양식' 등의 뜻인 듯.
70) 전곡(錢穀) : 돈과 곡식.
71) 대경(大驚) : 크게 놀람.
72) 종천낭ᄒ며 종종지튤ᄒ여난다 : ? 아마 '어디서 났으며 어떻게 가져왔는가' 등의 뜻인 듯.

이도원이 그 거동을 보고 주도련님을 불러 말하기를,

"도련님은 무슨 까닭으로 그렇게 슬퍼하십니까?"

주봉이 대답하기를,

"다름이 아니라 과거를 보고자한들 과거에 응시할 도구가 없어서 어머니와 제가 울고 있습니다."

하거늘 이도원이 말하기를,

"이번 과거를 보려고 하시면 아무리 많은 돈이 들더라도 제가 감당할 것이니 조금도 걱정을 마십시오."

하고 자기의 집으로 데리고 가서 좋은 음식을 내어 대접하고 약식과 과자도 내어 주며 백미 백 석과 금 일천 냥을 주며 우선 양식이나 하라고 하면서 하인을 불러,

"주도련님 댁으로 옮겨라"

하더라.

이때 부인이 양식을 걱정하더니 천만뜻밖에 어떤 하인들이 곡식과 돈을 무수하게 옮겨오거늘 부인이 크게 놀라서 말하기를,

"이 재물이 어디서 났으며 어떻게 가져왔는가?"

주봉의 손을 잡고,

"누가 주더냐?"

주봉이 대답하기를,

"문 안에 사는 이도원이 주었습니다."

하니 부인이 합장하고 감사를 드리며 말하기를,

"이 돈과 곡식을 주시는 은혜는 이 세상에서 갚을 길이 없고 죽어서 지하에 돌아가서나 갚으리라."

하시더라.

잇써 과거 날리 당ᄒ야난지라. 쥬봉니 궁듕의 드러가 글제73)을 보니 평셩의 짓던 비라. 일필휘지74)하야 일쳔75)의 션중76)ᄒ여더니 황제 글을 보시고 칭춘ᄒ시면 왈 귀귀명ᄌ77)니요. 획마다 주옥78)니라. 글과 글시을 보니 젼신상 쥬여득 유ᄒᆞ갓도다79). ᄒ시고 직시 탁병80)ᄒ야 실니81)을 쥬봉니라 부른지라.

이도원니 탁방82)을 기다리더니 쳔만의외여 남쳔문 박기 스난 쥬싱승 ᄋᆞ달 쥬봉니라. ᄒ고 실니을 부르거날 이도원이 그 소리을 듯고 ᄒ거름의 주도련님 딕으 가며 도련님니 알승급재83)ᄒ여 실니 부르시난 소리 못 드르시난잇가. ᄒ며 목의 춤84)이 읍시 말ᄒ여 ᄎᄎᄒ거눌85) 왕부닌86)이 이 말을 듯고 일변 반갑고 일변 실허ᄒ난디라.

쥬봉의 손을 줍고 실허ᄒ시니 주봉이 위로 왈 모친임은 너머 실허 마옵

---

73) 글제 : 글의 제목.
74) 일필휘지(一筆揮之) : 글씨를 단숨에 내리씀.
75) 일천(一天) : 과거 볼 때 첫째로 글을 지어 바치는 일. 또는 그 글장.
76) 선장(先場) : 과거 시험장에서 가장 앞섬.
77) 귀귀명주 : ? 아마 '귀귀관주(句句貫珠)'의 오기인 듯. 관주(貫珠) : 글을 평가할 때 잘 된 곳에 치는 동그라미.
78) 주옥 : ? 아마 '비점' 등의 뜻인 듯. 비점(批點) : 시나 글을 끊을 때 아주 잘 된 곳에 적는 둥근 점.
79) 유ᄒᆞ갓도다 : ? 아마 '살아 있는 것 같다' 등의 뜻인 듯.
80) 탁명(擢名) : 이름을 뽑아냄.
81) 신래(新來) : 과거에 새로 급제한 사람.
82) 탁방(坼榜) : ①과거에 급제한 사람의 성명을 내어 붙임. ②일의 '결말'을 비유하는 말.
83) 알성급제(謁聖及第) : 알성과에 합격함. 또는 그 사람.
84) 춤 : 침.
85) ᄎᄎᄒ거눌 : ? 아마 '찾거늘' 등의 뜻인 듯.
86) 왕부인 : ? 아마 '할머니'의 다른 말인 듯.

이때 과거 날이 되었으므로 주봉이 궁중에 들어가 시험의 글 제목을 보니 평소에 짓던 것이더라. 그래서 단숨에 글을 다 써서 그 시험장에서 제일 먼저 제출하였더니 황제께서 글을 보시고 칭찬하시면서 말하기를,

"글귀마다 관주요. 자획마다 비점이로다. 글과 글씨를 보니 전 승상 주여득이 살아서 돌아온 것 같도다."

하시고 즉시 이름을 뽑아내어서 과거에 새로 합격한 사람을 주봉이라고 부르더라.

이때 이도원이 과거에 급제한 사람의 이름이 발표되기를 기다리더니 천만뜻밖에 남천문 밖에 사는 주승상의 아들이 장원급제하였다고 하면서 새로 과거에 합격한 사람을 부르더라. 이도원이 이 소식을 듣고 한걸음에 주도련님 댁에 가서,

"도련님이 알성과에 급제하여 새로 급제한 사람을 부르고 있는데 도련님은 듣지 못했습니까?"

하며 목에 침이 마르도록 찾거늘 왕부인이 이 말을 듣고 한편으로 반갑고 한편으로는 슬퍼하더라.

주봉의 손을 잡고 슬퍼하시니 주봉이 위로하며 말하기를,

"어머님은 너무 슬퍼하지 마

소셔. 쥬시 궐니으 드러가 탑젼으 복지ᄒ니 ᄒ니 황제 쥬봉을 보시고 젼교 ᄒ시디 경을 보이 얼골과 체신87)니 젼 신하 쥬여득과 호발88)도 다르미 읍시니 알지못게라. 뉘집 ᄌ손이면 나히 얼미나 ᄒ요 ᄒ신디 쥬봉이 ᄃ시 복지ᄒ 주왈 소신은 남원문 박기 ᄉ난 주여득의 ᄋ달이옵고 나히 십ᄉ 세로소니다.

쳔ᄌ 여득으 아달이란 말을 듯고 ᄒ거름으 니달라 쥬봉의 손을 즙으시고 칭춘 왈 용은 용을 낫코 범은 범을 낫코 난단 말리 올토다 ᄒ시고 쥬봉을 ᄃ시 즙고 예일을 싱각ᄒ니 실푼 마음 솟ᄉ나는지라. 직일89)로 베슬을 쥬시디 경의 부친ᄒ시던 디로 ᄒ라 ᄒ시고 좌우싱지 우상셔 겸 할임학ᄉ을 제슈ᄒ신디 이란지니90)의 병부 ᄃ셧셜 ᄎ니 명망91)이 조정의 제일이라.

잇ᄯ 이부상셔ᄒ난 이승지의 ᄯ리 잇난지라. 황제 염탐92) ᄒ시고 이승 지은 명초ᄒ신디 이승디 직 궐니의 드러와 복지ᄒ더 황제 문왈 짐이 드르니 경의 ᄯ을 두얼 두엇다ᄒ니 쥬싱샹 ᄋ달 주봉으로 ᄉ회 ᄉ마 빙연동 낙93)이 엇더ᄒ요. ᄒ신디 이승지 복지 쥬왈 소신도 이번 과거ᄒ난 ᄒ 사람 으로 ᄉ회을 ᄉ으러 ᄒ얏삽더니 펴ᄒ 젼교ᄒ시니 엇디 싀양ᄒ오릿가.

직시 나와 부닌다려 쳔ᄌ의 말슴을 이르고 길일94)을 간탁95)하야 쥬싱

---

87) 체신(體身) : 몸의 생김새.
88) 호발(毫髮) : 자디잔 털. 아주 작은 물건을 가리킬 때 쓰는 말이다.
89) 즉일(卽日) : (일이 일어난) 바로 그날.
90) 이란지니 : ? 아마 '일년 안에 즉, 아주 짧은 기간 내' 등의 뜻인 듯.
91) 명망(名望) : 명성과 인망. 인망(人望) : 세상 사람이 존경하고 신뢰하는 덕망.
92) 염탐(廉探) : 염알이 : 남의 사정이나 비밀 따위를 몰래 알아냄.
93) 백년동락(百年同樂) : 한 평생 즐거움을 함께 함.
94) 길일(吉日) : 좋은 날.
95) 간택(簡擇) : 여럿 가운데서 고름(택함).

소서."

즉시 궁궐에 들어가 임금 앞에 엎드리니 황제가 주봉을 보시고 말씀하시되,

"경을 보니 얼굴과 몸의 생김새가 이전의 신하 주여득과 조금도 다름이 없으니 알지 못하겠구나. 뉘 집 자손이며 나이는 얼마나 되었는가?"

하시니 주봉이 다시 엎드리어 아뢰기를,

"소신은 남원문 밖에 사는 주여득의 아들이옵고 나이는 십사 세로소이다."

천자가 여득의 아들이란 말을 듣고 한걸음으로 내달아 주봉의 손을 잡으시고 칭찬하며 말씀하시기를,

"용은 용을 낳고 범은 범을 낳는다는 말이 옳도다."

하시고 주봉의 손을 다시 잡고 옛일을 생각하니 슬픈 생각이 솟아나는지라. 그날 바로 벼슬을 주시되,

"경의 부친이 하던 대로하라."

하시며 좌우승지 우상서 겸 한림하사를 제수하시니 일년 안에 병부 다섯을 차지하니 명성과 인망이 조정에서 제일이더라.

이때 이부상서 벼슬하는 이승지에게 딸이 있더라. 황제가 아시고 이승지를 부르시니 이승지가 즉시 궁궐에 들어가 임금을 알현하니 황제가 묻기를,

"짐이 들으니 경이 딸 둘을 두었다 하던데 지금 주승상 아들 주봉을 사위로 삼아 백년 동락하게 하는 것이 어떠한가?"

하시니 이승지가 엎드려 아뢰기를,

"소신도 이번 과거 시험에 합격한 사람을 사위로 맞으려 하였는데 폐하의 명령이 이와 같으니 어찌 사양하겠습니까?"

즉시 나와 부인에게 황제의 말씀을 전하고 좋은 날을 택하여 주승

승덕으로 거범96)ᄒᆞ니라.

주왈 임니97) 니승지 정혼 턱닐 보시고 부닌 전으 드러가 혼ᄉᆞ 말ᄉᆞᆷᄒᆞ디 모닐노 납치98)ᄒᆞ고 모닐른 힝에99)라 하오니 엇지 ᄒᆞ오릿가.

디부닌이 이 말ᄋᆞ 드르시고 일희일비100)ᄒᆞᄉᆞ 질닐르101) 에단을 이승지 딕으로 보니니라.

즁ᄎᆞ 혼녜 당ᄒᆞ니 육에102)을 가초와 에필103)후의 싱ᄉᆞᆼ 부부 낙낙한 그 딜거옴을 칭양치 못할너라.

일일른 할님이 송닌 이도원을 불너 쥬온104)으로 디졉하고 항금 슈만 양을 주시며 왈 그디 은희난 빅골난망105)니라. ᄒᆞ신디 도원이 복디 쥬왈 승ᄉᆞᆼ께옵서 소닌을 이디지 디ᄒᆞ시니 황공 감ᄉᆞᄒᆞ여니다.

잇디 천ᄌᆞ 조정 빅관을 드리고 오마디로 거동ᄒᆞ실 제 중안니 진동ᄒᆞ난지라. 제닐 상봉의 올ᄂᆞ 디연106)을 빈셜107)ᄒᆞ고 풍유108)을 겸ᄒᆞ셔 엇찌

---

96) 거범 : ? 아마 '청혼이나 납채' 등의 뜻인 듯.
97) 주왈 임니 : ? 아마 '청혼을 받고 혹은 납채를 받고' 등의 뜻인 듯.
98) 납채(納采) : ①신랑 집에서 신부 집으로 혼인을 청하는 의례. ②납폐.
99) 행례(行禮) : 예식을 행함.
100) 일희일비(一喜一悲) : 한편으로는 기쁘고 한편으로는 슬픔.
101) 질닐르 : ? 아마 '길일에 혹은 정해진 날짜에' 등의 뜻인 듯.
102) 육례(六禮) : ①유교 사회에서 행하여지는 여섯 가지 큰 의식. 곧 관·혼·상·제·향음주·상견. ②혼인의 여섯 가지 예법. 곧 납채·문명·납길·납폐·청기·친영.
103) 예필(禮畢) : 예를 마침.
104) 주온 : ? 아마 '주찬(酒饌) : 술과 음식' 등의 뜻인 듯.
105) 백골난망(白骨難忘) : '죽어서 백골이 되어도 잊을 수 없다'는 뜻으로 남에게 큰 은덕을 입었을 때 고마움을 나타내는 말.
106) 대연(大宴) : 큰 잔치.
107) 배설(排設) : 의식이나 연회에서, 필요한 것들을 벌여 베풂.
108) 풍류(風流) : ①풍치가 있고 멋스럽게 노는 일. ②멋스럽고 풍치가 있는 일. ③'음악'의 예스러운 말.

상 댁으로 청혼하더라.

청혼을 받고 이승지가 정혼하기로 선택한 날짜를 보시고 부인에게 들어가 혼사를 말씀하시되,

"모일에 납채하고 모일에 행례하라"

하니 어찌 하오리까?

대부인이 이 말을 들으시고 한편으로는 기뻐하고 한편으로는 슬퍼하며 길일에 예단을 이승지 댁으로 보내더라.

장차 혼례 일이 당하니 육례를 갖추어 예를 마친 후에 승상 부부는 그 즐거움을 말로 다 표현하지 못할 정도더라.

하루는 한림이 송인 이도원을 불러 술과 음식을 대접하고 황금 수만 냥을 주시며 말하기를,

"그대의 은혜는 죽어서 백골이 되어도 잊지 못할 것이다."

하시니 도원이 엎드려 아뢰기를,

"소인을 이다지 대접해 주시니 두렵고 고마워서 몸둘 바를 모르겠습니다."

이때 황제가 조정의 모든 벼슬아치를 데리고 오마대로 거동하시니 장안이 진동하더라. 제일 높은 봉우리에 올라 큰 잔치를 베풀고 즐거운 놀이를 겸하더라. 이때

션관[109]더리 상상 제닐봉의 와 노더니 당 쳔즈 오난 거동을 보고 급피 올나갈 제 옥져 탄금[110]을 바리고 갓더이 졔신[111]니 직시 쳔즈 권할이[112] 쳔자 보시고 어로만지며 이거시 무어시야 셰상의난 을난[113] 거시로다. 만조빅관 다려 왈 알아드리라 ᄒ신디 빅관이 ᄋ무리 알야흔들 쳔승 옥경[114] 션관더리 부던 옥져 탄금을 제 엇지 알니요.

쳔즈 쥬봉을 드라보며 왈 경은 아난다. ᄒ시니 쥬봉니 복지 주왈 옥져난 즁즈방[115]니 져명손[116]의셔 팔쳔 병 헛던 옥져요. 탄금은 젼관[117]니 팔션여 히롱하던 탄금이로소니다. 흔디 쳔즈 젼교ᄒᄉ 셩경동[118]은 각각 부러 보라 ᄒ신디 만조빅관이 다 부러본들 입만 압풀 ᄯᆞ름이요. 소리는 나지 은니ᄒ난지라.

쳔즈 쥬봉을 명초ᄒ야 불나 ᄒ신디 쥬봉니 슈명[119]ᄒ고 옥져난 입으로 불고 탄금은 손으로 희롱ᄒ니 옥져 소리는 순쳔초목니 춤추난 듯고 탄금 소리은 비금쥬수[120]가 모다 노리골난[121] 듯ᄒ더라.

---

109) 션관(仙官) : ①선경의 관원. ②여자 무당을 달리 일컫는 말.
110) 옥져 탄금(玉篴彈琴) : 옥피리와 거문고 가야금 등을 일컫는 말.
111) 졔신(諸臣) : 모든 신하.
112) 권할이 : ? 아마 '드리니' 등의 뜻인 듯.
113) 을난 : ? 아마 '없는 혹은 처음 보는' 등의 뜻인 듯.
114) 옥경(玉京) : 하늘 위에 옥황 상제가 산다는 서울.
115) 쟝자방 : 쟝량(張良) : 중국 한나라 고조 유방의 공신.
116) 져명산 : ? 아마 '해하성' 등의 뜻인 듯.
117) 젼관 : ? 아마 '소설 '구운몽'의 주인공 성진과 같이 팔선녀를 희롱한 적이 있는 전설적 신선의 이름'인 듯.
118) 셩경동 : ? 아마 '선관이 남겨두고 간 악기' 등의 뜻인 듯.
119) 수명(受命) : ①명령을 받음. ②수명어천의 준말.
120) 비금쥬수(飛禽走獸) : 날짐승과 길짐승.
121) 노리골난 : ? 아마 '노래부르다' 등의 뜻인 듯.

신선들이 제일 높은 산봉우리에 와서 놀다가 당나라 천자가 오는 거동을 보고 급히 천상으로 올라가느라고 그만 저들의 옥저와 탄금을 버리고 갔더라. 이것을 여러 신하들이 주워서 즉시 황제께 바치니 천자가 보시고 어루만지며, 이것이 무엇인가 세상에는 없는 것이로다.

조정의 모든 신하들에게 말하기를,

"알아서 보고하라"

하시니 모든 신하들이 아무리 알려고 한들 하늘 위 옥황상제가 사는 곳의 신선들이 불던 옥저와 탄금을 어찌 알겠는가?

황제가 주봉을 돌아보며 말하기를,

"경은 아는가?"

하시니 주봉이 땅에 엎드려 아뢰기를,

"옥저는 한나라 때 장자방이 불어서 해하성에서 항우의 팔천 명의 군사를 흩어지게 했던 것이며, 탄금은 구운몽에서 성진이 팔선녀를 희롱하던 것이로소이다."

하니 황제가 명령하기를,

"선관이 남기고 간 악기를 각각 불어보아라."

하시니 조정의 모든 관리들이 다 불어본들 입만 아플 뿐이요 소리는 나지 않더라.

황제가 주봉에게 명령하여 불어보라 하시니 주봉이 명령을 받들어 옥저는 입으로 불고 탄금은 손으로 희롱하니 옥저 소리는 산천초목이 춤추는 듯하고 탄금 소리는 날짐승과 길짐승 모두가 노래하는 듯하더라.

천ᄌ 다시 주봉의 손을 줍으시고 못니 ᄉ랑ᄒ시며 벼슬을 주시디 참의 참판 디제학 겸 좌우승승 각도 안찰ᄉ 제수ᄒ시며 주홍디ᄌ122)로 ᄉ면기여이난지라.123) 시제124) 천ᄌ 환궁ᄒ시더라.

그 후난 조정 권세는 일국지상125)이라. 잇ᄯ 이승디 맛 ᄉ회 최할인 희평도ᄉ을 보닌 지 칠 연이 되얏시더 소식니 돈절ᄒ난지라. 최할임이 주봉의 동셔나 잇ᄯ 조정 빅관이 모듸 의논ᄒ디 주봉니 조정 권세을 저 혼자 차지ᄒ여 병부 샬둘126)을 찻시니 우리난 무슨 벼살을 ᄒ여 처ᄌ을 술이며 션영127) 봉제사128) 하리요. 셔로 주봉을 원망ᄒ더라.

잇ᄯ 좌승상 ᄒ던 유경안이 ᄒ 묘칙을 싱각ᄒ고 탑전의 드러가 주달ᄒ디 듯ᄉ오디 희평골리 인심니 불칙129)ᄒ여 ᄌ층 왕이라 ᄒ오니 국가 큰 근심이오니 폐ᄒ난 집피 싱각ᄒ옵소셔.

천ᄌ 크게 근심ᄒ여 왈 짐도 고히130) 알더니 경의 말을 드른직 과연 그러ᄒ기 분명ᄒ다 ᄒ시고 전교 왈 문무 제신 중의 충성과 지모 잇는 ᄉ람을 간퇵ᄒ야 슈니 보니라. ᄒ시니 유경안니 교지131)을 밧들고 ᄂ와 만조빅관으로 더부러 으논ᄒ리 우리난 벼슬을 다 쥬봉의 머ᄋ시고132) 할

---

122) 주홍대자(朱紅大字) : 붉은 색의 큰 글자.
123) ᄉ면기여이난지라 : ? 아마 '천하제일' 등의 뜻인 듯.
124) 시제 : ? 아마 '날이 저물다' 등의 뜻인 듯.
125) 일국지상(一國之上) : ? 아마 '한나라에서 으뜸' 등의 뜻인 듯.
126) 샬둘 : ? 아마 '다섯을' 등의 뜻인 듯.
127) 선영(先塋) : 선산(先山) : 조상의 무덤이 있는 산.
128) 봉제사(奉祭祀) : 제사를 받들어 모심.
129) 불칙 : 무거불측(無據不測)의 오기인 듯. : ①말할 수 없이 흉측함. ②근거가 없어 헤아리기 어려움.
130) 고히 : ? 아마 '괴상하게' 등의 뜻인 듯.
131) 교지(敎旨) : 조선 때, 임금이 4품 이상의 벼슬아치를 임명할 때 주던 사령장.
132) 머ᄋ시고 : ? 아마 '빼앗기고' 등의 뜻인 듯.

황제가 다시 주봉의 손을 잡으시고 못내 사랑하시며 벼슬을 주시되, 참의 참판 대제학 겸 좌우승상 각도 안찰사를 제수하시며 붉은 색의 큰 글자로 천하제일이라 새기게 하더라.

이후 날이 저물어서 황제가 환궁하시더라.

그 후는 주봉의 권세가 한나라에서 으뜸이더라.

이때 이승지의 맏사위 최한림을 해평도사로 보낸 지 칠 년이 되었지만 소식이 영영 끊어졌더라.

최한림은 주봉의 동서이지만 조정의 모든 관리들이 의논하기를,

"주봉이 조정의 모든 권세를 저 혼자 독차지하여 병부 다섯 개를 찼으니 우리는 무슨 벼슬을 하여 처자를 먹여 살리며 조상에게 제사를 지내겠는가?"

하면서 서로 주봉을 원망하더라.

이때 좌승상 벼슬을 하던 유경안이 한가지 묘한 계책을 생각하고 황제 앞에 들어가 아뢰기를,

"듣자오니 해평골은 인심이 흉악하여 도적이 지칭 왕이라 한다고 하오니 국가의 큰 근심입니다. 폐하는 깊이 생각하소서."

황제가 크게 근심하여 말하기를,

"짐도 괴상한 것으로 알고 있었더니 경의 말을 들은즉 과연 그러하기 분명하다."

하시고 명령을 내려서 말하기를,

"문무의 모든 신하들 중에 충성과 지혜가 있는 사람을 뽑아서 급히 보내라."

하시니 유경안이 임금의 명령을 받들고 나와 조정의 모든 관리들과 함께 의논하기를,

"우리들은 벼슬을 다 주봉에게 빼앗기고 할

벼슬니 읍시이 절통133)코 이답도다. 주봉으로 희평 도스을 보니즈 ᄒ고 잇튼날 빅관니 탑전으 드러가 주달ᄒ되 희평골이 즈단134)ᄒ야 미구135)의 중안136)을 범한다 ᄒ오니 신 등이 소견137)의난 충성과 즁약138) 잇난 스람은 시방139) 승승 벼슬ᄒ난 주봉만 스라니 업시니 주봉을 보니면 그 도적을 진멸140)ᄒ고 빅셩을 안도141)ᄒ야 법을 교유142)ᄒ여 틱셩디143)로 지니미 황츠소서144)ᄒ고 탑쥬145)ᄒ거늘 천즈 이윽이146) 싱각ᄒ다가 셩교147)을 치며 디질148) 왈 주봉 안이면 보닐 스람이 읍관디 구티여 즁149)을 천거150)ᄒ난요.

제 이비로 희평 도스로 죽어거신151) 무슴 원수로 그런 흉지152)의 연소

---

133) 절통(切痛) : 지극히 원통함.
134) 자단(自斷) : ①스스로 끊거나 자름. ②스스로 결단을 내림.
135) 미구(未久) : 오래지 않음.
136) 장안(長安) : 중국 산시 성(陝西省) 시안시(西安市)의 옛 이름. 한(漢)・당(唐)이 도읍했던 곳이다.
137) 소견(所見) : 일이나 물건을 살펴보고 느끼는 의견이나 생각.
138) 장략(將略) : 장수로서의 계략.
139) 시방(時方) : 이제. 금방.
140) 진멸(盡滅) : 죄다 멸망하거나 죽여 없앰.
141) 안도(安堵) : 안심(安心).
142) 교유(敎諭) : 가르치고 타이름.
143) 틱셩디 : ? 아마 '태평성대(太平聖代) : 어진 임금이 나라를 잘 다스려 태평한 세상이나 시대' 등의 오기인 듯.
144) 황츠소서 : ? 아마 '통촉하소서' 등의 오기인 듯. 통촉(洞燭) : 깊이 헤아려 살핌.
145) 탑주(榻奏) : 임금 앞에 아룀.
146) 이윽이 : 한참동안.
147) 셩교(聖交) : ? 아마 '임금의 의자' 등의 뜻인 듯.
148) 대질(大叱) : 크게 꾸짖음.
149) 중 : ? 아마 '그' 등의 뜻인 듯.
150) 천거(薦擧) : 인재를 초들어서 소개하여 쓰게 함.

벼슬이 없으니 지극히 원통하고 애달프도다. 주봉으로 하여금 해평도사로 가게 하자."

하고 이튿날 모든 관리들이 황제 앞에 들어가 아뢰기를,

"해평골이 자기 멋대로 행동하며 오래지 아니하여 이곳 서울을 침범한다고 하오니 신들의 생각으로는 충성심과 장수의 지략이 있는 사람은 현재 승상 벼슬을 하는 주봉만한 사람이 없습니다. 주봉을 보내어 그 도적을 모두 죽여 없애고 백성을 안심하게 하고 법을 가르쳐 태평성대를 만들게 하소서."

하고 황제에게 아뢰거늘 황제가 한참동안 생각하다가 의자를 손으로 치면서 크게 꾸짖어 말하기를,

"주봉이 아니면 보낼 사람이 그렇게 없어서 하필이면 그를 천거한다는 말인가? 제 아비도 해평 도사로 가다가 죽었거든 무슨 원수가 졌기에 그런 흉악한 곳에 나이도 어리고

---

151) 죽어거신 : ? 아마 '죽었는데' 등의 뜻인 듯.
152) 흉지(凶地) : 흉악한 땅.

미거한153) 사람을 보니라 하나야. 하신더 빅관이 합쥬154) 왈 주봉의 이비 주여득은 황명을 거역하야 사약155) 하여시이 엇지 충신이라 하올잇가. 주봉니 비록 연소하느 용지디약156)과 파흉모미157)난 당금158) 천하의 밋 칠 사람이 업스오니 펴하게옴셔 디스159)을 그릇도게 하시니 만닐 이 사람 곳 안니며 반적160)을 뉘가 줍사161) 천하을 평정162)하올잇가.

천즈 디로163)하시고 주봉을 천거164)하난 즈 잇시면 원춘165)라 하시 니 두시 알외지 못하고 물너 나와 주봉을 원망하더라.

명일 조회의 니여 쥬달하여 주봉을 모히166)코즈 하야 절치부심167)하더 니 잇튼날 조회 후의 빅관이 합쥬 왈 펴하 일넌만 싱각하시고 국수난 싱각지 오니하시니 신 등은 추라니 조정을 하직할님만 갓지 못하도소니 다. 하무하무168) 머리을 쑤들이며 통곡하거날 천즈 낙심169)하여 두로 싱

---

153) 미거하다 : 아둔하다 : 영리하지 못하고 머리가 매우 둔하다.
154) 합주(合奏) : 함께 아룀.
155) 사약(死藥) : 약을 먹고 죽음.
156) 용지대략(勇智大略) : 용기와 지혜가 뛰어나고 슬기로운 큰 꾀.
157) 파흉묘미(破凶妙味) : 흉악함을 깨뜨리는 신비롭고 좋은 맛.
158) 당금(當今) : 바로 이제.
159) 대사(大事) : 큰일.
160) 반적(叛賊) : 제 나라를 배반한 역적.
161) 줍사 : ? 아마 '잡아서' 등의 뜻인 듯.
162) 평정(平定) : 난리를 평온하게 진정시킴.
163) 대로(大怒) : 크게 화를 냄.
164) 천거(薦擧) : 인재를 초들어서 소개하여 쓰게 함.
165) 원찬(遠竄) : 먼 곳으로 유배를 보냄.
166) 모해(謀害) : 꾀를 써서 남을 해침.
167) 절치부심(切齒腐心) : 몹시 분하여 이를 갈며 속을 썩임.
168) 하무하무 : ? 아마 '끊임없이' 등의 뜻인 듯.
169) 낙심(落心) : 바라던 일이 실패되어 마음을 잃음.

부족한 사람을 보내려 하는가?"

하시니 모든 관리들이 함께 아뢰기를,

"주봉의 아비 주여득은 황제의 명령을 거역하고 약을 먹고 죽었으니 어찌 충신이라 하겠습니까? 주봉은 비록 나이가 어리나 용기와 지혜가 뛰어나고 슬기로운 큰 꾀가 있으며 흉악함을 깨뜨리는 신비롭고 뛰어난 재주는 지금 천하에 당할 사람이 없습니다.

폐하께서 어찌 큰일을 잘못되게 하시렵니까? 만일 이 사람이 아니면 제 나라를 배반하는 역적을 누가 잡아서 천하를 평정하겠습니까?"

천자가 크게 화를 내시고 주봉을 천거하는 자가 있으면 먼 곳으로 귀양을 보내겠다고 하시니 다른 신하들이 다시는 아뢰지 못하고 물러 나와 주봉을 원망하더라.

다음날 조회에 이어서 계속 아뢰어 주봉을 모함하고 해치고자 하여 이를 갈며 속을 썩이더니 이튿날 조회 후에 또 모든 관리들이 함께 아뢰어 말하기를,

"폐하는 한 사람만 생각하시고 국가의 일은 생각지 아니하시니 신들은 차라리 조정을 하직하고 떠나는 것만 같지 못할까 합니다."

끊임없이 머리를 땅에 두드리며 통곡하니 황제가 낙심하여 두루 생

각ᄒᆞ시더 조정 더신니 다 ᄒᆞ직ᄒᆞ다 ᄒᆞ니 엇지 주봉만 밋고 국사을 으논ᄒᆞ니요. 천만가지로 싱까ᄒᆞ더 십벌지목170)니란 마리 올토다 ᄒᆞ시고 탄식 왈 무가너171)로다 ᄒᆞ시고 직닐르 주봉을 명초ᄒᆞ신더 잇써 주봉니 너부의서 국스을 드살리더이 쳔ᄌᆞ 명초ᄒᆞ시거날 급피 드러가 복지 사비 ᄒᆞ니 쳔ᄌᆞ 탄식 왈 희평도스 가난 놈마닥 다 반ᄒᆞ야 ᄌᆞ층 왕이라 ᄒᆞ고 군스을 모라 황셩을 범난ᄒᆞ다 ᄒᆞ니 슈고을 싱각지 말고 한 번 ᄀᆞ서 본적을 함몰172)ᄒᆞ고 빅셩을 진무ᄒᆞ고 돌아오면 쳔ᄒᆞ을 반분173)ᄒᆞᆯ 거시니 스니174) 단여 올라.

ᄒᆞ시니 주봉이 복지 주왈 젼교 여ᄎᆞᄒᆞ신175) 수화중인 듯 시양ᄒᆞ오릿가 좀도 시양치 ㅇ니ᄒᆞ고 탑젼의 ᄒᆞ직한더 쳔ᄌᆞ 주봉으 손을 줍고 눈물을 흘이며 왈 수말이 원졍176)의 각별177) 조심ᄒᆞ야 수히 돌아오르 ᄒᆞ시고 어쥬178) 슴비179)을 권ᄒᆞ시니 치힝180) 범졀181) ᄎᆞ려주니 쥬할님이 집으로 도르와 더부닌 엿ᄌᆞ오더 황제게옵셔 소ᄌᆞ로 희평 도사을 졔수ᄒᆞ시니 육노 슈로 수말이르 ᄒᆞ오니 ᄒᆞᆫ 번 가면 오기난 만무ᄒᆞ니182) 모친은 만세

---

170) 십벌지목(十伐之木) : 열 번 찍어 아니 넘어가는 나무가 없다는 뜻.
171) 무가내(無可奈) : 무가내하(無可奈何)의 준말 : 어찌할 수 없음.
172) 함몰(咸沒) : 다 죽음.
173) 반분(半分) : 절반으로 나눔. 또는 절반의 분량.
174) 스니 : ? 아마 '속히' 등의 뜻인 듯.
175) 여차(如此)하다 : 이러하다.
176) 원정(遠程) : 먼 길.
177) 각별(各別) : ①유다름. 특별함. ②깍듯함.
178) 어쥬(御酒) : 임금이 신하에게 내리는 술.
179) 삼배(三盃) : 석 잔.
180) 치행(治行) : 길 떠날 차비를 차림.
181) 범절(凡節) : 일이나 물건이 지닌 모든 질서와 절차.
182) 만무하다(萬無一) : 결코 없다.

각하되 조정 대신들이 모두 사직하고 떠난다 하니 어찌 주봉만을 믿고 국사를 의논할 수 있겠는가 하며 천만가지로 생각하되 열 번 찍어서 넘어가지 않는 나무가 없다는 말이 옳도다 하면서 탄식하며 말하기를,

"어찌할 도리가 없다."

하시고 그날로 주봉을 부르더라.

이때 주봉이 이부에서 국사를 다스리더니 황제가 찾으시거늘 급히 들어가 복지하여 네 번 절하니 황제가 탄식하며 밀하기를,

"해평도사로 가는 놈마다 다 반역하여 자칭 황제라 하고 군사를 몰아서 황성을 침범한다 하니 수고를 생각지 말고 한 번 가서 역적을 소탕하고 백성을 어루만진 후 돌아오면 천하를 반으로 나누어 줄 것이니 속히 다녀오도록 하라."

하시니 주봉이 엎드려서 아뢰기를,

"폐하의 명령이 이러하니 물과 불 속인들 어찌 사양하겠습니까?"

하면서 조금도 사양하지 아니하고 황제를 하직하니 황제가 주봉의 손을 잡고 눈물을 흘리며 말하기를,

"수만 리 먼 길에 각별히 조심하여 속히 돌아오도록 해라."

하시고 어주 석 잔을 권하시며 길 떠날 차비를 절차에 따라 차려주니 주한림이 집으로 돌아와 어머니께 여쭈기를,

"황제께서 소자에게 해평도사를 제수하시는데 그곳은 육로와 수로가 수만 리라 하오니 한 번 가면 다시 오기는 바랄 수 없으니 모친은 만세 동안

무양ᄒ옵소셔183) ᄒ며 눈물이 비 오듯 ᄒ난지라.

　부인이 이 말을 듯고 가슴을 두달리며 주봉의 목을 안고 기절ᄒ거날 시비 옥염니 분184)을 붓들고 위로 부인은 너머 시러마옵소셔. 스람 오면185)은 ᄒ날리 잇스오니 간디로186) 죽스오니가 수말니 원노의 성공ᄒ면 짐시187) 도ᄅ와 부닌 전의 영화188)을 뵈옵니다 ᄒ고 ᄒ날님게 비러 왈 우리 서방님을 수말이 원정의 수히 도ᄅ오게 ᄒ소셔 하며 실피 통곡ᄒ니 눈물리 피 되난지라.

　부닌이 제우 인스을 츠러 ᄒ 손으로 주봉의 손을 줍고 도 한 손으로 ᄌ부189)으 손을 줍고 옥염을 ᄇ리보며 탄식 왈 옥염ᄋ 아괴190) 잉틴ᄒ신 제 칠 식니ᄅ. 측실리 모시ᄅ. ᄒ난 소리와 옥염으 비는 소리 천지도 감동ᄒ난 듯ᄒ더라.

　이날 옥저 탄금을 부인 전으 드리고 왈 소즈 보난 듯 두고 보옵소서 ᄒ고 인ᄒ야 처니시191)와 옥염 다리고 디부닌 전으 하직ᄒ고 궐니의 드러가 탑전으 ᄒ직ᄒ고 나오니 만조 빅관니 그짓 실체훈192) 체ᄒ고 전송193) ᄒ더라.

---

183) 무양하다(無恙—) : 탈없다. 병이 없다.
184) 분 : ? 아마 '부인'의 오기인 듯.
185) 오면 : ? 아마 '목숨 혹은 운명' 등의 뜻인 듯.
186) 간대로 : ①그리 쉽사리(쉽게). ②함부로. 또는 되는대로.
187) 짐시 : ? 아마 '즉시'의 오기인 듯.
188) 영화(榮華) : 세상에 드러나는 영광.
189) 자부(子婦) : 며느리.
190) 아괴 : ? 아마 '아이 혹은 아기' 등의 오기인 듯.
191) 처니시 : ? 아마 '처 즉, 아내' 등의 뜻인 듯.
192) 실체훈 : ? 아마 '슬퍼하는 체' 등의 뜻인 듯.
193) 전송(餞送) : 잔치를 베풀어 작별함.

아무 탈 없이 편히 계시기 바랍니다."

하면서 눈물이 비 오듯 하더라.

부인이 이 말을 듣고 가슴을 두들이며 주봉의 목을 안고 기절하거늘 시비 옥염이 부인을 붙들고 위로하기를,

"부인은 너무 서러워마소서. 사람의 목숨은 하늘에 달렸으니 그렇게 쉽게 죽겠습니까? 오히려 수만 리 먼 길에 성공하면 즉시 돌아와 부인 앞에 영광을 보일 것입니다."

하고 하늘에 빌어서 말하기를,

"우리 서방님을 수만 리 먼 길에 속히 돌아올 수 있도록 도와주소서."

하며 슬피 통곡하니 눈물이 피가 되더라.

부인이 겨우 정신을 차려서 한 손으로 주봉의 손을 잡고 또 한 손으로 며느리의 손을 잡고 옥염을 바라보며 탄식하며 말하기를,

"옥염아. 며느리가 아기를 잉태한지 이제 일곱 달이 되었으니 착실하게 잘 모셔라."

하는 소리와 옥염의 비는 소리는 하늘과 땅도 감동하는 듯 하더라.

이날 옥저와 탄금을 모친 앞에 드리며 말하기를,

"소자를 보는 듯 두고 보소서."

하고 인하여 처와 옥염을 데리고 어머니를 하직한 뒤 내궐에 들어가 황제께 하직하고 나오니 모든 조정의 관리들이 거짓으로 슬퍼하는 체하고 전송하더라.

잇쩌 쳔즈 위으194)을 갓초와 오마디195)로 쒸미고 골골마닥 지더ᄒ
며196) 거리거리 젼숑ᄒ니 억조창싱197)더리 다토와 구경ᄒ더라. 여러 날
만의 육노 스만 사쳔이 유유지니고198) 수로을 당ᄒ야는지라.
  잇쩌난 추칠월 망간199)이라. 사공을 지쵹ᄒ야 비을 타고 갈 졔 강풍은
소소ᄒ난디200) 영즈201)은 쇠202)을 놋코 션두으셔 동셔남북을 가라치고
비장안의셔203) 쳔ᄒ 지도게204)을 노코 순풍205)을 쏘츠갈 졔 소상강206)
칠빅니와 무산207) 십니봉이 눈압푸 얼넌 얼넌 지니갈 졔 도스 탄 왈 말
히평니 어디미요. 스공니 왈 위산 낙오 졔승 만쳔ᄒ고 고소셩의 ᄒ손슬ᄒ
난208) 디로소니다. ᄒ거늘
  도스 비충하여209) 강산을 둘너보이 산은 쳑쳑210) 쳔봉니요. 무른 츌넝

---

194) 위의(威儀): ①엄숙한 차림새. ②예법에 맞는 몸가짐.
195) 오마대 : ? 아마 '다섯 무리로 나누어' 등의 뜻인 듯.
196) 지더ᄒ며 : ? 아마 '기다리게 하며' 등의 뜻인 듯.
197) 억조창생(億兆蒼生) : 수많은 백성.
198) 유유지니고 : ? 아마 '매우 힘들게 지내고' 등의 뜻인 듯.
199) 망간(望間) : 음력 보름께.
200) 소소하다(蕭蕭—) : 비바람 소리가 쓸쓸하다.
201) 영즈 : ? 아마 '영장'의 오기인 듯. 영장(營將) : 진영의 우두머리.
202) 쇠 : ? 아마 '나침판'의 뜻인 듯.
203) 배장안의셔 : ? 아마 '선실 안에서' 등의 뜻인 듯.
204) 지도게 : ? 아마 '지도'의 뜻인 듯.
205) 순풍(順風) : ①순하게 부는 바람. ②바람이 부는 쪽으로 감.
206) 소상강 : 중국에 있는 소수와 상수라는 강이름.
207) 무산 : 중국의 산 이름.
208) 위산 낙오 졔승 만쳔ᄒ고 고소셩의 ᄒ손슬ᄒ난 : ? 아마 '위산 낙오에 승려들이 천하에 가득하고 학의 울음소리가 한가로운 곳이로소이다.' 등의 뜻인 듯.
209) 비창하다(悲愴—) : 마음이 아프고 서운하다.
210) 쳑쳑 : ? 아마 '첩첩'의 오기인 듯.

이때 황제가 위엄 있는 모습을 갖추고 전송하는 사람들을 다섯 무리로 나누어 고을마다 기다리며 거리마다 전송하게 하니 수많은 백성들이 서로 다투어 구경하더라.

여러 날 만에 육로 사만 사천 리를 힘들게 지나가니 다시 수로를 만나게 되었더라.

이때는 추칠월 보름쯤이라. 사공을 재촉하여 배를 타고 갈 때 강바람은 쓸쓸한데 영장은 나침반을 놓고 선두에서 동서남북을 가리키고 선실 안에서는 천하의 지도를 놓고 순하게 부는 바람을 좇아갈 때 소상강 칠백 리와 무산 십이 봉이 눈앞에 얼른얼른 지나가더라.

이때 도사가 탄식하며 말하기를,

"해평이 어디쯤 있는가?"

사공이 말하기를,

"위산 낙오에 승려들이 천하에 가득하고 학의 울음소리가 한가로운 곳이로소이다."

하거늘, 도사가 마음이 아프고 서운하여 강산을 둘러보니 산은 첩첩하여 천봉이고 물은 출렁

출녕 흔강이로다. 사람 정신을 혼미ㅎ난지라. 천만으외의 딘풍이 이러나 며 만경충파²¹¹⁾가 뒤넘는 듯ㅎ더니 문득 중주경니 비션²¹²⁾ 쳔여 쳑을 모 라 히중 스방으로 쎄여사며²¹³⁾ 호통 흔벽갓티²¹⁴⁾ 지로며 달여드러 도스의 ㅎ닌 숨십여 명을 담스르²¹⁵⁾ 던지고 쥬봉을 쇠스실노 결박²¹⁶⁾ㅎ야 비 중²¹⁷⁾ 안으 업질르고 굴노²¹⁸⁾ 스령²¹⁹⁾을 명ㅎ여 도스 목을 벼히라. ㅎ난 소리 만경충파가 진동ㅎ며 군노 스령이 오림²²⁰⁾ 물너섯다 칼노 칠랴 홀 제 칼든 파리 공중의 부러져 히중²²¹⁾의 더러지난지라.

잇써 부닌과 옥염니 니 거동을 보고 츠라리 몬저 무르 빠져 죽즈ㅎ들 비중안으 잇기로 못ㅎ난지라. 옥염 염니²²²⁾ 창졸리 싱각ㅎ듸 부닌이 닝티 흔 제 구식니나 가만니 슬피다. 왼 정화슈을 써노코 ㅎ날님 전의 비러 왈 남즈거던 좌편으서 놀고 여즈거던 우편으서 놀르소셔. 흔디 그 아기 좌편의서 세 번을 놀놀²²³⁾ 남즈가 분명ㅎ지라. 부인은 니 말삼을 드르소셔. 부닌이 죽으면 복중²²⁴⁾의 든 아기도 죽을 거신니 뉘라서 원슈을 갑푸며

---

211) 만경창파(萬頃蒼波) : 한없이 너른 바다.
212) 비션(飛船) : 아주 빠른 배.
213) 쎄여사며 : ? 아마 '둘러싸며' 등의 뜻인 듯.
214) 흔벽갓티 : ? 아마 '벽력같이' 등의 뜻인 듯.
215) 담스르 : ? 아마 '물속으로' 등의 뜻인 듯.
216) 결박(結縛) : ①동여 묶음. ②(자유롭지 못하게) 얽어 구속함.
217) 배장 : ? 아마 '배의 갑판' 등의 뜻인 듯.
218) 굴노 : ? 아마 '군노'의 오기인 듯. 군노(軍奴) : 군대 사무를 보던 관아에서 부리던 종.
219) 사령(使令) : ①관아에서 심부름하던 사람. ②명령하여 일을 시킴.
220) 오림 : ? 아마 '뒤로' 등의 뜻인 듯.
221) 해중(海中) : 바다 가운데.
222) 염니 : ? 아마 '걱정하며' 등의 뜻인 듯.
223) 놀놀 : ? 아마 '놀거늘' 등의 뜻인 듯.
224) 복중 : 뱃속.

출렁 한강이 되어 사람의 정신을 혼미하게 하더라. 천만뜻밖에 큰바람이 일어나며 만경창파가 뒤집히는 듯하더니 갑자기 장주경이 빠른 배 천여 척을 몰아 바다 가운데서 사방으로 에워싸며 호통을 벽력같이 지르며 달려들어 도사의 하인들 삼십여 명을 물 속에 던지고 주봉을 쇠사슬로 결박하여 선실 안에 엎지르고 군노와 사령들에게 명령하여,

"도사의 목을 베어라."

하는 소리에 만경창파가 진동하더라. 군노와 사령들이 뒤로 물러섰다가 나아오며 칼로 치려고 할 때 갑자기 칼을 든 팔이 공중에서 부러져 바다 가운데로 떨어지더라.

이때 부인과 옥엽이 이 거동을 보고 차라리 먼저 물에 빠져 죽고자 한들 선실 안에 있기 때문에 그것도 할 수가 없더라. 옥엽이 걱정하며 부인이 잉태한지 이미 아홉 달이나 되었음을 생각하고 갑자기 정화수를 떠놓고 하느님께 빌어서 말하기를,

"아들이면 왼편에서 놀고 딸이면 오른편에서 놀게 하소서."

하니 그 아기가 왼편에서 세 번 놀거늘 아들이 분명한지라.

"부인은 내 말씀을 들으소서. 부인이 죽으면 뱃속에 든 아기도 죽을 것이니 누가 나중에 원수를 갚으며

또 디부인은 엇지ᄒ릿가 ᄒ며 쥴슈경225)의 압푸 나와 복지 이걸ᄒ디 장군임은 우리 서방임을 벼히려 ᄒ시난잇가. 동닌226) 거슬 쓸너 신쳬나 온젼케 죽여주며 우리 부닌은 중군으 부실227)리 되고 소비난 중군으 물종228)니 되야 빅연동낙229) ᄒ야 싱남싱여230) ᄒ오면 그 안이 연분231)닌가. 비ᄂᆞᆫ이다. 비ᄂᆞᆫ이다 장군님젼으 비난이다. 술여 주옵소셔.

우리 서방님 술여주소셔. 그 비난 소리여 쳔지도 감동하거든 저 고중 장쥬경도 사람이라. 인비목셕232)이어던 옥염의 비난 소리여 감동할 쓴드러 니부인을 부실 삼을 일을 싱각ᄒ야 엇지 듯지 안이ᄒ리요.

주봉의 동인 거셜 글너 만경창파 중의 니던지이라.

잇디여 용왕이 거복을 보니여 등의 업고 만경창파의 살쩌233) 갓치 갈지234) 옥경 션관이 요 황상제 젼의 알외되고235) 당나라 남쳔문 박기 사난 주승상 으달 쥬봉 희평 도스로 가다가 슈적 장쥬경을 만나 물의 ᄲᅡ져 죽게 되야드니 급피 구완ᄒ옵소서 ᄒᆞᆫ디

상제 일광디스을 불너 쥬봉을 살리쥬라 ᄒ신디 일광디스 슈명ᄒ고 육

---

225) 쥴수경 : ? 아마 '장주경'의 오기인 듯.
226) 동이다 : ①물건들이 따로 흩어지거나 떨어지지 못하도록 한데 묶다. ②어떤 물체가 꼭 죄이도록 돌라 매서 묶다.
227) 부실(副室) : 작은집 : ①따로 살림하는 아들이나 아우의 집. ②첩 또는 첩의 집.
228) 물종 : ? 아마 '몸종'의 오기인 듯. 몸종 : 양반집 여자의 곁에 가까이 있어 잔심부름하는 계집종.
229) 백년동락(百年同樂) : 백년 동안 한평생 즐겁게 함께 삶.
230) 생남생여(生男生女) : 아들 낳고 딸 낳음.
231) 연분(緣分) : 하늘에서 마련한 인연.
232) 인비목석(人非木石) : 사람이 나무나 돌이 아님.
233) 살대 : 화살대.
234) 갈지 : ? 아마 '갈 때'의 뜻인 듯.
235) 요 황상제 젼의 알외되고 : ? 아마 '옥황상제 앞에 아뢰되' 등의 뜻인 듯.

또 시어머니는 어떻게 하겠습니까?"

하면서 장주경의 앞에 나아가 엎드려 애걸하기를,

"장군님은 우리 서방님을 죽이려 하십니까? 묶은 것을 풀어서 신체나 온전하게 죽여주면 우리 부인이 장군의 첩이 되고 저는 장군의 몸종이 되어 한평생 아들 낳고 딸을 낳아 즐겁게 함께 산다면 그 또한 연분이 아니겠습니까? 비나이다. 비나이다. 장군님께 비나이다. 살려주옵소서. 우리 서방님 살려주옵소서."

그 비는 소리에 하늘과 땅도 감동할 만하더라. 도적 장주경도 사람이고 또한 사람이 나무나 돌이 아니기에 옥염의 비는 소리에 감동했을 뿐 아니라 부인을 첩으로 삼을 생각에 어찌 옥염의 비는 소리를 듣지 않겠는가? 주봉의 묶은 것을 끌러 만경창파 가운데 내던지더라.

이때 용왕이 거북을 보내어 등에 업고 만경창파를 화살처럼 빠르게 갈 때 옥경의 신선이 옥황상제께 아뢰되,

"당나라 남천문 밖에 사는 주승상의 아들 주봉이 해평 도사로 가다가 해적 장주경을 만나 물에 빠져서 죽게 되었으니 급히 가서 구원하게 하소서."

하니 옥황상제가 일광대사를 불러,

"주봉을 살려주어라."

하시니 일광대사가 명령을 받들어 육

환장236)을 집고 무지게로 다리을 놋코 느러와 육환장을 주봉을 건저 희평 골로 노코 일노더 니제 십칠 연을 걸식237)고 견주연238) 원슈을 갑고 영화을 볼 거시니 줄 잇시리. 호고 문득 간더 읍난지라.

각설이라. 잇써 여지239) 부닌이 가군240)니 물노 빠저 죽음을 보고 가삼을 쑤달리면 물노 함기 죽으러할 제 시비 옥염니 부닌을 붓들고 구을며 비러 왈 우리 부닌을 사라여쥬옵소셔 이러타시 인걸 명천니 하감241)하며 우리 부닌을 슬여주옵소셔 이러트시 인걸하니 산천초목과 비금쥬수 다 실허함 갓더라.

이날 적장242) 장주경이 부닌과 옥염을 다리고 제 집으로 도라가거날 옥염니 다시 보니니 부닌으 형님 쏘 통곡하더라.

옥염니 문왈 열열니243) 부닌게옵서 무슴 연고로 이고더 게신잇가. 모든 부닌니 왈 우리도 희평 도소로 오다가 장쥬경의게 가군을 다 죽니고 천상 구든 목슘244)니 죽지 못하고 잇써까지 스라노라. 하고 통곡하거날 서로 붓들고 만단설화245)한 추의 잇써의 흉칙한 장주경니 니부닌 싱각이 간절하야 방으로 드러오거날 시비 옥염이 한 꾀을 싱각하고 왈 장님은 드르소셔 우리 으기씨는 신 보름의난 경오246)닛고 후 보름의난 경오가 읍쓰니

---

236) 육환장(六環杖) : 고리가 여섯 개 달린 지팡이.
237) 걸식(乞食) : 밥을 빌어먹음.
238) 견자연 : ? 아마 '견디면' 등의 뜻인 듯.
239) 여지 : ? 아마 '해평 도사' 등의 뜻인 듯.
240) 가군(家君) : ①남에게 자기 아버지를 이르는 말. ②아내가 남에게 남편을 지칭하는 말. 또는 남의 남편을 지칭하는 말.
241) 하감(下瞰) : 위에서 내려다봄.
242) 적장(賊將) : 도적의 장수.
243) 열열니 : ? 아마 '뒤의 내용으로 보아서 열 두명' 등의 뜻인 듯.
244) 구든 목숨 : ? 아마 '죽지 못해 어쩔 수 없이 살아 있는 궂은 목숨' 등의 뜻인 듯.
245) 만단설화(萬端說話) : 온갖 이야기.

환장을 집고 무지개 다리를 놓고 내려와 육환장으로 주봉을 건져 해평 고을에 내려놓고 말하기를,

"이제 십칠 년을 빌어먹으면서 견디면 원수를 갚고 영화로움을 볼 것이니 잘 있어라."

하고 문득 간 곳이 없더라.

각설이라. 이때 도사 부인이 남편이 물에 빠져 죽는 것을 보고 가슴을 두드리며 함께 물에 빠져 죽으려 할 때 시비 옥염이 부인을 붙들고 구르며 빌어서 말하기를,

"우리 부인을 살려주소서."

이렇듯이 애걸하니 밝은 하늘이 감동하고 산천과 초목은 물론 모든 짐승들조차 다 슬퍼하는 듯 하더라.

이날 도적 장주경이 부인과 옥염을 데리고 제 집으로 돌아가거늘 옥염이 다시 보니 부인의 형님(주봉의 동서인 최한림의 부인) 또한 통곡하더라.

옥염이 묻기를,

"열두 명의 부인께서는 무슨 까닭으로 이곳에 계십니까?"

모든 부인이 말하기를,

"우리도 해평 도사로 오다가 장주경에게 남편이 다 죽고 어쩔 수 없이 궂은 목숨을 죽지 못하여 이때까지 살아 있노라."

하고 통곡하거늘 서로 붙들고 온갖 이야기를 하는 때에 흉칙한 장주경이 이부인 생각이 간절하여 방으로 들어오거늘 시비 옥염이 한 꾀를 생각하고 말하기를,

"장군님은 들으소서. 우리 아기씨는 앞 보름에는 생리가 있고 뒷 보름에는 생리가 없으니

---

246) 경오 : ? 아마 '생리' 등의 뜻인 듯.

후리닐인돌 뮤즈오릿가.247)

 흔디, 쥬경이 그 말리 올타ᄒ고 가슬너 가너을248) 옥염이 도망할 뫼칙을 싱각ᄒ고 열두 부닌과 으논ᄒ니 열두 부닌 왈 도망ᄒᄌ 한들 들이마 잇고 안ᄌ말이 박으 이을 아난 문복장니 잇서249) 동셔남북의 문지키난 군스 잇시니 비조250)라도 도망키 어러오니 니 일을 엇지 ᄒ리요.

 옥염니 싱각ᄒ디 군스 의복을 입고 도망ᄒ니라. ᄒ고 직시 전닙251)과 군스 복을 추려 입을 제 날니울ᄌ252) 전닙와 황나완ᄌ며253) 홍당스슐254) 비기츠고 손으난 삼척 검 들고 육날 미투리255) 신고 무절침침256) 밤 삼경257)의 나난 다시 나건니 문 직키난 군스 둘리 저의 동관258)인 줄 알고 물쥐운니259) ᄒ더라.

 잇써 옥염이 문박긔 나와 업더지며 밤이 시도록 제우 팔십 리을 갓난지라. 월낙서산260)ᄒ고 일출동악261)ᄒ 제 강가으 다달나 사방을 도라보니

---

247) 후리닐인돌 뮤즈오릿가 : ? 아마 '후보름 즉 후일에 오는 것이 어떻겠습니까' 등의 뜻인 듯.
248) 가슬너 가너을 : ? 아마 '거슬러(되돌아) 가거늘' 등의 뜻인 듯.
249) 들이마 잇고 안ᄌ말이 박으이을 아난 문복장니 잇서 : ? 아마 '안에는 안을 지키는 사람이 있고 밖에는 밖을 지키는 사람이 있으니' 등의 뜻인 듯.
250) 비조(飛鳥) : 나는 새.
251) 전립(戰笠) : (지난날) 군대나 의식에서 벙거지를 일컫는 말.
252) 날너울자 : ? 아마 '전립의 한 종류 이름'인 듯.
253) 황나완ᄌ : ? 아마 '옛날 군인들의 옷매무새 중 누런 색의 띠' 등을 가리키는 듯.
254) 홍당스슐 : ? 아마 '옛날 군인들의 옷매무새 중 붉은 색의 허리띠' 등을 가리키는 듯.
255) 미투리 : 흔히 날을 여섯 개로 하여 삼 껍질을 짚신처럼 삼은 신.
256) 무절침침 : ? 아마 '매우 침침하여 어두운' 등의 뜻인 듯.
257) 삼경(三更) : 하룻밤을 다섯으로 나눈 셋째 부분. 대개 밤 열한 시부터 한 시 사이.
258) 동관(同官) : 같은 관아에서 일하는 같은 등급의 관리나 벼슬아치.
259) 물쥐운니 : ? 아마 '수고한다 등의 인사말' 등의 뜻인 듯.

뒷 보름에 오시는 것이 어떻겠습니까?"

하니 주경이 그 말이 옳다고 하면서 돌아가거늘 옥염이 도망할 꾀를 생각하고 열두 부인과 의논하니 열두 부인이 말하기를,

"도망하고자 한들 안에는 안을 지키는 사람이 있고 밖에는 밖을 지키는 사람이 있으며 동서남북으로 문을 지키는 군사가 있으니 나는 새라도 도망하기 어려우니 이 일을 어찌 하리요?"

옥염이 생각하되, 군사의 의복을 입고 도망하리라. 하고 즉시 전립과 군사의 의복을 차려 입을 때 날래울자란 전립과 황나완자며 홍동사술을 비껴 차고 손에는 삼척이나 되는 긴칼을 들고 육날 미투리를 신고 한 점 빛도 없는 침침한 한밤중에 나는 듯이 나가니 문을 지키던 군사들이 저의 동료인 줄 알고 수고한다고 하더라.

이때 옥염이 문 밖에 나와 엎어지고 자빠지고 하며 겨우 팔십 리를 도망 갔는데 벌써 달이 서산에 지고 해가 동산에 떠오르더라. 강가에 다다라서 사방을 돌아보니

---

260) 월락서산(月落西山) : 서산에 달이 짐.
261) 일출동악(日出東岳) : 동산에 해가 뜸.

산은 쳥쳥262) 천봉니오. 물은 츌넝츌넝 훈강 소간닐다. 사방의 정신을 놀닌지라. 날른 시고 사세263)은 급박호여264) 옥염이 엿즈오더 부닌다러 왈 입으신 으복을 버서 강가으 듀시고 도망호옵소서.

나난 죽어도 설업지 아니호니 분닌은 천금갓탄 몸을 보듕호와 아기을 나어 귀이 질너 장셩265)호거든 원슈을 갑고 영화로 지니소서. 분인을 위로호니 부닌니 옥염을 안고 나셜 훈티 디아고 울며 왈 너 죽으면 나도 죽고 나 죽의면 복즁으 든 아기도 즈연 죽을이라 호시며 기절호거늘 옥염이 비러 왈 스세 급박호니 부닌 입이신 군복을 벗고 신은 신을 버서 여기 노코 어서 봇비 가옵소서. 나난 여기 잇다가 도젹 즁쥬경니 오거든 부닌은 먼저 물르 싸지다 호고 소비난 쥬경니 보고 질욕266)이나 호고 죽을 거시니 부닌은 급피 환267)을 면호소서.

군복을 벼기여 이부닌도 즁니 이을 싱각호고 군복과 신을 버서 노코 옥염을 바리고 더날 시 옥염을 다시 보며 왈 우리 싱전으난 다시 못 보런이와 황천으서나 다시 보즈 호고 눈물노 이별호고 더날 시 업더지며 잡바지며 만쳡청순268)을 향호야 올나가이 산은 쳡쳡 쳔봉이요. 물은 츌넝츌넝 훈강269)니라.

암셕상으로 올나가니 층암절벽270)은 반공271)의 소스난디 벼류쳔지 비

---

262) 쳥쳥(靑靑) : 푸르고 푸름.
263) 사세(事勢) : 일의 형세.
264) 급박하다(急迫―) : 바싹 닥쳐서 아주 급하다.
265) 장성(長成) : 자라서 어른이 됨.
266) 질욕(叱辱) : 꾸짖으며 욕을 함.
267) 환(患) : 근심. 걱정.
268) 만첩청산(萬疊靑山) : 겹겹이 둘러싸인 푸른 산.
269) 한강 : ? 아마 '큰강' 등의 뜻인 듯.
270) 층암절벽(層巖絶壁) : 여러 층의 험한 바위로 된 낭떠러지.

산은 첩첩하여 천봉이고 물은 출렁출렁하여 한강이 되어 사방을 둘러볼수록 정신을 놀라게 하더라. 날은 새고 일의 형세는 더욱 급박하니 옥염이 부인에게 여쭈어서 말하기를,

"입으신 의복을 벗어서 강가에 두시고 도망하옵소서. 나는 죽어도 서럽지 아니하니 부인은 살아서 천금같은 몸을 보중하여 아기를 낳아서 귀하게 잘 길러 장성하면 원수를 갚고 영화롭게 지내소서."

부인을 위로하니 부인이 옥염을 안고 낯을 함께 대고 울면서 말하기를,

"너 죽으면 나도 죽고 나 죽으면 뱃속에 든 아기도 저절로 죽을 것이다."

하시며 기절하거늘 옥염이 빌면서 말하기를,

"일의 형세가 급박하니 부인은 입으신 군복을 벗고 신은 신발을 벗어서 여기 놓고 어서 바삐 가옵소서. 나는 여기 있다가 도적 장주경이 오면 부인이 먼저 물에 빠져 죽었다 하고 저는 주경을 보고 욕이나 실컷하고 죽을 것입니다. 부인은 어서 빨리 재앙을 면하소서."

군복을 벗기니 이부인도 장래 일을 생각하고 군복과 신을 벗어 놓고 옥염을 버리고 떠날 때 옥염을 다시 보며 말하기를,

"우리가 살아서는 다시 보지 못할 것이다. 죽어서 저승에 가서나 다시 보자."

하고 눈물로 이별하고 떠날 때 엎어지고 자빠지며 첩첩한 산 속으로 올라가니 산은 첩첩 천봉이고 물은 출렁출렁 한강이더라.

바위 위로 올라가니 높은 절벽이 반공에 솟아 있어서 그곳은 보통 인간이 사는 속세와는 다른

---

271) 반공(半空) : 반공중(半空中)의 준말 : 하늘과 땅 사이의 그리 높지 않은 허공.

닌간272)의 몸을 감초고 바리보이 장듀경니 장창을 들고 호통을 벽역갓치 지르며 달여들거날 亽동273)을 볼즉시면 젼국274)젼 시졀린가 풍진275)도 요란ᄒ며 초혼젼276) 시졀린가 살기277)난 무슴 일린고. 홍문연278) 잔치려 가 칼춤은 무슴 일린고.

옥염니 니디라 웨여 왈 니놈 즁듀경아 드르아 ᄒ날도 두럽지 아닌ᄒ야. 빙셜279)갓탄 우리 부닌이 너갓튼 도젹놈으게 말을 드르며 닌들 엇지 네 집의 몸종280)니 될 듯ᄒ야. 우리 부닌이 네 놈의 얼골 다시 보지 아닌ᄒ랴 고 발시 물르 ᄲ져 죽고 나난 네 놈을 지달너 그른 말나 ᄒ고 잇노라. ᄒ며 질욕을 무수히 ᄒ더니 초민을 물롭씨고 만경창파의 달여들거늘 잇ᄯ여 용왕니 거복을 보니여 옥염을 업고 용궁으로 드러가난지라.

잇ᄯ의 장듀경니 장창을 집고 노리ᄒ여 왈 실푸도다 실푸도다. 이부닌 을 보고 져기 너 죽어 고기 밥이 되난니 날갓탄 군즈281)을 겸려282) 빅연 동낙ᄒ면 근들 안니 졍닐소야. 모지도다 모지도다 그 집 모지도다. 보고지 고 보고지고 이부인을 보고지기 흐르난이 물결리요. ᄶ난이 고기로다.

272) 별유쳔지비인간(別有天地非人間) : 인간 세상과는 다른 특별한 하늘과 땅.
273) 사동 : ? 아마 '일의 형세나 거동' 등의 뜻인 듯.
274) 젼국(戰國) : 중국의 주나라 말기에 여러 제후국 사이에 싸움이 끊임없어 어지럽던 여러 나라.
275) 풍진(風塵) : ①바람에 날리는 티끌. ②세상의 속된 일. ③병진(兵塵).
276) 초한젼(楚漢傳) : 초나라 항우와 한나라 유방의 천하 각축을 다룬 소설.
277) 살기(殺氣) : ①독살스러운 기운. ②무시무시한 짓을 할 것 같은 태도.
278) 홍문연(鴻門宴) : 초한시절에 항우가 유방을 유인하여 죽이기 위해 베풀었던 잔치 이름.
279) 빙셜(氷雪) : 얼음과 눈.
280) 몸종 : (지난날) 양반집 여자의 곁에 가까이 있어 잔심부름하는 계집종.
281) 군자(君子) : ①덕행이나 학식이 높은 사람. ②벼슬이 높은 사람. ③마음이 착하고 무던한 사람. ④아내가 자기 남편을 일컫던 말.
282) 겸려 : ? 아마 '섬겨' 등의 뜻인 듯.

곳이더라. 몸을 감추고 밑을 내려다보니 장주경이 긴 창을 들고 호통을 벽력같이 지르며 달려들거늘 일의 형세를 볼 것 같으면 춘추 전국의 시대 던가 바람 먼지도 요란하며 초나라와 한나라가 다투던 시절인가 살기는 무슨 까닭인가? 홍문연의 잔치던가 칼춤은 또 무슨 일인가?

옥염이 뛰어나오며 외쳐서 말하기를,

"이놈 장주경아. 들어라. 하늘이 두렵지도 않느냐? 빙설 같은 우리 부인이 너와 같은 도적놈의 말을 듣겠으며 난들 어찌 네놈의 몸종이 되겠는가? 우리 부인은 네놈의 얼굴을 다시 보지 아니하려고 벌써 물에 빠져 죽고 나는 네놈을 기다렸다가 욕이나 하고 죽으려고 지금 기다리고 있는 중이다."

하며 더러운 욕을 무수히 하더니 치마를 뒤집어쓰고 만경창파에 달려들더라.

이때 용왕이 거북을 보내어 옥염을 업고 용궁으로 들어가더라.

이때 장주경이 긴 창을 집고 노래하여 말하기를,

"슬프도다. 슬프도다. 이부인도 죽고 너마저 죽어 고기 밥이 되니 슬프도다. 나와 같은 군자를 섬겨서 한 평생 함께 즐겁게 살아간다면 그것이 아니 좋겠는가? 모질도다. 모질도다. 그 계집이 모질도다. 보고지고 보고지고 이부인이 보고지고 흐르는 것은 물결이요, 뛰는 것은 고기로다."

노리을 근치고 제 집으로 도라오니라.

잇써의 이부닌이 할닐읍서 숨풀을 쩌나 산님을 더우잡고 만쳡쳥순으로 드러가니 두견조283)은 실피 울고 계수284)난 잔잔흔디 기갈285)리 즈심ᄒ야286) 길가의 누워난지라.

잇써여 영보순 칠보암의서 사난 여승 팔왕디ᄉ가 속가287)의 갓다가 졀노 올나가더니 길가의 엇더흔 부닌이 기절ᄒ여거니 죽겨 되야거을 디ᄉ 놀니여 급피 수건의 물을 무쳐다가 입의 드리오니 니의ᄒ야288) 복식289)ᄒ난지라. 디사 문왈 부닌은 어디 겨시며 무ᄉᆷ 연고로 이 지푼 순즁의 저디지 곤궁290)ᄒ신잇가.

부닌이 그제야 인ᄉ을 추려 눈을 더보니 과연 여승니라. 쇠진291)흔 마음이라도 반겨 문 왈 디사은 죽어가난 인셩을 살닐소서. 언으 절로 게시며 절리 여기셔 월미나 ᄒ난잇가.

팔왕 디사 위로 왈 소승은 영보산 칠보암의 아옵더니 마참 속292)의 갓삽다가 졀노 가난 기리오니 저리 머지 안니ᄒ니 흔가지로 가이다. ᄒ고 인ᄒ여 이분닌의 손을 익글고 절노 가거날 부인이 쇠진흔 즁의 영보산을 바리보니 쳥암절벽은 칭칭이293) 둘너 잇고 계슈난 존존 벅게294)로다. 빅

---

283) 두견조 : 두견새.
284) 계수(溪水) : 골짜기를 흐르는 물.
285) 기갈(飢渴) : 배고픔과 목마름.
286) 자심하다(滋甚―) : 더욱 심하다.
287) 속가(俗家) : ①불교나 도교를 믿지 않는 사람의 집을 불가에서 일컫는 말. ②'중의 생가'를 불가에서 일컫는 말.
288) 니의ᄒ야 : ? 아마 '이윽하여 : 한참 지나서' 등의 뜻인 듯.
289) 복색(復塞) : 홍분이나 충격 때문에 잠깐 막혔던 숨이 다시 회복됨.
290) 곤궁(困窮) : 곤란하고 궁함.
291) 쇠진(衰盡) : 쇠하여 다됨.
292) 속(俗) : 속세.

노래를 그치고 제 집으로 돌아가더라.

이때에 이부인이 어쩔 수 없어 수풀을 떠나 산림을 부여잡고 첩첩한 산 속으로 들어가니 두견새는 슬피 울고 산골짜기에 흐르는 물은 잔잔한데 목마름과 배고픔이 극심하여 길가에 누웠더라.

이때 영보산 칠보암에 사는 여승 팔왕대사가 속세에 갔다가 절로 돌아가다가 보니 길가에 어떤 한 부인이 기절하여 누워 있는데 거의 죽게 되었거늘 대사가 놀라서 급히 수건에 물을 묻혀 입에 드리우니 한참 후에 다시 살아나더라. 대사가 묻기를,

"부인은 어디에 살며 무슨 까닭으로 이 깊은 산 속에 들어와 이렇게 힘들고 어렵게 되었습니까?"

부인이 그제야 정신을 차려서 눈을 떠보니 과연 여승인지라. 쇠진한 마음이라도 반가워하며 말하기를,

"대사님은 죽어가는 사람을 살려주소서. 어느 절에 계시며 절이 여기서 얼마나 멀리 떨어져 있습니까?"

팔왕대사가 위로하며 말하기를,

"영보산 칠보암에 있더니 마침 민가에 갔다가 절로 돌아가는 길이며 절이 여기서 멀지 아니하니 함께 갑시다."

하고 인하여 이부인의 손을 이끌고 절로 가거늘 부인이 쇠진한 가운데서도 영보산을 바라보니 높은 절벽이 층층이 둘러 있고 계곡에는 푸른 물이 잔잔하게 흐르더라. 흰

---

293) 칭칭이 : ? 아마 '층층이'의 오기인 듯.
294) 벽계(碧溪) : 물빛이 푸르게 보이는 맑고 깊은 시내.

운심쳐295)을 츠져가니 벼루쳔지 비인간이라.

잇써여 샹즈296)더리 나와 시승을 마질 시 우리 심임은 속가의 나시더니 쏘 샹즈을 다려오난쏘다 ᄒ며 반기ᄒ더라.

여러 나리 더믹 팔왕디사 위로 왈 이 졀리 디졀리오니 귀경군니 연속 부졀297)ᄒ오니 부닌을 보면 분명 탈춰298)할 거시니 머리을 싹고 세월을 보니면 갓지 못하다. ᄒ거을 부닌이 싱각ᄒ디 디스의 말삼니 올소니다. 머리 싹쓰니 그 졍셩은 츠마 보지 못ᄒ네라.

세월리 여류ᄒ여 십 삭이 차난지라. 일일른 오운299)이 암즈을 둘너 싸고 힝니 진동ᄒ거을 디사 부닌이 히복300)할 줄 알고 승즈을 불너 왈 미역과 빅미을 마츰 더의ᄒ여다가 히복ᄒ거든 츅시리 구완홀 ᄒ더니 힝니 근치고 부닌이 남즈을 탄싱ᄒ난지라.

그 아기 소리 벽역갓치 웅장ᄒ니 산쳔이 진동ᄒ더라.

디사와 제승이 그 아기 소리을 듯고 민명301)이 역겨 우리 졀르난 ᄋ기 인난 ᄒ니 업시니 부닌은 아기을 다리고 나가소셔. ᄒ디 부인이 비러 왈 머리 싹고 아기을 안고 속가의 가면 할말도 읍고 즁 힝실니 부죡ᄒ다. ᄒ고 겁탈302)홀 거시오. 밥도 못 비러먹을 거시니 찰아리 져롤셔 죽음만 갓지 못ᄒ고 안니 가거을 제승니 디칙303) 왈 아모리 졍승304)은 가긍ᄒ

---

295) 백운심처(白雲深處) : 흰구름 깊은 곳.
296) 샹즈 : ? 아마 '상좌'의 오기인 듯. 상좌(上佐) : ①행자(行者). ②스승의 대를 이을 여러 중 가운데에서 높은 사람.
297) 부절(不絶) : 끊이지 아니함.
298) 탈취 : ? 아마 '이상하게 생각함' 등의 뜻인 듯.
299) 오운(五雲) : 오색구름.
300) 해복(解腹) : 해산(解産). 아이를 낳음.
301) 민명 : ? 아마 '민망'의 오기인 듯. 민망(憫惘) : 부끄럽고 딱함.
302) 겁탈(劫奪) : ①남의 것을 폭력을 써서 빼앗음. ②강간.

구름 깊은 곳을 찾아가니 인간 속세와는 다른 별천지가 있더라.

이때 상좌들이 나와 스승을 맞을 때 우리 스님은 속가에 나가시더니 또 상좌를 데려왔도다 하면서 반가워하더라.

여러 날이 지나자 팔왕대사가 위로하며 말하기를,

"이 절이 큰 절이기 때문에 구경을 오는 사람이 끊임없으니 부인을 보면 분명히 이상하게 생각할 것입니다. 차라리 머리를 깎고 세월을 보내는 것이 좋을 듯 합니다."

하거늘 부인이 생각해도 대사의 말씀이 옳기에 결국 머리를 깎으니 그 광경은 차마 보지 못하겠더라.

세월이 흐르는 물과 같아서 임신한 지 열 달이 지나더니 하루는 오색구름이 암자를 둘러싸고 향기가 진동하거늘 대사가 부인이 아이를 낳을 줄 알고 상좌를 불러 말하기를,

"미역과 백미를 미리 준비해 두었다가 해산하거든 착실하게 잘 구완하라."

하더니 향기가 그치고 부인이 사내아이를 낳았더라.

대사와 여러 승려들이 그 아이의 울음소리를 듣고 부끄럽고 딱하게 여겨 우리 절에서는 아기를 키울 수 없으니 부인은 아기를 데리고 절을 떠나라고 하거늘 부인이 빌어서 말하기를,

"머리 깎고 아기를 안고 속세에 가면 할 말도 없고 중의 행실이 부족하다고 하여 겁탈하려고 할 것이요. 밥도 빌어먹지 못할 것이니 차라리 여기서 죽는 것이 더 나을 듯 합니다."

하면서 아니 가거늘 여러 승려들이 크게 꾸짖어서 말하기를,

"아무리 사정과 형편은 불쌍하

---

303) 대책(大責) : 크게 꾸짖음.
304) 정상(情狀) : 사정과 형편.

나305) 부닌이 절로 잇다가는 우리도 더러온 말을 듯고 지널 수가 업시니 잔말 말고 아기을 바리거나 소견306)디로 ᄒᆞ소서.

ᄒᆞ창 니리 셜화할 제 이기 울음소리 산중니 진동ᄒᆞ거날 부닌니 싱각다 못ᄒᆞ야 이기 바리기을 싱각ᄒᆞ고 비단으로 비안의 저고리307)을 만드러 이기 왼식기 발가락을 ᄭᅳ어 옷짓 속으 너코 저고리 귀의 식기308)을 유복자309) 희선이라 ᄒᆞ이 이기을 입피고 이기을 안고 무월310) 침침 야삼경311)의 나오난 그 거동을 차마 보지 못할네라.

동구 박그 디촌 가산312)ᄒᆞ고 일출동영313)한디 계명성314)은 난창ᄒᆞ난디315) 아가 아가 우리 아가 전 먹거라 젓 먹거라. 너의 젓 망종316) 머거라 나난 네 엄미 안니로다 ᄒᆞ난 소리 천지지도 감동ᄒᆞ난 듯 ᄒᆞ더라.

가다가 도로 와서 아가 아가 ᄒᆞ며 낫설 흔티 디니고 천지 일월성신317)은 니니 신세을 술피소서. ᄒᆞ며 피갓튼 눈물리 비 옷듯 ᄒᆞ난지라. 그렁저렁 동방니 장차 발그며 사람니 발동318)ᄒᆞ거날 스세부득319)ᄒᆞ야 이기을 바리

---

305) 가긍하다(可矜―) : 불쌍하고 가엾다.
306) 소견(所見) : 일이나 물건을 살펴보고 느끼는 의견이나 생각.
307) 배안의 저고리 : 배냇저고리 : 깃저고리 : 갓난아이에게 입히는, 깃을 달지 않은 저고리.
308) 색기 : ? 아마 '새기기를' 등의 뜻인 듯.
309) 유복자(遺腹子) : 태어나기 전에 아버지를 여읜 자식.
310) 무월(無月) : 달이 없음.
311) 야삼경(夜三更) : 자정을 전후한 시간.
312) 가산 : ? 아마 '집이 이곳 저곳에 흩어져 있음' 등의 뜻인 듯.
313) 일출동령(日出東嶺) : 동쪽에서 해가 뜸.
314) 계명성(鷄鳴聲) : 닭 울음소리.
315) 난창하다 : ? 아마 '요란하다' 등의 뜻인 듯.
316) 망종(亡終) : ①사람의 목숨이 끊어져 죽는 때. ②일의 마지막.
317) 일월성신(日月星辰) : 해와 달과 별.
318) 발동(發動) : 움직이기 시작함.

나 부인이 절에 있으면 우리도 더러운 말을 듣게 될 것이고 아울러 우리도 절에 있을 수 없게 될 것이니 잔소리 말고 아기를 버리거나 아니면 자신이 나가든지 생각대로 하소서."

한창 이렇게 이야기할 때 아기 울음소리에 산 속이 진동하거늘 부인이 생각다가 못하여 아기를 버리기로 작정하고 비단으로 배냇저고리를 만들어 아기의 왼쪽 새끼발가락을 끊어서 옷깃 속에 넣고 저고리 귀에 새기기를 유복자 해선이라 하여 아기를 입히고 아기를 안고 달도 없이 침침한 밤 삼경에 나오는 거동은 차마 보지 못할 지경이더라.

동구 밖에 큰 마을이 여기저기 흩어져 있고 동산에 해가 뜨고 새벽의 닭울음소리가 요란할 때,

"아가 아가 우리 아가 젖 먹어라. 젖 먹어라. 나의 젖을 마지막으로 먹어라. 나는 너의 엄마가 아니로다."

하는 소리 하늘과 땅도 감동하는 듯 하더라. 가다가 도로 와서 아가 아가하며 낯을 함께 닿게 하고 하늘과 땅과 해와 달과 별은 나의 신세를 살피소서 하며 피 같은 눈물을 비 오듯이 흘리더라.

그렁저렁 동방이 장차 밝으며 사람이 움직이기 시작하거늘 어쩔 수 없어 아기를 버리

---

319) 사세부득이(事勢不得已) : 일이 그렇게 아니할 수 없어.

고 절노 올ᄂ갈 제 ᄋ기 우름 소리은 귀의 징징ᄒ고320) 눈의 암암321) 정신 읍시 절노 차저 가이라.

잇쎡 촌여322)들이 물질너 가이 이기을 시암가의 노와거날 동우을 노코 달여드러 니 아덜리 읍더니 ᄒ날님니 점지ᄒ도다. ᄒ창 질거할 더 오직 장주경니 도적질 갓다가 그 거동을 보고 다여드러 그 이기은 너가 가져간다. ᄒ고 번기갓치 달여드니 모든 여닌니 디경323)ᄒ야 도망ᄒ난지라. 주경니 그 이기을 품으 품고 갈 제 범의 식기을 가져감 갓더라.

주경니 그 이기을 이부닌게 믹겨 왈 일홈은 장희선니라 ᄒ고 믹기거을 이부닌이 그 이기 입븐 옷설 보니 비단도 나시 잇고 반질 슈품도 짐쟉ᄒ더라. 힝여 누설324)할가 ᄒ야 직시 옷설 벽겨 집피 감초고 다른 옷설 지여 입피고 저절 먹여 스랑ᄒ더라.

세월리 여류ᄒ여 희선의 나히 칠 세을 당하야난지라. 일일혼 희선의 제 모친 전으 드러가 엿즈오디 글을 비와지이다.

장주경니 디칙 왈 글른 씰디 업시니 용밍을 일키여 도적질을 비우라. ᄒ거날 희선니 니 말 듯고 모전325)의 드러가 부친ᄒ난 말삼을 고ᄒ디 부닌이 글을 비오라. ᄒ고 저 부친 모로게 글을 가라치더라.

세월리 여루ᄒ여 희선의 나히 십스 세라. 희평 니선이 제 부친전의 드러가 엿즈오디 황성의 가 구경이나 ᄒ옵고 여닌과 지물을 탈취할 모칙을

---

320) 쟁쟁하다 : 지나간 소리가 잊히지 않고 귀에 울리는 듯하다.
321) 암암 : 잊히지 않고 가물가물 보이는 듯함.
322) 촌여(村女) : 마을 여자.
323) 대경(大驚) : 크게 놀람.
324) 누설(漏泄/漏洩) : ①물 따위가 새거나, 새어 나게 함. ②비밀이 새거나, 새어 나게 함.
325) 모전 : 어머니 앞.

고 절로 올라갈 때 아기 울음소리는 귀에 쟁쟁하고 그 모습은 눈에 삼삼하여 정신없이 절을 찾아가더라.

이때 마을 여자들이 물을 길러 나왔다가 우물가에 놓인 아기를 보고 물동이를 놓고 달려들어 내가 아들이 없더니 하느님이 나에게 아들을 점지하였다 하면서 한창 즐거워하더라.

이 때 장주경이 도적질을 갔다가 그 거동을 보고 달려들어 그 아기는 내가 가지고 간다 하면서 번개같이 달려드니 모든 여인들이 크게 놀라서 도망하더라. 주경이 그 아기를 품에 품고 갈 때 범의 새끼를 가져가는 것 같더라.

주경이 그 아기를 이 부인에게 맡기며 말하기를,

"이름은 장해선이다."

하고 맡기거늘 이부인이 그 아기의 입은 옷을 보니 비단도 낯이 익고 바느질 솜씨도 짐작이 가는지라 혹시 누설될까 두려워서 즉시 옷을 벗겨 깊이 감추고 다른 옷을 지어 입히고 젖을 먹여 사랑하더라.

세월이 물처럼 빨리 흘러 해선의 나이가 벌써 칠 세가 되었더라. 하루는 해선이 제 부친의 앞에 들어가서 말하기를,

"글을 배우고 싶습니다."

장주경이 크게 꾸짖어 말하기를,

"글은 쓸데없으니 용맹을 이루어 도적질을 배워라."

하거늘 해선이 이 말을 듣고 어머니 앞에 들어가 부친이 하는 말씀을 말하니 부인이 다시 글을 배우라고 하면서 부친 모르게 글을 가르치더라.

또 세월이 흘러서 해선의 나이가 십사 세가 되었더라. 해선이 제 부친 앞에 들어가 말씀드리기를,

"황성에 가서 구경이나 하고 여인과 재물을 빼앗아 올 방법을

보고 도라오리라 ᄒᆞ니 즁쥬경이 디히ᄒᆞ야 날닌 죵과 쳘니마을 주고 노ᄌᆞ326)을 황금 일쳔 양을 주어 보니이라.

희션 바로 황셩의로 올나가 쥬닌을 졍ᄒᆞ되 집과 장인 다 퇴락327)ᄒᆞᆫ 집으로 드러가니 늘근 노구328) 잇거날 희션의 말로 니디 노구을 부녀 왈 희평 잇ᄉᆞᆸ더니 과거을 보러 왓사오니 딕은 쥬인을 졍ᄒᆞ노다. ᄒᆞ거날 노구 디 왈 억만 장안의 졍ᄉᆞ329)ᄒᆞᆫ 집도 만하거날 이러ᄒᆞ고 누취ᄒᆞᆫ330) 집의 엇지 유슉331)ᄒᆞ오며 양식도 읍시 밥도 못ᄒᆞ오니 쏘한 반쵼도 읍시 엇지 ᄒᆞ리요. 흔디 희션니 죵을 불너 져ᄌᆞ332)의 가 양식과 반춘을 사오라. ᄒᆞ고 금 닐빅 양을 니여주이 죵니 져자의 나가 양식과 반쵼을 사가가 조셕333)을 ᄒᆞ여 먹난지라.

쥬닌이 그 션비을 보니 형용334)과 범졀335)을 보니 ᄌᆞ식 쥬봉과 방불336) ᄒᆞ드라. 쥬봉의 쥭은 혼니 싱겨 왓난가. ᄒᆞ며 눈물을 흘이며 쥬봉을 싱각ᄒᆞ 더라.

희션니 왈 부닌은 소ᄌᆞ을 보시고 져더지 셜허하시니 ᄌᆞ졔 분이 어대 갓시며 나히 얼미나잇가.

---

326) 노자(路資) : 먼 길을 가고 오고 하는데 드는 돈.
327) 퇴락(頹落) : 무너지고 떨어짐.
328) 노구(老嫗) : 할멈.
329) 졍ᄉᆞ : ? 아마 '맑고 깨끗한' 등의 뜻인 듯.
330) 누추하다(陋醜—) : 지저분하고 더럽다.
331) 유숙(留宿) : 묵음.
332) 져자 : ①'시장(市場)'의 예스런 말. ②장이나 시장에서 물건을 파는 가게. ③날마다 아침 저녁으로 반찬거리를 파는 작은 규모의 시장.
333) 조석(朝夕) : 아침 저녁.
334) 형용(形容) : ①생긴 모양. ②사물의 어떠함을 말이나 글 또는 시늉을 통하여 드러냄.
335) 범절(凡節) : 일이나 물건이 지닌 모든 질서와 절차.
336) 방불(彷佛) : 비슷함.

강구하여 돌아오겠습니다."

하니 장주경이 크게 기뻐하며 날센 종과 천리마를 주고 노자로 황금 천 냥을 주더라.

해선이 바로 황성에 올라가 주인을 정하되 집과 담장이 다 퇴락한 집으로 들어가니 그 집에 늙은 할멈이 있거늘 해선이 할멈을 불러서 말하기를,

"나는 해평에 사는 사람으로 서울에 과거를 보러 왔는데 이 집에 머물고자 합니다."

하거늘 할미가 대답하기를,

"수많은 사람이 사는 서울에 깨끗한 집이 수도 없이 많은데 하필 이렇게 누추한 집을 정하여 머물려고 합니까? 이 집에는 양식이 없어서 밥도 할 수가 없고 반찬도 없으니 어찌하겠습니까?"

하니 해선이 종을 불러 시장에 가서 양식과 반찬을 사오라 하면서 황금 백 냥을 내어주니 종이 시장에 가서 양식과 반찬을 사가지고 와서 밥을 지어먹더라.

주인이 그 선비를 보니 외모와 태도가 자기의 자식 주봉과 거의 같은지라. 주봉의 죽은 혼이 생겨서 왔는가 하며 눈물을 흘리며 주봉을 생각하더라.

해선이 말하기를,

"부인은 소자를 보시고 이렇게 슬퍼하시니 자제 분은 어디에 갔으며 나이는 얼마나 됩니까?

분337) 왈 니 아달 일홈은 주봉이요. 나난 십수 세의 알상급제ᄒ여 희평 도스로 간 제 지금 십스세 되야씨되 소식이 돈절338)ᄒ니 일언 답답ᄒ고 원통한 일이 잇시리요. ᄒ되 희가니339) 싱각ᄒ니 즈연 비감ᄒ여 만 가지로 으혹이 나셔 과거 생각이 업셰 부인 젼의 엿즈오더 저 벽장의 인는 옥저 탄금을 소즈을 주옵소셔 갑셜 후의 드리리다. 하고 옥져 탄금을 불너 퍼보니 부난 소리 주봉과 갓치 부난지라.

부인이 그 소리을 더옥 실허하다가 주봉을 실허ᄒ시고 옥저와 탄금을 주시며 왈 죽은 즈식을 싱각ᄒ고 옥저 탄금을 주시며셔 부디 자조 단니라. ᄒ거날 희션니 가저간 지물을 다 부닌 딕으 드리고 종을 보니더 그런 말을 말나 ᄒ고 보니이라.

희션 부닌 젼의 ᄒ직하고 바로 희평으로 나러와 경긔340) 조은 고디 안저 옥저 탄금을 실피 불거날 그 씩 스방 산쳔이 다 셜워함 갓더라.

잇씨 주봉니 방방곡곡341) 촌촌의342) 걸식343) ᄒ더니

쳔만의외이 옥저 탄금 소리 풍편344)으 은은히 들니거날 마음이 즈연 비감ᄒ여 츠저츠저 드러가니 옥저와 탄금니 낫세 익으니 고이ᄒ도다. 분명 니의 옥저 탄금니로다. ᄒ며 눈물을 흘니거날 희션니 문왈 저 거린은 무슴 연고로 저디지 실허ᄒ난잇가.

쥬봉니 왈 나난 황셩 남쳔 문박긔 사던 쥬봉니옵더시니 소연 왈 승숩

---

337) 분 : ? 아마 '부인'의 오기인 듯.
338) 돈절(頓絶) : 소식이 아주 끊어짐.
339) 희가니 : ? 아마 '희션'의 오기인 듯.
340) 경개(景槪) : 경치.
341) 방방곡곡(坊坊曲曲) : 한 군데도 빼놓지 않은 모든 곳.
342) 촌촌이(村村─) : 마을마다.
343) 걸식(乞食) : 밥을 빌어먹음.
344) 풍편(風便) : 바람결.

부인이 말하기를,

"내 아들의 이름은 주봉이오. 나이는 십사 세에 알성급제하여 해평 도사로 간 지 지금 십사 년이 되었으되 소식이 영영 끊어졌으니 이런 답답하고 원통한 일이 어디 있겠습니까?"

하니 해선이 생각해도 저절로 슬퍼져서 온갖 의심이 생겨나며 과거 시험 칠 생각이 없어져서 부인에게 말하기를,

"저 벽장에 있는 옥저 탄금을 저에게 주십시오. 값을 후하게 드리겠습니다."

하고 옥저와 탄금을 불어보니 부는 소리가 주봉과 꼭 같더라. 부인이 그 소리를 듣고 더욱 슬퍼하다가 주봉을 생각하며 옥저와 탄금을 주면서 말하기를,

"죽은 자식을 생각하고 옥저와 탄금을 주는 것이니 부디 자주 다녀라"

하거늘 해선이 가져간 재물을 모두 부인에게 드리고 종을 불러서 말하기를, 이런 일을 절대 말하지 말라고 하더라.

해선이 부인을 하직하고 바로 해평으로 내려와 경치 좋은 곳에 앉아 옥저와 탄금을 슬피 부니 그 때 사방의 산천이 모두 서러워하는 것 같더라.

이때 주봉이 전국 방방곡곡 마을마다 빌어먹으며 다니더니 천만뜻밖에 옥저 탄금의 소리가 바람결에 들리거늘 마음이 저절로 슬퍼져서 찾아 들어가니 옥저와 탄금이 눈에 익으니 이상하도다. 분명히 나의 옥저와 탄금이로다. 하며 눈물을 흘리거늘 해선이 묻기를,

"저 거지는 무슨 까닭으로 저렇게 슬퍼하는가?"

주봉이 대답하기를,

"나는 황성 남천문 밖에 살던 주봉이오. 소년 시절에 알성급

제345) ᄒᆞ옵더니 황제께옵셔 벼살을 도도시미 조정 빅관이 시기ᄒᆞ야 나을 희평 도ᄉᆞ을 보너기이 니 도덕346)차로 가다가 희즁으셔 수적347) 장쥬경이 만나 ᄒᆞ닌을 다 주기고 나을 쏘 물로 더지니 옥황승제게옵셔 살여 주시미 고향으 가도 못ᄒᆞ고 이고더 와셔 걸식ᄒᆞ니다.

옥저 탄금을 ᄌᆞ로 보거날 희션 왈 옥저 탄금을 불 듯 ᄒᆞ오. ᄒᆞ고 주거날 주봉니 바다 옥저난 닙으 불고 탄금은 손으로 히롱ᄒᆞ니 그 소리 연연ᄒᆞ야348) 희션이가 부난 것 보단 더 ᄌᆞᆯ 부난지라.

각셜 잇써 굿보난349) 스람더리 일로더 부ᄌᆞ 안니면 형제라. ᄒᆞ거날 희션니 싱각ᄒᆞ디 항션니350) 인난 부닌의 말슴니 아달 주봉과 갓다ᄒᆞ시고 ᄉᆞ랑ᄒᆞ시더니 주할님니 더난 제 십ᄉᆞ 연니라. ᄒᆞ시고 너의 나히 십ᄉᆞ 세요. 사람마닥 걸닌과 갓다ᄒᆞ니 가장 고이ᄒᆞ다. ᄒᆞ고 그러나 아지 못거라. 누셜치 안니ᄒᆞ고 거린다려 왈 우리 두 사람 지조 이러ᄒᆞ니 영보산 칠보암이 더절351)이요. 경기 조타ᄒᆞ니 거그 나가셔 노ᄌᆞᄒᆞ고 안다지로352) ᄎᆞᄌᆞ갈 시 잇써 춘삼월 호시절이라. 골마닥 봄시 소리요. 가지마닥 춘소식이라. 칭암절벽은 반ᄒᆞ353)의 소ᄉᆞ 잇고 이화354)도 화만별355)ᄒᆞ더 두견 접동은 춘

---

345) 소연 왈 숭습제 : ? 아마 '소년시절에 알셩급제' 등의 뜻인 듯.
346) 도덕 : ? 아마 '도임(到任) : 지방관이 그 임지에 이름'의 오기인 듯.
347) 수적(水賊) : 배를 타고 물위에 나타나서 재물을 빼앗아 가는 도둑.
348) 연연하다(娟娟─) : ①어여쁘다. ②빛깔이 산뜻하고 곱다.
349) 굿보다 : ? 아마 '구경하다' 등의 뜻인 듯.
350) 항션니 : ? 아마 '황셩' 등의 뜻인 듯.
351) 대절 : 큰 절.
352) 안다지로 : ? 아마 '함께' 등의 뜻인 듯.
353) 반하 : ? 아마 '반공'의 오기인 듯.
354) 이화(梨花) : 배꽃.
355) 화만별 : ? 아마 '화만발'의 오기인 듯. 화만발(花滿發) : 꽃이 가득히 핌.

제를 하였으므로 황제께서 벼슬을 돋우시니 조정의 모든 신하들이 시기하여 나를 해평 도사로 보내기에 내가 부임하러 오다가 바다 가운데서 해적 장주경을 만나니 그들이 나의 하인을 다 죽이고 또 나를 물 속에 던졌는데 그 때 옥황상제께서 나를 살려주셨으나 나는 고향에 돌아가지도 못하고 이곳에 와서 빌어먹고 있습니다."

옥저와 탄금을 자꾸 보거늘 해선이 말하기를,

"옥저 탄금을 불 듯하오?"

하고 주거늘 주봉이 받아 옥저는 입으로 불고 탄금은 손으로 희롱하니 그 소리 산뜻하고 고와서 해선이 부는 것보다 더 잘 불더라.

각설이라. 이때 구경하는 사람들이 말하기를,

"부자간이 아니면 형제간이다."

하거늘 해선이 생각하되,

"황성에 있는 부인의 말씀이 아들 주봉과 같다고 하시며 사랑하시더니 주한림이 떠난 지 십사 년이라 하시고 또 나의 나이가 십사 세이고 사람마다 걸인과 내가 꼭 같다고 하니 매우 이상하다."

하고 그러나 알지 못하겠다 하면서 내색하지 않고 거지에게 말하기를,

"우리 두 사람의 재주가 이러하니 영보산 칠보암이 큰 절이고 경치가 또한 좋다고 하니 거기에 가서 함께 놀아보자."

하고 함께 찾아가더라. 이때는 춘삼월 좋은 시절이라. 골마다 봄새의 울음소리요. 가지마다 봄소식이라. 층층한 절벽은 반공에 솟아있고 배꽃도 만발한 곳에 두견새와 접동새는 봄의

홍356)을 못니기여 숭숭 나라들고 황금 갓튼 저꾀리난 버셜 부루난듸 양닌니 흔가지로 올나 문박그 좌기357)ᄒ고 옥져난 주봉니가 불고 탄금은 희션니가 부인 소리 쳥아ᄒ야358) 순쳔초목과 비금주수가 츔추난 것 갓더라.668-4

각셜니라. 잇써 이부니 슈심359)으로 세월을 보니더니 팔왕 디스 부닌다러 니르듸 그 풍각셜360)을 보니 붕스361) 안니면 형제라. ᄒ거날 부닌이 고히 여겨 주렴362)을 것고 이윽히 보다가 의혹이 만단363)ᄒ여 고이ᄒ다.ᄒ고 디스 불너 왈 그 풍각의 근본을 무러 보소셔. ᄒ거날 디스 문왈 귀긱364)의 셩명 뉘시며 어듸 게시닛가.

그 풍각 왈 ᄒ나난 황셩 스옵고 쏘 ᄒ나난 즁희션니다. ᄒ며 희평 숀다. ᄒ거을 부닌이 니렴365)의 싱각ᄒ듸 ᄒ나난 할님도 역역히366) 갓도다. ᄒ고 늬의 가장은 니 목젼367)으 빠져 죽어씨니 사라오거난 만무ᄒ고368) 그러나 실스369)을 아지 할지라. 그 연유370)을 알고즈 ᄒ야 보션 두 컬리을

---

356) 춘흥(春興) : 봄철에 일어나는 흥치.
357) 좌기 : ? 아마 '좌졍'의 오기인 듯. 좌정(坐定) : 자리를 잡아 앉음.
358) 청아하다(淸雅—) : 맑고 아담하여 속되지 않다.
359) 수심(愁心) : 근심함. 또는 근심하는 마음.
360) 풍각설 : ? 아마 '풍각쟁이' 등의 뜻인 듯. 풍각쟁이(風角—) : 장거리나 집집으로 돌아다니면서 풍류 소리를 들려주며 돈을 얻어 가는 사람.
361) 붕사 : ? 아마 '붕우(朋友) : 친구' 등의 뜻인 듯.
362) 주렴(珠簾) : 구슬발.
363) 만단(萬端) : ①수없이 많은 갈래나 실마리. ②온갖 또는 여러 가지.
364) 귀객(貴客) : 귀중한 손님.
365) 내념(內念) : 속으로 생각함.
366) 역력하다(歷歷—) : 모든 것이 환히 알 수 있게 똑똑하다.
367) 목전(目前) : 눈의 앞.
368) 만무하다(萬無—) : 결코 없다.
369) 실사(實事) : 사실.

홍취를 이기지 못하여 훨훨 날아들고 황금색의 꾀꼬리는 서로 벗을 부르더라.

두 사람이 함께 올라가 문밖에 자리를 잡고 옥저는 주봉이 불고 탄금은 해선이 타니 옥저의 소리가 청아하여 산천과 초목과 날짐승과 길짐승마저 춤추는 것 같더라.

각설이라. 이때 이부인이 근심걱정으로 세월을 보내더니 팔왕대사가 부인에게 말하기를,

"내가 오늘 풍각쟁이를 보았는데 이들은 친구가 아니면 형제와 같더라."

하거늘 부인이 이상하게 여겨 구슬발을 걷고 한참동안 바라보다가 의심이 끝없이 일어나서 이상하다 하면서 대사를 불러서 말하기를,

"그 풍각쟁이의 근본을 물어봐주소서."

하거늘 대사가 묻기를,

"당신들은 성명이 무엇이며 어디에 살고 있습니까?"

그 풍각쟁이가 말하기를,

"하나는 황성에 살고 또 하나는 장해선입니다."

하며 해평에 산다고 하거늘 부인이 속으로 생각하기를 한 사람은 한림과 꼭 같다고 하면서도 나의 남편은 내가 보는 앞에서 물에 빠져 죽었으니 살아올 리는 만무하다. 그러나 그 사실 여부를 알아보아야겠다면서 그 까닭을 알고자 하여 보선 두 켤레를

---

370) 연유(緣由) : 까닭.

지여 가지고 나가 일로디 우무리371) 것도 선물흐올 거시 읍시니 니 보션 두 컬리로 정피372)흐난니 박약타373) 마옵시고 신으소서. 흐거날 주봉니 브라보니 보션과 반질 수품374)이 그 처 이씨와 수품이 방불흐도다. 이윽히 문고375)흐야 보션을 신으면서 부인을 주이 보니 비록 머리 싹거시나 그 얼골 엇지 모을리요.

이제 희션이 다 보션을 신으려 흐고 발을 버신니 왼 식기 발가락이 읍난지라. 부닌이 왈 이게 웬닐이야 흐나난 니의 가중376)니요. 흐나난 니의 바린 주식이라. 으으흐야377) 주봉의 근본을 무르니 주봉이 그제야 전후 말을 낫낫치 흐니 그제야 서로 부르고 기절흐거날 절니 그 그동을 보고 부닌을 위로 왈 이제 상공을 만나스오니 무슴 흐니 잇슬릿가. 흐미 위로흐면 부닌과 할남니 제우 인스을 추러보니 실상378)하나 스람갓더라.

희션니 울며 엿주오디 부인이 존수579) 발가락 읍시믈 보시고 스랑흐시니 근본을 주승니 알러지니다. 흐거날 부닌니 일오디 처음의 희평 도스로 가다가 수적 중쥬경을 만나 흐닌 슴십여 명을 다 죽이고 가중도 물로 더저 죽음을 보고 할수읍서 주경 집으로 갓더니 시비 옥염니 다리고

---

371) 우무리 : ? 아마 '아무' 등의 오기인 듯.

372) 정피 : ? 아마 '정표'의 오기인 듯. 정표(情表) : 간절한 정을 드러내 보이려고 물건을 줌. 또는 그 물건.

373) 박약하다(薄弱―) : ①군세지 못하고 여리다. ②불충분하거나 모자라다.

374) 수품(手品) : 솜씨.

375) 만고 : ? 아마 '생각' 등의 뜻인 듯.

376) 가장(家長) : ①집안의 어른. ②'남편'을 일컫는 말.

377) 의의하다(依依―) : ①풀이 싱싱하게 푸르다. ②옛 기억이 어렴풋하다. ③헤어지기가 서운하다.

378) 실상 : ? 아마 '실성(失性) : 미친 병으로 말미암아 본성을 제대로 가지지 못함'의 뜻인 듯.

379) 존수 : ? 아마 '나의' 등의 뜻인 듯.

지어 가지고 나가서 말하기를,

"아무 것도 선물할 것이 없어 이 보선 두 켤레로 정을 표하고자 하니 부족하다고 욕하지 말고 신으소서."

하거늘 주봉이 바라보니 보선과 바느질 솜씨가 그의 처 이씨의 솜씨와 꼭 같더라. 한참동안 생각하다가 보선을 신으면서 부인을 주의해서 보니 비록 머리는 깎았으나 그 얼굴을 어찌 모르겠는가?

그 때 해선도 보선을 신으려고 발을 벗으니 왼쪽 새끼발가락이 없는지라. 부인이 말하기를,

"이게 웬일이냐? 한 사람은 나의 남편이요. 또 한 사람은 나의 버린 자식이로다."

의심하여 주봉의 근본을 물으니 주봉이 전후 수말을 낱낱이 말하니 그제야 서로 부르짖고 기절하거늘 절에 있던 사람들이 그 거동을 보고 부인을 위로해서 말하기를,

"이제 남편을 만났으니 무슨 한이 있겠습니까?"

하며 위로하니 부인과 한림이 겨우 정신을 차리니 마치 미친 사람 같더라.

해선이 울며 말하기를,

"부인이 저의 발가락 없음을 보시고 사랑하시니 그 까닭을 자세히 알려 주십시오."

하거늘 부인이 말하기를,

처음에 해평도사로 가다가 해적 장주경을 만나 하인 삼십여 명을 다 죽이고 남편도 물에 던져져 죽는 모습을 보고 어쩔 수 없어 주경의 집으로 잡혀갔더니 시비 옥염이 나를 데리고

도망ᄒᆞ다가 옥염은 물로 ᄲᅡ져 죽으물 보고 십ᄉᆡᆼ구ᄉᆞ380)의 도망ᄒᆞ다가 천만으외이 팔왕 디사 만나 이 절르 다 머리을 싹고 이기을 제승더리 왈 이 절노난 이기 잇난 즁니 불가타 ᄒᆞ거날 할님읍시 이기을 발일 제 즁니 일을 싱각ᄒᆞ여 죽거지381) 안니ᄒᆞ며 천힝으로 만날가 ᄒᆞ야 왼식기 발가락을 ᄭᅳᆫ어 옷짓 속의 너코 저고리의 유불쥴382) ᄒᆡ선이라 시겨신니 옷시 잇시면 분명 ᄒᆞ리라. ᄒᆞ거날 ᄒᆡ선니 니 말 듯고 주할임과 이부닌을 ᄒᆞ직ᄒᆞ고 왈 근ᄉᆞ 드ᄅᆞ와383) 츠질 날리 잇실 거시니 절로 시기치384) ᄒᆞ옵소서 ᄒᆞ고 제 집으로 도라와 조금도 기부도385) 안니ᄒᆞ고 제오 부닌 전으 드러가 엿즈오디 미식386)과 제물을 만니 도적ᄒᆞ여다가 ᄒᆡ번이 디워387)ᄒᆞ고 왓난니다.

쥬경니 질거옴 칭양치 못할네라.

ᄒᆡ선이 모친 전의 문안ᄒᆞ고 엿즈오디 모친게옵서 소즈 근본을 알거시니 ᄌᆞ승니 일으소서. ᄒᆞ며 눈물을 흘이거날 부닌 드르시고 디경실식388)ᄒᆞ여 왈 네 이게 왼 말이야. ᄒᆞ시니 ᄒᆡ선이 드시 둘러올 제 칼을 ᄶᅦ여 목의 디니고 울며 왈 모친니 진정으로 일흐리 지울니 ᄒᆞ시면389) 이 칼노 ᄌᆞ결홀 거시이 진정으로 일르소서. ᄒᆞ거날 부닌니 시옵다 모ᄒᆞ여390) 제 근본을

---

380) 십생구사(十生九死) : 위태한 지경을 겨우 벗어남.
381) 죽거지 : ? 아마 '죽지'의 오기인 듯.
382) 유불쥴 : ? 아마 '유복자' 등의 오기인 듯.
383) 근ᄉᆞ 드ᄅᆞ와 : ? 아마 '빠른 시간 안에 돌아와' 등의 뜻인 듯.
384) 절로 시기치 : ? 아마 '절에 머물러 계시게' 등의 뜻인 듯.
385) 기부도 : ? 아마 '내색도' 등의 뜻인 듯.
386) 미색(美色) : ①아름다운 빛깔. ②여자의 아리따운 용모. ③미인(美人).
387) 대워 : ? 아마 '기다리게' 등의 뜻인 듯.
388) 대경실색(大驚失色) : 몹시 놀라서 얼굴빛이 하얗게 됨.
389) 일흐리 지울니 ᄒᆞ시면 : ? 아마 '조금이라도 숨겨서 말하지 아니하시면' 등의 뜻인 듯.
390) 시옵다 모ᄒᆞ여 : ? 아마 '달래다 못하여' 등의 뜻인 듯.

도망하다가 옥염은 물에 빠져 죽고 나는 위험을 겨우 벗어나 도망하다가 천만뜻밖에 팔왕대사를 만나 이 절에 이르러 머리를 깎고 승려가 되어 아기를 낳게 되었다. 그런데 이 절의 모든 승려들이 말하기를,

"이 절에는 아기 있는 중이 있을 곳이 못된다. 하기에 어쩔 수 없어 아기를 버릴 때 장래의 일을 생각하여 죽지 아니하면 천만다행으로 만날까 하여 왼쪽 새끼발가락을 끊어 옷깃 속에 넣고 저고리에 유복자 해선이라 새겨 놓았으니 옷이 있으면 분명히 알 것이다."

하거늘 해선이 이 말을 듣고 주한림과 이부인을 하직하고 말하기를,

"빠른 시간 안에 찾을 날이 있을 것이니 절에 머물러 계십시오."

하고 자기 집으로 돌아와 조금도 내색을 하지 않고 저의 부친 앞에 들어가 말하기를,

"아름다운 여자와 재물을 많이 도적질하여 해변에 기다리게 하고 왔습니다."

주경이 즐거워하는 모습은 말로 다하지 못할 정도더라.

해선이 모친 앞에 문안하고 말씀드리기를,

"모친께서 소자의 근본을 알 것이니 자세히 말씀해주소서."

하며 눈물을 흘리거늘 부인이 들으시고 크게 놀라서 말하기를,

"너 이게 무슨 말이냐?"

하시니 해선이 다시 들어올 때는 자기의 칼을 빼어 목에 데고 울면서 말하기를,

"모친이 진정으로 말하지 아니하시면 이 칼로 자결할 것이니 진정을 말하소서."

하거늘 부인이 달래다 못하여 네가 자신의 근본을

알고즈 호야 날다려 무로이 니 엇지 긔망391)호리요. 직시 벽중392)을 열고 비온의 저고리을 너여 노커을 희선니 옷짓설 보니 아여 희선니라 시기고 시키 발가락이 잇시이 역역히 억그졔 시김 갓더라.

모친쎄 당부호야 왈 모친은 너의 이모라. 부디 누설치 말나. 호고 느난 보로 황성으로 올느가 이 번 과거혼 후의 열두 부난 전 원수 갑고 도충노393) 옥염으 원슈도 갑풀 거시니 모친은 부디 누설치 마옵소셔. 이 오설 집피 간슈호옵소셔.

보로 나와 부친 전의 엿즈오디 미식과 직물을 절취394)호여다가 희변의 두어시니 손스395)가 느아 슈운396)호리라 호고 말니믄을 달느 호니 주경니 디히호야 직시 주거날 희선니 직닐로 호직호고 비션을 타고 순풍을 만느 오만 오쳘 이을 일식 만이 근써여397) 만니말을 지쵹호야 비룡갓치 그니 스만 스쳘 니을 순식간의 득달398)호여는지라.

희선니 바로 왕부넌 집의 가 말로 너러 문안 왈 희평의서 스난 중희선이 왓는니다. 호며 문안호거날 잇써 왕부넌니 희션을 보니고 호으로 세월을 보닌더니 희선니난 이란 말을 듯고 혼걸음의 너다라 희선으 손을 잡고 울며 왈 잇399) 이리 소식니 돈졀400)혼가 귀긱401)이 저 집의 단여간 제

---

391) 긔망(欺罔) : 기만(欺瞞) : 속이거나 속여넘김.
392) 벽장(壁欌) : 바람벽을 뚫어 작은 문을 내고 그 안을 장처럼 꾸며 물건을 넣게 만든 곳.
393) 충노(忠奴) : 충성스러운 노비.
394) 절취(竊取) : 훔침.
395) 손스 : ? 아마 '소자'의 오기인 듯.
396) 수운(水運) : 뱃길로 물건을 운반함.
397) 근써여 : ? 아마 '배를 달려서' 등의 뜻인 듯.
398) 득달(得達) : 도달.
399) 잇 : ? 아마 '어찌' 등의 뜻인 듯.
400) 돈절(頓絶) : 소식이 아주 끊어짐.

알고자 하여 나에게 물으니 내가 어찌 속이겠는가? 즉시 벽장을 열고 배냇저고리를 내어놓거늘 해선이 옷깃을 보니 '아이 해선이라' 새기고 새끼발가락이 있으니 분명히 엊그제 새긴 것 같더라.

모친께 당부하여 말하기를,

"모친은 나의 이모라. 절대 누설하지 마세요. 나는 바로 황성으로 올라가 이 번 과거에 합격한 후에 열두 부인의 원수를 갚고 또 충성스런 노비 옥염의 원수도 갚을 것이니 모친은 부디 누설하시 마소시. 그리고 이 옷을 깊이 간수하소서."

하고 바로 나와 부친 앞에 말씀드리기를,

"예쁜 여자와 재물을 훔쳐서 해변에 두었으니 소자가 나아가 옮겨오겠습니다."

하고 만리마를 달라하니 주경이 크게 기뻐하며 즉시 주거늘 해선이 그날 바로 하직하고 빠른 배를 타고 좋은 바람을 만나 오만 오천 리를 한달 만에 건너서 만리마를 재촉하여 비룡 같이 가니 사만 사천 리를 순식간에 도달하더라.

해선이 바로 왕부인 집에 가서 말에 내려 문안하기를,

"해평에 사는 장해선이 왔습니다."

하며 문안하거늘 이때 할머니가 해선을 보내고 한으로 세월을 보내더니 해선이란 말을 듣고 한걸음에 내달아 해선의 손을 잡고 울면서 말하기를,

"어찌 이렇게 소식이 뚝 끊어졌더냐? 귀한 손님이 우리 집에 다녀간 지

---

401) 귀객(貴客) : 귀한 손님.

즁즁 삼 연이라. 단이다가 혹 니 아둘 주봉의 소식을 알고 오시닛가. ᄒ며 무수히 통곡ᄒ거날 희선이 급피 엿ᄌ오디 부닌은 너머 실퍼 마옵소서. ᄌ402)의 말을 드르소서.

 소ᄌ 희평골의 두르 단여 옥저 튼금을 불너 이 씃쩌 할님이라 ᄒ난 ᄉ람 면면촌촌403)의 걸식ᄒ고 돈이다가 천만으외여 소ᄌ을 만ᄂ 옥저 튼금을 보고 실허ᄒ기에 고히 여겨 니력404)을 뭇고 옥저를 불나 ᄒ젹 과연 부닌으 말슴 갓툰고로 ᄌ연 동힝ᄒ여 돈이더니 영보산 칠보암의 귀경갓 삽더니 천만으외여 부닌 만난 사연을 디강 셜화ᄒ고 위로ᄒ니 왕부닌이 이 말을 드르시고 반가온 마음을 이기지 못ᄒ여 실셩405)ᄒ 사람 갓더라.

 각셜 잇ᄯ여 과거 날리 당ᄒ니 희션이 즁즁의 드러 션졉406)ᄒ고 글을 지여 일필휘지407)ᄒ여 일쳔408)으 션장409)ᄒ여난지라. 황제 그 글을 보시 고 직시 실니410)을 부르시니 희션니 모디411)을 갓초와 궐닌의 드러가 국 궁412) 자위413)ᄒ고 복지ᄒ디 황제 희션을 보시고 칭찬 왈 형용과 그동이

---

402) ᄌ : ? 아마 '소자'의 오기인 듯.
403) 면면촌촌(面面村村) : 전국 방방곡곡.
404) 내력(來歷) : ①지금에 이르기까지의 지내 온 경로나 경력. ②일정한 과정을 거치면서 이루어진 까닭.
405) 실성(失性) : 미친 병으로 말미암아 본성을 제대로 가지지 못함.
406) 선접(先接) : 과거 시험에 다른 사람보다 먼저 과장 안에 들어가 좋은 자리를 차지 하던 일.
407) 일필휘지(一筆揮之) : 글씨를 단숨에 내리씀.
408) 일천(一天) : 과거 볼 때 첫째로 글을 지어 바치는 일. 또는 그 글장.
409) 선장(先場) : 과거 시험장에서 제일 앞섬.
410) 신래(新來) : 과거에 새로 급제한 사람.
411) 모대(帽帶) : 사모와 각띠.
412) 국궁(鞠躬) : 존경하는 뜻으로 몸을 굽힘.
413) 자위 : ? 아마 '분수에 맞게 예를 표하고' 등의 뜻인 듯.

벌써 삼 년이라. 다니다가 혹시 내 아들 주봉의 소식을 알고 왔느냐?"

하며 무수하게 통곡하거늘 해선이 급히 말하기를,

"할머니는 너무 서러워 마십시오. 그리고 소자의 말을 들으소서. 소자가 해평 고을을 두루 다니다가 옥저 탄금을 불던 끝에 한림이라 하는 사람을 만났습니다. 그런데 그 사람은 방방곡곡으로 빌어먹고 다니다가 천만뜻밖에 소자를 만나 옥저 탄금을 보고 슬퍼하기에 이상하게 여겨 그 내력을 묻고 옥저를 불어보라고 하니 과연 할머니의 말씀과 같기에 저절로 동행하여 다니게 되었습니다. 그러다가 영보산 칠보암에 갔다가 천만뜻밖에 그 부인도 만나게 되었습니다."

하며 부인 만난 사연을 대강 설명하고 위로하니 왕부인이 이 말을 들으시고 반가운 마음을 이기지 못하여 정신이 이상해진 사람 같더라.

각설이라. 이때 과거 시험 날이 되었거늘 해선이 시험장에 먼저 들어가 단숨에 글을 지어 시험장에서 가장 먼저 답안지를 제출하더라.

황제가 그 글을 보시고 즉시 새로 합격한 사람을 부르시니 해선이 사모와 각띠를 갖추어 대궐에 들어가서 몸을 굽혀 예를 표하고 땅에 엎드리니 황제가 해선을 보시고 칭찬해서 말하기를,

"모습과 행동이

전 할님 주봉과 갓도다 . ᄒ시고 쏘 문 왈 경으 얼골리 젼 승상 주봉과 호발⁴¹⁴⁾도 다름미 업시되 셩명니 즁희션니라 ᄒ니 경의 조상이 무삼 벼살을 ᄒ여던고.

희션니 주달⁴¹⁵⁾ᄒ여 소신은 ᄒ방⁴¹⁶⁾의 미쳔ᄒ니로 ᄌ족농업⁴¹⁷⁾ᄒ오니 엇지 벼슬리 잇선가. ᄒ거날 쳔은 흔연히⁴¹⁸⁾ 여기사 벼살을 도도ᄒ신디 희션니 복지 쥬왈 소인은 아무 벼슬을 아옵시고 희평골니 닌심니 무거ᄒ야⁴¹⁹⁾ 도적니 슬난ᄒ야⁴²⁰⁾ ᄌ츙 왕니라 ᄒ고 희평 도스을 보니면 슈적⁴²¹⁾니 니드라 노약⁴²²⁾ᄒ여 일힝 죽긴드 ᄒ오니 소신니 흠번 니려ᄀ 두 도스 원수을 갑고 만민을 진무ᄒ고 직시 도라와 쳔은을 만분지일이라 갑스리드.

쳔ᄌ 희션으 손을 줍고 왈 네 어니 그런 말을 ᄒ난야.

희션니 고집ᄒ니 쳔ᄌ ᄆ지못ᄒ야 희션으로 희평 도스을 졔슈ᄒ시고 둥부 왈 부디 슈히 도라오ᄅ ᄒ시고 위으로 힝즁⁴²³⁾을 츠려쥬시니라.

희션니 톱젼의 ᄒ직ᄒ고 직시 장안을 써ᄂ 여러 날 만으 육노 근치고 슈로을 당ᄒ여난지라. 직시 사공을 불너 비을 트고 갈 졔 영ᄌ죄⁴²⁴⁾을 가지고 동셔남북을 징검ᄒ고 전ᄒ길서 올히 ᄌ안으 노코⁴²⁵⁾ 쳔문⁴²⁶⁾ 순풍

---

414) 호발(毫髮) : 자디잔 털. 아주 작은 물건을 가리킬 때 쓰는 말이다.
415) 주달(奏達) : 임금에게 말하여 알림.
416) 하방(遐方) : 서울에서 멀리 떨어진 지방.
417) 자족농업(自足農業) : 자급자족하는 농업.
418) 흔연하다(欣然―) : 기쁘거나 반가워 기분이 좋다.
419) 무거하다(無據―) : 터무니없다.
420) 산란하다(散亂―) : 어지럽고 어수선하다.
421) 수적(水賊) : 배를 타고 물위에 나타나서 재물을 빼앗아 가는 도둑.
422) 노략(擄掠) : 큰 떼를 지어 돌아다니면서 재물을 빼앗아 감.
423) 행장(行裝) : 여행할 때 쓰는 여러 가지 물건이나 차림.
424) 영자죄 : ? 아마 '나침판' 등의 뜻인 듯.
425) 전ᄒ길서 올히 ᄌ안으 노코 : ? 아마 '지도를 탁자 위에 올려놓고' 등의 뜻인 듯.

전 한림 주봉과 같도다."

하시고 또 묻기를,

"경의 얼굴이 전 승상 주봉과 털끝만큼도 다름이 없는데도 성명이 장해선이라 하니 경의 조상이 무슨 벼슬을 했는가?"

해선이 아뢰기를,

"소신은 지방의 미천한 사람으로서 조상 때부터 농업에 종사했으니 어찌 벼슬이 있겠습니까?"

하거늘 황제가 기쁘게 여겨서 벼슬을 돋우어 주시니 해선이 땅에 엎드려 아뢰기를,

"소인은 아무 벼슬도 원하지 아니하고 해평골의 인심이 터무니없어 도적이 어지럽게 일어나 자칭 왕이라 하고 해평 도사를 보내면 해적이 내달아 노략하여 일행을 죽인다 하오니 소신이 한 번 내려가서 두 도사의 원수를 갚고 모든 백성을 어루만진 후 즉시 돌아와 황제의 은혜를 만분지 일이나 갚을까 합니다."

천자가 해선의 손을 잡고 말하기를,

"네가 어이 그런 말을 하느냐?"

해선이 고집하니 황제가 마지못하여 해선을 해평 도사에 제수하시고 당부해서 말씀하시기를,

"부디 속히 돌아오라."

하시고 위엄 있는 모습의 길떠날 채비를 차려주시더라.

해선이 황제 앞에 하직하고 즉시 장안을 떠나 여러 날 만에 육로를 다하고 수로로 나아가더라. 즉시 사공을 불러 배를 타고 갈 때 나침판을 가지고 동서남북을 점검하고 지도를 탁자 위에 올려놓고 일기에 맞추어 순풍

---

426) 천문(天文) : ①천체의 온갖 현상. ②'천문학'의 준말.

의 만경창포을 주야로 갈제 잇써은 추칠월 망간427)니라.

　추월은 양명호고428) 강풍은 수수429)호디 순풍 조츠 주야로 가더니 천만 듯밧기 디풍니 일러나며 수적 즁추셩니 비선 천여 척을 모라 도사의 비을 위여쓰고 벽역갓치 웨 왈 도스 ㅇ미을 미가로고430) 속히 죽어보라 흐며 달여들거날 희션니 칠쳑 즁검을 들고 션두의 두러시 나서며 호통을 추상431)갓치 질너 슈죡 ᄒᆞ난더리 슬펴보니 제의 질의선 서방님이라. 직시 쥬경의게 엿자온디 쥬경니 니 말을 듯고 일경일희432) 호더라.

　직일로 회환433)호야 도님434)호고 쉬더니 잇쩌 영보손 칠보암으 시쥬435) 할임과 이부닌니 니 말을 듯고 희평도을노 도임흔 후으 저즈을 일월갓치 명빅호습호야436) 우리도 원통흔 원정437)을 흔즈호고438) 만단 스연을 지여 ᄀᆞ지고 희평골르 니려와 원정을 올닐시 도스 희션니 그 원정을 바다보니 이부닌으 원정 닐이라. 무릅미티 접어 노코 주할님과 이부닌을 별당으로 첨거고439) 안으로 열두 부닌을 보고 엿즈오디 손ᄉᆞ분람물440)

427) 망간(望間) : 음력 보름께.
428) 양명하다(陽明—) : 볕이나 성질이 환하게 밝다.
429) 수수 : ? 아마 '소소'의 오기인 듯. 소소(蕭蕭) : 비바람 소리가 쓸쓸함.
430) ㅇ미을 미가로고 : ? 아마 '목을 늘이고' 등의 뜻인 듯.
431) 추상(秋霜) : ①가을의 찬 서리. ②'두려운 위엄이나 엄한 형벌'의 비유.
432) 일경일희(一驚一喜) : 한편으로는 놀라고 한편으로는 기뻐함.
433) 회환(回還) : 갔다가 다시 돌아옴.
434) 도임(到任) : 지방관이 그 임지에 이름.
435) 시주(施主) : ①중에게나 절에 물건을 베풀어 주는 사람. ②중에게나 절에 물건을 베풀어 주는 일.
436) ᄒᆞ습호야 : ? 아마 '한다 하니' 등의 뜻인 듯.
437) 원정(怨情) : 원망하는 심정.
438) 흔즈호고 : ? 아마 '호소하자' 등의 뜻인 듯.
439) 첨거고 : ? 아마 '몰래 모시고' 등의 뜻인 듯.
440) 손ᄉᆞ분람물 : ? 아마 '소자 분함을' 등의 뜻인 듯.

을 타고 만경창파를 밤낮으로 갈 때 이때는 가을 칠월 보름쯤이더라.

가을 달은 명랑하고 강의 바람은 쓸쓸한데 순풍을 따라 밤낮으로 가더니 천만뜻밖에 큰 바람이 일어나며 해적 중에 추성이란 인물이 빠른 배 천여 척을 몰아 도사의 배를 에워싸고 벽력같이 소리를 질러서 말하기를,

"도사는 목을 늘이고 속히 죽어봐라."

하며 달려들거늘 해선이 칠 척 장검을 들고 뱃머리에 뚜렷이 나서며 호통을 가을 서리 같이 지르더라. 곁에 따르던 하인들이 살펴보니 자기들이 모시던 서방님이더라. 즉시 주경에게 말씀드리니 주경이 이 말을 듣고 한편으로는 놀라고 한편으로는 기뻐하더라.

그날로 돌아와 부임하고 쉬더니 이때 영보산 칠보암의 시주 한림과 이부인이 이 말을 듣고 해평 고을에 새로운 도사가 부임한 후로 세상을 해와 달같이 분명하게 한다 하니 우리도 원통한 심정을 호소하러 가자 하고 온갖 말로 사연을 만들어 가지고 해평골로 내려와 억울한 내용을 올리더라. 도사 해선이 그 억울한 사연을 받아보니 그것은 이부인의 억울한 사연이더라.

무릎 밑에 접어서 넣어놓고 주한림과 이부인을 별당으로 몰래 모셔놓은 뒤 안으로 들어가 열두 부인을 보고 말하기를,

"소자가 분한 마음을

참지 못ᄒᆞ와 부닌으 분부을 지달으난이다. ᄒᆞᆫ디

부닌더리 왈 그 놈 오살441)을 밧기 우리 열두 스람이 먹고 간을 니여 주할님과 이부닌과 도스 먹고 뼈난 갈살442) 군스을 머기이라. ᄒᆞ고 이날 잔치을 비설할 제 쥬경의 그동을 볼죽시면 저 쥬글 줄 모로고 쥬춘을 너여 디접할 시 희선니 호령을 추상갓치 ᄒᆞ며 적장 중쥬경니을 밧비 결박ᄒᆞ라 ᄒᆞ난 소리 산천을 진동ᄒᆞ난지라.

쥬경니 쯧붓긔 강상지변443)을 만느ᄉᆞ다. ᄒᆞ며 천상444)을 ᄇᆞ리보니 주봉니 과연 ᄒᆞᆫ가지로 오자거날 그제야 제 닐일 싱각ᄒᆞ고 이처노445) 죽기가 분명ᄒᆞ도다. 니 흉악ᄒᆞᆫ 범의 식기을 질너ᄊᆞ듯 ᄒᆞ며 뉘을 원망ᄒᆞ리요. 하니 열두 부닌이 달여드러 술을 점점 싹거 먹고 간을 니연즉 ᄒᆞ님 부처와 도스 희평선니 먹고 쎠을 ᄀᆞ라 철천446)지 원슈을 갑퍼 씸추447) 옥염은 만경창파으 죽거시니 어디 가 ᄃᆞ시 보리요 ᄒᆞ고 그 연유을 천ᄌᆞ 전의 주달ᄒᆞ고 주야로 이통ᄒᆞ더니 천ᄌᆞ 주봉의 상서448)을 보시고 놀납고 귀ᄒᆞᆫ 일리로다. ᄒᆞ시민 희선으 성을 곳추 쥬희선니ᄅᆞ ᄒᆞ시고 천벽 오륙제449)을 지니여 충비 옥염을 ᄎᆞ저보ᄅᆞ ᄒᆞ시더라.

씸씨 쥬할님니 천ᄌᆞ ᄒᆞ교450)을 보시고 ᄒᆞ엿시디 주봉으로 전으 ᄒᆞ던

---

441) 오살(五殺) : 역적에 대한 처형의 하나. 죄인의 머리와 팔다리를 베었다.
442) 갈살 : ? 아마 '각각 억울함을 당한' 등의 뜻인 듯.
443) 강상지변(綱常之變) : 삼강과 오상에 관련된 변고.
444) 천상 : ? 아마 '당상'의 오기인 듯. 당상(堂上) : 대청의 위.
445) 이처노 : ? 아마 '이제는' 등의 뜻인 듯.
446) 철천(徹天) : 하늘을 꿰뚫음.
447) 씸추 : ? 아마 '충비 혹은 충노' 등의 뜻인 듯.
448) 상서(上書) : ①웃어른에게 편지를 올림. 또는 그 편지. ②신하가 동궁에게 글을 올림. 또는 그 글.
449) 천벽 오륙제 : ? 아마 '푸른 바다에 수륙제란 제를 지내어' 등의 뜻인 듯.
450) 하교(下敎) : ①윗사람이 아랫사람에게 가르치어 보임. ②전교(傳敎).

참지 못하나 부인의 분부를 기다립니다."

하니, 부인들이 말하기를,

"그놈을 오살형에 처하여 그 고기를 우리 열두 사람이 먹고 간을 내어 주한림과 이부인과 도사가 먹고 뼈는 각각 억울한 군사들에게 먹이리라."

하고 이날 잔치를 준비할 때 주경의 행동을 보면 자기가 죽을 줄은 모르고 술과 안주를 내어 대접할 때에 해선이 호령을 가을 서리 같이 차갑게 하며 '적장 장주경을 급히 묶어라' 하는 소리 산천을 진동하더라.

주경이 뜻밖에 강상의 변고를 만났다고 하며 대청 위를 바라보니 과연 주봉이 앉았거늘 그제야 자신의 일을 생각하고

"이제는 죽는 것이 분명하다. 내 흉악한 범의 새끼를 길렀도다. 누구를 원망하겠는가?"

하니 열두 부인들이 달려들어 살을 점점이 깎아 먹고 간을 내어 한림 부부와 도사 해선이 먹고 뼈를 갈아 하늘을 꿰뚫는 원수를 갚으며,

"충비 옥염은 끝없이 넓은 바다에서 죽었으니 어디에 가서 다시 보겠는가?"

하며 그 까닭을 황제께 아뢰고 밤낮으로 슬퍼하더니 황제가 주봉의 보고서를 보시고,

"놀랍고 귀한 일이로다."

하시며 해선의 성을 고쳐 주해선이라 하시고 푸른 바다에 수륙제를 지내 충비 옥염을 찾아보라고 하시더라.

주한림이 황제의 명령을 보시니 하였으되,

"주봉은 전에 하던

벼슬노 봉힝⁴⁵¹⁾ㅎ라. ㅎ시고 희선으로 충절⁴⁵²⁾의 주로 천ㅎ 슈의어스⁴⁵³⁾을 봉ㅎ시고⁴⁵⁴⁾ 이부인으로 충열부닌을 봉ㅎ시고 그 열두 부닌은 각각 직칙⁴⁵⁵⁾을 도도와 봉ㅎ시고 처스ㅎ시이 열두 부닌니 북향스비ㅎ고 천은⁴⁵⁶⁾을 축스ㅎ더라.

잇찌 주봉과 여스⁴⁵⁷⁾도 북향스비ㅎ고 천은을 축스ㅎ더라. 이부인은 충비 옥염의 일을 싱각ㅎ시며 왈 우리는 천힝으로 스라 벼슬노 가런이와 충비 옥염은 희중서 죽기고 못 드러가니 이런 답답ㅎ고 서룬 일이 어디 잇시리오.

이럿ᄃ시 이통ㅎ니 천지 일월 셩신이며 스히 후토⁴⁵⁸⁾ 실영님과 감동ㅎ스 옥황숭제게옵셔 용궁의 분부ㅎ시더 주봉의 부지와 희선으 정경⁴⁵⁹⁾니 지극ㅎ이 충비 옥염은 만고의 읍난 충비라. 옥염곳 안이면님 쥬봉의 부지 엇지 스라시며 쏘 희선니 뷰중⁴⁶⁰⁾에 엇지 스라 세상을 귀경ㅎ리요. 그러무로 옥염을 인두⁴⁶¹⁾환싱⁴⁶²⁾ㅎ게 ㅎ라.

각셜 잇찌 주승상 부처와 주어스 모욕지게⁴⁶³⁾ ㅎ시고 천벽 슈륙제을

---

451) 봉행(奉行) : 시키는 대로 받들어 행함.
452) 충절(忠節) : 충성스러운 절의.
453) 수의어사(繡衣御使) : 수놓은 옷을 입은 어사. 즉 임금의 특명을 받은 암행어사.
454) 봉하다(封―) : ①천자가 제후에게 땅을 떼어 주어서 나라를 세우게 하다. ②임금이 작위나 작품을 내려 주다.
455) 직책(職責) : 직무상의 책임.
456) 천은(天恩) : ①하늘의 은혜. ②임금의 은덕.
457) 여스 : ? 아마 '부인' 등의 뜻인 듯.
458) 후토(后土) : 토지의 신.
459) 정경(情景) : ①사람이 처해 있는 형편이나 모습. ②마음에 끌리는 광경.
460) 뷰중 : ? 아마 '복중(腹中)'의 오기인 듯.
461) 인두 : ? 아마 '인간세상' 등의 뜻인 듯.
462) 환생(還生) : ①되살아남. ②환생(幻生).

벼슬로 받들어라 하시고 해선은 충절의 아들로서 수의어사에 봉하고 이부인은 충렬부인에 봉하고 그 외 열두 부인은 각각 직책을 돋우어 봉하라.”

하시니 열두 부인이 황제가 있는 방향을 향하여 네 번 절하고 황제의 은혜에 감사하더라.

이때 주봉과 부인도 황제가 있는 방향을 향하여 네 번 절하고 황제의 은혜에 감사하더라. 이부인은 충비 옥염의 일을 생각하시며 말하기를,

“우리는 천만다행으로 살아나서 벼슬로 돌아가나 충비 옥염은 바닷물에 빠져 죽고 말았으니 이런 서러운 일이 어디 있겠는가?”

이렇듯 슬퍼하니 천지와 일월과 성신이며 사방의 바다와 토지의 신령님들이 감동하여 옥황상제께 청하여 용궁에 분부하시기를,

“주봉의 부자와 해선의 형편이 지극히 딱하고 충비 옥염은 만고에 없는 충성스러운 노비다. 옥염이 아니면 주봉의 부자가 어찌 살았겠으며 또 해선이 뱃속에서 어찌 살아서 세상을 구경할 수 있었겠는가? 그러하니 옥염을 세상에 다시 환생하게 하라.”

각설이라. 이때 주승상 부부와 주어사가 목욕재계하시고 천벽 수륙제를

---

463) 목욕재계(沐浴齋戒) : 종교적 의식에서, 목욕을 하고 음식을 삼가며 몸가짐을 깨끗이 하는 일.

옥염니 부져 죽은 강가으 비셜ᄒᆞ고 쳔ᄒᆞ 문복464)과 무당니며 조졍 빅관 등의 츙의465) 츙졀466)닌난 스람으로 ᄒᆞ날님 젼으 츅슈ᄒᆞ고 억만 군스로 빅니 박그 지츌슙고467) 쥬봉과 이부닌과 희션의 젼초단 할로 신옹빅모ᄒᆞ 고468) 슙칭단을 뭇고469) 지셩470)으로 츅원ᄒᆞ여 왈 옥염아 옥염아 물의 쌔져 죽은 할님도 오시고 홈기 도망던 나도 와쎠면 복즁의 듯럿던다 ᄋᆞ기 도 다 와시니 내도 슬라 오너라. 보고지고 보고지고 고은 니가 보고지고 지졀업471) 군복의 무엄침침472) 야슴경으 도망을 ᄒᆞ던 그 그동 보고지기 강가으 홀노 울면서 쥬경 보고 욕ᄒᆞ던 그 그동 보고지기 지셩으로 비난 소리 용궁으 ᄉᆞ마ᄎᆞ난지라473).

잇쩌 용왕니 옥염드려 분부 왈 내 얼골만 잠간 뵈니 만시474) 부닌을 브ᄅᆞ 보며 부닌니 슐여주소 슐여주소. ᄒᆞ거날 굿보난 스람니 뉘 오니 울니요. 옥염니 물 속으로 드러가 뵈니지 오니ᄒᆞ거날 승상 부부 그 그동을 보시고 옥염아 옥염아 옥염아 어디로 ᄀᆞ난야 ᄒᆞ고 무슈히 이통ᄒᆞ더라.

잇쩌 빅관니 쳔ᄌᆞ 젼으 주달ᄒᆞ되 옥염니 얼골만 뵈니고 도로 물로 드러

---

464) 문복 : ? 아마 '점쟁이' 등의 뜻인 듯.
465) 츙의(忠義) : ①충성과 절의. ②공신의 자손으로서 충의 위에 소속된 사람.
466) 츙졀(忠節) : 충성스러운 절의.
467) 지츌슙고 : ? 아마 '호위를 하게 하고' 등의 뜻인 듯.
468) 젼초단 할로 신옹빅모ᄒᆞ고 : ? 아마 '수많은 음식과 제물을 준비하고' 등의 뜻인 듯.
469) 뭇다 : ①여러 개를 모아 짜서 만들다. ②모아서 쌓다. ③조각을 모아서 잇다. ④어떤 관계를 맺다. ⑤단체를 조직하다.
470) 지셩(至誠) : ①지극한 정성. ②아주 성실함.
471) 지졀업 : ? 아마 '몸에 맞지 않는' 등의 뜻인 듯.
472) 무엄침침 : ? 아마 '무섭고 침침한' 등의 듯인 듯.
473) 사무치다 : 깊이 스며들거나 멀리 뻗쳐 닿다.
474) 만시 : ? 아마 '서럽게' 등의 뜻인 듯.

옥염이 빠져 죽은 강가에 배설하고 천하에 유명한 점쟁이와 무당이며 조정의 모든 관리들의 이름으로 옥염을 충의와 충절이 있는 사람으로 하느님께 빌고 억만 군사들로 하여금 백리 밖에서 호위하게 하고 주봉과 이부인과 해선이 수많은 음식과 제물을 준비하여 삼층 단을 쌓고 지극한 정성으로 축원하며 말하기를,

"옥염아. 옥염아. 물에 빠져 죽은 한림도 오시고 함께 도망하던 나도 왔으며 뱃속에 들었던 아기도 함께 왔으니 너도 살아서 돌아오너라. 보고 지고. 보고지고. 고운 네가 보고지고. 몸에 맞지도 않는 군복을 입고 달도 없이 깜깜한 밤 삼경에 도망을 하던 그 거동을 보고지고. 강가에 홀로 울면서 주경을 보고 욕을 하던 그 거동이 보고지고."

지성으로 비는 소리 용궁에까지 사무치더라.

이때 용왕이 옥염에게 분부하기를,

"내 얼굴만 잠깐 보여주고 오너라."

옥염이 물에서 나와 서럽게 부인을 바라보며,

"살려주오. 살려주오."

하거늘 구경하는 사람들 중 누가 아니 울겠는가?

옥염이 물 속에 들어가 보이지 아니하거늘 승상 부부가 그 거동을 보시고 옥염아. 옥염아. 옥염아. 어디로 갔느냐? 하며 무수하게 슬퍼하더라.

이때 모든 관리들이 황제께 아뢰되,

"옥염이 얼굴만 보이고 도로 물 속으로 들어

가니 니 일을 엇지 ᄒᆞ릿가. ᄒᆞ거날 쳔ᄌᆞ 탄식 왈 졍셩니 부죡ᄒᆞ기로 그러ᄒᆞ
노라. ᄒᆞ시고 젼교ᄒᆞᄉᆡ 각별 지셩으로 삼일 지 더 지니라. ᄒᆞ시거날 디ᄉᆞ
등 무여475)더리 긱별리 이리476) 왈 등즁477)을 가즈 등장을 가즈 옥황승제
젼의 등즁을 가즈. 비난니다 비난니다 ᄒᆞ날님 젼의 비난이다. 츙비 옥염을
술여주소셔.

슈닐 지셩으로 비르니 ᄒᆡ즁478)의서 초셩479)의 반달초롬 쓰며 할님 부닌
을 불르며 날 술여주소셔. ᄒᆞ난 소리 ᄎᆞ무 듯지 못할네라.

잇ᄯᅢ 승승 부부 달여드러 붓들고ᄌᆞ ᄒᆞ거날 잇ᄯᅢ ᄒᆡ션니 위로 왈 졍셩은
가긍하나480) 만경창파 엇지 ᄒᆞ리라가.

잇ᄯᅢ 옥염니 ᄯᅩ 물속으로 드러가거날 드시 쳔ᄌᆞ 젼으 쥬달ᄒᆞ니 황제
견필481)으 디경ᄒᆞᄉᆞ 친니 젼조단을 신요빅모ᄒᆞ시고482) ᄒᆞ날님게 비러 왈
츙비 옥염으 츙음은 옥황게 가도 알연니와 츙비 츙졀을 위ᄒᆞ여 슈륙제을
지니오니 옥염을 인두 환싱ᄒᆞ야 져의 슈원483)ᄒᆞ물 풀고 져의 츙졀을 지어
쳔말연이라도 젼코ᄌᆞ ᄒᆞ오니 비난니다 비난니다. 옥황승제 젼으 졍셩으
로 비로시고 젼교ᄒᆞ며 ᄯᅩ 슈룩제를 슈닐 지니라 ᄒᆞ야더라.

각셜 옥황승제 용왕으게 분부ᄒᆞ시디 옥염의 나을 팔십 셰을 더ᄒᆞ야 인

---

475) 무녀(巫女) : 무당.
476) 이래 : ? 아마 '이래다 즉 말하다' 등의 뜻인 듯.
477) 등장(等狀) : 두 사람 이상이 이름을 잇대어 써서 관아에 올려 하소연하는 일.
478) 해중(海中) : 바다 가운데.
479) 초생(初生) : ①갓 생겨 남. ②초승.
480) 가긍하다(可矜—) : 불쌍하고 가엾다.
481) 견필(見畢) : 보기를 다함.
482) 전조단을 신요빅모ᄒᆞ시고 : ? 아마 '제를 지낼 단을 다시 정돈하여 쌓고' 등의 뜻인 듯.
483) 수원(愁怨) : 근심하고 원망함.

가니 이 일을 어찌하면 좋겠습니까?"

하거늘 황제가 탄식하며 말하기를,

"정성이 부족하기로 그런가 하노라."

하시고 명령하시되,

"특별히 지성으로 삼일 동안 제를 더 지내라"

하시거늘 대사들과 무녀들이 각별히 말하여 빌기를,

"등장 가자. 등장을 가자. 옥황상제께 등장을 가자. 비나이다. 비나이다. 하느님 앞에 비나이다. 충비 옥염을 살려주소서."

삼일 동안 지성으로 빌었더니 바다 가운데서 옥염이 초승의 반달처럼 뜨며 한림 부인을 부르며,

"나를 살려주소."

하는 소리 차마 듣지 못하겠더라.

이때 승상 부부가 달려들어서 붙들고자 하거늘, 이때 해선이 위로하며 말하기를,

"그 모습은 불쌍하고 안타까우나 만경창파를 어찌 하겠습니까?"

이때 옥염이 또 물 속으로 들어가거늘 다시 황제께 아뢰니 황세가 보기를 다한 후에 크게 놀라서 친히 제를 지낼 단을 다시 정돈하여 쌓고 하느님께 빌어서 말하기를,

"충비 옥염의 충성심은 옥황상제도 알겠지만 충비의 충절을 위하여 수륙제를 지내오니 옥염을 인간으로 환생하여 자신의 원한을 풀게 하고 옥염의 충절을 기록하여 천년만년이라도 전하게 해주십시오. 비나이다. 비나이다."

옥황상제께 정성껏 빌고 명령하시며 또 수륙제를 삼일 동안 지내라 하더라.

각설이라. 옥황상제가 용왕에게 분부하시되,

"옥염의 나이에 팔십 세를 더하여 인

간으 환송ᄒ라 ᄒ야 ᄒ날, 용왕니 승졔께 분부을 듯고 잇더니 쏘 슴닐 지을 지너니 옥염이 히즁으로 두럿시 나시며 부닌을 불너 왈 팔을 회치며484) 날 슬여주소서. ᄒ거눌 승상 부부 건지랴 ᄒ들 만리 풍포485) 즁의 알불릅486) 시시로 이통 왈 이런 답답ᄒ 일리 어디 잇시리요. 이통을 마지오니ᄒ더라.

잇씨의 옥황께옵서 일광선관을 명초ᄒ야 급피 옥염을 구완ᄒ라 ᄒ시니 일광선관니 육환즁으로 옥염을 건저노코 가거날 승상 부부 스로 붓들고 실허 ᄒ시니 손천초목이 다 실허ᄒ난 듯 ᄒ더라.

옥염니 눈물을 근치고 히선을 보며 왈 이 서방님은 뉘시관디 이디디 실허ᄒ신잇가.

부인 왈 그 씨 복즁의 드러든 이기로듸. ᄒ시니 옥염니 붓들고 왈 반갑도다 반갑도다. 전 일을 싱각ᄒ니, 왈 모친 말삼을 듯스오니 부닌은 너의 모친니라. 모친님 오니지시면 부친 엇지 스르시며 모친님을 엇지 슬여 이니 몸니 엇지 슬라지니 되야 부모 모옥487)을 엇지 갑슬릿가. 그 연유을 천ᄌ 전으 주달ᄒ니 황제 그 ᄉ연을 보시고 전교ᄒ시디 승상으로 섭황제을 봉ᄒ고 이ᄉ 히선으로 좌우 승상을 봉ᄒ며 제으 부친을 도두라 ᄒ고 이부닌으로 왕비을 봉ᄒ시고 옥염으로 만고 츙열부인을 봉ᄉ시더라.

잇씨 히선니 섭황제 부부와 옥염을 모시고 황성으로 올나갈 제 위으총을488) 만고 제닐이라.

여려 날 만으 황성으 득달ᄒ니 황제 남천문 박기 나와 ᄆ질 세 길기든

---

484) 회치며 : ? 아마 '손을 흔들며' 등의 뜻인 듯.
485) 풍파(風波) : ①세찬 바람과 험한 물결. ②심한 분쟁이나 분란.
486) 알불릅 : ? 아마 '어찌하리요' 등의 뜻인 듯.
487) 모옥 : ? 아마 '길러준 은혜' 등의 뜻인 듯.
488) 위으총을 : ? 아마 '위엄 있는 모습은' 등의 뜻인 듯.

간 세상에 환송하라"

하거늘 용왕이 상제의 분부를 들은 지 삼일 후 옥염이 바다 가운데로 뚜렷이 나서며 부인을 부르고 팔을 흔들며 말하기를,

"나를 살려주소서."

하거늘 승상 부부가 건지려고 한들 만리 풍파 가운데 어찌 하리요. 때때로 애통해 하며 이런 답답한 일이 어디 있으리요 하며 애통함을 마지아니 하더라.

이때에 옥황상제께서 일광선관에게 명령하여 급히 옥염을 구원하라 하시니 일광선관이 육환장으로 옥염을 건져 놓고 가더라. 승상 부부가 서로 붙들고 슬퍼하시니 산천초목도 다 슬퍼하는 듯 하더라.

옥염이 눈물을 그치고 해선을 보며 말하기를,

"이 서방님은 누구이시기에 이다지 슬퍼합니까?"

부인이 대답하기를,

"그 때 뱃속에 들었던 아기로다."

하시니 옥염이 붙들고 말하기를,

"반갑다. 반갑다. 옛날을 생각하니"

해선이 말하기를,

"어머니 말씀을 들으니 부인이 나의 모친입니다. 모친이 아니면 부친이 어찌 살았으며 어머니가 어찌 살았으며 이내 몸이 어찌 살았겠습니까? 부모의 낳고 길러준 은혜를 어찌 갚겠습니까?"

그 사연을 황제께 아뢰니 황제가 그 사연을 보시고 명령하시되,

"승상을 섭황제에 봉하시고 어사 해선을 좌우 승상에 봉하시며 그의 모친도 돋우어라"

하시고 이부인을 왕비에 봉하시고 옥염을 맏고 충렬부인에 봉하시더라.

이때 해선이 섭황제 부부와 옥염을 모시고 황성으로 올라갈 때 위엄 있는 모습은 천하에 최고더라.

여러 날 만에 황성에 도달하니 황제가 남천문 밖에 나와 맞을 때 즐거워하던

정을 엇지 칭양ᄒ리요. 이제 섭황제 부부 옥염니 본딕으 드러가 왕부인 전의 복지 통곡 왈 불회즈 쥬봉니 왓난이다. ᄒ디 왕부닌니 아달과 며나리을 보고 기절ᄒ거날 희선과 옥염니 급피 구안ᄒ니 숨닌니 제우 닌스을 츠려 전후 스연을 설화홀 시 주봉은 십칠 연 걸식ᄒ던 말리며 이부닌은 절으서 머리 깍고 이기을 나 기리여 브리고 십칠 연 고승ᄒ드가 듯박기 가즁 만난 스연과 브린 즈식 만난 스연니며 쏘 옥염은 용궁으 드러가 용왕의 선으[489]되엇더니 옥황숭제게서 용궁의 전교ᄒ여 인간으 황싱ᄒ 스연이며 희선니 모난좀안딕으와[490] 옥저 튼금 가지고 희평의 가 부친을 만는 스연과 급피ᄒ더[491] 희평 도스 청ᄒ여 도님흔 후 수적 즁쥬경니을 죽니고 슈륙지을 지니여 옥염을 츠즈온 닐을 낫낫치 고ᄒ며 전후 스연을 설화ᄒ더라.

이날 쥬봉 부지 궐니 드러가 국궁 스빅흔디 황제 두 손으로 주봉의 부지을 붓들고 전후 스연을 설화ᄒ라 ᄒ신디 주봉니 복지 주왈 폐ᄒ게옵셔 기체후[492] 안영ᄒ신잇가.

천즈 용누[493]을 근치시고 지교[494] 왈 경으게 천ᄒ을 믹기고 슬으보라. ᄒ시고 옥셩ᄒ옥신디[495] 주봉 부지 시양ᄒ시며 쥬달ᄒ더이 치옥시[496]을 신으게 권ᄒ시니 후세의 역명[497]을 면치 못할 거시니 집피 싱각ᄒ옵소서.

---

489) 선아(仙娥) : ①선녀(仙女). ②'달'의 다른 말.
490) 모난좀안딕으와 : ? 아마 '모년 할머니 댁에 와서' 등의 뜻인 듯.
491) 급피ᄒ더 : ? 아마 '모든 사람이 회피하는' 등의 뜻인 듯.
492) 기체후(氣體候) : 기체(氣體) : ('기력과 체후(건강 상태)'라는 뜻으로) 편지에 웃어른께 문안할 때 쓰는 말.
493) 용루(龍淚) : 임금의 눈물.
494) 재교 : ? 아마 '다시 전교를 내림' 등의 뜻인 듯.
495) 옥성ᄒ옥신디 : ? 아마 '말씀하신데' 등의 뜻인 듯.
496) 치옥새 : ? 아마 '억지로 옥새' 등의 뜻인 듯.

정을 어찌 다 말하리요. 이제 섭황제 부부와 옥염이 본댁으로 들어가 어머니 앞에 엎드려 통곡하며 말하기를,

"불효자 주봉이 돌아왔습니다."

하니 어머니가 아들과 며느리를 보고 기절하거늘 해선과 옥염이 급히 구원하니 세 사람이 겨우 정신을 차려 전후 사연을 이야기할 때 주봉은 십칠 년 동안 빌어먹던 말이며 이부인은 절에서 머리를 깎고 아기를 낳아 거리에 버리고 십칠 년 동안 고생하다가 뜻밖에 남편을 만난 사연과 버린 자식을 만난 사연이며 또 옥염은 용궁으로 들어가 용왕의 시녀가 되었다가 옥황상제께서 용궁에 명령하여 인간 세상에 환생하게 한 사연이며 해선은 몇 년 전에 할머니 댁에 와서 옥저와 탄금을 가지고 해평에 가서 부친을 만난 사연과 과거에 급제한 후에는 모든 사람들이 기피하는 해평 도사를 자청하여 부임한 후에 해적 장주경을 죽이고 수륙제를 지내 옥염을 찾아온 일을 낱낱이 말하며 전후 사연을 이야기하더라.

이날 주봉의 부자가 대궐에 들어가 황제께 공손히 인사를 드리니 황제가 두 손으로 주봉의 부자를 붙들고 전후 사연을 이야기하라 하시니 주봉이 엎드려 아뢰기를,

"폐하께옵서 기체후 편안하셨습니까?"

황제가 눈물을 그치고 다시 명령하시기를,

"경에게 천하를 맡기고 살아보리라."

하시고 말씀하시니 주봉의 부자가 사양하며 아뢰기를,

"억지로 옥새를 신에게 권하시니 후세에 반역의 이름을 면하지 못할까 합니다. 깊이 생각하옵소서."

---

497) 역명(逆命) : ①임금의 명령을 거역함. ②정도를 벗어난 포학한 명령.

황제 왈 제야 그러치 오니ᄒᆞ면 됴됴집 빅관으게 직필 거시니498) 쥰물 몰고 됴졍을 츠지ᄒᆞ야 임므로 쳐치ᄒᆞᆯ. ᄒᆞ신디 쥬봉니 마지못ᄒᆞ야 됴졍 디소ᄉᆞ을 쳐결홀 시 젼의 모의499)ᄒᆞ던 빅관을 불너 왈 그 젼닐 닐을 됴금 혐의500)로 두지마옵소셔. ᄒᆞ니 빅관니 니 말 듯고 디인 군ᄌᆞ라 일칸더라.

각셜리라. 황졔 젼교ᄒᆞᄉᆞ 옥염으로 졍경부닌 봉ᄒᆞ시고 즁문501)을 셔여 젼듀만디502)을 젼ᄒᆞ며 이러ᄒᆞᆫ 졀을 본박게 ᄒᆞ라 ᄒᆞ시이라.

이칙 시쥭을 희풍도군 초 오 닐 시쥭ᄒᆞ여셔 십삼 닐 ᄯᅳᆫ나시나 글시 흉괴503) 흉괴을 ᄀᆞᄉᆞ오니 보시난니 마당 기리 김쥭김쥭희 보시구려.

이칙 닙ᄉᆞ난 부안군 소슬 송덩니 검소쳐 칙이라. 노필 무쳐 꺼시나 여러 부닌들 김쥭ᄒᆞ길.

---

498) 제야 그러치 오니ᄒᆞ면 됴됴집 빅관으게 직필 거시니 : ? 아마 '네가 만일 받지 아니하면 조정의 모든 벼슬아치들에게 빼앗기거나 아니면 네가 다시 모함을 받게 될 것이니' 등의 뜻인 듯.
499) 모의(謀議) : 어떤 일을 꾀하고 의논함.
500) 혐의(嫌疑) : ①꺼리고 싫어함. 또는 그런 점. ②의심스럽게 생각함. 또는 그런 생각.
501) 즁문 : ? 아마 '홍문'의 오기인 듯. 홍문(紅門) : ①'홍살문'의 준말. ②정문(旌門).
502) 젼두만디 : ? 아마 '천추만대'의 오기인 듯. 천추만대(千秋萬代) : 몇 천 년의 긴 세월. 또는 후손 만대에 이르기까지의 긴 기간.
503) 흉괴(凶怪) : 흉측하고 괴상함.

황제가 말씀하시기를,

"네가 만일 받지 아니하면 조정의 모든 신하들에게 빼앗기거나 네가 다시 모함을 받을 것이니 잔소리하지 말고 조정을 차지하여 마음대로 처리하라."

하시니 주봉이 마지못하여 조정의 크고 작은 일을 처결할 때 전에 나쁜 일을 꾀하던 벼슬아치를 불러 말하기를,

"이전의 일에 대해서는 조금도 꺼리는 마음을 두지 마십시오."

하니 모든 벼슬아치들이 이 말을 듣고 대인군자라 하더라.

각설이라. 황제가 명령을 내려서 옥염을 정경부인에 봉하시고 홍문을 만들어 세워서 자손만대에 전하여 이러한 절개를 본받게 하라고 하시더라.

이 책 시작은 해평도군에서 초 오 일에 시작해서 십삼 일 끝났으나 글씨가 흉괴 흉괴함이 심하오니 보시는 사람마다 뜻을 짐작 짐작해서 보십시오.

이 책 입사는 부안군 소슬 송덩이 검소겨 책이라. 노필 무처꺼시나 여러 부인들 짐작하소서.

춘매전

－춘매전

1. 書誌

이 작품은 『한글 필사본 고소설 자료총서』 제 47권에 실려 있는 작품이다. 아직 활자본이나 판각본이 발견되지는 않았으나 필사본에는 유부인전, 유씨부인전, 유씨열녀전, 유씨열행록, 이춘매전, 춘무전 등 다양한 이본이 있다. 필자는 이들 필사본 중에서 역·주해의 목적에 따라 위의 『한글 필사본 고소설 자료총서』 47권의 작품을 대상 작품으로 삼았다.

2. 작가와 년대

이 작품도 대부분의 고소설과 마찬가지로 구체적인 작가와 년대를 알 수는 없다. 다만 작품의 끝에 붙여놓은 후기에 친정 부모를 몹시 그리워한다는 내용 등을 참조해 볼 때 필사자는 여성이고 또 글씨는 알아보기 어렵다는 점에서 필사자는 한글을 겨우 깨쳤으나 필체가 아주 나쁜 여성이라고 할 수 있다. 그리고 한자에 대해서는 몇 글자 정도는 깨쳤으나 한문의 기본이 전혀 없는 여성이라고 하겠다. 그 예를 들어보면 다음과 같다.

예) 1) ~왈은 → 거의 모두 曰로 표기했다.

2) 가삼 → 가三. 삼삭 → 三삭. 하였으니 → 하여쓰二. 핵천이면 → 핵천二면. 일이라 → 일二라. 다하매 → 다하梅. 함에 → 하梅. 청춘 → 청春. 디내매 → 디내梅. 등 전혀 상황이나 어법에 맞지 않는 한자를 음차하고 있다.

그리고 어투로 볼 때 용어는 경상북도 방언으로 볼 수 있다.

3. 내용 구성

고소설은 거의 대부분이 주인공의 일대기 구조로 되어 있다. 그런데 이 작품은 주인공의 혈통이나 출생의 신비함 그리고 비범한 성장과정과 결연 과정 그리고 전공을 세우는 과정 등이 생략되었다. 그러나 주인공이 누리는 부귀영화는 다른 영웅소설과 별반 다른 점이 없다는 점이 특징이다.

춘매전은 1) 주인공의 과거 급제 → 2) 주인공에 대한 황제의 편애와 정적들의 모함 → 3) 주인공의 귀양 → 4) 주인공의 죽음과 부인의 투철한 정절 → 5) 주인공 부인에 대한 염라대왕의 감동과 주인공 부부의 환생 → 6) 황제의 감동과 주인공의 끝없는 부귀영화의 순서로 구성되어 있다.

이런 측면에서 보면 이 작품은 기존의 고소설이 가지고 있던 일대기 구조를 벗어나 있다는 점에서 모자라거나 뛰어난 작품이라 할 수 있다.

그러나 작품의 내용이 남주인공에게 초점이 맞추어진 것인지 여주인공에게 맞추어진 것인지 모호하다는 점에서 일관된 관점을 갖지 못한 특이한 구성을 지닌 작품이라고도 할 수 있다.

그리고 남주인공에게 초점을 맞추어서 작품을 해석하고자 하면 작품 내용이 인과적으로 연결이 되지 않고 그렇다고 여주인공에게 초점을 맞추어 보아도 보편적 관점에서 주인공의 행위와 결과가 인과적이지 못하다.

이런 점에서 이 작품은 사건과 사건 그리고 원인과 결과 사이에 인과관계를 맺기 어려운 특별한 구성 형태를 취한 작품이라고 하겠다.

4. 유형

이 작품은 유형에 있어서도 작품의 주인공으로 등장하는 남주인공에게 초점을 맞추면 충절이나 정적들 사이의 갈등을 다룬 작품으로 볼 수 있다. 그러나 충절의 구체적 내용이 나타나는 곳이 없다는 점에서 충절을 다룬 작품으로 보기는 어렵다.

그래서 여주인공에게 초점을 맞추면 여주인공의 정절과 열을 찬양한 작품으로 볼 수도 있다. 그러나 이것도 행위에 비해 그 대가가 너무 크다는 점에서 어색하다고 하겠다.

그리고 작품의 내용이 귀양을 가서 죽은, 남편을 위하여 부인이 유배지에 찾아가서 사랑의 힘으로 죽은 남편을 회생시키고 또 출세까지 하도록 한다는 것임을 감안한다면 이 작품은 열녀형 소설이라 할 수는 있을 것이다.

5. 인물 묘사

이 작품의 인물 묘사는 고소설에 등장하는 일대기 중심의 인물 묘사와 상당한 차이가 있다. 즉, 일대기 소설은 거의 대부분 등장인물 중 주인공에 대해서는 그의 탄생과 결연 과정 등이 아주 상세하고 자세하게 묘사되어 있다.

그런데 이 작품은 주인공의 가계와 출생 그리고 결연 과정 등이 생략되고 없다. 그렇다고 현대의 단편 소설처럼 인물의 일생 중 단면을 다룬 것도 아니다. 이런 점에서 이 작품은 필사과정에서 작품의 앞부분이 통속적이기에 이미 다 알고 있다는 전제에서 의도적으로 생략했거나 아니면 필사과정에서 빠진 것이 아닌가 추측된다.

아무튼 이 작품은 첫머리의 인물묘사가 다른 고소설의 통속성을 벗어나 있다는 점이 특징이라고 하겠다.

6. 세계관

이 작품은 염라국을 설정하고 염라대왕이 인간의 사생과 부귀영화를 관장한다고 인식하는 것으로 보아 이원론적 세계관을 가지고 있다고 하겠다.

그리고 남편이 죽으면 여성이 따라 죽는 것이 세상을 놀라게 할 정도로 큰 일이고 또 그것이 남은 일생을 부귀영화로 인도할 수 있는 최선의 방법으로 등장한다. 이런 점에서 이 작품은 여자의 정절과 열을 매우 중시하는 세계관을 바탕으로 하고 있는 작품이라 하겠다.

7. 배경 사상

이 작품도 다른 작품과 별반 차이는 없지만 다만 작품 속에 직접 나타난 내용만을 중심으로 본다면 이 작품은 다른 작품과 달리 유교적 충과 정절만 강조될 뿐 도교적 신선 사상이나 불교적 윤회 사상 등이 나타나지 않는다는 점에서 사상적 배경은 유교가 중심이 되었다고 하겠다.

8. 주제

충을 실천하고 열을 실천하면 복을 받는다는 권선징악과 충효의 선양을 주제로 했다고 하겠다.

- 줄거리

1. 재상 유형낭의 딸과 전 승상 이운송의 아들 춘매가 결혼한 지 오래지 않아서 두 사람의 아버지가 죽다.
2. 춘매가 어머니 양씨와 장모를 함께 모시고 모든 살림살이를 다 팔아서 관흥 지방으로 이사를 하다.
3. 황제가 인재를 뽑기 위해 알성과를 실시하다.
4. 춘매가 아내에게 모친을 부탁하고 서울에 가서 알성과에 장원급제하다.
5. 황제가 춘매를 사랑하여 한림학사를 제수하다.
6. 춘매가 금의환향하여 선산에 소분하고 아내를 위로하다.
7. 춘매가 돌아가 지성껏 황제를 섬기자 황제가 특별히 사랑하시다.
8. 조정의 간신들이 시기하여 춘매를 모함하니 황제도 어쩔 수가 없어서 춘매를 삼천리 무인절도에 귀양을 보내다.
9. 춘매가 부인과 모친을 눈물로 이별하고 유배지로 떠나다.
10. 춘매가 두 종을 데리고 석 달 만에 유배지에 도착하다.
11. 유배지에는 이전에 동방급제한 정양옥이란 사람이 먼저 귀양지에 와 있었다.
12. 춘매가 유배 길의 고통으로 병이 나자 정양옥이 지극한 정성으로 구완하다.
13. 춘매는 백약이 무효하자 아내에게 모친을 부탁하는 마음과 저승에서의 기약을 다짐하는 편지와, 불효를 안타까워하는 마음을 담은

유서를 모친께 남기고 죽다.
14. 정양옥과 종들이 초상을 극진하게 치른 후 양옥이 두 종에게 집으로 돌아가 부인에게 이 사실을 알리게 하다.
15. 유씨 부인은 춘매가 귀양을 간 후 효도를 다하며 슬픔으로 세월을 보내다.
16. 만시와 청산이란 두 종이 돌아와 춘매의 죽음을 유씨 부인에게 알리다.
17. 유씨 부인이 시어머니 등의 만류를 뿌리치고 춘매의 시신을 고향으로 운송하기 위해 유배지로 찾아가다.
18. 유씨가 길을 떠난 지 보름 만에 해평읍이란 곳에 다다라 주점에서 하룻밤을 묵다.
19. 해평읍의 태수 씨돌이가 유씨의 미모를 들은 후 스스로 춘매와 친한 친구였다고 하면서 유씨에게 사람을 보내어 위로하다.
20. 유씨가 다음날 떠나려 하자 씨돌이가 간곡히 만류하여 하루 더 묵어가게 하다.
21. 그날 밤 씨돌이가 종들을 데리고 유씨의 침소에 침범하여 유씨를 납치하려하다.
22. 이때 유씨가 휘두른 칼에 씨돌이의 팔이 맞아서 떨어지다.
23. 부상당한 씨돌이가 유씨를 감금한 뒤 황제에게 유씨가 이유 없이 관장을 능멸하고 횡포를 부렸다고 거짓으로 유씨를 모함하다.
24. 이상하게 여긴 황제가 사관을 보내어 사건을 조사하게 하다.
25. 씨돌이가 사관을 매수하려고 하다가 실패하여 모든 사단이 발각되다.
26. 사관이 씨돌이를 하옥하고 유씨를 풀어주고 예우하다.
27. 황제의 명령으로 씨돌이는 능지처참되고 유씨는 관에서 차려준 행장으로 다시 유배지로 떠나다.

28. 유씨가 유배지에 도착하자 정양옥이 맞으며 그 정절을 칭찬하다.
29. 유씨가 정양옥에게 남편의 초상을 극진하게 치러준데 대하여 감사를 표하다.
30. 유씨가 정양옥에게 죽은 남편의 모습을 한 번 보기를 소원하다.
31. 유씨가 죽은 남편의 시신을 붙들고 울자 죽은 남편이 회생하다.
32. 회생한 남편이 아내 유씨의 절행이 구천에 사무치자 염라대왕이 특별히 허락하여 잠시 회생하였음을 말하고 유씨에게 어머니를 부탁하고 약속한 시간 안에 저승으로 돌아가려고 하다.
33. 유씨가 막무가내로 남편을 붙들다가 남편의 혼백이 저승으로 가자 남편의 만류를 뿌리치고 유씨도 남편을 따라가다.
34. 염라대왕이 춘매가 늦게 돌아옴을 문책하자 그 아내 유씨와 함께 오느라고 늦었다고 말하다.
35. 염라대왕이 유씨를 문책하는 중 유씨의 정절에 감동하여 춘매와 유씨에게 인간 세상에 다시 회생함은 물론 많은 부귀영화를 누리도록 점지하다.
36. 춘매와 유씨가 환생하자 정양옥은 물론 모든 사람이 놀라고 신기하게 여기다.
37. 유씨가 환생하여 감사의 뜻으로 정양옥과 남매의 의를 맺다.
38. 절도사가 이 내용을 임금에게 상소하다.
39. 임금이 감동하여 춘매를 좌승상에 양옥을 우승상에 봉하고 유씨를 정열후 겸 숙부인에 봉하다.
40. 춘매와 양옥 그리고 유씨가 돌아와 부모를 뵙고 또 황제에게 감사를 드리다.
41. 황제가 춘매와 유씨의 충절을 기리기 위해 별궁을 지어 춘매가 거처

하게 하다.

42. 춘매 부부가 부귀영화를 마음껏 누리다가 구십 팔 세가 되었을 때 한날한시에 죽다.

-츈미젼니라.

 옛날 관홍 ᄯᅡᆼ이 한 지ᄉᆼ¹⁾니 잇시되 유형낭니라 ᄒᆞᄂᆞᆫ 스람에 달(딸)과 젼승숭 니운숑이 ᄋᆞ달 츈미와 결혼ᄒᆞ디 오리되디 아니ᄒᆞ여 유형낭과 니운숑니 별시(별세)²⁾ 후이 모친 양씨와 숭이(상의)ᄒᆞ야 가즁³⁾ 젼디⁴⁾랄 다 파라 관홍으로 올문니라.
 옛떠(이때) 쳔지 인지랄 보라ᄒᆞ고 알셩과⁵⁾거을 뵈니(보이)실 시 츈미 과거 기별을 듯고 모친게 엿즈오디 황셩이 과거 잇다 ᄒᆞ오미 귀경코져 ᄒᆞ나니다.
 부인 양씨 왈 네 말니(말이) 가니(가히) ᄋᆞ람답도다. 니 너을 말니 박기 보니기 민망ᄒᆞ나⁶⁾ 슴가니(삼가고)⁷⁾ 조심ᄒᆞ여 단니오라. ᄒᆞ신디 츈미 소흔

---

1) 재상(宰相) : (역사 · 고제도) 임금을 돕고 모든 관원을 지휘 · 감독하는 2품 이상 벼슬자리의 총칭. 또는, 그 자리에 있는 사람. 경상(卿相). 경재(卿宰). 재신(宰臣). 높임말 상공(相公).
2) 별세(別世) : (세상을 떠난다는 뜻) 사람의 '죽음'을 높여 이르는 말. 기세(棄世). 하세(下世).
3) 가장(家藏) : 자기 집에 보관하여 두는 것. 또는, 그 물건.
4) 전지(田地) : 곡물을 재배하는 논밭.
5) 알셩과(謁聖科) : 알성시(謁聖試) : (역사 · 고제도) 조선 시대, 임금이 문묘에 참배한 뒤 성균관에서 보이던 과거.
6) 민망(憫惘)하다 : ①보아서는 안 될 남의 부끄러운 모습을 보게 되어 딱하고 거북한 상태에 있다. ②자기의 부끄러운 모습을 차마 보이기 어려운 사람에게 보이게 되어 곤혹스럽고 거북한 상태에 있다. 면괴하다.
7) 삼가다 : ①(말이나 행동을) 예의나 도리에 벗어나지 않게 조심해서 하다. ②(술 · 담배 · 음식 등을) 건강을 지키거나 예의를 갖추기 위해 가급적 먹거나 피우거나 하지 않다. 또는, (어떤 행동을) 이성적으로 억제하여 가급적 하지 않다.

- 춘매전 현대역

옛날 관홍 지방에 이운송이라는 한 사람의 재상이 있었다. 그 아들 춘매는 유형낭의 딸과 결혼한지 오래 되지 않아서 장인 유형낭과 아버지 이운송이 돌아가셨다. 춘매가 모친 양씨와 의논하여 집의 물건과 논밭을 모두 팔아서 관홍이란 곳으로 이사를 했다.

이때 황제가 인재를 뽑으려고 알성과를 실시했다. 춘매도 이 소식을 듣고 어머니께 말씀드리기를,

"황성에서 과거를 실시한다 하오니 한번 참여해 보고자 합니다."

부인 양씨가 대답하기를,

"너의 말이 정말 대장부답구나. 내가 너를 수만 리 밖으로 보낸다는 것은 안타깝지만 행동을 삼가고 조심하여 다녀오너라"

하시니, 춘매가 또한

깃거ᄒᆞ여 날을 갈히여 발힝홀 시 모친끠 ᄒᆞ즉ᄒᆞ고 그 ᄋᆞ히 유씨긔 당부8)ᄒᆞ여 왈 그ᄃᆡ는 날를 업다 마르시고 졍셩을 다ᄒᆞ여 부ᄃᆡ 부ᄃᆡ 극진니 봉양9)ᄒᆞ옵소셔. 수니(수이) 도라와 은히을 갑푸리다.

유씨 흔연 답 曰(왈) 쳡니 비록 불민ᄒᆞ오나10) 온경긔봉(온정지봉)11)과 졍셩12)디도을 갑단(갑절) 진공13)ᄒᆞ여 지셩14)으로 ᄒᆞ럿이와 셔방님은 부ᄃᆡ 과게(과거)ᄒᆞ여 화동15) 옥져16)와 빅마 쳥숨17)으로 도라옴을 바리오니 말니 경셩이 무양18) 단니오셔셔.

흔연19)이 이별ᄒᆞ거날 츈미 쪼 유씨를 이별ᄒᆞ고 한필 나귀와 두낫 종을 다리고 발힝ᄒᆞ니라.

여러 날문이 황셩이 득달20)ᄒᆞ니 불과 수일이 과거 날니 당ᄒᆞ여거날 즁즁21)이 드러가 글ᄃᆡ(글제)22)을 술피본니 평싱이 익키든 비라. 용셔(용

---

8) 당부(當付) : (어찌어찌할 것을) 말로써 단단히 부탁하는 것. 또는, 그 부탁.
9) 봉양(奉養) : 부모나 조부모를 받들어 섬기는 것.
10) 불민(不敏)하다 : 어리석고 둔하여 민첩하지 못하다.
11) 온정지봉(溫情之奉) : 따뜻한 인정이 있는 봉양.
12) 정성(定省) : '혼정신성(昏定晨省)'의 준말. 혼정신성 : 아침저녁으로 부모의 안부를 물어 살핌.
13) 진공(進供) : (역사·고제도) 토산물을 진상하는 일. 공상(供上).
14) 지성(至誠) : 지극한 정성.
15) 화동(花童) : 환영식과 같은 의식에서 환영의 대상이 되는 사람에게 꽃다발을 주는 어린이.
16) 옥저(玉箸) : 옥으로 만든 피리.
17) 청삼(靑衫) : ①나라의 제향 때에 입는 남빛의 웃옷. ②조복(朝服)의 안에 받쳐입는 옷. ③전악(典樂)이 입는, 진한 유록색의 공복(公服).
18) 무양(無恙) : 몸에 탈이나 병이 없는 것.
19) 흔연(欣然) : 기쁘거나 반가워 기분이 좋은 것.
20) 득달(得達) : 목적한 곳에 도달하는 것. 또는, 목적을 이루는 것.
21) 장중(場中) : (역사·고제도) 과장(科場)의 안.
22) 글제 : 글의 제목.

기뻐하며 날을 가려서 출발할 때 어머니께 하직하고 그 아내 유씨에게 당부하여 말하기를,

"그대는 내가 없더라도 섭섭하게 생각하지 말고 정성을 다하여 제발 극진하게 부모를 봉양하세요. 내가 빨리 돌아와 은혜를 갚겠습니다."

유씨가 기쁜 목소리로 대답하기를,

"제가 비록 변변치 못하나 진심으로 부모를 봉양하고 보살피는데 정성을 다할 것이며 아울러 전보다 두 배나 정성을 더하여 부모님을 받들 것입니다. 서방님께서는 제발 과거에 급제하여 꽃을 든 화동과 옥피리를 부는 아이들을 앞세우고 백마를 타고 멋진 모습으로 돌아오시기를 바랍니다. 머나먼 서울에 아무 탈없이 다녀오십시오."

하고 기쁜 얼굴로 이별하거늘, 춘매 또한 유씨를 이별하고 한 마리의 나귀와 두 명의 종을 데리고 황성으로 출발하더라.

여러 날 만에 황성에 도달하니 과거 시험 일이 불과 며칠밖에 남지 않았더라. 시험 날에 춘매가 시험장에 들어가서 글의 제목을 살펴보니 평소에 잘 알던 제목이더라.

춘매가 용

연)23)이 먹을 갈라 황모24) 부셜(붓을) 반튼(반쯤) 푸러 일필휘디(일필휘지)25) ᄒᆞ여 천ᄌᆞ26) 젼이 션즁27)ᄒᆞ니라.

황승니 보시고 칭춘 曰(왈) 문법28)은 잇터빅이 버금29)니요. 필법30)은 왕히디 버금이라. 엇디 ᄋᆞ람답디 아니ᄒᆞ리요. ᄒᆞ시고 즉시 츈ᄆᆡ을 부러(부르)실 시 잇ᄯᅦ 츈ᄆᆡ ᄉᆞ관31)이 잇다가 급피 드러가 뵈온디 쳔지 츈ᄆᆡ어 손을 줍고 曰(왈) 경이 나이 믓치며 뉘 딥 ᄌᆞ손인요.

츈ᄆᆡ 복디 주 曰(왈) 신어 이비는 젼 승상 니운송니옵고 나는 십팔 세소니다.

승니 가라ᄉᆞ디 경이 부친니 일즉 딥(짐)32)을 셤길 젹이 딘심갈역33)ᄒᆞ미 조정이 읏씀일넌니 니디(이제) 경이 긔골34)을 살피보니 츙신 문이 호(효) ᄌᆞ난다 말니 올토다. ᄒᆞ시고 즉시 할님(한림)35) 흑스을 디수(제수)36)ᄒᆞ시니

---

23) 용연(龍硯) : 용의 문양이 새겨진 좋은 벼루.
24) 황모(黃毛) : 족제비의 꼬리털. 빳빳한 세필(細筆)의 붓을 만드는 데 씀.
25) 일필휘지(一筆揮之) : (글씨를) 단숨에 줄기차게 써 내림.
26) 천자(天子) : ('천명을 받은 하늘의 자식'이라는 뜻) '황제(皇帝)'를 달리 이르는 말. 태상(太上).
27) 선장(先場) : 과거 시험장에서 가장 먼저 시험지를 받침.
28) 문법 : ? 아마 '문장'의 뜻인 듯.
29) 버금 : 으뜸의 바로 아래.
30) 필법(筆法) : 글씨나 문장을 쓰는 법.
31) 사관(舍館) : 하숙(下宿) : ①정해진 돈을 내고 비교적 오랫동안 남의 집 방에 머물며 먹고 자고 하는 일. 또는, 그 집. 사관(私館). ②값싼 여관.
32) 짐(朕) : 임금이 자기를 일컫는 말.
33) 진심갈역(盡心竭力) : 마음과 힘을 다하는 것.
34) 기골(氣骨) : ①신념이 강하고 남에게 쉽게 꺾이지 않는 마음. ②호락호락하게 보이지 않는 튼튼한 체격.
35) 한림(翰林) : 조선 시대의 '예문관 검열(藝文館檢閱)'의 별칭.
36) 제수(除授) : (역사・고제도) 천거에 의하지 않고 임금이 직접 관리를 임명하는 일.

연이란 좋은 벼루에 먹을 갈아서 족제비 털로 만든 아주 좋은 붓에 반 정도쯤 먹을 찍어 단숨에 글을 다 써서 황제 앞에 제일 먼저 제출하더라.
황제가 보시고 칭찬해서 말하기를,
"문장은 이태백의 다음이고 글씨는 왕희지의 다음이다. 어찌 아름답지 아니하겠는가?"
하시고 즉시 춘매를 부르시더라. 춘매가 여관에 돌아와 있다가 이 소식을 듣고 즉시 들어가 황제를 뵈오니 황제가 춘매의 손을 잡고 말하기를,
"경은 나이가 몇이며 뉘 집의 자손인가?"
춘매가 땅에 엎드려 말씀드리기를,
"신의 아비는 전 승상 이운송이옵고 나이는 십팔 세입니다."
황제가 말씀하시되,
"경의 부친이 옛날 짐을 섬길 때에 충성스러운 마음을 다하여 섬기는 것이 조정에서 으뜸이더니 이제 경의 모습을 살펴보니 충신의 가문에 효자가 태어난다는 옛말이 옳도다."
하시고 즉시 한림학사에 임명하시니

츈민 스은ᄒ고 엿ᄌ오더 소신이 빅발 편친37)이 잇스오니 고향이 도라가 편친 뵈온 후이 시힝할가 바리옵난이다.

상이 혀(허)락ᄒ신더 청기홍기38)을 븟치고 중안39)으로 ᄂ오니 만셩40) 닌민이 뉘 아니 층춘ᄒ리요. 관홍 본가로 나러오니 외이(위의)41) 거동은 수양버들니 춘풍을 몬니긔여(못 이기어) 춤추난 듯 길(즐)거함을 측양치 못할네라.

할님이 물너 와와(나와) 유시 싸러 말숨ᄒ여 曰(왈) 그 스니 모친을 묘(모)시고 무양ᄒ신잇가42). 할님은 국은을 입스와 도라오신니 질거옴을 엇디 다 칭양(측량)ᄒ리잇가. ᄒ더라.

십여 일 유ᄒ43) 후이 슈유44)ᄒ 날니 당ᄒ거날 모친게 ᄒ즉ᄒ고 曰(왈) 몸니 활노(환로)45)이 잇시미 인군(임금)을 셥(섬)기난니 종종 근친46)을 ᄒ린이와 오히 유씨로 더부러 가로더 침식47)을 평온이 ᄒ옵소셔 ᄒ고 급피 드러와 복지ᄒᆫ더 상니 가라스더 경을 보고져 ᄒ여 급피 불너시니 부더 정셩을 다ᄒ여 딤을 도으라. ᄒ신더 할님이 스은ᄒ고 물너나온이라.

이후부터 할님을 스랑ᄒ시고 벼슬을 도도실 시 명망48)이 조정의 유명

---

37) 편친(偏親) : 홀로 된 어버이.
38) 청개홍개(靑蓋紅蓋) : 푸르고 붉은 양산.
39) 장안(長安) : (중국의 옛 수도 이름에서 유래한 말) '서울'을 일컫는 말.
40) 만셩(滿城) : 성에 가득참.
41) 위의(威儀) : 위엄이 있는 태도나 차림새.
42) 무양(無恙)하다 : 몸에 탈이나 병이 없다.
43) 유(留)하다 : (어느 곳에) 머물러 묵다. 문어체의 말임.
44) 수유(受由) : 말미를 받는 것. 또는, 그 말미.
45) 환로(宦路) : 벼슬살이를 하는 행로. 벼슬길.
46) 근친(覲親) : ①(시집간 딸이) 친정에 가서 어버이를 뵙는 것. 귀녕(歸寧). ②(불교) (출가한 승려가) 속가(俗家)의 어버이를 뵙는 것.
47) 침식(寢食) : 잠자는 일과 먹는 일. 면식(眠食).

춘매가 그 은혜에 감사드리고 말씀드리되,

"변변치 않은 신하에게는 연세가 많은 홀어머니가 계시니 고향에 돌아가 홀어머니를 뵌 후에 벼슬에 나가기를 원합니다."

황제가 허락하시므로 울긋불긋한 멋진 양산을 받치고 사람들이 가득한 서울의 거리로 나오니 서울의 모든 사람들 중 칭찬하지 않는 사람이 없더라.

관홍의 본가로 내려오니 그 위엄 있고 멋진 모습은 수양버들이 봄바람을 이기지 못하여 봄바람에 춤을 추는 듯하니 그 즐거움은 말로 다 표현하지 못할 듯 하더라.

한림이 물러나와 유씨에게 말하기를,

"그 사이 어머니를 모시고 별고 없이 잘 지내셨는가? 나는 나라의 은혜를 입고 돌아왔으니 그 즐거움이야 어찌 말로 다 표현 하겠는가"

하더라.

십여 일을 머문 후에 말미를 받은 날이 다 되었기에 어머니께 하직 인사를 드리며 말하기를,

"몸이 벼슬길에 있으므로 임금을 섬기러 가야합니다. 앞으로 자주 찾아 뵙겠습니다."

하고 또 아내 유씨에게 말하기를,

"생활을 편안하게 하십시오."

하고 급히 서울로 돌아와 황제께 인사를 드리니 황제께서 말씀하시기를,

"경을 보고 싶어 급히 불렀으니 부디 정성을 다하여 짐을 돕도록 하여라."

하시니 한림이 은혜에 감사를 드리고 물러 나오더라.

이후로부터 황제가 한림을 사랑하시고 벼슬을 돋우시니 신망 받는 이름이 조정에서 유명

---

48) 명망(名望) : 어떤 사람이 이름이 알려져 존경과 신망을 받는 일. 망(望).

ᄒᆞ더라. 이런고로 간신드리 시긔ᄒᆞ여 히코져 ᄒᆞ는 ᄯᅳ절 아르시고 왕이 아무리 부디[49]코져ᄒᆞ되 무가닉히[50]라.

조경이 간신 놈니 슴쳘이(삼쳔리) 졍비[51]ᄒᆞ니 할님이 졍비 길노 갈 시 관흥 본가로 나려(내려)간니 부인과 유씨 너달나 曰(왈) 국ᄉᆡ 다ᄉᆞᄒᆞ여[52] 얼골니 쵸쵀ᄒᆞ디[53] 무슴 연고[54] 잇는디 오식니 불평ᄒᆞ요[55] ᄒᆞ신디 할님이 엿ᄌᆞ오디 무슴 연고 잇ᄉᆞ오릿가.

음식을 젼피(젼폐)[56]ᄒᆞ고 수일을 머무러던니 율관[57]이 ᄌᆡ(재쵹)ᄒᆞ여 曰(왈) 국명이 디염(지엄)ᄒᆞ엿ᄉᆞ오미[58] 급피 발힝ᄒᆞᄉᆞ니다. ᄒᆞ고 지쵹ᄒᆞ거날 할님이 마디 못ᄒᆞ여 부인ᄭᅴ 드러가 엿ᄌᆞ오디 ᄌᆞ식 춘믹난 불호(불효)ᄌᆞ로 싱기ᄂᆞ셔 다른 동싱도 업시 못 뫼시옵고 몽니(몽외)[59] 나라이 올나ᄉᆞ다가 간신이게 즙편 빅 되어 슴쳘니 도(절도)[60]이 귀양가니 모친과 안히 유씨는 뉘을 이디(의지)ᄒᆞ오릿가 ᄒᆞ며 눈물을 금치 못ᄒᆞ니,

부인니 좀좀ᄒᆞ다가 기절ᄒᆞ거날 할님이 놀닉여 곡ᄒᆞ더니 닉윽고 딘졍ᄒᆞ

---

49) 부지(扶支·扶持) : 어렵사리 보존하거나 지탱하는 것.
50) 무가내하(無可奈何) : 어찌할 수가 없이 됨. 무가내. 막가내하(莫可奈何).
51) 정배(定配) : (역사·고제도) 죄인에게 내리는 형벌의 하나. 지방이나 섬으로 보내 일정한 기간 동안 정해진 지역 내에서만 감시를 받으며 생활하게 하는 것.
52) 다사(多事)하다 : 일이 많다.
53) 초췌(憔悴)하다 : (얼굴이나 몸이) 몹시 지치거나 병을 앓거나 하여 안색이 좋지 않거나 수척한 상태에 있다.
54) 연고(緣故) : 사유(事由). 까닭.
55) 불평(不平)하다 : ①(병 등으로) 몸이 편치 않다. ②마음이 평안하지 않다.
56) 전폐(全廢) : 아주 그만두거나 없애는 것.
57) 율관(律官) : ? 아마 '법을 집행하는 벼슬아치' 등의 뜻인 듯.
58) 지엄(至嚴)하다 : 매우 엄하다. 절엄하다.
59) 몽외(夢外) : 꿈에도 생각지 않은 상태. 천만뜻밖.
60) 절도(絶島) : 절해고도(絶海孤島)의 준말.

하더라.

이런 까닭으로 간신들이 시기하여 해치고자 하니 황제가 이러한 조정의 사정을 아시고 한림을 보호하려고 하였으나 어찌할 도리가 없더라.

조정의 간신들이 모함하여 한림을 삼천리 밖으로 유배를 가게 하더라. 이에 한림이 유배를 가는 길에 관홍 본가로 내려가니 어머니와 유씨가 달려 나와 말하기를,

"나라 일에 바빠서 그러한가? 얼굴이 피곤하여 보이니 무슨 까닭으로 얼굴빛이 좋지 못합니까?"

하시니 한림이 말씀드리되,

"무슨 까닭이 있겠습니까?"

하면서 음식을 전폐하고 며칠을 머무르더니 법 집행관이 재촉하며 말하기를,

"나라의 명령이 지극히 엄숙하니 즉시 출발합시다."

하고 재촉하거늘 한림이 마지못하여 부인께 들어가 말씀드리되,

"자식 춘매는 불효자로 생겨나서 다른 동생도 없이 어머니를 모시지 못하다가 천만뜻밖에 벼슬에 올랐으나 간신에게 모함을 당하여 삼천리 밖으로 귀양을 가게 되었습니다. 어머니와 아내 유씨는 누구를 의지하여 살아가겠습니까?"

하며 눈물을 금하지 못하거늘 부인이 말없이 있다가 갑자기 기절하거늘 한림이 놀라서 울음만 울고 있었더니 한참 지난 후에 어머니가 진정하

여 할님을 붓들고 曰(왈) 늘근 모친과 졀문 ㅇ히는 뉘을 이디(의지)ㅎ며 허다훈 간신(가산)⁶¹⁾과 무수훈 비복 등을 누짜러(누구에게) 다스리라 ㅎ고 어디을 가시눈잇가. 풍진⁶²⁾ 활노(환로)이 잇셔도 ᄌ로 보디 못ᄒ면 침식니 불안ᄒ거든 ᄒ믈며 슘쳘이 졀도이 가시면 엇디 그름ᄌ(그림자)나 다시 보리요. ᄒ고 좌불ᄒ셕(좌불안석)⁶³⁾ᄒ거날 할님이 못친 병날가 염여ᄒ여 관후훈⁶⁴⁾ 말노 엿ᄌ오디 인명니 지쳔ᄒ온니 셜마 죽ᄉ오리잇가. 수히 도라와 뫼시리다. ᄒ고 유씨 방이 드러가 이별ᄒ며 曰(왈) 부닌은 날 업다 실혀(서러워) 마르시고 닉어(나의) 못친과 그디어(그대의) 모친을 졍셩으로 뫼시고 깃치(같이) 안보⁶⁵⁾ᄒ오면 수히 도라와 은히(은혜)을 갑ᄉ오리다.

셜파⁶⁶⁾이 눈물을 금치 못ᄒ거날 유씨 졍승⁶⁷⁾니 망극ᄒ여 가ᄃ(가삼)을 쑤다리며 통곡 曰(왈) 한님이 편친과 훔끠 가ᄉ니다. 우리 셔로 만난디 비록 슘 연이나 국ᄉ이 골몰ᄒ여 부부간 화락ᄒ옴⁶⁸⁾을 다 빅푸디 못ᄒ읍고 쳡니 못가오면 죽어셔 혼니라도 셔방님을 쌀코져 ᄒ난이다. 셔방님은 물너치디 마옵소셔.

ᄒ며 양협⁶⁹⁾이 두 줄기 눈물니 부용화안⁷⁰⁾이 이실을 먹음은 듯 연연약

---

61) 가산(家産) : 집안의 재산. 가자(家貲).
62) 풍진(風塵) : ①바람과 티끌. ②세상에 일어나는 어지러운 일. ③병진(兵塵).
63) 좌불안석(坐不安席) : 불안하거나 초조하거나 걱정이 되거나 하여 자리에 가만히 앉아 있지 못하고 왔다갔다하거나 일어났다 앉았다 하는 상태.
64) 관후(寬厚)하다 : 너그럽고 후하다.
65) 안보(安保) : 편안히 보전하는 것.
66) 설파(說破) : ①사물의 내용을 밝혀 말하는 것. ②상대편의 이론을 완전히 깨뜨려 뒤엎는 것. ③말을 마치는 것.
67) 정상(情狀) : ①사실의 상태. ②(법률·법학) 구체적 범죄의 구체적 책임의 경중(輕重)에 영향을 미치는 일체의 사정.
68) 화락(和樂)하다 : 화평하고 즐겁다.
69) 양협(兩頰) : 두 뺨.

여 한림을 붙들고 말하기를,

"늙은 어미와 젊은 아내는 누구를 의지하며 수많은 살림살이와 수많은 종들은 누구에게 다스려라하고 너는 어디를 간다는 말인가? 어지러운 벼슬길에 있을 때도 자주 보지 못하면 먹고 자는 것조차 불안했는데 하물며 삼천리나 떨어진 외딴 섬으로 귀양을 간다면 어찌 그림자라도 다시 볼 수 있겠느냐?"

하면서 불안하여 가만히 앉아 있지도 못하거늘 한림이 어머니께서 병이 날까 염려하여 너그럽고 후한 말로 말씀드리되,

"사람의 목숨은 하늘에 달려있으니 설마 죽기야 하겠습니까? 빨리 돌아와서 다시 모시겠습니다."

하고 다시 유씨의 방으로 들어가 이별하며 말하기를,

"부인은 내가 없다고 서러워 마시고 나의 어머니와 그대의 어머니를 정성껏 모시고 다같이 편안하게 보전하여 있으면 빨리 돌아와 그 은혜를 갚을 것입니다."

말을 마치고 눈물을 금하지 못하더라. 유씨가 그 모습을 보니 정신이 아득하여 가슴을 두드리고 통곡하며 말하기를,

"한림의 홀어머니와 함께 가겠습니다. 우리가 서로 만난 지 비록 삼 년이나 나라 일이 바빠서 부부 사이의 화목한 정을 아직 다 베풀지도 못하였습니다. 첩이 갈 수 없다면 죽어서라도 서방님을 따르고자 합니다. 서방님은 저를 물리치지 마소서."

하며 두 뺨에 두 줄기 눈물이 흘러내리니 연꽃 같은 얼굴은 아침 이슬을 머금은 듯하더라. 연약한

---

70) 부용화안(芙蓉花顏) : 부용꽃 즉 연꽃처럼 아름다운 얼굴.

딜71)리 섬섬옥수72)로 가三(가삼)을 쑤다리며 망극 잇통흐니 할님니 눈물 거두고 부인을 기유73)흐여 曰(왈) 부닌은 실혀마옵소셔. 그디 쳥츈을 익기거든 다른 가문을 셤기오면 졀노괴키(저절로 개가하게) 되오면 날만 못흐리요. 흔디 유씨 눈물을 싸코(닦고) 정식 曰(왈) 할님은 아무리 졍을 씁(끊)코져 흔들 엇디 불힝흔 말노 쳡이 몸을 욕되기 흐난잇가. 영쳔수(영수)74)가 갓가오면 니니 귀을 씨고져 흐나이다.

흐고 일편심(일편단심)75)을 엇디 못흐거날 할님이 위로 曰(왈) 부인은 니 말을 분이(분하게) 여긔디 마옵소셔. 흔갓 부닌을 안심코져 흐미로소니다.

인흐여 츠목(참혹)히76) 흐즉흐고 이별흔디 부닌이 울며 曰(왈) 박명77)흔 몸니 시랑을 의디흐여 셰월을 보니더니 이디(이제)는 늬(뉘)을 이디(의지)흐리요. 수쳘니 원졍78)이 평안니 가시물 브리눈이다. 흐고 실피 통곡흐며 이연흐물79) 못니(못 이겨)흐니 할님이 마음이 엇디 온젼흐리요.

종 두낫츨(두 명을) 다리고 션슨80)이 흐즉흐고 셕달 만이 졀도이 득달81)흐니 무변흔82) 츙히는 좌우이 양양흐고83) 녹쥬(녹쥭)쳥숀84)은 젼후이 쳡

---

71) 연연약질(軟娟弱質) : 가냘프고 약한 체질.
72) 섬섬옥수(纖纖玉手) : 가냘프고 고운 여자의 손을 이르는 말.
73) 개유(開諭) : 사리를 알아듣도록 잘 타이르는 것.
74) 영수 : ? 아마 '허유와 소부가 은둔한 기산 아래에 있다는 강의 이름으로서 소부가 귀를 씻은 것으로 유명한 고사를 인용한 것' 등으로 해석 됨.
75) 일편단심(一片丹心) : '한 조각의 붉은 마음'이라는 뜻으로 참되고 정성 어린 마음.
76) 참혹(慘酷)하다 : ①비참하고 끔찍하다. ②비참할 정도로 딱하고 한심하다.
77) 박명(薄命) : 운명이 기박한 것.
78) 원정(遠程) : 원로(遠路) : 먼 길.
79) 애연(哀然)하다 : 슬픔이나 서글픔을 자아내는 상태에 있다.
80) 선산(先山) : ①조상의 무덤. 선묘(先墓). 선영(先塋). ②조상의 무덤이 있는 산.
81) 득달(得達) : 목적한 곳에 도달하는 것. 또는, 목적을 이루는 것.

체질과 가냘프고 예쁜 손으로 가슴을 두드리며 정신이 아득하게 통곡을 하니 한림이 눈물을 거두고 부인을 타일러서 말하기를,

"부인은 너무 서러워 마소서. 그대의 젊은 나이를 아까워하거든 다른 가문에 다시 시집을 가서 개가를 한다면 그 사람이 나보다야 못하겠습니까?"

하니 유씨가 눈물을 닦고 정색을 하고 말하기를,

"한림이 아무리 정을 끊고자 하시나 어찌 이같이 불행한 말로써 저의 몸을 욕되게 하십니까? 영수라는 강이 가까이 있다면 나의 귀를 씻고자 합니다."

하고 한 조각 변함없는 마음을 어찌하지 못하거늘 한림이 위로하여 말하기를,

"부인은 나의 말을 분하게 여기지 마소서. 오직 부인을 안심시키고자 한 말일 뿐입니다."

인하여 비참한 모습으로 하직하고 이별하니 부인이 울며 말하기를,

"팔자가 사나운 제가 당신을 의지하여 세월을 보냈는데 이제는 누구를 의지하겠습니까? 수천 리 머나먼 길에 편안하게 기시기를 바랍니다."

하고 슬프게 통곡하며 슬픔을 이기지 못하여 하니 한림의 마음인들 어찌 온전하겠는가?

종 두 명을 데리고 조상의 무덤에 하직하고 석 달 만에 사람이 살지 않는 외딴 섬에 도착하니 끝없이 넓고 푸른 바다가 좌우에 펼쳐져 있고 푸른 대나무가 우거진 푸른 산은 앞뒤로 겹

---

82) 무변(無邊)하다 : 끝닿은 데가 없다.
83) 양양(洋洋)하다 : ①바다가 한없이 넓다. ②사람의 앞길이 발전할 여지가 매우 너르다.
84) 녹죽청산(綠竹靑山) : 푸른 대나무가 있는 푸른 산.

첩ᄒ야셔 방[85] 소식니 돈절[86]ᄒ다라. 절도[87]이 다다르니 동방급디(동방급제)[88]ᄒᆫ 스람 정양옥니 할님을 보고 니달나 붓들고 통곡 왈 니 벗 츈미 는 혼빅으로 왓난잇가 싱시로 왓난잇가. 나라이 명으로 나을 즈부러 왓난잇가 ᄒ며 실피 울거날 할님이 양옥이 손을 줍고 업더져 긔절ᄒ거날 긔우(겨우) 구완ᄒ이 이윽고 인스을 츠러 양옥을 붓들고 울며 曰(왈) 정형은 무슴 연고로 이 고딕 왓나요. ᄒ고 나는 정셩을 다ᄒ여 나라을 섬기다가 쳔디(쳔지) 무정ᄒ야 간신이게 집핀 비 되어 정비로 왓거이와 정형은 무슴 연귀(연고)[89]요.

양옥이 답 왈 ᄂ도 엿츠엿츠하여 정비로 왓난니드. 이지(이제) 우리 이 고딕 와 셔로 만나시니 스싱 고락을 한가지로 ᄒᄌ ᄒ고 눈물노 시(세)월을 보니드니 할님이 노독[90]이 상ᄒ여 몸이 젼(온젼)치 못한 중의 부모와 안ᄒ을 싱각하이 수심[91] 중의 더욱 침병[92]되여 음식을 젼피(젼폐)하고 잇(일)지 못하거날 양옥이 왈 나도 부모와 쳐ᄌ을 이별하고 이 곳딕 옷나니드.

쳔힝[93]으로 조흔 시(세)월을 만나면 도라가 부모와 쳐ᄌ을 반가니 볼 겨시니 그딕디(그다지) 회곡(애통)[94]ᄒ 마암을 먹지 말ᄂ. ᄒᄃ 할님 왈

---

85) 방(坊) : ①서울의 오부(五部)를 다시 나눈 행정 구역. 오늘의 동(洞)과 비슷함. ②조선 시대에 황해도와 평안도에서 면(面)을 일컫던 말.
86) 돈절(頓絶) : (편지나 소식이) 딱 끊어지는 것.
87) 절도(絶島) : 절해고도(絶海孤島)의 준말. : 육지에서 멀리 떨어진 외딴섬.
88) 동방급제(同榜及第) : (역사·고제도) 같은 때에 대과(大科)에 급제함.
89) 연고(緣故) : 사유(事由).
90) 노독(路毒) : 먼길에 시달려 생긴 피로나 병. 길독.
91) 수심(愁心) : 시름이나 걱정으로 어둡고 그늘이 진 마음. 또는, 그것이 얼굴에 나타난 상태. 수의.
92) 침병(沈病) : 병이 드는 것.
93) 쳔행(天幸) : 하늘이 내린 큰 행운.

겹이 쌓여 있어서 세상의 소식을 완전히 끊게 하였더라.

외딴 섬에 도착하니 옛날에 과거에 함께 급제한 정양옥이란 사람이 한림을 보고 달려 나와 붙들고 통곡하며 말하기를,

"내 친구 춘매는 죽어서 귀신이 되어 왔는가? 아니면 살아서 왔는가? 나라의 명령으로 나를 죽이려 왔는가?"

하며 슬프게 울더라. 한림이 양옥의 손을 잡고 엎어져 기절하기에 겨우 구원하니 한참 후에 정신을 차려 양옥의 손을 잡고 울면서 말하기를,

"정형은 무슨 일로 이곳에 왔습니까? 나는 정성을 다하여 임금을 섬기다가 하늘과 땅이 무정하여 간신에게 모함을 당하여 유배를 왔거니와 정형은 무슨 까닭으로 유배를 왔습니까?"

양옥이 대답하기를,

"나도 이러이러한 사연으로 유배를 왔습니다. 이제 우리가 이곳에 와서 서로 만났으니 살고 죽음과 괴로움과 즐거움을 함께 합시다."

하고 눈물로 세월을 보내더라. 한림은 먼 길을 오느라고 길에 시달려서 병이 생겨 몸이 편치 못한 가운데 또한 부모와 아내를 생각하며 근심 걱정으로 세월을 보내니 병이 더욱 깊어져서 드디어 음식을 전폐하고 일어나지 못하게 되었더라. 양옥이 말하기를,

"나도 부모와 처자식을 이별하고 이곳에 왔습니다. 천만다행으로 좋은 세월을 만나면 돌아가 부모와 처자를 다시 볼 수 있을 것입니다. 그대는 너무 슬프고 원통한 마음을 먹지 마세요."

하니 한림이 말하기를,

---

94) 애통(哀痛) : 몹시 슬퍼하는 것.

정형은 다른 동싱니ᄂ 잇거니와 나는 동싱 업시 팔십 노모와 허다훈 가손을 쳥춘 안히끠 멋긔(맡기)고 쩌ᄂ왓시니 엇지 마암을 진정하리요.

양욱 왈 형니 만일 져리 실혀 하다가 불힝ᄒ여 죽으면 아조(아주) 영결종쳔95)할 거시니 마암을 진졍ᄒ여 다시 보기을 싱각ᄒ미 엇쩌ᄒ요.

할님니 침음96) 통곡 왈 나는 쳔명니 진ᄒ여 다시 보기을 바리지 못ᄒ오니 형은 조흔 시절 만나 부모와 쳐자을 다시 보옵소셔. 흔디 양옥니 더욱 망극하여 구병ᄒ되 빅약니 무호(무효)ᄒ지라.

셕 달 만이 종97) 만시와 쳥손을 불너 왈 너히을 다리고 이 곳이셔 사라 가기을 바리던니 니 병과 불합98)지 못ᄒ여 슬기을 바리지 못ᄒ니 니 불힝ᄒ여 죽어도 직시(즉시) 도라가 디부인을 뫼시고 편키 디니면 후시(후세)에 은히(은혜)을 갑푸리라.

ᄒ니 만시와 쳥손니 니 말을 듯고 졍신니 어딜(어질)ᄒ여 눈물을 흘니며 엿ᄌ오디 소인 등니 할님을 뫼시옵고 이 곳이 왓습다가 만일 불힝니 별시(별세)ᄒ시면 무슴 면목으로 고향이 도라가 디부닌과 ᄋ기시을 뫼시오릿가 ᄒ며 셔로 븟들고 운니(우니) ᄎ목(참혹)ᄒ 졍싱(졍상)99)을 보디 못할네라.

할님 曰(왈) 나을 븟쓸어 오치라 ᄒ고 필먹100)과 종희(종이)을 ᄂ소와(내어와) 싱견 부고101)디 씨니(쓰니) 그 글이 하여시되 할님 츈미난 두 번

---

95) 영결종쳔(永訣終天) : 죽어서 영원히 이별함.
96) 침음(沈吟) : ①속으로 깊이 생각하는 것. ②작은 소리로 중얼거리는 것.
97) 종 : ①'노비(奴婢)'를 고유어로 이르는 말. 노예(奴隷). 예복(隸僕). 인노(人奴). ②남에게 얽매여 그 명령에 따라 움직이는 사람을 비유하는 말.
98) 불합(不合) : ①정의(情誼)가 서로 맞지 않는 것. ②사물이 마음에 맞지 않는 것.
99) 졍상(情狀) : ①사실의 상태. ②(법률·법학) 구체적 범죄의 구체적 책임의 경중(輕重)에 영향을 미치는 일체의 사정.
100) 필먹 : 붓과 먹.
101) 부고(訃告) : 사람의 죽음을 알리는 일. 또는, 그 글. 부보(訃報). 부음(訃音).

"정형은 다른 동생이 있거니와 나는 동생도 없이 팔십이나 된 늙은 어머니와 모든 살림살이를 젊은 아내에게 맡기고 떠나왔으니 어찌 마음을 진정할 수 있겠습니까?"

양옥이 말하기를,

"형이 만약 이렇게 슬퍼하다가 불행하게도 죽게 되면 아주 이 세상과 이별하게 될 것입니다. 마음을 진정하여 다시 만나 볼 것을 생각하는 것이 어떻겠습니까?"

한림이 말없이 생각에 잠겼다가 통곡하며 말하기를,

"타고난 수명이 다하여 다시 만남을 바라지 못하게 되었으니 형은 좋은 시절을 만나 부모와 처자를 다시 보소서."

하니 양옥이 더욱 정신이 아득하여 병을 구원하려고 하되 모든 약이 효과가 없더라. 춘매가 석 달 만에 종 만시와 청산을 불러서 말하기를,

"너희들을 데리고 이 곳에서 살기를 바랐더니 내 병과 상황이 서로 맞지 않아서 살기를 바라지 못하게 되었다. 내가 불행히 죽더라도 너희들은 즉시 돌아가 나의 어머니를 모시고 편안하게 지내면 후세에 내가 그 은혜를 갚을 것이다."

하니 만시와 청산이 이 말을 듣고 정신이 어질어질하여 눈물을 흘리며 말씀드리되,

"소인들이 한림을 모시고 이곳에 왔다가 만일 불행하게도 한림께서 돌아가시면 우리들만 무슨 면목으로 고향에 돌아가 대부인과 아가씨를 모시겠습니까?"

하며 서로 붙들고 우니 비참한 광경은 차마 보지 못할 지경이더라.

한림이 말하기를,

"나를 붙들어 앉혀라."

하고 먹과 붓과 종이를 내어오게 하여 죽기 전에 부고(죽음을 알리는 글)를 쓰니 그 글에 하였으되,

"한림 춘매는 두 번

절하고 유씨 좌ᄒᆞᆼ이 올니난이다. 니 팔ᄌᆞ 무상102)ᄒᆞ여 일즉 부친을 일숩고 ᄌᆞ당을 뫼셔 쳔힝으로 그ᄃᆡ을 ᄆᆞᆫ나 편친을 호양103)ᄒᆞ옵고 나를 도와 ᄇᆡᆨ연을 긔약ᄒᆞ고 만시(만세) 유젼ᄒᆞ럿썬니 귀신이 시긔ᄒᆞ고 조물니 술난ᄒᆞ여104) 슈쳘이 졀도이 졍비ᄒᆞ온니 고향 소식이 쑴박긔 쑴이요. 쳘이에 셔로 ᄉᆡᆼ각기는 누로 더부러 심하리요. 쳘이을 바리본니 운산105)은 만쳡106)이요. 망지여운(망지소조)107) 할 다름이라.

쳔힝으로 ᄉᆞ라가오면 그 틱손 갓탄 졍을 시시니(시시로) 셜화ᄒᆞ고 그 공을 만분지 일나나 갑풀가 바리든니 불힝하여 신병108)니 극즁ᄒᆞ야 션산이 뭇치디 못ᄒᆞ니 디하이 도라간들 일시니 눈을 감무릿가. 극히 바리옵건디 부인은 불호(불효)ᄒᆞᆫ ᄂᆞ을 쓴밧디 마르시고 니어(나의) 모친과 그ᄃᆡ어(그대의) 노친109)을 디셩으로 셤겨 남은 날을 보양110)ᄒᆞ시다가 모친에 초상을 당하거든 션산 모(묘)ᄒᆞ이 안중111)ᄒᆞ시고 쳔금갓탄 몸을 보존하여 후싱으로 도라오면 은히(은혜)을 갑스올 거신니 부디 만시(만세) 무양ᄒᆞ옵소셔112) ᄒᆞᆯ 말 무궁 쳡쳡ᄒᆞ오나 졍신니 히미ᄒᆞ여 다 긔록디 못ᄒᆞᆫ이다.

모친께 드리난 편디와 홈기 써셔 쳥손을 주며 曰(왈) 니 죽은 후이 초

---

102) 무상(無常) : ①덧없는 것. ②일정하지 않은 것.
103) 호양(好養) : 잘 봉양하는 것.
104) 산란(散亂)하다 : 어수선하고 뒤숭숭하다.
105) 운산(雲山) : 구름이 끼어 있는 먼 산.
106) 만첩(萬疊) : 썩 많은 여러 겹. 만중(萬重).
107) 망지소조(罔知所措) : 너무 당황하거나 급하여 어찌할 바를 모름. 준말 망조(罔措).
108) 신병(身病) : 몸의 병.
109) 노친(老親) : 늙은 부모.
110) 보양(保養) : 몸을 편안히 하여 건강을 보전(保全)하고 활력을 기르는 것. 양생(養生).
111) 안장(安葬) : 편안하게 장사 지내는 것. 영장(永葬).
112) 무양(無恙)하다 : 몸에 탈이나 병이 없다.

절하고 부인 유씨의 자리 아래에 글을 올립니다. 나의 팔자가 사나워서 일찍 아버지를 여의고 홀어머니를 모시고 살게 되었습니다. 그러나 천만다행한 것은 그대를 만나 홀어머니를 잘 봉양하고 또 나와 함께 백년해로 하며 자손만대에 그 이름을 남길 수 있게 된 것이었습니다. 그런데 귀신이 시기하고 조물주가 정신이 없어 수천 리나 떨어진, 사람이 살지 않는 외딴 섬에 귀양을 오게 되었습니다. 고향 소식은 꿈 밖의 꿈이 되고 천 리 밖에서 서로 생각하는 정은 누가 더욱 심하겠습니까? 천 리 밖을 바라보니 구름이 덥힌 높은 산은 첩첩이 쌓여 있어 바라만 보아도 당황하여 어찌할 바를 모를 정도입니다.

　천만다행으로 살아서 돌아가면 그 태산 같이 큰 정을 때때로 말하면서 그대의 은혜를 만분지일이나 갚고자 하였습니다. 그러나 불행하게도 몸의 병이 매우 중하여 선산에도 묻히지 못하게 되었으니 저승에 돌아간들 내 몸이 어찌 눈인들 감을 수 있겠습니까? 다만 바라는 바는 부인께서는 불효한 나를 본받지 말고 나의 어머니와 그대의 어머니를 지극한 정성으로 섬기며 남은 날을 잘 봉양하다가 어머니의 초상을 당하거든 선산에 안장하시고 천금같은 몸을 잘 보존하였다가 다음 세상에 다시 만나게 된다면 그 은혜를 갚겠습니다. 부디 내내 아무 탈없이 잘 지내시기 바랍니다. 할 말은 끝이 없으나 정신이 회미하여 다 기록하지 못합니다."

　어머니께 드리는 편지와 함께 써서 청산에게 주며 말하기를,

　"내가 죽은 후에 초

승113)을 수히 치고 급피 도라가라. 하며 쏘 양옥이 손을 줍고 曰(왈) 인명니 지천114)하니 흔 쎄 빌기 어렵쏘다. 나는 쳔명이 딘ᄒᆞ여 도라가니 엇디 눈을 쌈무(감으)리요. ᄒᆞ고 그디난 무양이 잇다가 도라가옵쇼셔. ᄒᆞ며 흔 소리로 통곡ᄒᆞ며 별시(별세)ᄒᆞ니 충천115)이 혼미116)하여 빅일117)니 무광 이라. 두 죵과 양옥이 신치(신체)을 붓들고 통곡ᄒᆞ니 동니 ᄉᆞ람니 뉘 아니 실혀(슬퍼)ᄒᆞ리요.

초승을 극딘이 친 후이 양옥니 曰(왈) 너이난 도라가 두 부인게 고ᄒᆞ라. 제쳥118)과 딘쥭(혼백)119)은 니 수호120)할 거시니 부디 밧비 도라오라. ᄒᆞ신디 만시와 쳥손니 통곡ᄒᆞ고 양옥이게 ᄒᆞ딕ᄒᆞ고 주야을 모로고 도라간 이라.

각셜 이젹이 할님이 졀도이 가신 후이 유씨 치의(채의)121)을 벗디 아니시고 모부인을 묘(모)시고 실푼 빗쳘 두디 으니ᄒᆞ고 정셩으로 셤기니 두 부인도 실품(슬픈) 거동과 기린(그리)난 정싱(정상)을 감추고 유씨로 더부러 세월을 보니던니 ᄒᆞ로난 긔운니 불평ᄒᆞ여 침실이 드러가 ᄉᆞ충을 반만 열고 절도을 향ᄒᆞ여 눈물을 흘여 왈 충밧게 수문(심은) 도화난 님지 업시 피여

---

113) 초상(初喪) : 어느 집안에 사람이 죽어서 장사 지내기까지 일정한 의례에 따라 일을 치르는 것. 때로, 집안에 사람이 죽는 일이 생기는 것을 가리키는 경우도 있음.
114) 재천(在天) : 어떤 일이 하늘의 뜻에 달려 있음.
115) 창천(蒼天) : 푸른 하늘. 창공(蒼空). 창궁(蒼穹).
116) 혼미(昏迷) : 정신이 흐리고 사리에 어두운 상태.
117) 백일(白日) : ①구름이 끼지 않아 밝게 빛나는 해. ②대낮.
118) 제청(祭廳) : ①장례식 때 제사 지내기 위하여 무덤 옆에 마련한 곳. ②제사 지내는 대청.
119) 혼백(魂帛) : 신주(神主)를 만들기 전에 명주를 접어서 만들어 임시로 쓰는 신위(神位). 초상에만 쓰임.
120) 수호(守護) : 지키고 보호하는 것.
121) 채의(彩衣) : 빛깔이 울긋불긋하고 여러 가지 무늬가 있는 옷.

상을 빨리 치르고 급히 돌아가라."

하며 또 양옥의 손을 잡고 말하기를,

"사람의 목숨이 하늘에 달려 있으니 잠시의 시간도 빌리기가 어렵습니다. 나는 타고난 수명이 다하여 이제 저승으로 돌아가니 어찌 눈을 감겠습니까? 그대는 아무 탈 없이 잘 지내다가 고향으로 도라가소서."

하며 큰소리로 통곡하며 죽으니 푸른 하늘이 희미해지고 밝은 해가 빛을 잃어버리는 것 같더라. 두 종과 양옥이 신체를 붙들고 통곡하니 동네 사람 중 어느 누가 슬퍼하지 않겠는가?

초상을 극진하게 치른 후에 양옥이 말하기를,

"너희는 즉시 돌아가 두 부인께 말씀드려라. 제사 지내는 대청과 혼백은 내가 보살필 것이니 부디 빨리 돌아오너라."

하시니 청산과 만시가 통곡하며 양옥에게 하직하고 밤낮을 가리지 않고 돌아가더라.

각설이라.

한림이 무인절도로 귀양을 가신 후에도 유씨는 채색 옷을 벗지 아니하고 시어머니를 모시고 슬픈 빛을 보이지 아니하며 정성으로 섬기니 두 부인도 슬픈 모습과 그리워하는 마음을 감추고 유씨와 함께 세월을 보내더라. 하루는 몸이 불편하여 침실에 들어가 창문을 반쯤 열고 한림이 귀양 간 무인절도를 향하여 눈물을 흘리며 말하기를,

"창밖에 심은 복숭아꽃은 임자 없이 피어

잇고 웁(앞)손이 우난 시는 이닉 간중을 다 녹쿤(녹게 하는) 듯 실푸다. 즁천이 우난 져 긔력은 할님 긔신(계신) 고졀 디너(지내)런만는 일졍 셧츌도 붓치디 못하고 성수도 심홀시고 목슘을 보젼치 못ᄒ리로다. ᄒ고 졍신니 망극ᄒ여 셔안을 비겨 좀관(잠간) 조우(졸)던니 비몽(비몽사몽)간¹²²)이 흔 싼치(까치) 날나와 잉도화 가디이셔 시변(세번) 울고 남쳔을 향ᄒ야 날나 가거날 유씨 놀닉 씨다르니 남가일몽¹²³)이라.

유씨 니렴(내염)¹²⁴)이 싱각ᄒ되 분명 할님니 편치 못ᄒ신가. 좃치 못ᄒ 몽사¹²⁵)로다. ᄒ고 눈물을 흘이며 즛탄¹²⁶)ᄒ다가 이미(아미)¹²⁷)을 다스리고 눈물을 쌋고 두 부닉게 드러가 엿즈오디 졀도이 가신 홀임 무슴 연고 인난가 십푸이다.

디부닉 왈 수쳘니 원졍¹²⁸)이 노독¹²⁹)이 나셔 불평ᄒ거나 ᄒ면 눈물을 흘니던니 잇디 만시와 쳥소니 쥬야로 득달ᄒ여 디부닉 젼이 뵈온디 부인니 놀닉여 曰(왈) 너이 할님이 무양니 기(계)시며 어디 편치 못ᄒ며 무슴 연고로 왓난야 ᄒ거날 만시 품으로셔 편디을 드리거날 유씨 문 왈 할님 겟치(지금까지) 알영(안녕)ᄒ신야 ᄒ디 쳥소니 눈물을 흘니며 엿즈오디 할님게압셔 딥(집)을 쩌는 三삭(삼삭)만의 득달ᄒ시미 ᄆᆞᄎᆞᆷ 경양옥니라

---

122) 비몽사몽간(非夢似夢間) : 꿈인지 생시인지 어렴풋한 동안.
123) 남가일몽(南柯一夢) : (당나라의 순우분이 술에 취하여 홰나무의 남쪽으로 뻗은 가지 밑에서 잠이 들었는데, 대괴안국으로 영접을 받아 20년 동안 영화를 누리는 꿈을 꾸었다는 고사에서) 꿈과 같이 헛된 한때의 부귀영화.
124) 내염(內念) : 마음속의 생각.
125) 몽사(夢事) : 꿈에 나타난 일.
126) 자탄(自歎·自嘆) 스스로 탄식하는 것.
127) 아미(蛾眉) : ①'누에나방의 눈썹'이라는 뜻. 젊은 여자의 '눈썹'의 미칭. ②'미인(美人)'의 미칭.
128) 원정(遠程) : 원로(遠路) : 먼 길.
129) 노독(路毒) : 먼길에 시달려 생긴 피로나 병. 길독.

있고 앞산에서 우는 새는 나의 간장을 다 녹게 하려는 듯 슬프기도 슬프구나. 하늘 한가운데 높이 떠서 우는 저 기러기는 한림 계신 곳을 지나가련마는 나는 어찌 한 장의 편지도 보내지 못하고 살고 죽음도 알 수 없으니 오히려 내 목숨을 보전하지 못하겠도다."

하며 정신이 아득하여 책상에 기대어 잠깐 졸더니 꿈인지 생시인지 모르는 사이에 까치 한 마리가 날아와 앵도화 나무 가지에서 세 번 울고 남쪽으로 향하여 날아가거늘 유씨 놀라서 깨달으니 한바탕의 허망한 꿈이더라.

유씨가 마음속으로 생각하기를

"분명히 한림의 몸이 편찮으신가 보다. 좋지 못한 꿈이로다."

하고 눈물을 흘리며 스스로 한탄하다가 머리를 숙이고 눈물을 닦고 두 부인께 들어가 말씀드리되,

"절도에 유배 가신 한림에게 무슨 일이 일어났는가 싶습니다."

하니, 시어머니께서 말씀하시되,

"수천 리 먼 길에 길을 가느라고 힘이 들어서 몸이 불편한가 보다."

하면서 눈물을 흘리더니 이때 만시와 청산이 밤낮으로 달려서 집에 도착하여 대부인 앞에 인사를 드리니 부인이 놀라서 말하기를,

"너희들이 모시고 간 한림은 무사하게 계시며 어디 편찮은 곳은 없는가? 무슨 까닭으로 왔느냐?"

하거늘 만시가 품속에서 편지를 꺼내어 드리니 유씨가 물어서 말하기를,

"한림은 지금까지 안녕하시냐?"

하니 청산이 눈물을 흘리며 말씀드리기를,

"한림께서 집을 떠난 지 석 달 만에 도착하셨는데 마침 그 곳에는 정양옥

흐난 양반님을 만나 할님과 동방 급디(급제) 비슬(벼슬)ㅎ옵다가 할님과 갓치 조정이 간신이 시긔ㅎ여 정비ㅎ기로 그 면져(먼저) 귀양 와셔 기(계)시다가 할님을 보고 셔로 형디(형제)갓치 ㅎ고 세월을 보니던니 불힝ㅎ여 홀님긔압셔 병이 점점 위중ㅎ옵시기로 그 양반니 구병ㅎ되 빅약이 무효ㅎ여 다시 회춘130) 못ㅎ실 줄 알고 님종 시에 편디을 ㅎ여 주시고 인ㅎ여 별시(별세)하엿ᄂ이다.

ㅎ고 통곡ㅎ거날 유씨는 홈이(함께) 오즈싸가 들(뜰) 아리 쩌러져 긔졀ㅎ거날 두 부닌도 졈졈이 잇다가 그졀(기절)ㅎ시니 비복131) 등 경황132) 질식ㅎ여 분주133)니 구ㅎ니 이윽고 인스을 츠러 유씨 머리를 풀니고 통곡ㅎ며 만시와 쳥숀을 불너 문 曰(왈) 너이 할님 신치(신체)을 엇지 간수134)ㅎ고 왓난야. 갈디난(갈때는) 할님과 홈께 가고 올지난(올때는) 혼즈 왓난야.

죽을 쩌에 무슴 졍신니 잇셔 모부닌과 안히을 이디디 싱각ㅎ시고 오무리 졀도이 가신 혼나라도 나럴 다니(데려) 가옵소셔. 명명한 창천과 요요혼135) 일월은 엇디 그리 무졍ㅎ신잇가 가슴을 쑤다리면 호천136) 통곡ㅎ니 츠목(참혹)훈 거동은 츠마 보디 못홀네라.

디부닌이 도로혀 싱각ㅎ되 니 팔즈 박복ㅎ여 한낫 즈식을 죽기고 유씨

---

130) 회춘(回春) : ①봄이 다시 돌아오는 것. ②중한 병에서 회복되어 건강을 되찾는 것. ③(노인이) 도로 젊어지는 것. ④(지리학·지학·지명) 노년기·장년기의 하천이 다시 침식력을 회복하여 하저(河底)를 침식하고 유년기의 성질을 띠는 현상.
131) 비복(婢僕) : 계집종과 사내종. 복비(僕婢).
132) 경황(驚惶) : 놀라서 당황하는 것.
133) 분주(奔走) : (사람이) 할 일이 많거나 시간이 급하여 몸을 빠르게 움직이는 상태에 있는 것.
134) 간수 : (어떤 물건을 어느 곳에) 일정한 동안 두어 없어지지 않게 하는 것. 간직. 보관.
135) 요요(遙遙)하다 : 아주 멀고 아득하다.
136) 호천(呼天) : 하늘을 부르는 것.

이란 양반이 있었습니다. 그 분은 한림과 동방급제한 사람으로서 한림과 함께 조정에 벼슬했는데 간신의 시기를 받아 한림보다 먼저 그곳에 귀양을 와 있었습니다. 그 분이 한림을 보고 반가워하며 서로 형제같이 여기고 세월을 보내고 있었는데 불행하게도 한림께서 병이 점점 위중하게 되었습니다. 그 분이 온갖 방법으로 병을 구완하되 모든 약이 효과가 없자 한림께서 다시 회복하지 못하실 줄 알고 임종하실 때 이 편지를 써 주시고 곧 돌아가셨습니다.”

하고 통곡하거늘 유씨는 함께 앉아 있다가 뜰 아래로 떨어져서 기절하고 두 부인도 가만히 앉았다가 기절하시니 남녀 종들이 놀라고 당황하여 정신없이 구하더라.

한참 후에 정신을 차려서 유씨는 머리를 풀고 통곡하며 만시와 청산을 불러 물어서 말하기를,

“너희들이 한림의 신체를 어떻게 간수하고 왔느냐? 갈 때는 함께 가고 올 때는 어찌 혼자서 왔느냐? 또 죽을 때 무슨 정신이 있어서 시어머니와 아내를 이다지 생각하시는가? 아무리 무인설노에 가신 혼이라도 나를 데리고 가소서. 밝고 밝은 푸른 하늘과 멀고 아득한 해와 달은 어찌 이다지 무정한가?”

하며 가슴을 두드리며 하늘을 부르짖어 통곡하니 참혹한 모습은 차마 보지 못하겠더라.

대부인이 돌이켜 생각하되,

“나의 팔자가 사나워서 하나밖에 없는 자식마저 죽이고 유씨

도 죽어면 쳥셩구던(청승궂은)137) 목숨이 뉘로 더부러 이지(의지)ᄒ리요. ᄒ고 유씨을 위로하여 曰(왈) 네 그러ᄒ다가 불힝ᄒ여 너좃ᄎ 죽으면 나는 뉘을 이디(의지)ᄒ리요. ᄒ면 빅변(백 번) 기유ᄒ거날 유씨 할님이 편디을 호칙(효칙)138)ᄒ여 曰(왈) 할님 빅골을 운숑139)ᄒ여 션산140)이 오즁흔 후이 그날 죽은들 무어시 셔려ᄒ리요. ᄒ고 디부닌 젼이 나아가 가로디 할님이 빅골을 다러다가 션산이 오즁코져 ᄒ오니 두 모친은 말유치 마옵소셔 ᄒ디 부닌 曰(왈) 부모을 바리고 죽은 히골을 익기(아껴서) 무읫(무엇)ᄒ리요. 망영(망령)141)된 싱각을 말느.

ᄒ거날 유씨 모친 양부닌게 고ᄒ여 曰(왈) 여아 이고딥(외고집)142)과 정절143)은 아난 비라. 말니디 마옵소셔. 쑤디쳐(꾸짖어) 말니시면 불류(불의)디변144)니 잇실가 져혀나이다(저어하나이다)145).

양씨 曰(왈) 네 말이 그러할썬디 나도 쏘흔 말유치 못ᄒ로다.

유시 두 부닌이 혀락ᄒ심을 듯고 발힝홀 시 빅포146) 교(교자)147)이 연종

---

137) 청승궂다 : (사람이나 사람의 행동이) 격에 맞지 않게 슬퍼하거나 처량하게 구는 데가 있어 언짢다.
138) 효칙(效則) : 본받아서 법을 삼는 것.
139) 운상(運喪) : 상여를 메고 운반하는 것.
140) 선산(先山) : ①조상의 무덤. 선묘(先墓). 선영(先塋). ②조상의 무덤이 있는 산.
141) 망령(妄靈) : 사람이 늙어서 정신이 흐려져 엉뚱하고 비정상적인 행동을 하게 된 상태.
142) 외고집(-固執) : 조금도 융통성이 없는 고집.
143) 정절(貞節) : 여자의 곧은 절개. 정조(貞操).
144) 불의지변(不意之變) : 생각지도 않던 변고. 의외의 변고.
145) 저어하다 : (어떤 일이 어찌 될까, 또는 어찌 될 것) 마음속으로 염려하거나 두려워하다.
146) 백포(白布) : ①흰 베. ②포의(布衣).
147) 교자 : 평교자의 준말. 평교자(平轎子) : (역사·고제도) 종1품 이상의 벼슬아치 또는 기로소(耆老所)의 당상관이 타는 남여(籃輿).

마저 죽어버리면 처량한 이 몸은 누구를 의지하겠는가?"

하고 유씨를 위로하며 말하기를,

"네가 그러하다가 잘못되어 너마저 죽으면 나는 누구를 의지하고 살아가겠는가?"

하며 수없이 타이르거늘 유씨가 한림의 편지를 본받아 말하기를,

"한림의 백골을 운반하여 선산에 장사를 지낸 후에 그날 죽은들 무엇이 서럽겠습니까?"

하고 대부인 앞에 나아가 말하기를,

"한림의 백골을 운반하여 선산에 묻고자하오니 두 어머니께서는 말리지 마소서."

하니 부인이 말하기를,

"부모를 버리고 죽은 해골을 아껴서 무엇하겠는가? 헛된 생각을 하지 말아라."

하거늘 유씨가 시어머니 양부인께 아뢰어 말하기를,

"지의 융통성 없는 고집과 정질은 어머니께서도 이미 알고 계실 것입니다. 말리지 마소서. 꾸짖어 말리시면 뜻하지 않던 변고가 생길까 두렵습니다."

양씨가 말하기를,

"너의 말이 그러할 것 같으면 나도 또한 말리지 아니할 것이다."

유씨가 두 부인의 허락하심을 듣고 출발할 때 흰 베를 씌운 가마를 타고 여자 종

(여죵)을 다리고 헌텬(헛튼) 머리이 소복148)을 갓초오고 부닌끠 ᄒᆞ즉ᄒᆞ고 침방149)이 드러가 손까락을 기(깨)무러 필을(피를) 니여 졀미(졀귀) 풍월150)을 써 붓치고 쩌난이라.

각셜 이젹이 양부닌이 유씨 쩌난 후로 심신니 슬난ᄒᆞ야 두로 비회151)ᄒᆞ다가 유씨 침방이 드러가니 벽숭이 옛 업던 글니 붓치거날 ᄌᆞ셔니 보니 피로써 셔되 동방아리 문긔연고 옥츙잉도 숨길지라 츠호졀강 심ᄒᆞ쳐요. 옥야ᄉᆞ혼 유매회라 ᄒᆞ엿쩌라.

보기를 다ᄒᆞ미 딜식ᄒᆞ여 왈 식ᄌᆞ152)도 긔모(기묘)ᄒᆞ도다. 져러ᄒᆞ거든 엇디 박명치 오니ᄒᆞ리요. ᄒᆞ고 못니 실혀(서러워)ᄒᆞ드라.

유시 졀강을 향ᄒᆞ여 가며 홀님을 부르니 쳐량한 우럼소리 구쳔153)이 사모츠고 손쳔초목이 다 실혀ᄒᆞ더라.

딜(길)을 쩌난 보럼(보름)만이 힛평 음니(읍내) 다다르니 날니 져물거날 주졈이 드러가 셕반154)을 먹고 즛던니 본관 틱수 ᄒᆞᆫ 씨도리155) 젼쳐로156) ᄒᆞ닌이긔 그 졀식157)을 듯고 관비158)로 젼갈ᄒᆞ되 틱수난 할님과 극히 친ᄒᆞᆫ 버딜넌니 분분ᄒᆞᆫ159) 시졀을 만나 졍비로 가미 망극키 ᄒᆡ여(헤어)졋던이

---

148) 소복(素服) : 하얗게 차려 입은 한복. 흔히 상사(喪事)에 입음.
149) 침방(寢房) : 침실.
150) 풍월(風月) : ①'바람과 달'의 뜻. 아름다운 자연을 이르는 말. ②자연 경치에 대한 한시를 짓거나 읊는 것. 또는, 그 시. ③얻어들은 짧은 지식.
151) 배회(徘徊) : 목적 없이 이리저리 거니는 것. 지회(遲徊).
152) 식자(識字) : 글이나 글자를 아는 일.
153) 구천(九泉) : ①저승. ②땅 속 깊은 밑바다.
154) 석반(夕飯) : 저녁밥.
155) 씨도리 : ? 아마 '태수의 이름'인 듯.
156) 전차로 : ? 아마 '전하는 말로' 등의 뜻인 듯.
157) 절색(絶色) : 다시없을 정도의 뛰어나게 아름다운 미인. 일색(一色).
158) 관비(官婢) : (역사·고제도) 관가의 계집종. 환녀(宦女).

을 데리고 헝클어진 머리에 소복을 갖추어 입고 시어머니께 하직하고 침실에 들어가 손가락을 깨물어 피를 내어 글을 써서 벽에 붙이고 떠나더라.

각설이라.

이때에 양부인은 유씨가 떠난 후로 몸과 마음이 어지러워 두루 배회하다가 유씨의 침실에 들어가 보니 벽 위에 이전에 없던 글이 붙었거늘 자세히 보니 피로써 썼는데,

"동방아래 문기연고, 옥창앵도 생길 때라. 차호절강 심하처요, 옥야사혼 유매화라."

하였더라.

보기를 다하고 깜짝 놀라 말하기를,

"글의 내용도 매우 뛰어나도다. 저렇게 뛰어나니 어찌 복이 엷지 않겠는가?"

하고 서러워함을 이기지 못하여 하더라.

유씨 절강을 향하여 가며 한림을 부르니 처량한 울음소리 저승에 사무치고 산천과 초목조차도 다 서러워하는 듯 하더라.

유씨가 길을 떠난 지 보름 만에 해평읍에 다다르니 날이 이미 저물거늘 주점에 들어가 저녁을 먹고 잠을 청하고 있었다.

이때 본관 태수 씨도리라는 인물이 유씨의 인물이 매우 빼어났다는 하인들의 말을 듣고 관청의 여자 종을 시켜 말을 전하되,

"나는 한림과 매우 친한 친구였는데 어지러운 시절을 만나 한림이 유배를 가게 되자 어쩔 수 없이 서로 헤어졌는데

---

159) 분분(紛紛)하다 : ①뒤숭숭하고 수선스럽다. ②흩날리는 모양이 뒤섞여 어수선하다. ③(의견 따위가) 어수선하게 많아 갈피를 잡을 수 없다.

도(쯔)훈 세숭을 바리싯다 흐오니 비감160)흐기 충양업스오며 부닌은 엇지 진졍흐신난잇가 원로이 무고161)니 오신잇가 알고져흐오니다.

흐거날 유씨 듯고 할님과 친타흐오미 반가니 회답흐되 아간(그간)이 빅명흔 스람으로 가즁162)을 일습고 빅골나나 운숑흐여 고토163)이 뭇고져 흐여 가읍더니 귀인164)은 할님과 친당(친하다)흐오니 반가오며 이몸은 무스니 왓건니와 귀인은 졍치(졍지)165) 무양흐신닛가. 이몸을 외(위)로흐 여 무러신니 감격흐여이다. 흐시고 보니이라.

잇튼날 불힝 할나흔 즉 본관 틱수 쏘 젼갈흐되 부인 약딜이 연일 힝 역166)흐오리잇가. 오늘 유흐여167) 가시면 홀님과 젼의 친흐든 본졍168)이 로소이다.

흐거날 유씨 싱각흐되 일젼 홀님과 친흔 버더라 날갓탄 몸을 위흐여 말유흐미 감격흐니 유흐여 가리라 흐고 답 왈 귀닌쎄옵셔 빅명흔 몸을 위흐시니 젼갈더로 흐리라 흐고 이날 밤을 유흐더니 틱수 씨도리 후기169) 을 두고 니날 밤 슴경이 수다훈 하인을 다리고 쳐소이 올나(오려)흐던니

---

160) 비감(悲感) : 슬프거나 애달프게 느껴지는 상태에 있는 것. 또는, 그러한 느낌.
161) 무고(無故)하다 : ①연고가 없다. ②사고 없이 평안하다. 무사(無事)하다.
162) 가장(家長) : ①집안의 어른. ②'남편'의 지칭.
163) 고토(故土) : 고향의 땅.
164) 귀인(貴人) : ①신분이나 지위가 높은 사람. ②(역사 · 고제도) 조선 시대, 종1품 내명부 의 봉작(封爵).
165) 정지(情地) : 처해 있는 처지.
166) 행역(行役) : 먼길을 여행한 뒤에 느끼는 피곤과 괴로움.
167) 유(留)하다 : (어느 곳에) 머물러 묵다. 문어체의 말임.
168) 본정(本情) : 본심(本心) : ①감추어졌거나 드러나지 않은, 진짜 속마음. 본마음. ②꾸밈 이나 거짓이 없는 참마음. 진심(眞心).
169) 후기(後期) : ①한 기간을 둘 또는 셋으로 나누었을 때 맨 나중의 시기. ②뒷날의 기약.

또 한림이 죽었다 하니 슬픔이 끝이 없습니다. 부인께서는 얼마나 슬픔이 크겠습니까? 그리고 먼 길에 무사히 오셨는지 알고자 합니다."

하거늘 유씨가 듣고 한림과 친하다는 말에 반갑게 회답하기를,

"그 사이에 복이 없는 사람으로서 남편을 잃고 백골이나 운반하여 선산에 묻고자하여 가는 길입니다. 귀인이 한림과 친하다 하오니 반갑습니다. 이 몸은 무사히 왔습니다만 귀인께서는 안녕하십니까? 이 몸을 위로하여 물어주시니 감사합니다."

하고 보내더라.

이튿날 출발하려고 할 때 본관 태수가 또 말을 전하되,

"부인과 같이 약한 체질로 어찌 먼 길을 계속해서 가겠습니까? 오늘은 머물며 쉬어 가셨으면 합니다. 이것은 한림과 전부터 친하던 마음의 표시입니다."

하거늘 유씨가 생각하되,

"이전에 한림과 친한 벗이라 하고 또 나와 같은 사람을 위하여 만류함이 간절하니 머물렀다가 가리라."

하고 답하여 말하기를,

"귀인께서 변변치 않은 저를 걱정해 주시니 귀인이 권하는 대로 머물렀다가 가겠습니다."

하고 이날 밤을 머물러 있었는데 태수 씨도리가 이날 밤 한밤중에 많은 하인들을 거느리고 유씨의 처소를 침범하더라.

엿(이)씨에 힝식170)이 쳐량ᄒᆞ여 압피 갈 길 싱각ᄒᆞ고 니렴이 실혀ᄒᆞᆫ다라. 비감171)ᄒᆞᆫ 마엄(마음)이 즈연 나미 좀이 오디 아니홀 ᄎᆞ이 문든(문득) 화공(화광)이 충천172)ᄒᆞ며 수다ᄒᆞᆫ ᄒᆞ닌 놈니 유씨 ᄒᆞ닌을 결박(결박)ᄒᆞ거날 유씨 놀니 졍식 曰(하고) 딘ᄒᆞᆫ도로(진한도173)를) 들어 문텸으로 보니 엇던 놈이 물(문)을 열고 드러오거날 (내용의 흐름으로 보아 약간의 내용이 생략된 듯. 즉 태수가 유씨를 겁탈하려 하고 유씨가 칼로 태수의 팔을 찌르는 내용 등이 생략된 듯.) 수다ᄒᆞᆫ ᄒᆞ닌이 달여드러 유씨을 결박ᄒᆞ니 유씨 긔졀ᄒᆞ여(크게 놀라서) 曰(왈) 너이는 엇써ᄒᆞᆫ 놈니건더 무죄ᄒᆞᆫ 스람을 결박ᄒᆞᄂᆞ야.

그 놈드리 답 왈 우리난 니 골 ᄒᆞ인이라. 네 엇디 안젼174)이 팔을 칼노 ᄯᅳᆫ어시니 감히 슬긔을 바리리오. ᄒᆞ거날 유씨 그디(그제)야 희평원어(해평원이) 간기(간계)이 ᄦᅢ딘 줄 알고 분기을 이기디 못ᄒᆞ여 그 목을 버혀디(베지) 못ᄒᆞᆯ물 흔탄ᄒᆞ드라.

그 놈이 닌ᄉᆞ을 ᄎᆞ러 ᄒᆞ닌을 호령ᄒᆞ되 큰 칼175)을 드러 그 연을 씨이라(씌워라) ᄒᆞ고 동원(동헌)176)이 드러가 감영의 보소(보고서)을 급피 씨되 일번(일변)177) 그 ᄒᆞ인과 유씨을 가두라 ᄒᆞ니 본읍 ᄒᆞ인의 구박178)과 호

---

170) 행색(行色) : 겉으로 드러난 사람의 차림새와 행동.

171) 비감(悲感) : 슬프거나 애달프게 느껴지는 상태에 있는 것. 또는, 그러한 느낌.

172) 충천(衝天) : ①하늘을 찌를 듯이 높이 솟는 것. ②(기개나 기세 등이) 북받쳐 오르는 것.

173) 진한도 : ? 아마 '긴칼' 등의 뜻인 듯.

174) 안전(案前) : 지난날, 하급 관리가 상급 관리를 일컫던 존칭 대명사.

175) 칼 : (역사·고제도) 중죄인(重罪人)의 목에 씌우는 형구의 하나. 두껍고 기름한 널빤지의 한쪽 끝을 사람의 목이 들어갈 만하게 파고, 양쪽에서 나무 비녀장을 지르도록 되어 있어, 죄인이 자신의 몸을 눕히지 못하도록 하는 것임.

176) 동헌(東軒) : (역사·고제도) 감사·병사·수사 등 고을의 수령(守令)이 공사(公事)를 처리하는 대청이나 집.

이때 유씨는 자신의 신세가 처량하여 앞으로 갈 길을 생각하고 마음속으로 한없이 서러워하며 슬픈 마음을 이기지 못하여 잠을 이루지 못하고 있었다.

이때 갑자기 밖에서 불빛이 하늘을 꿰뚫으며 수많은 하인 놈들이 유씨의 하인들을 결박하더라. 유씨가 놀라서 긴 칼을 들고 문틈으로 내다보니 어떤 놈이 문을 열고 들어오거늘 유씨가 칼을 들어 그 놈을 치니 그 놈이 피하다가 팔에 칼을 맞아 팔이 떨어지더라.

그 놈이 놀라서 소리를 지르니 수많은 하인들이 달려들어 유씨를 결박하자 유씨가 크게 놀라서 말하기를,

"너희는 어떠한 놈이기에 무죄한 사람을 결박하는가?"

그 놈들이 대답하기를,

"우리는 이 고을의 하인이다. 네가 감히 고을 사또의 팔을 칼로 쳐서 다치게 하였으니 어찌 살기를 바라겠는가?"

하더라. 유씨가 그제야 해평 원의 간사한 꾀에 속은 줄 알고 분한 마음을 이기지 못하여 그 목을 베지 못한 것을 한탄하더라.

그 놈이 정신을 차려 하인들을 호령하여,

"큰 칼을 그 년에게 씌워라"

하고 동헌에 들어가 감영에 보고서를 급히 쓰는 한편 그 하인과 유씨를 감옥에 가두게 하더라.

해평읍 하인들의 구박과 호

---

177) 일변(一邊) : ①한편. 또는, 한쪽 부분. ②(수학) 다각형을 이루는 한 직선.
178) 구박(驅迫) : (어떤 사람을) 못 견디게 다그치고 괴롭히는 것.

령179)이 추상 갓튀 유씨 조검(조금)도 두러 오니ᄒ고 죽교(죽고)져 ᄒ나 일변 싱각ᄒ되 니 몸니 죽어(죽으)면 그 놈이 원수을 갑디 못홀 거시오. ᄯ한 할님 신치을 수운180)치 못할 거시니 ᄋ딕 목숨을 보존ᄒ리라 ᄒ고 옥으로 드러가면 팔ᄌ181)을 원망ᄒ여 실피 우니 보는 ᄉ람니 뉘 오니 실혀 ᄒ리요.

본관 틱수 ᄶ다더라. 틱수 보장182)을 올닌디 그 ᄉ연이 ᄒ여씨되 뷔러(빌어)먹난 기딥니(계집이) 현감183) 추립홀 씨에 무관이(무단히)184) 딜까이(길가에) 셧다가 흔두(환도)185)로 팔을 ᄯ어ᄉ오니 숭관186) 종화디(상해187)한) 죄인니라 ᄒ거날 감ᄉ 보시고 디경ᄒ여 직시 ᄂ라이 징기(장계)188)ᄒ이 상니 보시고 판유(판결)189)ᄒ되 결식(걸식)혼 기집으로 무죄혼 수령을 칼노 치기는 무삼 곡절190) 잇는 일니라 ᄒ고 사관191)을 명ᄒ여

---

179) 호령(號令): ①(사람을 [에게]) 큰소리로 명령하거나 꾸짖는 것. ②(어느 지역이나 천하를) 세력을 잡고 떵떵거리며 지배하는 것. ③구령(口令).
180) 수운(輸運): 운수(運輸)・운송(運送)이나 운반보다는 규모가 크게, 여객이나 화물을 나르는 일.
181) 팔자(八字): [사람의 생년, 월, 일, 시를 각기 천간(天干)과 지지(地支) 두 글자로 나타낸 것이 모두 여덟 글자인 데서] 어떤 사람이 타고난 한평생의 운세.
182) 보장(報狀): (역사・고제도) 어떤 사실을 상관에게 보고하는 공문.
183) 현감(縣監): (역사・고제도) 고려・조선 시대의 작은 현의 원. 종6품의 지방 문관임.
184) 무단(無端)히: 아무 까닭 없이. 괜히.
185) 환도(環刀): (역사・고제도) 군복을 입고서 차는 군도(軍刀).
186) 상관(上官): 윗자리의 관리.
187) 상해(傷害): (남의 몸에) 상처를 내어 해를 입히는 것.
188) 장계(狀啓): (역사・고제도) 감사 또는 지방에 파견된 관원이 임금에게 글로 보고하는 것. 또는, 그 보고.
189) 판결(判決): ①일의 시비・선악을 판단하여 결정하는 것. ②(법률・법학) 법원이 소송 사건에 대하여 법률에 따라 판단을 내리는 일.
190) 곡절(曲折): ①이런저런 복잡한 내막이나 까닭. ②순탄치 못하거나 변화가 많은 경로나 상태.

령이 가을 서리 같이 엄하되 유씨는 조금도 두려워하지 아니하고 죽고자 하다가 한편으로 생각하기를,

"내 몸이 죽으면 그 놈의 원수를 갚지 못할 것이요 또한 한림의 시체를 운반하지 못할 것이니 아직 목숨을 보존하리라."

하고 감옥으로 들어가 타고난 운명을 원망하며 서럽게 우니 보는 사람 중 누가 아니 슬퍼하겠는가?

본관 태수가 유씨를 꾸짖으며 보고서를 올리니 그 사연에 하였으되,

"빌어먹는 계집이 현감이 출입할 때에 길가에 섰다가 이유 없이 칼을 휘둘러 현감의 팔을 끊었으니 이것은 상관을 상해한 죄인입니다."

하였거늘 감사가 보시고 크게 놀라서 즉시 나라에 보고하니 임금이 보시고 판결하시되,

"빌어먹는 계집이 까닭 없이 수령을 칼로 치겠는가? 아마 무슨 까닭이 있을 것이다."

하시고 사관에게 명령하여,

---

191) 사관(辭官) : (역사·고제도) 왕명을 전달하는 내시(內侍) 등의 벼슬아치.

흑빅을 갈히라 ᄒᆞ신디 사관니 명을 밧ᄌᆞ와 급히 희평이 득달ᄒᆞ여 본관 틱수을 보고 전고(전교)192)ᄒᆞ되 긋쩌 팔 ᄭᆞᆫ은 연고을 탐지193) ᄒᆞ되 ᄒᆞ신미 (하시므로) 왓거니와 엇썬 연고로 그러ᄒᆞ난요.

틱수 씨도리 왈 모연 모월이 맛춤 츄립ᄒᆞ옵던니 빌어먹난 기집니(계집이) 길 가이 셔다가 압홀 건네거날 엇더헌 연니건디(년이기에) 방ᄌᆞ194)니 관장195) 츄립ᄒᆞ실 씨 요망196)니 질(길)을 건너난다 구지신(꾸짖은) 즉 그 연니 품으로 ᄒᆞ도(환도)을 니여 들고 달여드러 치미 피리(팔이) 맛춤 ᄭᆞᆫ어젓건니와 만일 조곰ᄒᆞ드면 목을 ᄭᆞᆫ칠 번 ᄒᆞ엿난니다. ᄒᆞ거날 ᄉᆞ관니 그런이 죄인을 올나라 ᄒᆞᆫ디 틱수 씨도리 왈 그 밋친 연을 올니 무엇ᄒᆞ오리잇가. 니 말디로 주달197)ᄒᆞ옵소셔.

빅변(백 번) 기유198)ᄒᆞ면 디접을 극진니 ᄒᆞ고 죄인 초ᄉᆞ199)을 밧치디 모ᄒᆞ기(못하게) ᄒᆞ거날 ᄉᆞ관니 曰(왈) 어명200)을 묘(모)시고 왓다가 죄인 초ᄉᆞ 업시 그디 말만 듯고 가기는 불호201)ᄒᆞ니 급히 죄닌(죄인)을 올니소셔 ᄒᆞᆫ디 씨도리 극히 말니거날 ᄉᆞ관니 디로ᄒᆞ여 긱ᄉᆞ202)이 좌정ᄒᆞ고 ᄭᅮ디

---

192) 전교(傳敎) : (역사·고제도) 임금이 내린 명령. 하교(下敎).
193) 탐지(探知) : (어떤 사실이나 상황을) 더듬어 살펴 알아내는 것.
194) 방자(放态) : 예의를 갖추지 않거나 삼가는 태도가 없이 함부로 또는 멋대로 행동하는 상태에 있는 것.
195) 관장(官長) : (역사·고제도) 시골 백성이 고을 원을 높여 일컫는 말.
196) 요망(妖妄) : ①요사스럽고 망령된 것. ②언행이 경솔하고 방정맞은 것.
197) 주달(奏達) : 임금에게 아뢰는 것. 주문(奏聞). 주어(奏御). 주품(奏稟).
198) 개유(開諭) : 사리를 알아듣도록 잘 타이르는 것.
199) 초사(招辭) : 지난날, 범인이 범죄 사실을 진술하던 말.
200) 어명(御命) : 임금의 명령. 군명(君命). 대명(大命). 상명(上命). 어령. 왕명. 주명(主命). 준명(峻命). 칙령. 칙명. 칙지.
201) 불호(不好) : 좋아하지 않는 것.
202) 객사(客舍) : ①객지의 숙소. 객관(客館). ②(역사·고제도) 고려·조선 시대에 다른 곳에서 온 관원을 묵게 하던 곳.

옳고 그름을 밝히라고 하더라. 사관이 명령을 받들어 급히 해평에 도달하여 본관 태수를 보고 임금의 명령을 전하되,

"임금이 그대의 팔을 끊게 된 까닭을 밝히라고 하시기에 왔으니 그때의 사정을 자세히 말하시오."

태수 씨도리가 말하기를,

"모년 모월에 마침 밖으로 나가는데 빌어먹는 계집이 마침 길가에 서 있다가 앞을 가로질러 지나가거늘,

'어떤 년이기에 건방지게 고을 태수가 출입하실 때 요사스럽고 망령되게 길을 가로질러 건너가는가?'

하고 꾸짖으니 그 년이 품에서 칼을 꺼내어 들고 달려들어 팔을 치므로 마침 팔이 맞아 끊어졌거니와 만일 조금만 잘못되었으면 목을 끊게 될 뻔 하였습니다 하거늘 사관이,

"그렇다면 죄인을 올려서 심문해야 되겠다."

하니 태수 씨도리가 말하기를,

"그 미친년을 심문하여 무엇 하겠습니까? 나의 말대로 임금께 아뢰어 주십시오."

하고 수없이 부탁하며 대접을 극진하게 하고 죄인의 심문을 받지 못하게 하더라. 사관이 말하기를,

"임금의 명령을 모시고 왔다가 죄인의 심문 기록도 없이 그대의 말만 듣고 가는 것은 좋지 못하니 급히 죄인을 심문하게 하소서."

하니 씨도리가 극히 말리거늘 사관이 몹시 화가 나서 객사에 자리를 잡고 앉아 꾸짖

져 曰(왈) 느졸203)을 호령ᄒ여 죄인을 다(나)소라204) ᄒ디 유씨 크기(크게) 쑤디져 曰(왈) 네 아무리 불칙ᄒ닌(불측한205) 놈인들 그디지 무릭(무식)ᄒ요 ᄒ며 연연약질 몸이 큰 칼을 씨(쓰)고 헌턴(헛튼) 머리을 칼머리이 셔리치고206) 드러가니 비록 군(궁)곤ᄒ디207) 쓰이셔나(싸였으나) 쳔연ᄒ208) 티도와 연연ᄒ209) 거름니 딘실노 홀여자210) ᄋ니어날 ᄉ관니 보시고 크기(크게) 고히 예게(여겨) 문 왈 너는 엇썬한 연니건더 무죄ᄒ 수령을 힉ᄒ며 승니(상이) 그 죄목을 ᄉ실211)ᄒ여 올니라 ᄒ시미 왓시니 한 말도 연히치212) 말고 바로 아위라(아뢰라).

ᄒ디 나졸이 호통 소리 병역 갓트되 유씨 조금도 낫비츨 변(변)치 아니ᄒ고 간은(가는) 목을 길기(길게) 니여 엿ᄌ오디 소여이(소녀의) ᄌ초시종(자초지종)213)을 낫낫치 알욀 거시니 ᄉ관은 죄쳡(소첩)이 곡졀을 추호214)라도 잇디 마옵소셔.

탑젼215) 주 曰(왈) ᄒ옵소셔. 죄(소)쳡은 관홍 ᄯᅡᆼ이 유셩승어(유승상의)

203) 나졸(羅卒) : (역사·고제도) 조선 시대에 지방 관아에 속하였던 사령·군뢰(軍牢)의 총칭. 죄인을 문초할 때 곤장을 치는 일을 맡았음.
204) 나소다 : ? 아마 '나오게 하다' 등의 뜻인 듯.
205) 불측(不測)하다 : ①미리 헤아릴 수 없다. ②(생각이나 행동이) 괘씸하고 엉큼하다.
206) 서리치다 : ? 아마 '동그랗게 감아서 얹다' 등의 뜻인 듯.
207) 궁곤(窮困)하다 : 궁박하고 곤란하다.
208) 천연(天然)하다 : ①꾸밈이나 거짓이 없이 생긴 그대로 자연스럽다. ②시치미를 뚝 떼어 아무렇지도 않은 듯하다. ③몹시 비슷하다.
209) 연연(軟娟)하다 : 섬약(纖弱)하다 : 가냘프고 약하다.
210) 홀여자 : ? 아마 '보통 여자' 등의 뜻인 듯.
211) 사실(査實) : 사실을 조사하는 것.
212) 연해치 : ? 아마 '속이다' 등의 뜻인 듯.
213) 자초지종(自初至終) : 처음부터 끝까지의 과정. 자두지미. 종두지미(從頭至尾).
214) 추호(秋毫) : (가을에 짐승의 털이 매우 가늘다는 뜻) 털끝만큼 아주 조금임을 비유적으로 이르는 말.

으며 나졸을 호령하여,

"죄인을 끌고 오너라."

하니 유씨가 크게 꾸짖으며 말하기를,

"너희가 아무리 엉큼한 놈인들 이렇게 무식할 수 있는가?"

하면서 아주 연약한 몸에 큰칼을 쓰고 헝클어진 머리를 칼머리에 둘러 얹고 들어가니 비록 궁박하고 곤란한 처지에 떨어졌으나 태연한 태도와 가냘프고 약한 발걸음이 진실로 보통 여사가 아니더라. 시관이 보시고 크게 이상하게 여겨 물어서 말하기를,

"너는 어떤 년이기에 무죄한 수령을 해치려고 했는가? 임금이 그 죄목을 자세히 조사하여 보고하라고 하시기에 왔으니 한마디 말도 속이지 말고 사실대로 아뢰어라."

하는 나졸의 호통소리가 벼락치는 소리 같지만 유씨는 조금도 얼굴빛을 변하지 아니하고 가는 목을 길게 늘여서 말하기를,

"소녀가 일의 처음부터 끝까지 자세하게 말씀드릴 것이니 사관은 저의 아뢰는 말씀을 조금이라도 잊어버리지 마시고 임금께 아뢰어 주소서. 저는 관홍땅 유승상의

---

215) 탑전(榻前) : 임금의 자리 앞.

여식으로셔 젼 승상 니운송이 아달 츈미라 ᄒ난 사람이 오히 되엿삽더니 가군이 일즉 등과ᄒ여 벼슬ᄒ옵던니 황샹니 불민216)타 ᄒ시고 삼쳘이 졀도이 졍비ᄒ시매 셔로 만난디 불과 삼 연 만의 이별ᄒ여삽던이 불힝ᄒ여 가군이 졀도이셔 혼되미217) 혈혈단신218)으로셔 뉘가 반구219)ᄒ오리잇가.

부부지이(부부지의)220)가 디즁ᄒ옵게로221) 졀도로 가옵더니 모월 모일이 이골을 당ᄒ오젹(당하온즉) 날이 져물거날 주졈이 드러 ᄌᆞ옵던니 뜻밧기 본관 틱수놈이 관비로 젼갈ᄒ되 가군과 친타ᄒ옵고 극딘이 뭇삽고 잇튼날 발힝홀ᄂᆡ ᄒᆞ온젹 쏘 젼갈ᄒ여 가로디 부닌 약딜니 엇디 여러날 힝ᄒᆞ오며 쏘 이골을 디니다가 ᄒᆞ로도 유ᄒᆞ디 못하면 젼닐이(전일에) 할님과 친튼 바람이 업삽난이다 ᄒ고 간졀이 말유ᄒᆞ거날 여ᄌᆞ의 쇠건(소견)으로 그 놈이 홍기(흉계)을 긔닷디 못ᄒ고 오직 강권222)홈을 감사ᄒ옵게로 유ᄒᆞ옵든이 그 날 밤 삼경을 당ᄒ매 쳡이 신시(신세) 싱각ᄒ니 엇디 좀일(잠을) 들오리잇가.

가장 쳐량ᄒ여223) 비회을 금치 못ᄒᆞ온 즁이 문듯(문득) 화공(화광)이 충쳔ᄒ면 무수한 ᄒᆞ닌이 쳡이 ᄒᆞ인을 결박ᄒᆞ거날 쳡이 황급ᄒ여224) 문틈으로 본 즉 엇든 놈이 쳡이 침방으로 드러오거날 쳡이 의혹(의혹)225)ᄒ기

---

216) 불민(不敏) : 어리석고 둔하여 민첩하지 못한 것.
217) 혼(魂)되다 : ? 아마 '죽다' 등의 뜻인 듯.
218) 혈혈단신(孑孑單身) : 의지할 곳이 없는 외로운 홀몸.
219) 반구(返柩) : 객지에서 죽은 사람의 시체를 자기 고향으로 돌려 오는 것. 반상(返喪).
220) 부부지의(夫婦之義) : 부부간의 의리.
221) 지중(至重)하다 : 지극히 귀중하다.
222) 강권(强勸) : (상대에게 어떤 일을) 억지로 하도록 권하는 것.
223) 처량(凄凉)하다 : ①황폐하여 쓸쓸하다. ②연민의 정을 느낄 만큼 쓸쓸하고 슬프다.
224) 황급(遑急)하다 : 매우 급하다.
225) 의혹(疑惑) : 어떤 일에 대해 뭔가 이상하다거나 문제가 있다고 생각하게 되는 것. 또는, 그 생각.

딸로서 전 승상 이운송의 아들 춘매라 하는 사람의 아내가 되었습니다.

그런데 남편이 일찍이 과거에 급제하여 벼슬길에 나가더니 폐하께서 어리석고 둔하다고 하시며 삼천리 밖 무인절도에 귀양을 보내시기에 서로 만난 지 불과 삼 년 만에 이별하였습니다. 또한 불행하게도 남편이 외딴 섬에서 죽었으니 의지할 곳 없이 외로운 몸을 누가 고향으로 운반해 주겠습니까? 부부간의 의리가 극히 중하기에 내가 죽은 남편을 위하여 무인절도에 가다가 모년 모월 모일 이 고을에 도착했을 때 마침 날이 저물었기에 주점에 들러 하룻밤을 투숙하게 되었습니다.

그런데 뜻밖에 이곳 태수놈이 관청의 여자 종을 통하여 전갈하되 '남편과 친하다'하고 간곡하게 안부를 물었습니다. 또 이튿날 출발하려고 하니 전갈하기를 '부인과 같은 약한 체질로 어찌 여러 날 계속해서 길을 가겠으며 특히 이 고을을 지나다가 하루도 머물지 않고 떠나가면 옛날에 한림과 친하던 보람이 없게 됩니다.'하면서 간절하게 만류했습니다.

여자의 좁은 생각으로 그 놈의 흉악한 꾀를 깨닫지 못하고 오직 억지로 권하는 것을 감사하게 생각하여 하루를 더 머무르게 되었습니다.

그런데 그 날 밤 삼경이 되었을 때 저는 신세를 생각하면서 잠을 이루지 못하고 매우 처량하게 슬픈 회포를 이기지 못하던 중, 갑자기 불빛이 하늘을 꿰뚫으며 무수한 하인들이 저의 하인들을 묶있습니다. 제가 매우 당황하여 문틈으로 살펴보니 어떤 놈이 저의 침실로 들어오기에 저의 생각으로는

을 도적이 첩이 힝중을 최크져(뺏고자) ᄒᆞ는가 ᄒᆞ면 훈(환)도로 치미 팔이 마즈 ᄭᅳᆫ어디미 이거(이곳) ᄒᆞ인들니 첩을 결박ᄒᆞ여 옥이 가두거날 그디야 본관 티슌 줄 알고 그 놈 목을 못 ᄭᅳᆫ는 기(것이) 분ᄒᆞ오며 옥중이 드러가 곤곤226)ᄒᆞᆫ 졍싱(졍상)227)과 ᄒᆞ인의 구박228)ᄒᆞ옴을 엇디 다 칭양(측량)ᄒᆞ리 잇가.

춘풍이 디난 꼿쳘 뉘라셔 익기(아끼)오며 춘손이 디난 닛홀(꽃을) 뉘라셔 슬리이요. 첩이 간중 셕는 눈물 양협이 홀너ᄂᆞ셔 가슴이 젼(젖)난이라.

ᄉᆞ관이 듯기을 다ᄒᆞ미 디경 딜식(실색)ᄒᆞ여 급히 쓸 아리 나려와 관비을 명ᄒᆞ여 급히 칼을 빗(벗)기고 닉당을 슈쇄229)ᄒᆞ여 유시을 뫼시라 ᄒᆞ고 이 ᄯᅳ드로 일변 중문230)을 씨면(쓰며) ᄂᆞ졸을 호령ᄒᆞ여 본관 티수을 쇠스실노(쇠사슬로) 목을 얼거 즈바드리(잡아들여) 뜰 아리 ᄭᅮᆯ이고 호령 曰(왈) 불측ᄒᆞᆫ 씨돌은 드러라.

황상기옵셔 운송은 비록 연손231)ᄒᆞ나 세승을 바리싯다 ᄒᆞ오미 지금도 잇디 못ᄒᆞᆫ 비요. 홀님 춘민난 조졍 졍딕장232)으로 귀양 갓시니 황승이 디금도 잇디 못ᄒᆞᆫ 비요. 유씨 비록 힝식이 초초ᄒᆞ나233) 명문 호이234)요. 짖승가 부러(부녀)로 졍졀이 겸젼ᄒᆞᆫ디라. 네 국은이 망극ᄒᆞ야 수형(수

---

226) 곤곤(困困) : 매우 괴롭고 곤란한 것.
227) 정상(情狀) : ①사실의 상태. ②(법률·법학) 구체적 범죄의 구체적 책임의 경중(輕重)에 영향을 미치는 일체의 사정.
228) 구박(驅迫) : (어떤 사람을) 못 견디게 다그치고 괴롭히는 것.
229) 수쇄(秀灑) : 깨끗하게 청소하는 것.
230) 장문(狀聞) : (역사·고제도) 임금에게 직접 보고하는 것. 또는, 그 글.
231) 연손 : ? 아마 '연세가 많다' 등의 뜻인 듯.
232) 정대장 : ? 아마 '정대한 신하' 등의 뜻인 듯.
233) 초초(草草)하다 : ①간략하거나 간소하다. ②제대로 갖추지 못하여 초라하다. ③바쁘고 급하다.
234) 호이 : ? 아마 '후예'의 오기인 듯.

도적이 저의 물건을 빼앗으려고 들어오는 것이라고 의심하여 칼을 빼어 내려쳤습니다. 그 때 마침 그 놈의 팔이 맞아 끊어졌습니다.

그러자 이곳 하인들이 저를 결박하여 감옥에 가두기에 그제야 이 고을 태수인 줄 알았고 또 그 놈의 목을 베지 못한 것이 분할 따름입니다. 그리고 감옥에 갇혀 있는 괴롭고 힘든 상황과 하인들의 괴롭힘을 어찌 말로 다 표현하겠습니까?

봄바람에 떨어지는 꽃을 누가 감히 아까워하며 봄 산에 떨어지는 꽃을 누가 감히 살리겠습니까? 저의 마음속에 썩는 눈물 두 볼에 흘러내려서 가슴에 젖습니다."

사관이 듣기를 다한 뒤 크게 놀라고 기가 막혀서 급히 뜰아래 내려와서 관청의 여자 종들에게 명령하여,

"급히 칼을 벗기고 안방을 깨끗이 청소하여 유씨를 모셔라."

하고 이러한 내용으로 임금께 보고서를 올리고 한편으로는 나졸을 호령하여 이 고을 태수를 쇠사슬로 목을 얽어 잡아들여 뜰아래 꿇리고 호령하여 말하기를,

"엉큼한 씨도리는 들어라. 임금께서는 이운송이 비록 나이가 많아서 죽었으나 지금까지 잊지 못하고 있다. 또한 한림 춘매도 조정의 정대한 신하로서 억울하게 귀양을 갔기에 임금이 지금까지도 잊지 못하고 있다. 그리고 유씨는 행색이 비록 바쁘고 초라하나 이름난 가문의 뛰어난 여자요. 재상 집안의 여자로서 정절을 두루 갖춘 여자다. 그런데 네 놈은 나라의 은혜가 끝이 없는 지방의 태

령235)으로셔 힝실이 그러ᄒ고 치민236)인들 오딕ᄒ랴. 너갓탄 후젹237) 디젹238)은 졈졈이 우리(오려서) 회셩(회시)239)ᄒ여 후인을 겡게(경계)ᄒ리라.

ᄒ고 굿쩌 갓쓴(갔던) ᄒ인 수십여 명을 즈바드리쳐 가두고 즁문을 올니되 유씨이 말노 즁두240) 슙고 ᄉ관의 말노ᄒ여시되 이러ᄒ 놈을 슬리(살려)두오면 국법이 힝이(해이)241)ᄒ 듯ᄒ옵긔로 션춤후기(선참후계)242) ᄒ오이다. 굿쩌 갓든 ᄒ인 놈은 엄형243) 일쳔식(일차씩)ᄒ온 후이 가두왓(가두었)ᄉ온니 엇디 ᄒ올넌디(하올런지) 연유을 주달244)ᄒ옵난니다.

장문을 씌우고 잇튼날 평명245)이 티수 씨도리을 즈바드리 曰(왈) 네 일을 그려히(그대로) 나라이 주달ᄒ엿신이 너난 슬여두디 못ᄒ리라. ᄒ고 ᄉ관니 모디246)을 졍쳐이(단정히) ᄒ고 ᄂ죨을 호령ᄒ여 결박ᄒ라 ᄒ고 명픠247)을 달나ᄒ고 남문 우이 즁픠248)을 비셜249)ᄒ고 쳐춤250) 긔걸(기

---

235) 수령(守令) : (역사·고제도) 조선 시대에 각 고을을 맡아 다스리던 지방관. 관찰사·목사·부사·군수·현감·현령 등. 원(員).
236) 치민(治民) : 백성을 다스리는 것.
237) 후젹(厚賊) : ? 아마 '낯이 두꺼운 도적' 등의 뜻인 듯.
238) 대적(大賊) : ①큰 도둑. 대도(大盜). ②무리가 많은 도둑. ③매우 나쁜 사람.
239) 회시(回示) : ①회답하여 보이거나 지시하는 것. 또는, 그 회답. ②(역사·고제도) 죄인을 끌고 다니며 뭇 사람에게 보이는 일.
240) 장두(狀頭) : 여러 사람이 서명한 소장(訴狀)의 첫머리에 이름을 적는 사람.
241) 해이(解弛) : 정신 자세가 흐트러지고 긴장이 풀려 규율을 잘 지키지 않거나 멋대로 행동하는 상태가 되는 것.
242) 선참후계(先斬後啓) : (역사·고제도) 군율(軍律)을 어긴 자를 먼저 처형한 뒤에 임금에게 아룀.
243) 엄형(嚴刑) : 엄한 형벌을 내리는 것. 또는, 그 형벌.
244) 주달(奏達) : 임금에게 아뢰는 것. 주문(奏聞). 주어(奏御). 주품(奏稟).
245) 평명(平明) : 동이 트는 시각. 사방이 밝아질 때.
246) 모대(帽帶) : 사모(紗帽)와 각띠.
247) 명패(命牌) : (역사·고제도) ①'命'자를 쓰고 붉은 칠을 한 나무 패. 임금이 3품 이상의 벼슬아치를 부를 때, 이름을 써서 돌림. ②형장(刑場)으로 가는 사형수의 목에 거는

수로서 행실이 이러하니 백성을 다스리는 것이야 오죽하겠는가? 너같이 낯이 두꺼운 도적놈은 살을 점점이 오려서 여러 사람들이 볼 수 있도록 끌고 다니며 후세 사람들을 경계하도록 하리라."

하고 그 때 태수와 같이 갔던 하인 수십 명을 잡아들여 가두고 보고서를 올리되 유씨의 말로써 첫머리를 삼고 사관의 말로 보고하되,

"이러한 놈을 살려두면 나라의 법이 해이하게 될 것 같기에 먼저 목을 베고 차후에 보고를 드립니다. 그리고 그때 같이 갔던 하인들은 엄한 형벌을 한 차례씩 가한 후에 가두어 두었습니다. 이들을 어떻게 처리해야 좋을지 몰라서 그 사연을 아뢰옵니다."

보고서를 보내고 이튿날 날이 밝자 태수 씨도리를 잡아들여 말하기를,

"너의 일을 그대로 임금께 아뢰었으니 너를 살려 두지는 못할 것이다."

하고 사관이 옷차림을 단정하게 하고 나졸을 호령하여 묶어라 하고 사형수가 목에 거는 패를 달아라고 하여 목에 걸게 하고 남문 위에 형을 집행할 장소를 준비하고 목을 베어 죽일 도

패.
248) 장패 : ? 아마 '형을 집행할 장소' 등의 뜻인 듯.
249) 배설(排設) : (연회·의식 등을) 차려 베푸는 것. 진설(陳設).
250) 처참(處斬) : 목을 베어 죽이는 형벌에 처하는 것.

계)251)을 츠리며 빅셩을 보라ᄒ고 씨도리게 다딤(다짐) 바들(받을) 시 사관 왈 힉쳔二면(역쳔이면) 무소리(무생이)라 ᄒ여쓰니(하여쓰니) 네 죽기을 ᄉ양말고 국법으로 시힝ᄒ이 ᄂ을 원망 말나 ᄒ고 급히 다짐두고 지촉ᄒ이 씨도리 졍신을 일코 부시(붓으)로 다짐 쎠 올이거날 명픠이 ᄉ으도252)을 달고 목을 쓴은이라.

잇ᄯᅥ이 황숭니 ᄉ관이 즁문을 보시고 디경ᄒᄉ 즉시 조신253)을 모와 가로디 츈민난 졀도이 원혼254)니 되야시니 경 등이 마음이 이디야(이제야) 승쾌ᄒ요. 그 이미ᄒ 쥴은 짐이 면져 아난이 즉시 셔교(셔계)255) 비답256)ᄒ되 씨도리은 목을 벼히도 쾌치 못ᄒ건이와 그 ᄒ닌놈은 엄형 일치식ᄒ여 원졍257)을 보위ᄒ(보내)고 훌님 오히ᄂ 극딘이 치송258)ᄒ라 ᄒ여쩌날 ᄉ관이 비답 ᄉ연을 외와(외워셔) 젼ᄒᄃ 유씨 답 왈 쳔쳡은 디인259)이 볼거신 덕으로 존명260)을 보젼ᄒ여 도라가온이 은히(은혜) 빅골난망261)이로소이다.

ᄉ관이 디 曰(왈) 이난 국가 명명ᄒ신 비요. 엇지 니어(나의) 은히라

---

251) 기계(器械) : ①도구와 기물(器物). ②동력 장치를 지니지 않는 기구(器具).
252) 사으도 : ? 아마 '죽을 사(死)' 등의 뜻인 듯.
253) 조신(朝臣) : 조정에서 일하는 신하. 조관. 조사.
254) 원혼(冤魂) : 원통하게 죽은 사람의 넋.
255) 서계(書啓) : (역사·고제도) 조선 시대에 봉명관(奉命官)이 바치던 복명서(復命書).
256) 비답(批答) : 상소에 대한 임금의 하답.
257) 원졍(遠定) : ? 아마 '먼 곳으로 정배를 보내는 것' 등의 뜻인 듯.
258) 치송(治送) : 행장을 꾸려 길을 떠나 보내는 것.
259) 대인(大人) : ①성인(成人). ②거인(巨人). ③'대인군자'의 준말. ④높은 신분·관직에 있는 사람. ⑤남의 아버지를 높여 이르는 말. ⑥남을 높여 이르는 말.
260) 잔명(殘命) : 죽음이 얼마 남지 않은 쇠잔한 목숨. 잔생(殘生). 잔일(殘日).
261) 백골난망(白骨難忘) : (백골이 된 후에도 잊을 수 없다는 뜻) 큰 은혜나 덕을 입었을 때 감사의 뜻으로 하는 말.

구를 갖추며 백성들에게 구경하라고 하는 한편 씨도리에게 다짐을 받을 때 사관이 말하기를,

"하늘을 거역하면 살아날 수 없다고 하였으니 너는 죽기를 억울하게 여기지 말아라. 그리고 나라의 법에 따라 시행하는 것이니 나를 원망하지도 말아라."

하고 급히 다짐을 받고 재촉하니 씨도리가 정신을 잃고 붓으로 다짐을 써서 올리거늘 명령하는 패에 죽을 사(死)자를 써서 달고 목을 베더라.

이때에 황제가 사관이 올린 보고서를 보시고 크게 놀라서 즉시 조정의 신하들을 모아서 말하기를,

"춘매는 무인절도에서 원통한 귀신이 되었으니 경 등의 마음이 이제야 상쾌한가? 그 애매한 것은 짐이 먼저 알고 있다."

하시고 즉시 보고서에 대답을 하시되,

"씨도리는 목을 베어도 시원하지 않지만 그 하인 놈들은 아주 엄하게 한 차례씩 형벌을 가한 뒤 먼 곳으로 유배를 보내고 한림의 아내는 극진하게 행장을 꾸려서 길을 떠나게 하라."

하였더라. 사관이 황제의 하답을 외워서 유씨에게 전하니 유씨가 대답하여 말하기를,

"미천한 저는 대인의 밝으신 덕으로 보잘것없는 목숨을 보전하여 돌아가니 그 은혜는 죽어서 백골이 되어도 잊지 못할 것입니다."

사관이 대답하기를,

"이는 나라에서 명령하신 것입니다. 어찌 나의 은혜라

ᄒᆞ올릿가. 즉시 치힝 젼송²⁶²⁾ᄒᆞ고 가두윗든(가두었던) 죄인을 올니 낫낫치 젼고(전교)을 발포²⁶³⁾ᄒᆞ고 엄형 일치(일차씩)ᄒᆞ여 가두고 각 읍으로 졍비ᄒᆞ니 그 ᄒᆞ닌이 안젼 음히²⁶⁴⁾을 입어더라. 져이(저의) 부모와 져ᄎᆞ(처자) 다 원망한이 죽은 혼인들 엇디 실푸리요.

각셜²⁶⁵⁾이라. 잇디 유씨 희평을 더나 졀도을 힝ᄒᆞ여 가며 ᄌᆞ탄²⁶⁶⁾으로 말슴ᄒᆞ되 홍딘비리은 스람이 숭녜(상례)²⁶⁷⁾라 ᄒᆞ건이와 니 팔ᄌᆞ가 기박ᄒᆞ여²⁶⁸⁾ 낭군을 쳔이(천리) 박기 두고 긱디(객지)이 부칙(불칙)ᄒᆞᆫ 환을 당ᄒᆞ야 목숨을 기우(겨우) 도망ᄒᆞ여 스라시니 가이 실푸도다. 홀님은 어디로 가시고 쳥춘 안히 곤궁²⁶⁹⁾ᄒᆞ물 모르신고. 이연²⁷⁰⁾이 울며 가니 순쳔 초목이 다 실혀 ᄒᆞ난 듯 ᄒᆞ더라.

이러구로 졀도이 다다를 시 쳥손은 면져 드러가 졍양옥이게 유씨 오심을 젼ᄒᆞ니 양옥니 놀니여 층츤ᄒᆞ되 여ᄌᆞ는 컨(카)니와 남ᄌᆞ도 쉽디 못ᄒᆞ로다. ᄒᆞ고 급히 박기 나와 기다리던이 문듯(문득) 빅포²⁷¹⁾ 교ᄌᆞ이 한 힝ᄎᆞ 드러오며 실피 운니 쳐량ᄒᆞᆫ 소리은 스람이 간장을 쓴는 듯 ᄒᆞ더라. 양옥 ᄒᆞ인으로 젼갈ᄒᆞ되 원졍이 긔치(기체)²⁷²⁾ 평안이 오신잇가.

---

262) 젼송(餞送) : 젼별(餞別)하여 보내는 것.
263) 발포(發布) : 세상에 널리 펴는 것.
264) 음해(陰害) : 넌지시 남을 해치는 것.
265) 각설(却說) : 화제(話題)를 돌려 다른 말을 꺼낼 때, 말머리에 쓰는 말. 고대 소설에서 흔히 쓰던 말임.
266) 자탄(自歎·自嘆) : 스스로 탄식하는 것.
267) 상례(常例) : 보통 있는 예. 항례(恒例).
268) 기박(奇薄)하다 : 팔자가 사납고 복이 없다.
269) 곤궁(困窮) : 가난하고 구차한 것.
270) 애연(哀然) : 슬픔이나 서글픔을 자아내는 상태에 있는 것.
271) 백포(白布) : ①흰 베. ②포의(布衣).
272) 기체(氣體) : 웃어른에게 올리는 편지에서 문안 때, 그를 높여 그의 정신과 건강 상태

하겠습니까?"

하고 즉시 길 떠날 차비를 하여 전송하고 그 다음으로 감옥에 가두었던 죄인들을 심문하여 각각 임금의 명령을 전달한 뒤 엄한 형벌을 한 차례씩 하여 감옥에 가두기도 하고 각 읍으로 유배를 보내니 그 하인이 상관의 죄를 뒤집어쓰게 되었더라. 하인들의 부모와 처자들이 모두 원망하니 죽은 씨도리를 어느 누가 슬퍼하겠는가?

각설이라.

이때 유씨가 해평을 떠나 외딴섬으로 향하여 가며 스스로 한탄하는 곡조로 말씀하시되,

"즐거움이 다하면 슬픔이 온다는 것은 인간 사람들의 일상적인 일이라고 하지만 나는 타고난 팔자가 사납고 복이 없어 남편을 천리 밖에 두고 객지에서 엉큼한 놈들의 재앙을 당하다가 목숨을 겨우 도망하여 살아났으니 가히 슬프다. 한림은 어디로 가셨기에 청춘의 젊은 아내가 당하는 어려움을 모르고 계시는가?"

히고 슬프게 울면서 가니 산과 강과 나무와 풀들도 다 슬퍼하는 듯 하더라.

이러구러 외딴섬에 다다르자 청산이 먼저 들어가 정양옥에게 유씨가 왔음을 전하니 양옥이 놀라서 칭찬하기를,

"여자는커녕 남자도 쉽지 않은 일이로다"

하고 급히 밖에 나와 기다리더니 문득 흰 베를 씌운 가마를 타고 한 여인이 들어오며 슬프게 우니 처량한 목소리는 사람의 간과 창자를 쥐어 뜯는 듯 하더라.

양옥이 하인들에게 전하여 말하기를,

"먼 길에 불편한 곳 없이 편안히 오셨습니까?"

를 이르는 말. 기체후. 기후(氣候).

ᄒ거날 유씨 답 전 왈 느난 무사니 왓건이와 긱즁273)이 기(계)시니 실노 민망ᄒ여이다. 수한274)은 종당275)ᄒ리라 ᄒ고 통곡ᄒ며 간이 도즁276) 빅셩이 뉘으니 층츤ᄒ며 눈물을 흘여 曰(왈) 유씨이 정졀은 만고 업는 일二라(일이라) 하드라.

유시 교즈이 나러 디쳥(제쳥)277)이 드러가 관곽278)을 붓들고 궁굴며 통곡 왈 오ᄒ 유씨 왓난이다. 엇디 한 말솜도 업시 눕고 이러느디 안니 ᄒ신잇가. 쳘니을 디(지)쳑279) 숨아 왓건만는 반갑도 으니신잇가 ᄒ며 통곡ᄒ다가 긔졀ᄒ거날 양옥니 박그로서 약을 다리며 분주니 구ᄒ더이 이윽고 인ᄉ280)을 츠러 극딘이 디(제)물을 츠러 제홀 시 양옥과 종들은 지쳥(제쳥) 박긔셔 통곡ᄒ고 유씨난 안이셔 통곡한이 그 졍승을 츠마 보디 못홀네라.

유씨 양옥을 치ᄒ 曰(왈) 듯스오니 귀인은 낭군과 흠기 이곳더 기시다가 낭군 죽ᄉ오미 귀인이 낭군이 빅골을 취로281)ᄒ니 동기282)간인들 그 밧긔셔 더 즁ᄒ올릿가.

양옥이 디쳥 밧긔셔 엿즈오디 국운이 망극ᄒ와 이곳이 귀양 왓다가

---

273) 객즁(客中) : 객지에 있는 동안. 여중(旅中).
274) 수한(壽限) : 타고난 수명.
275) 종당(從當) : 마땅히 따르다.
276) 도즁(島中) : 섬 가운데.
277) 제쳥(祭廳) : ①장례식 때 제사 지내기 위하여 무덤 옆에 마련한 곳. ②제사 지내는 대청.
278) 관곽(棺槨) : 시체를 넣는, 속 널과 겉 널.
279) 지쳑(咫尺) : 아주 가까운 거리.
280) 인사(人事) : 사람의 일. 또는, 사람이 해야 할 일.
281) 취로 : ? 아마 '수습' 등의 뜻인 듯.
282) 동기(同氣) : 한 부모 밑에 태어난 둘 이상의 사람의 관계가 서로 형·누나·오빠·언니·동생인 상태. 또는, 그런 관계에 있는 사람.

하거늘 유씨가 대답하기를,

"나는 무사히 왔지마는 댁도 귀양 와 계시니 정말 상대할 면목이 없습니다. 또한 타고난 목숨은 팔자소관이니 어찌 따르지 않을 수 있겠습니까?"

하면서 통곡하니 섬 안에 있는 백성들 중 누가 아니 칭찬하겠는가? 또 백성들이 눈물을 흘리며 말하기를,

"유씨의 정질은 이제까지 역사상 없었던 일이다."

하더라.

유씨가 가마에서 내려 제사지내는 대청에 들어가 시체를 담은 관을 붙들고 구르면서 통곡하며 말하기를,

"아내 유씨가 왔습니다. 어찌 한 말씀도 없이 누워만 있고 일어나지 아니합니까? 천리를 아주 가까운 거리인 양 찾아 왔건만 반갑지도 아니합니까?"

하며 통곡하다가 기절하더라. 양옥이 밖에서 약을 달이며 바쁘게 구하니 한참 후에 정신을 차려 극진하게 제물을 차려 놓고 제사를 지낼 때 양옥과 종들은 제사지내는 대청 밖에서 통곡하고 유씨는 대청 안에서 통곡하니 그 광경은 차마 보지 못할 지경이더라.

유씨가 양옥을 칭찬해서 말하기를,

"귀인은 남편과 함께 이곳에 계시다가 남편이 죽자 귀인께서 남편의 시체를 수습하셨다 하니 이것은 친형제 사이인들 이보다 더 정이 깊겠습니까?"

양옥이 제사지내는 대청 밖에서 말씀하기를,

"나는 나라의 운수가 불길하여 이곳에 귀양을 왔지만

할님이 노독283)이 심ᄒ와 아모리 구안(구완)284)ᄒ되 가감 업스와 ᄂ를 쇠기고 죽스오니 니 홈씨 죽고 시푸되 싱각ᄒ오니 니 몸이 죽으면 할님이 신치(신체)을 뉘가 간수ᄒ오며 나도 부모와 쳐ᄌ가 인난고로 스라 잇스오니 ᄎ라이 죽기만 갓디 모ᄒ드이(못하더니) 의위예(의외에) 부인 정절노 슴철이 절도을 멸이(멀이) 이기디(여기지) 안니ᄒ시고 오시니 할님이 혼빅인들 엇디 실푸디 오니ᄒ리잇가. 부닌 기치(기체)을 보존ᄒ와 할님이 빅골을 평안니 운숭285)ᄒ시물 바리난니다.

유씨 曰(왈) 디인이 말슴을 듯스오니 실노 감각(감격)ᄒ여이다. 아미도 할님이 신치(신체)을 보고졀(보고져)ᄒ난이다. 양옥이 갈(개)유ᄒ여 曰(왈) 할님과 피ᄎ 만난 지 불과 슘연이라. 첩이 힝실니 본디 가군이 면목286)을 ᄌ셔니 본 비 업드라(없더니) 디금 당ᄒ여는 한되미 믄ᄉ오니 아모리 죽은 오면287)이라도 ᄌ승이 보고져 ᄒ온니 말유치 마읍심을 바리난이다 ᄒ고 천판288)을 쐬(뜯)고 비(백)포을 쓰러 고명모289) 악수290)을 혓치고 보니 할님이 안면 수족니 ᄌ난 듯ᄒ며 눈을 반만 쓰고 죽읏(죽었)시되 싱시와 다름이 업난지다.

할님 몸이 손을 엿코(얹고) 낫츨 흔티 디이고 울며 불너 曰(왈) 할님 오히 유씨 왓난이다. 엇디 그리 무졍ᄒ신잇가. 슘철이 원졍이 왓난 오히을 그디디 박디291)ᄒ고 뭇난 말도 업난잇가. 빅발 ᄌ친292)과 이팔 안희을

---

283) 노독(路毒) : 먼길에 시달려 생긴 피로나 병. 길독.
284) 구완 : (아픈 사람이나 해산하는 사람을) 곁에서 시중드는 것.
285) 운상(運喪) : 상여를 메고 운반하는 것.
286) 면목(面目) : 얼굴의 생김새.
287) 안면(顔面) : ①얼굴의 면. ②서로 얼굴을 알 만한 친분.
288) 천판(天板) : 관(棺)의 뚜껑이 되는 널.
289) 고명모 : ? 아마 '죽은 사람을 염할 때 시체를 싼 헝겊' 등의 뜻인 듯.
290) 악수(握手) : 소렴(小殮) 때에 시체의 손을 싸는 헝겊.

한림도 먼 길을 오느라고 생긴 병이 점점 심해져서 아무리 구하려고 하되 차도가 없어서 나를 속이고 먼저 죽었습니다. 나도 함께 죽고 싶은 마음도 있었지만 나마져 죽으면 한림의 신체를 누가 수습하겠습니까? 또한 나도 부모와 처자가 있기 때문에 지금까지 살아 있으나 차라리 죽는 것이 더 좋을 듯 합니다.

그런데 천만뜻밖에 부인의 투철한 정절로 삼천리 무인절도를 멀다고 생각지 않으시고 이렇게 찾아오시니 한림의 혼백인들 어찌 슬프지 않겠습니까? 부인께서는 건강을 잘 돌보셔서 한림의 백골을 편안하게 운반하시기를 바랍니다."

유씨가 말하기를,

"대인의 말씀을 들으니 정말 감격스럽습니다. 그러나 한림의 시체를 직접 보고 싶습니다."

하면서 양옥을 깨우쳐서 말하기를,

"한림과 서로 만난 지 불과 삼 년밖에 되지 않았습니다. 제가 부끄러움이 많아서 평소에도 남편의 얼굴을 자세히 본 적이 없었는데 이러한 상황을 당하고 보니 그것도 한이 되는 것이 많습니다. 아무리 죽은 얼굴이라도 자세히 보고자 하오니 말리지 마시기 바랍니다."

하고 관의 뚜껑을 뜯고 흰 베를 풀고 시체를 싼 베와 손을 싼 헝겊을 헤치고 보니 한림의 얼굴과 손발이 잠을 자는 듯하며 눈을 반 정도 뜨고 죽었으나 살아 있을 때와 다름이 없더라.

유씨가 한림의 몸에 손을 얹고 얼굴을 함께 다이고 울면서 부르짖어 말하기를,

"한림아 아내 유씨가 왔습니다. 어찌 이렇게 무정하십니까? 삼천리 머나먼 길에 찾아온 아내를 이다지 박대하니 묻고 싶은 말도 없습니까? 늙으신 어머니와 이팔의 젊은 아내는

---

291) 박대(薄待) : ①푸대접. ②인격을 무시하고 모질게 구는 것.
292) 자친(慈親) : 어머니을 높여 이르는 말.

뉘을 잇(의)탁ᄒ라 ᄒ신잇가. 무정ᄒ다 할님ᄋ ᄂ도 홈끠 가ᄉ이다. 실피 운니 뉘 안이 실혀ᄒ리요.

유씨 정신이 아득ᄒ여 신치을 붓들고 꿈길 갓치 혼미ᄒ여 인ᄉ를 모르고 업드드니 도중 빅셩들니 디 실혀 ᄒ드라.

이윽고 인ᄉ를 ᄎ러 드러이(들으니) 어더셔 울름 소리 들니거날 고히 여깃썬이 할님니 호흡을 통ᄒ여 인ᄉ을 ᄎ러 이러 오거날 유씨 반기니 할님을 붓들고 울며 日(왈) 할님은 엇디 ᄌ양흔293)흔 나을 그더디 쇠기(속이)고 어더 가 게싯던잇가.

일변 반가오며 일번 실혀ᄒ며 종을 불너 할님니 환싱294)ᄒ싯다 ᄒ니 양옥과 종들이 경황295)ᄒ여 밋친 ᄉ람갓더라.

할님니 유씨이 손을 줍고 그더난 이 곳즐 어더라하고 왓난요. 어마님 긔치(기체) 평온ᄒ신잇가. ᄯ오 숨철이 원정이 평오니 오신잇가. 나는 인간이 불호즈(불효자)로 숨겨나셔 부모 쳐즈을 이별ᄒ고 수철니 절도이 와 천명이 딘ᄒ여 구천296)이 도라가도 눈을 감디 못ᄒ엿쩌니 그더어(그대의) 절힝297)니 구천이 ᄉ못ᄎ미 염니왕(염라대왕)298)이 부인이 절힝을 부싱니(불쌍하게) 니긔ᄉ(여겨서) 날노 ᄒ여곰 줌깐 유씨을 싱면ᄒ고 축시299)이

---

293) ᄌ양ᄒ : ? 아마 '찾아온' 등의 뜻인 듯.
294) 환생(還生) : ①(불교) 윤회설(輪回說)에서, 죽은 사람이 모습을 바꾸어 다시 이 세상에 태어나는 것. 환생(幻生). ②되살아나는 것.
295) 경황(驚惶) : 놀라서 당황하는 것.
296) 구천(九泉) : ①저승. ②땅 속 깊은 밑바닥.
297) 절행(節行) : 절조(節操) 있는 행실.
298) 염라대왕(閻羅大王) : (불교) 염라국의 임금. 죽어서 지옥에 떨어진 인간의 생전의 행동을 심판하고 다스림. 야마(夜摩). 염마. 염마대왕.
299) 축시(丑時) : ①12시의 둘째 시. 오전 1시부터 3시까지의 동안. ②24시의 셋째 시. 오전 1시 30분부터 2시 30분까지의 동안. 준말 축(丑).

누구를 의지하라고 하십니까? 너무나 무정하십니다. 한림이시여. 나도 함께 가겠습니다."

하며 슬프게 우니 누가 아니 슬퍼하겠는가?

유씨가 정신이 아득하도록 시체를 붙들고 꿈길 같이 정신이 희미해져서 정신을 잃고 엎어지니 섬 안의 백성들이 다 슬퍼하는 듯 하더라.

이윽고 유씨가 정신을 차려서 들으니 어디서 울음소리가 들리므로 이상하게 여겼더니 한림이 숨을 쉬면서 정신을 차려 일어나 앉거늘 유씨가 반갑게 한림을 붙들고 울면서 말하기를,

"한림은 어찌 찾아온 나를 이다지 속이고 어디 가 계셨습니까?"

한편으로는 반가워하고 다른 한편으로는 슬퍼하며 종을 불러 한림이 다시 살아나셨다 하니 양옥과 종들이 놀라고 당황하여 미친 사람 같더라.

한림이 유씨의 손을 잡고,

"그대는 이 곳을 어디라 생각하고 이 먼 곳을 찾아 왔는가? 어머님의 건강은 여전하신가? 또 삼천리 먼 길에 편안히 왔습니까? 나는 인간의 불효자로 태어나서 부모와 처자를 이별하고 수 천리 무인절도에 귀양 와서 타고난 수명이 다하여 저승으로 돌아가도 눈을 감지 못하였더니 그대의 절개 있는 행실이 저승에 사무쳐서 염라대왕이 부인의 절개 있는 행실을 불쌍하게 여겨서 나로 하여금 잠시 '유씨를 만나보고 축시에

드러오라 ᄒᆞ시미 왓ᄉᆞ온이 그디난 부디 구(귀)ᄒᆞᆫ 몸을 승우디(상하게 하지) 말고 월노이 평온이 도라가 두 부인을 보(봉)양300)ᄒᆞ다가 후싱으로 드르(들어)오면 반가니 만니 은히(은혜)을 갑스오리다.

디금(지금) 시가 마리(말이)라 드러간나이다. 츅시을 여일(어길) 듯 ᄒᆞ오니 두리 만나 셔로 졍회301)을 다 못ᄒᆞ고 도라가거니와 부인은 부디 모친을 평안이 뫼셔 남은 날을 보(봉)양ᄒᆞ고 그디 시모친302)끠옵셔 별(별셰)ᄒᆞ시거든 션손 모(묘)ᄒᆞ이 온즁ᄒᆞ고 쳔금갓탄 몸을 보존ᄒᆞ여 기(계)시다가 후싱이 도라오시면 은히(은혜) 갑흘 거시니 평온이 기시옵소셔. ᄒᆞ고 유씨이 손을 줍고 한숨 덧고 죽거날 유씨 도로혀 망극ᄒᆞ여 통곡 曰(왈) 육신이 가면 붓쓰련이와 혼빅으로 가니 무엇슬 붓쓰리요. 도로혀 안이 만니기만 갓디 못ᄒᆞ더라.

머리을 관곽 우이 ᄡᅲ다리 曰(왈) 할님은 ᄒᆞᆫ 말만 더 듯고 가옵소셔. ᄒᆞᆫ 말만 뭇스오이다. ᄒᆞ며 홀임 신치(신체)을 붓들고 인ᄒᆞ여 함기(함께) 죽거날 양옥과 죵드이(종들이) 구ᄒᆞ되 죵세(종시)303) 환싱홀 비 업거날 이디난(이제는) 무과니히304)라.

초승 범빅305)을 치라ᄒᆞ고 주션306)ᄒᆞ더니 잇쩌 유씨 혼빅이 할님을 부르며 되(뒤)을 짜라 급피 오거날 할님니 도라보니 유씨 다(따)라오며 위여(웨

---

300) 봉양(奉養) : 부모나 조부모를 받들어 섬기는 것.
301) 졍회(情懷) : 생각하는 마음. 또는, 정과 회포.
302) 시모친(媤母親) : 시어머니.
303) 죵시(終是) : 끝내.
304) 무가내하(無可奈何) : 어찌할 수가 없이 됨.
305) 범빅(凡百) : ①가지가지의 모든 것. ②상궤(常軌)에 벗어나지 않는 언행.
306) 주션(周旋) : ①일이 잘 되도록 여러 가지 방법으로 두루 힘을 써 주는 것. ②법률・법학) 제삼국이 타국 간의 분쟁을 평화적으로 해결하기 위하여 교섭을 진행시키는 일.

들어오라'고 하시기에 왔습니다.

그대는 부디 귀한 몸을 상하게 하지 말고 먼 길에 편안히 돌아가 두 부인을 잘 봉양하다가 다음 세상에 저승에 오면 반갑게 다시 만나 은혜를 갚을 것입니다. 지금 시간이 거의 다 되었기에 돌아갑니다. 정해진 축시를 어길 듯 합니다.

두 사람이 다시 만나 서로 정을 다 풀지 못하고 돌아가거니와 부인은 부디 어머니를 편안히 모셔서 남은 날을 잘 봉양하고 그대의 시어머니께서 돌아가시거든 선산의 조상들 묘지 아래에 편안하게 장사를 지내고 천금같이 귀한 몸을 잘 보존하여 계시다가 다음 세상에 돌아오면 은혜를 갚을 것이니 편안하게 돌아가소서."

하고 유씨의 손을 잡고 한숨을 짓고 죽거늘, 유씨 도리어 망극하여 통곡하며 말하기를,

"육신이 달아나면 붙들려니와 혼백으로 달아나니 무엇을 붙들겠는가? 도리어 만나지 아니함만 못하도다."

하면서 머리를 관곽 위에 부딪치며 말하기를,

"한림은 한 마디 말만 더 듣고 가옵소서. 한가지만 묻겠습니다."

하며 한림의 시체를 붙들고 인하여 함께 죽거늘 양옥과 종들이 구하되 끝내 환생하지 못하거늘 이제는 어찌할 방법이 없더라.

장례의 모든 절차를 갖추느라고 바쁘더라. 이때 유씨의 혼백이 한림을 부르며 뒤를 따라 급히 오기에 한림이 돌아보니 유씨가 따라오며 부르짖

어)307) 曰(왈) 니 엇디 낭군을 바리고 혼즈 시(세)상을 보리요. 군과 혼가지로 구원(구천)이 드러가 잇시리다.

ᄒ고 따라오거날 할님이 할일업셔 함끠 드러 가든니 염왕이 가로디 춘미 시숭(세상)이 나가 시(시간)을 어깃(어겼)다ᄒ고 ᄉᄌ을 명ᄒ여 급히 ᄌ바드리라 흔디 ᄉᄌ 명을 붓ᄌ와 오다가 춘미을 만나 염왕 분부이 그디을 줍으로(잡아) 올이라 ᄒ거날 할님 曰(왈) 니 시로 오던이 유씨 짜라오미 ᄶ디져 말뉴타가 시을 어깃(어겼)다 ᄒ고 드러간이 스자 염왕끠(염왕께) 스연을 고ᄒᆫ디 염왕이 즉시 춘과 유씨 불너 그ᄒ(계하)308)이 시으(세우)고 문 曰(왈) 춘미난 져이 원명309)으로 줍아왓건이와 아직 원명이 머러시니 가라ᄒ거날 유씨 이미을 수그고 엿즈오디 디왕끠옵셔 만민을 슐여주실 졔 부ᄌ유친310) 군신유의311) 부부유별312) 중유유셔313) 붕우유신314)이온 나 부부디의315)가 디중316)ᄒ옵기로 결단코 낭군을 짜라왓ᄉ오니 복원 디왕은 첩으로 ᄒ여곰 이곳이 잇기(있게) ᄒ옵소셔.

염왕 유씨을 달니 보너러 ᄒ니 유씨 도(또) 엿즈오디 첩과 낭군을 디왕

---

307) 웨다 : 외치다.
308) 계하(階下) : 섬돌의 아래.
309) 원명(原命) : 본디 타고난 목숨.
310) 부자유친(父子有親) : 오륜(五倫)의 하나. 아버지와 아들 사이의 도(道)는 친애(親愛)에 있음. 또는, 그 도리.
311) 군신유의(君臣有義) : 오륜(五倫)의 하나. 임금과 신하 사이의 도리(道理)는 의리(義理)에 있음.
312) 부부유별(夫婦有別) : 오륜(五倫)의 하나. 부부간에는 엄격히 지켜야 할 인륜의 구별이 있음.
313) 장유유서(長幼有序) : 오륜(五倫)의 하나. 어른과 어린이 사이에는 차례가 있음.
314) 붕우유신(朋友有信) : 오륜(五倫)의 하나. 벗의 도리는 믿음에 있음을 가리키는 말.
315) 부부지의(夫婦之義) : 부부간의 의리.
316) 지중(至重) : 지극히 귀중한 것.

어 말하기를,

"내 어찌 남편을 버리고 혼자 세상에 남아 있겠습니까? 당신과 함께 저승에 들어가겠습니다."

하고 따라오더라. 한림이 어찌할 방법이 없어 함께 들어가니 염라대왕이 말하기를,

"춘매는 세상에 나가서 시간을 어겼다."

하면서 사자에게 명령하여 급히 잡아들이라고 하더라. 사자들이 명령을 받들고 춘매를 찾아오다가 춘매를 보자 염라대왕이 그대를 잡아오라는 명령을 내렸다고 하더라. 춘매가 말하기를,

"내가 시간을 맞추어 올 때 유씨가 따라오므로 꾸짖어 만류하다가 때를 어기게 되었습니다."

하고 들어가서 사자가 염라대왕께 그 사연을 아뢰니 염라대왕이 즉시 춘매와 유씨를 불러 계단 아래에 세우고 물어서 말하기를,

"춘매는 저의 타고난 목숨이 다하여 잡혀왔거니와 유씨는 아직 타고난 목숨이 많이 남아 있으니 돌아가라."

하거늘 유씨가 머리를 숙이고 말씀드리되,

"염라대왕께서 모든 백성을 살려주실 때 부자유친과 군신유의 그리고 부부유별과 장유유서 또 붕우유신과 부부간의 의가 매우 중하다고 하셨으니 저는 결단코 남편을 두고 돌아가지 않을 것입니다. 엎드려 바라옵건대 대왕은 저로 하여금 이곳에 남편과 함께 있게 해주십시오."

염라대왕이 유씨를 달래어 보내려고 하니 유씨가 또 말씀드리되,

"저와 남편은 대왕

이 명으로 시상 니엿다가 여필종부317)난 인간이 디일(제일) 정절이온니 결단코 춘미 졋흘(곁을) 써나디 못ㅎ로소이다.

염왕 왈 그딕 모친과 춘미어 모친을 뉘기다가 부탁ㅎ고 오니 가려ㅎ난요

유씨 曰(왈) 두 부인을 이(의)논컨디 졍의(정의)318)난 졀박319)ㅎ되 쳡이 쳥츈으로 부부와 ㅎ가지로 잇ᄉ오면 보(봉)양ᄒ오고 영화가 되련이와 공방320) 쳥츈 홀노 잇ᄉ와 무어스(무엇으)로 보(봉)양을 영화로 ㅎ오릿가. 또한 부부디인난 쓴치 못ㅎ로소이다.

왕 왈 실노 그려ㅎ며 다른 빅필321)을 졍ㅎ여 줄 거시이 ᄂ문 날을 편이 슬고 오라.

흔디 유씨 바련(발연)322) 변식323) 曰(왈) 아모리 유명324)이 다르오나 디왕이 무리ㅎ 말노 인간이 여ᄌ로 더부러 희(희)롱325)ㅎ신잇가. 디왕씌옵셔 쳡이 말을 덩(당)돌326)이 으옵신니 져러ㅎ고야 염나(염라국) 치졍327)이 오즉ㅎ오릿가. ㅎ고 쳐연328)이 싹(쑤짓)거날 병셜갓탄 졍졀과 소소ᄒ329) 일

---

317) 여필종부(女必從夫) : 아내는 반드시 남편에게 순종하여 좇아야 함.
318) 정의(情義) : 인정과 의리.
319) 절박(切迫) : (어떤 일이나 때가) 가까이 닥쳐 급한 것.
320) 공방(空房) : ①사람이 거처하지 않는 빈방. ②오랫동안 남편 없이 아내 혼자서 거처하는 방. 공규(空閨).
321) 배필(配匹) : 부부로서의 짝. 배우(配偶).
322) 발연(勃然) : 성을 내는 태도가 세차고 갑작스러운 것.
323) 변색(變色) : ①빛깔이 변하여 달라지는 것. ②(홍분 등으로) 얼굴빛이 달라지는 것.
324) 유명(幽明) : ①어둠과 밝음. ②저승과 이승.
325) 희롱(戲弄) : ①(사람을) 말이나 행동으로 실없이 놀리는 것. ②(이성을) 성적(性的)인 놀림감으로 삼는 것.
326) 당돌(唐突) : (어떤 사람이) 윗사람 앞에서 어려워하거나 삼가지 않고 제 주장이나 의견을 주제넘게 내세우는 태도가 있는 것.
327) 치정(治政) : 나라를 다스리는 것.
328) 처연(凄然) : 외롭고 쓸쓸하고 구슬픈 것.

의 명령으로 세상에 태어나게 되었고 또 여자가 남편을 따르는 것은 인간 세상에서 가장 중시하는 절개이오니 남편 춘매를 두고는 결단코 돌아갈 수 없습니다."

염라대왕이 말하기를,

"그대의 어머니와 춘매의 어머니를 누구에게 맡기고 가지 아니하려 하는가?"

유씨가 말하기를,

"두 부인을 말할 것 같으면 정으로 보면 그 상황이 절박하지만 저의 나이로 볼 때 젊은 저의 부부가 함께 있으면 잘 봉양하고 그것이 또 영화가 되겠지만 만약 독수공방에 젊은 저 혼자 지내게 된다면 무엇으로 봉양을 영화롭게 하겠습니까? 그러므로 부부간의 의리는 끊지 못할 것입니다."

대왕이 말하기를,

"진실로 그러하다면 다른 짝을 정하여 줄 것이니 남은 날을 편안하게 살고 오너라."

하니 유씨가 갑자기 얼굴빛을 변하면서 말하기를,

"아무리 이승과 저승이 서로 다르나 대왕이 무리한 말로써 인간의 여자를 희롱하여 놀리십니까? 대왕께서 저의 말을 당돌하게 여기시고 또 그렇게 말씀하시니 이런 상황으로 보아서 염라국인들 오죽 잘 다스리겠습니까?"

하고 처량하게 꿇어앉으니 눈과 얼음 같은 정절과 밝고 분명한 태도

---

329) 소소(昭昭)하다 : (사리가) 밝고 뚜렷하다. 소연(昭然)하다.

을 기특330)기 여겨 曰(왈) 그딕어 말솜을 탑디(탐지)331) ᄒ니 도로혀 무식(무색)ᄒ도다332).

유씨 曰(왈) 딕왕게옵셔 도로혀 무식다 ᄒ신니 쳡이 죄난 만ᄉ무심(만사무석)333)이로소이다. ᄒ고 ᄉ리(사례)ᄒ거날,

왕 曰(왈) 니 그딕 빙옥 정절을 싱각ᄒ야 춘미을 명ᄒ여 홈긔(함께) 너여 보니이 세승이 나가 부귀영화334)와 ᄌ손 복녹을 다시 졈디335)ᄒ여 주이(주니) 인간 빅시(백세)을 슬고 부귀영화을 더ᄒ고 오라 ᄒ거날,

쏘 문 曰(왈) 이로(이 길로) 가도 졀강으로 가난잇가.

ᄉᄌ 답 曰(왈) 더 쉽ᄉ이다. ᄒ고 니승승 평온니 가옵소셔 ᄒ거날,

홀님이 디답ᄒ고 싱각ᄒ되 니 싱시이 승승이 오니거날 엇디 승승이라 ᄒ난고 ᄒ고 고히 여기 유씨을 다리고 오면 드르이(들으니) 어딕셔 곡셩이 딘동ᄒ거날,

유시 曰(왈) 하인이 우리을 부러(부르)며 운(우는)가 시푼이 밧비 가ᄉ이다. ᄒ고 급피 오든(오더)니 문둣(문득) 양옥이 ᄒ인을 다리고 초승 범졀을 극딘이 갓초와 놋코 통곡 曰(왈) 춘미야 너난 긔시 죽으시나 빅발 편친336)을 두고 오히 유씨는 무엇ᄒ랴고 다리(데리고) 간난고 오모리 유명이 달ᄂ시나 무정ᄒ미 져러ᄒ요.

---

330) 기특(奇特) : (사람이 하는 짓이나 말이, 또는, 그 사람이) 착하거나 대견하여 칭찬받을 만한 것.
331) 탐지(探知) : (어떤 사실이나 상황을) 더듬어 살펴 알아내는 것.
332) 무색(無色)하다 : ①겸연쩍고 부끄럽다. ②(어떤 대상이) 훨씬 더 뛰어나거나 두드러진 대상으로 말미암아 부끄러움을 느끼거나 특색을 나타내지 못하는 상태에 있다.
333) 만사무석(萬死無惜) : 만 번 죽어도 아깝지 아니함.
334) 부귀영화(富貴榮華) : 재산이 많고 지위가 높으며 영화로움.
335) 점지 : (신불이 사람에게 자식을) 잉태하여 갖게 하여 주는 것. 점수.
336) 편친(偏親) : 홀로 된 어버이.

를 갸륵하게 여겨서 말하기를,

"그대의 말을 듣고 보니 오히려 내가 부끄럽다"

유씨가 대답하기를,

"대왕께서 도리어 부끄럽다 하시니 저의 죄는 만 번 죽어도 아깝지 않습니다."

하고 감사를 드리니 대왕이 다시 말하기를,

"내가 그대의 옥과 얼음 같이 맑고 깨끗한 정절을 생각하여 춘매와 함께 돌려보낼 것이니 인간 세상으로 돌아가라. 인간의 부귀영화와 자손들의 복과 녹봉을 다시 누리도록 해 줄 것이다. 인간의 수명을 다 누리면서 부귀영화를 마음껏 누리고 돌아오너라."

하거늘 유씨가 또 물어서 말하기를,

"이 번에 돌아가면 절강으로 가게 됩니까?"

사자가 대답하기를,

"더 쉽게 갈 것입니다."

하고

"이승상은 편안히 가십시오."

하거늘 한림이 대답하고 생각하기를,

"내가 살았을 때는 승상이 아니거늘 어찌 승상이라 하는가?"

하고 이상하게 여겨 유씨를 데리고 오면서 들으니 어디서 울음소리가 진동하거늘 유씨가 말하기를,

"하인들이 우리를 부르며 우는가 싶으니 빨리 갑시다."

하고 급히 들어오니 양옥이 하인들을 데리고 장례에 필요한 물건들을 극진하게 갖추어 놓고 통곡하며 말하기를,

"춘매야 너는 이미 죽었으나 늙으신 홀어머니를 두고 아내 유씨는 무엇 때문에 데리고 가느냐? 아무리 저승과 이승이 다르다고 하지만 무정함이 어찌 이러한가?"

할님 죽음을 씨여 눈을 드러본이(들어보니) 양옥은 문박긔셔 울고 ᄒᆞ인은 문밧긔셔 울고 유시 겻티 누엇시되 힝역337)이 뇌곤ᄒᆞ여 귀운니 붓치기로 인ᄉᆞ을 급피 츠리지 못ᄒᆞ지라.

할님니 니러안지면 양옥을 불너 왈 그디 우리로 ᄒᆞ여곰 만단338) 수고시기온니 꾸짓지 마옵소셔. ᄒᆞ면 완연339)니 일어ᄂᆞ니 양옥 경황340) 실식ᄒᆞ여 왈 그디 엇지 우리을 그디지 쇠기ᄂᆞ요. ᄒᆞ면 눈물을 거두고 겻티 안즈던니 이역고(이윽고) 쏘 유씨 이러ᄂᆞ거날 양옥니 황급ᄒᆞ여 문밧긔 나가거날,

유시 양옥이 손을 집 왈 ᄂᆞ가지 마옵소셔. 이지(이제)는 니 뉘을 보고 별(유별)341)ᄒᆞ니요. ᄒᆞ거날,

양옥니 마지못ᄒᆞ여 벽을 힝(향)ᄒᆞ고 안거날 유시 왈 우리 만일 환싱치 못ᄒᆞ여시면 귀인니 더욱 귀호342) 민망ᄒᆞᆯ지라343). 시(세)숭이 친동기간닌들 극진ᄒᆞ미344) 니이셔 더하오릿가. 귀인은 더럽다 마시고 니몸과 동기지이을 정ᄒᆞᄉᆞ니다.

양옥니 曰(왈) 그러치 안니ᄒᆞᆫ들 졍니야 비면ᄒᆞ오리잇가345).

한디 유씨 曰(왈) 아모리 그러ᄒᆞ온들 결의흠만 갓디 못ᄒᆞ난이다. 오라바

---

337) 행역(行役) : 먼길을 여행한 뒤에 느끼는 피곤과 괴로움.
338) 만단(萬端) : ①여러 가지 얼크러진 사단(事端). ②온갖 방법.
339) 완연(完然) : 흠이 없이 완전한 것.
340) 경황(驚惶) : 놀라서 당황하는 것.
341) 유별(有別) : 다름이 있는 것. 여기서는 '내외(內外)하다' 등의 뜻인 듯.
342) 귀호 : ? 아마 '처지' 등의 뜻인 듯.
343) 민망(憫惘)하다 : ①보아서는 안 될 남의 부끄러운 모습을 보게 되어 딱하고 거북한 상태에 있다. ②자기의 부끄러운 모습을 차마 보이기 어려운 사람에게 보이게 되어 곤혹스럽고 거북한 상태에 있다. 면괴하다.
344) 극진(極盡)하다 : (마음과 힘쓰는 것이) 더없이 지극하다.
345) 비면하다 : ? 아마 '몹시 강하고 크다' 등의 뜻인 듯.

한림이 죽었다가 깨어나 눈을 떠보니 양옥은 문밖에서 울고 하인들도 문밖에서 울더라. 자신은 유씨 곁에 누었으되 먼길을 오느라고 피곤하여 기운이 없어 급히 정신을 차리지 못하였더라.

한림이 겨우 일어나 앉으면서 양옥을 불러서 말하기를,

"그대는 우리 때문에 온갖 수고를 하게 되었으니 우리를 너무 나무라지 마세요."

하면서 분명하게 일어나니 양옥이 놀라고 당황하여 말하기를,

"그대는 어찌 우리를 이다지 속이는가?"

하며 눈물을 거두고 곁에 앉았더니 한참 후에 또 유씨가 일어나니 양옥이 매우 당황하여 문밖으로 나가거늘 유씨가 양옥의 손을 잡고 말하기를,

"나가지 마십시오. 이제는 내가 그대를 보고 어찌 내외를 하겠습니까?"

하더라.

양옥이 마지못하여 벽을 향하여 앉거늘 유씨가 말하기를,

"우리가 만일 환생하지 못하였다면 귀인의 처지는 더욱 거북하게 되었을 것입니다. 세상에 친형제 사이인들 극진함이 이보다 더하겠습니까? 귀인은 저를 더럽다 마시고 저와 남매의 의를 맺어주십시오."

양옥이 말하기를,

"그렇지 아니한들 정이야 오죽하겠습니까?"

하니 유씨가 말하기를,

"아무리 그러한들 남매의 결의를 맺는 것과 같겠습니까? 오라버

님은 조금도 염여치 마르소셔. ᄒᆞ며 염왕씨 드러갓든 말슴과 절강으로 올 더이 골(고을)이셔 욕당ᄒᆞᆫ ᄉᆞ연을 늣늣치 셜화ᄒᆞ고 가로디 이지는 우리 셔로 도라가되 무슴 근심니 잇ᄉᆞ오리잇가.

할님도 양옥과 흠기 화답346)ᄒᆞ니 슴인이 길(즐)거홈과 노복이 흐여(흔연)홈347)과 도중 빅셩이 흐(흔)연ᄒᆞ물 엇디 다 기록ᄒᆞ리요.

이젹이 절도 쳠ᄉᆞ348) ᄂᆡ 쓰디로 ᄂᆞ라이 즁문ᄒᆞᆫ이라.

각셜이라 이젹이 승이 희평골이 갓든 ᄉᆞ관을 보시고 그 쓰졀 늣늣치 드러시고 층츤ᄒᆞ여 曰(왈) 츈미 온ᄒᆞᆯ 졀기은 고금349)이 드문디라. 만일 무스이 도라오면 졍열350)노 포ᄒᆞ리라351) ᄒᆞ시고 츈미을 잇지 못ᄒᆞ던이 맛츰 졀도 쳠ᄉᆞ이 즁문을 보시고 ᄯᅩ 가라스디 이디(이제)는 양(양옥)과 츈미을 함기(함께) 조졍이 두고 시(쓰)리라 ᄒᆞ시고 츈미로 좌승승을 봉ᄒᆞ시고 양옥으로 유셩승(우승상)을 봉ᄒᆞ시고 유씨로 졍열후 겸 슉부인을 봉ᄒᆞ시고 양시로 졍슉부인을 봉ᄒᆞ시고 ᄉᆞ관을 급피 보닐 ᄉᆞ 각도 각읍이 이 쓰딕(뜻)을 반포352)ᄒᆞ시이 쳔ᄒᆞ 빅셩이 뉘 아이 놀니고 깃겨ᄒᆞ리요.

ᄉᆞ관이 급피 절도이 이러러 봉비353) 즉쳡(직쳡)354)을 드리거날 츈미와 양옥이 유리(직쳡)을 밧드러 승이 놋코 북항(북향) ᄉᆞ비 ᄒᆞ고 국운을 못니

---

346) 화답(和答) : 시가(詩歌)에 응하여 대답하는 것.
347) 흔연(欣然)하다 : 기쁘거나 반가워 기분이 좋다.
348) 첨사 : 첨절제사(僉節制使)의 준말 : (역사・고제도) 조선 시대, 각 진영(鎭營)에 속하였던 종3품 무관 벼슬. 절도사(節度使)의 아래임.
349) 고금(古今) : 예와 지금.
350) 정렬(貞烈) : 부녀의 행실이 바르고 절개가 굳은 것.
351) 포하다 : ? 아마 '포상하다' 등의 뜻인 듯.
352) 반포(頒布) : (국가나 통치자 등이 공적인 일을) 세상에 널리 펴서 알리는 것.
353) 봉비(封妃) : 왕비를 봉하여 세우는 것.
354) 직쳡(職牒) : (역사・고제도) 조정에서 내리는 벼슬아치의 임명 사령서.

는 조금도 염려하지 마소서."

하며 염라대왕께 들어갔던 말씀과 절강으로 올 때에 해평 고을에서 욕을 당한 사연을 낱낱이 이야기하고 말하기를,

"이제는 우리 함께 돌아가게 되었으니 무슨 근심이 있겠습니까?"

한림도 양옥과 함께 대답하니 세 사람의 즐거워함과 종들의 기뻐함과 그리고 섬 안의 백성들이 기뻐함을 어찌 다 기록하겠는가?

이 때에 절도의 첨사가 이런 사연을 임금께 보고하더라.

각설이라.

이때에 임금이 해평 고을에 갔던 사관을 불러 보시고 그 사연을 낱낱이 들으시고 칭찬하여 말씀하시기를,

"춘매의 아내가 가진 절개는 역사상 드문 일이다. 만일 무사히 돌아오면 열녀문으로 포상하리라."

하시고 춘매를 잊지 못하더니 마침 절도의 첨사가 올린 보고서를 보시고 또 말씀하시기를,

"이제는 양옥과 춘매를 함께 조정에 두고 쓸 것이다."

하시고 춘매를 좌승상에 임명하시고 양옥을 우승상에 임명하시며 유씨를 정열후 겸 숙부인에 임명하시고 양씨를 정숙부인에 임명하신 뒤 사관을 급히 보낼 때 각 도와 가 읍에 이러한 뜻을 널리 알리시니 천하의 모든 백성들이 기뻐하지 않는 사람이 없더라.

사관이 급히 절도에 도착하여 정열후비로 임명하는 명령서를 드리거늘 춘매와 양옥이 명령서를 받들어 상위에 놓고 임금 계신 곳을 향하여 네 번 절하고 나라의 운수를

치ᄉᄒ더라.

 사관을 연졉355)ᄒ여 ᄉ리(사례)ᄒ고 두 승ᄉᆼ과 졍열부인이 힝즁을 ᄎ려 발힝ᄒᆞᆯ 시 본읍 수령이 경황ᄒ여 쥭막(장막)356)을 비셜ᄒ고 승ᄉᆼ을 마딜 시 ᄒᆞᆫ 번 쥭으미 도로혀 영화되엿더라.

 각셜이라. 이젹이 양부인과 유씨 모친이 유씨 ᄯ려는 후로 소식이 돈졀357)ᄒ여 문이 비겨 셔셔 남쳔을 바리보고 시로 심ᄉ를 겹(걷)줍지358) 못ᄒ여 눈물노 셰월을 보ᄂᆡ던이 ᄒᆞ로난 본관 튀수 ᄂᆞ와 위당(외당)359)이 좌졍ᄒ고 부인ᄭᅴ 문안ᄒ고 그 ᄉ연을 ᄌᆞ셔니 주달ᄒ고 도라가거날,

 두 부인이 일변 고ᄒᆡᄒ여 曰(왈) 응당 이러할진디 졀도의 것던 노복이 올가 ᄒ엿던이 졍(좌)승ᄉᆼ 이(우)승ᄉᆼ이 온다 말 듯고 갑읍(각읍) 수령이 모다 디연을 비셜ᄒ고 기다리더라. ᄒ니 두 부인 마음이 시로 ᄭᅮᆷ인가 ᄭᅢᄃᆞᆺ디 못ᄒ더라.

 졍신을 진졍치 못ᄒ던이 이윽고 승ᄉᆼ 힝ᄎ가 과연 연셕360)이 다달나 갑읍(각읍) 수령ᄭᅴ ᄉ리(사례)ᄒ고 ᄂᆡ당이 드러가 두 부인긔 복비361) 문안 曰(왈) 모친은 긔쳬 알영ᄒ신잇가. 불효(불효)ᄌᆞ 춘미 왓난이다. 불효(불효) 막심362)ᄒ여 모친 마음이 불평키 ᄒ옵고 시승을 바릳(바릴)가 유씨의 덕으로 다시 ᄉ라와 모친을 다시 뵈옵고 ᄯᅩ 몸이 승ᄉᆼ으로 오옵나이다. 이거시

---

355) 연접(延接) : 영접(迎接).
356) 장막(帳幕) : ①야외에서 볕이나 비바람 따위를 막기 위하여 둘러치는 막. ②어떤 사실이나 현상을 보이지 않게 가리는 사물을 비유하여 이르는 말.
357) 돈절(頓絶) : (편지나 소식이) 딱 끊어지는 것.
358) 걷잡다 : ①(잘못되어 가는 형세를) 거두어 바로잡다. ②마음을 진정하거나 억제하다.
359) 외당(外堂) : 사랑(舍廊).
360) 연석(宴席) : 연회를 베푸는 자리.
361) 복배(伏拜) : ①땅에 엎드려 절하는 것. ②몸을 굽혀 예를 표하는 것.
362) 막심(莫甚) : (부정적인 일이) 그 정도에 있어서 더할 나위 없이 심한 것.

축하하더라.

 사관을 대접하여 감사를 드리고 두 승상과 정열부인이 떠날 차비를 차려 출발할 때 그곳의 수령이 놀라고 당황하여 장막을 준비하고 승상을 맞을 때,

 "한 번 죽은 것이 오히려 영화가 되었습니다."

하더라.

 각설이라.

 이 때에 양부인과 유씨의 어머니는 유씨가 떠난 후로 소식이 완전히 끊어져서 매일 대문에 기대어 서서 남쪽 하늘을 바라보며 슬픈 마음을 억제하지 못하고 눈물로 세월을 보내더니 하루는 그 고을 태수가 찾아와 사랑채에 자리하고 부인께 문안인사를 드린 뒤 그간의 사연을 자세하게 아뢰고 돌아가더라.

 두 부인이 한편으로는 이상하게 여겨서 말하기를,

 "마땅히 그러할 것 같으면 유배지에 갔던 종들이라도 와야 할 텐데."

하더니 좌승상과 우승상이 온다는 말과 각 고을의 수령들이 모여 큰 잔치를 베풀고 기다린다는 말을 전하니 두 부인의 마음은 오히려 꿈인가 여기고 현실을 깨닫지 못하더라.

 정신을 진정하지 못하고 있더니 한참 후에 승상의 행차가 과연 잔치 자리에 도착하여 각 고을의 수령들에게 감사를 표하고 안채로 들어와 두 부인께 큰절을 올린 뒤 말씀드리기를,

 "어머니께서는 그 동안 안녕하셨습니까? 불효자 춘매가 왔습니다. 불효가 끝이 없어 어머니의 마음을 불편하게 하고 세상을 버리고 죽었다가 유씨의 덕택으로 다시 살아나 어머니를 다시 뵈옵고 또 몸이 승상이 되어 돌아왔습니다. 이것은 모두

유씨의 절횡 소치363)오니다.

 스관이 쏘 정숙부인 즉(직)첩을 드리거날 그디야 부인이 정신을 추려 천은364)을 축스365)호고 승승을 만디면 曰(왈) 네 나를 브리고 도라가미 살든 근심을 엇디 시각이나 이지리요. 천힝으로 오날날 너을 다시 만나본니 엇지 깃부디 오이호며 쏘 유씨의 손을 줍고 曰(왈) 빙셜 갓치 구든 졀기 구천의 스모츠(사무쳐) 명천이 감동호스 죽은 즈식이 스라 도라오며 쏘 봉비 즉첩으로 영화 극딘호니 나난 다 정열부인의 극딘호 덕이라. 엇디 비감366)치 오이호리요.

 유씨 울며 엿즈오디 이난 다 모친의 너부신 덕이로소이다. 호고 희평이셔 욕본 말과 도(또) 염왕과 수죽367)호든 말을 낫낫치 엿즈오디 부인이 이 말을 듯고 비감홈을 이기디 못호더라.

 정숙 부인이 시비로 호여곰 정양옥씨 치호 曰(왈) 티인은 즈식 숨성368) 연분이 디중호여369) 말이 박기 나가 너이 즈식으로 근고370)호시다가 천은이 망극호여 져와 함씨 영화로 도라오신니 그 은히(은혜)난 무어시로 갑스오릿가. 조고만호 치(체)면이 잇기로 나아가 치스호디 못호오니의다. 바라옵건디 며나리와 결미371)호엿다 호온이 더욱 깃거호여이다. 호거날,

---

363) 소치(所致) : 어떤 까닭으로 생긴 바.
364) 천은(天恩) : ①하늘의 은혜. ②임금의 은혜. 성택(聖澤).
365) 축사(祝辭) : 축하하는 뜻의 글이나 말. 하사(賀詞).
366) 비감(悲感) : 슬프거나 애달프게 느껴지는 상태에 있는 것. 또는, 그러한 느낌.
367) 수작(酬酌) : (잔을 권하고 술을 따른다는 뜻) ①(어떤 사람에게) 계획적이거나 좋지 않은 의도나 생각을 가지고 말을 붙이거나 거는 것. ②좋지 않은 의도를 가지고 교묘한 말이나 행동으로 상대를 누르거나 해를 주려고 하는 것을 얕잡아 이르는 말.
368) 삼생(三生) : (불교) 전생(前生)·현생(現生)·후생(後生)을 아울러 이르는 말.
369) 지중(至重)하다 : 지극히 귀중하다.
370) 근고(勤苦) : 마음과 힘을 다하여 애쓰는 것. 또는, 그러한 일.

유씨의 뛰어난 절행 덕택입니다."

사관이 또 정숙부인의 임명서를 드리거늘 그제야 부인이 정신을 차려서 임금의 은혜에 감사를 드리고 승상을 어루만지면서 말하기를,

"네가 나를 버리고 죽지 않고 살아 있더라도 근심을 어찌 한 때나 잊을 수 있겠는가? 그런데 천만다행으로 오늘날 너를 다시 만나게 되었으니 어찌 기쁘지 아니하겠는가?"

또 유씨의 손을 잡고 말하기를,

"얼음과 눈같이 굳은 절개가 하늘에 사무쳐 밝은 하늘을 감동시켜 죽은 자식을 살아서 돌아오게 하고 또 비를 봉하는 임명서를 가져오게 하니 부귀와 영화가 극진하구나. 이것은 모두 정열부인의 덕택이다. 어찌 애달픈 마음이 없겠는가?"

유씨가 울면서 말씀드리기를,

"이것은 모두 시어머니의 넓으신 은혜 덕택입니다."

하고 해평 고을에서 욕을 당한 일과 또 염라대왕과 말을 주고받던 일들을 낱낱이 말씀드리니 부인이 이 말을 듣고 슬퍼함을 이기지 못하여 하더라.

정숙 부인이 시녀들을 통하여 정양옥에게 감사를 드려서 말하기를,

"대인은 내 자식과 삼생의 연분이 매우 커서 만리 밖에 나가서도 내 자식 때문에 고생하시다가 하늘의 은혜가 지극하여 내 자식과 함께 영화롭게 돌아오시니 그 은혜를 무엇으로 갚겠습니까? 작은 체면이 있기에 밖에 나가서 감사를 드리지는 못합니다. 그러나 며느리와 남매의 의를 맺었다 하오니 더욱 기쁩니다."

하거늘,

---

371) 결매(結妹) : 남매의 의를 맺는 것.

정승숭이 듯기을 다ᄒᆞ梅(다하매) 답젼 왈 이난 다 유씨의 병셜(빙셜)갓탄 졍열(졍절)과 쳘셕갓탄 열힝372)으로 환싱ᄒᆞ옵고 싱도 그 덕을 입ᄉᆞ와 영화되어 도라온이 엇디 싱이 공이라 ᄒᆞ오릿가 ᄒᆞ더라.

이젹이 디연을 비셜ᄒᆞ고 지리(즐기)다가 모든 수령을 다 젼송ᄒᆞ고 졍승숭은 본가로 도라가고 이승숭은 먼져 황셩으로 올나가고 두 부인은 유씨로 더부러 치힝373)ᄒᆞ여 오라ᄒᆞ고 쩌난이라.

승숭이 여러 날 만이 황셩이 다달나 황승긔 뵈온디 숭이 승숭을 보시고 못니 반기ᄒᆞᄉᆞ 승숭이 손을 줍고 가라스디 경이 졀도이 고혼374)이 되엿다 ᄒᆞ梅(하매) 짐이 좌수375)을 이럿(잃은) 듯ᄒᆞ여 절졀이376) 긔탄377)ᄒᆞ옵든니 쳔만쯧밧긔 ᄉᆞ라와 다시 보니 니디(이제) 짐이 고굄디신(고굉지신)378)을 어든디라. 엇디 깃부디 안이ᄒᆞ리요. ᄒᆞ시고 친이 어주379) 숨 비을 부어들고 권ᄒᆞ신니 승숭이 복디 ᄉᆞ온 曰(왈) 소신이 본디 쳥春(쳑촌)380)지공도 업시 황숭이 덕턱이 디중ᄒᆞ옵기로 쳔은을 만분디일도 갑디 못ᄒᆞ오니 황공ᄒᆞ여이다.

샹이 쏘 가라스디 경은 짐이 주셕디신381)니라. 엇디 그런 말을 ᄒᆞ리요. 니 나히 늘고 티ᄌᆞ382)가 어리이 졍셩을 다ᄒᆞ야 나라을 드러라.

---

372) 열행(烈行) : ①훌륭한 행실. ②여자의 정렬(貞烈)한 행적.
373) 치행(治行) : 길 떠날 행장을 차리는 것.
374) 고혼(孤魂) : 조상(弔喪)하여 줄 사람이 없는 외로운 넋.
375) 좌수(左手) : 왼손.
376) 절절(節節)이 : 말이나 글의 마디마디마다.
377) 개탄(慨歎・慨嘆) : 분하거나 못마땅하게 여겨 탄식하는 것.
378) 고굉지신(股肱之臣) : '팔다리와 같은 신하'라는 뜻. 임금이 가장 믿고 중히 여기는 신하. 준말 고굉.
379) 어주(御酒) : 임금이 신하에게 내리는 술.
380) 척촌(尺寸) : 한 자나 한 치라는 뜻으로, 얼마 안 되는 것을 이르는 말.촌척(寸尺).
381) 주석지신(柱石之臣) : 국가의 주석이 되는, 중요한 구실을 하는 신하. 사직지신.

정승상이 듣기를 다하고 대답하여 말하기를,

"이것은 모두 유씨의 눈과 얼음 같은 정절과 돌과 쇠처럼 단단하고 훌륭한 행실 덕택으로 남편이 환생을 하고 저도 그 덕택으로 영화롭게 돌아오게 되었으니 어찌 저의 공이라 하겠습니까?"

하더라.

이때에 큰 잔치를 베풀고 즐기다가 모든 수령들을 다 전송하여 보내고 정승상은 본가로 돌아가고 이승상은 먼저 황성으로 올라가면서 두 부인은 유씨와 함께 길 떠날 준비를 하여 천천히 오라고 하더라.

승상이 여러 날 만에 황성에 도착하여 황제를 알현하니 황제가 승상을 보시고 반가워함을 이기지 못하여 승상의 손을 잡고 말씀하시되,

"경이 무인절도에서 외로운 귀신이 되었다 하기에 짐이 왼쪽 손을 잃은 듯하여 몹시 한탄하였더니 천만뜻밖에 살아서 돌아와 다시 보게 되니 이제 짐이 고굉지신을 얻었도다. 어찌 기쁘지 아니하겠는가?"

하시고 친히 술 석 잔을 손수 부어서 권하시니 승상이 땅에 엎드려서 은혜에 감사를 드리고 말하기를,

"소신이 본래 조금의 공도 세운 바가 없는데 폐하의 은혜는 너무나 큽니다. 소인은 그 은혜의 만분지일도 갚지를 못하니 오히려 두렵고 황송할 뿐입니다."

황제가 또 말씀하시기를,

"경은 국가의 중요한 신하다. 어찌 그런 말을 하는가? 내가 이미 늙고 태자가 어리니 정성을 다하여 태자를 받들고 나라의 일에 힘써라.

---

382) 태자 : 황태자의 준말. 황태자(皇太子) : (역사 · 고제도) 황위를 이을 황자(皇子). 국저(國儲). 저군. 저궁.

경이 절도이셔 스라오기난 신기훈 릴(일)이요. 고금이 죽(짝)이 업눈디라. 짐이 경을 위ᄒᆞ야 별궁383) 숨빅 칸과 궁여 일쳔 명과 젼답 오빅 셤딕을 승급384)ᄒᆞ노라 ᄒᆞ시고 유씨이 졀힝을 극히 층츈ᄒᆞ시고 혀다훈 셜화을 죵일토록 수죽ᄒᆞ시다가 승이 ᄯᅩ 가라스디 날이 져물고 승상의 월노(원로)이 와셔 심히 피곤홀 거시니 물너가 편이 쉬라 ᄒᆞ신디,

승상니 황고(황공) 감격ᄒᆞ여 빅빅 스은ᄒᆞ고 물너나와 승급ᄒᆞ신 별궁으로 도라오니 궁실 웅즁홈과 즁벽385)이 출난홈과 충호386)이 회(휘)황홈387)과 포딘388)이 화려ᄒᆞ미 비할디 업더라. 두로 술피본니 그 졍문이 승(상이) 친필389)노 써시되 충호(충효)겸훈 좌승상 쳐 유씨 졍열문이라 ᄒᆞ엿드라.

승샹과 유씨 쳔은을 스리(사례)ᄒᆞ고 각각 쳐소로 도라갈 시 북역 셔문은 졍숙부인 양씨가 거쳐ᄒᆞ시고 동편이 春졍문(춘졍문)은 유씨 모친이 것쳐ᄒᆞ시고 셔평이 츄양궁은 유씨가 것쳐ᄒᆞ고 니 숨 궁 숨 부인이 분쳐ᄒᆞ신 후이 압푸름390) 가온디 주양각은 승샹이 거쳐ᄒᆞ시고 고 졋틱 졍빈당은 승샹이 빈긱391)을 연졉ᄒᆞ난 딥(집)이요. ᄯᅩ 그 졋틱 좌즁졍이 잇시되 승샹 피셔392)ᄒᆞ난 집일니다.

좌우 일빅 오십 칸은 노복을 각각 거쳐ᄒᆞ기 ᄒᆞ고 ᄯᅩ 독셔393) 일빅 칸은

---

383) 별궁(別宮) : (역사 · 고제도) ①왕이나 왕세자의 혼례 때 왕비나 세자빈을 맞아들이는 궁전. ②특별히 따로 지은 궁전.
384) 상급(賞給) : 상으로 주는 것. 또는, 그 물건.
385) 장벽(牆壁) : 담과 벽.
386) 창호(窓戶) : 창과 지게문의 총칭.
387) 휘황(輝煌)하다 : '휘황찬란하다'의 준말.
388) 포진(布陳) : 물건 따위를 펴서 늘어놓는 것.
389) 친필(親筆) : 손수 쓴 글씨. 진적(眞蹟). 진필(眞筆).
390) 앞푸름 : 앞쪽.
391) 빈객(賓客) : 점잖은 손님.
392) 피서(避暑) : 산 · 강 · 바다 등의 시원한 곳으로 가서 더위를 피하는 것.

경이 무인절도에서 살아서 돌아온 것은 신기한 일이요. 역사상 유래가 없는 일이다. 그래서 짐이 경을 위하여 따로 궁전 삼백 칸을 짓고 궁녀 일천 명과 논밭 오백 섬지기를 상으로 주노라."

하시고 유씨의 절개 있는 행동을 극히 칭찬하시고 수많은 이야기를 하루 종일 주고받다가 임금이 또 말씀하시기를,

"날이 이미 저물었고 승상이 먼 길을 오느라고 매우 피곤할 것이니 물러가 편히 쉬도록 하라."

하시니 승상이 두렵고 감격하여 수없이 은혜에 감사를 드리고 물러나와 상으로 주신 별궁으로 돌아오니 궁궐의 웅장함과 궁궐 벽의 찬란함과 창문의 휘황찬란함과 가구들의 화려함이 비교할 데 없더라. 두루 살펴보니 그 정문에 임금이 친필로 썼으되 '충성과 효를 겸한 좌승상의 처 유씨의 정열문'이라 하였더라.

승상과 유씨가 임금의 은혜에 감사를 드리고 각각 처소로 돌아갈 때 북쪽의 서문은 정숙부인 양씨가 거처하시고 동쪽의 춘정문은 유씨의 모친이 거처하시고 서쪽의 추양궁은 유씨가 거처하고 남쪽의 세 궁은 세 부인이 각각 나누어서 거처하신 후에 앞채의 가운데 주양각은 승상이 거처하시고 그 곁의 정빈당은 승성이 손님을 접대하는 집으로 사용하고. 또 그 곁에 좌중정은 승상이 피서하는 집으로 삼더라.

좌우의 일백 오십 칸은 종들이 각각 거처하게 하고 또 외따로 떨어진 일백 칸은

---

393) 독셔 : ? 아마 '외따로 떨어져 있는 집' 등의 뜻인 듯.

곳딥394)ᄒ야 스방이 딘보와 보화와 전곡을 중치395)ᄒ니 중홈도 그디업고 부홈396)도 지극ᄒ더라.

그러구로 여러 ᄒ 디니梅(디나매) 승상 모친과 유씨 모친이 연만397) 팔십이 ᄎᄎ 영낙(영락)398)ᄒ기거날 승상 부부 이통ᄒ기을 마디오니ᄒ고 션산이 안중ᄒ고 습연 초토399)을 극딘이 디니이 뉘 안이 칭춘ᄒ리요.

이적 오 남 이 여을 두워(두어)시되 중ᄌ 일홈이 경이라. 비ᄉ리(벼슬이) 오랑(시랑)400)이 이르고 중여 일홈은 윤경이라. 병부시랑 최령이 며나리 되고 ᄎ여이 명은 의경이라. 기쥬 ᄌᄉ 정일영이 며날리 되어 부귀영화 일국이 으뜸이라.

세월이 여류ᄒ여 승상이 구십 팔시오. 유씨 ᄂ히 구십 칠시이 당ᄒ야 승상 부부 동일 동시이 우연이 득병ᄒ여 ᄒ날 ᄒ시이 운명401)ᄒ거날 오 남 이 여 이통ᄒ기을 마디 못ᄒ고 션산이 안중ᄒ고 습연 초토을 디니이라.

그 우이(후에) ᄌ손 복녹과 부귀영화 디디로 써나디 아이ᄒ고 빅ᄌ 천손이 ᄌᄌ손손402) 포현403)ᄒ더라.

---

394) 곳집(庫-) : ①곳간으로 지은 집. 고사(庫舍). 창(倉). 창고. ②상엿집.
395) 장치(藏置) : ①간직하여 두는 것. ②통관(通關)하고자 하는 수출입 물품을 보세 구역 안에 임시로 보관하는 일.
396) 부(富)하다 : ①살림이 넉넉하다. ②(몸이) 뚱뚱하다.
397) 연만(年滿·年晩) : 연로(年老)한 것.
398) 영락(零落) : ①초목의 잎이 시들어 떨어지는 것. ②세력이나 살림이 보잘것없이 찌부러지는 것. 낙탁(落魄). 영체(零替).
399) 초토(草土) : 〔거적자리와 흙베개의 뜻〕 거상(居喪) 중임을 나타내는 말.
400) 시랑(侍郞) : (역사·고제도) ①신라 때의 집사성(執事省)·병부(兵部)·창부(倉部)의 버금 벼슬. ②고려 시대, 육부(六部)와 육조(六曹)의 상서(尙書) 다음가는 벼슬.
401) 운명(殞命) : 사람의 목숨이 끊어지는 것.
402) 자자손손(子子孫孫) : 여러 대(代)의 자손. 대대손손.
403) 포현(布顯) : 널리 드러남.

창고로 사용하여 사방에 진기한 보배와 보화와 곡식을 저장하니 그 대단함도 끝이 없고 부유함도 지극하더라.

그러구러 여러 해가 지나니 승상 모친과 유씨 모친이 연세 팔십에 차례로 돌아가시니 승상 부부가 슬퍼하기를 마지아니하시고 선산에 안장한 뒤 삼 년 시묘를 극진하게 지내니 누가 칭찬하지 않겠는가?

이 때 승상은 오 남 이 녀를 두었으되 장자의 이름은 경이고 벼슬은 시랑에 이르렀고, 장녀의 이름은 윤경인데 병부시랑 최령의 며느리가 되었으며 차녀의 이름은 의경인데 기주 자사 정일영의 며느리가 되어 부귀영화가 한 나라에서 으뜸이 되었더라.

세월이 흐르는 물과 같이 빨라서 승상의 나이가 구십팔 세가 되고 유씨의 나이가 구십칠 세가 되었을 때 승상 부부가 한날한시에 우연히 병을 얻어 한날한시에 돌아가시더라. 오 남 이 녀가 슬퍼하기를 마지아니하고 선산에 안장하고 삼년 시묘를 극진하게 지내더라.

그 후에 자손의 복과 녹봉과 부귀영화가 대대로 떠나지 아니하고 백자천손이 대대로 그 이름을 널리 드러내더라.

*. 春梅傳 단니라. (긔히 니월 십 칠일의 만친노라)

이 칙 셜화 보압죡ᄒᆞᆸ기로 변셔(필셔)ᄒᆞ오나 글시 괴괴 망필 만인 쳠소 최소딜 둣. 광ᄃᆡ 쳔디 너른 쌍이 여즈 시월 헛부도다. 앗가온 니니 몸이 풍유 남즈 되어시면 인즈ᄒᆞ신 부모님 슬ᄒᆞ의 머물 거슬 여즈 일신 원통 원통.

보고져라 보고져라. 나이 부모 친척 보고져 위상셩 셩시 승교범 이런 혼 중 말시 풍속이 들.

한국 필사본 고소설 역. 주해

인쇄일 초판 1쇄   2006년 11월 10일
         2쇄   2015년 03월 01일
발행일 초판 1쇄   2006년 12월 15일
         2쇄   2015년 03월 25일

지은이 김 수 봉 역 주해
발행인 정 진 이
발행처 **새미**
등록일 1994.03.10, 제17-271호

서울시 강동구 성내동 447-11 현영빌딩 2층
Tel : 442-4623~4 Fax : 6499-3082
www.kookhak.co.kr
E-mail : kookhak2001@hanmail.net
ISBN 978-89-958827-7-1 (93800)
가 격 23,000원

• **새미**는 **국학자료원**의 사매회사입니다.
•저자와의 협의 하에 인지는 생략합니다.